总　序

　　我们正生活在一个大转变的年代。这一转变的重要标志是人与社会、人与自然之间展开了一场新的对话。这场对话的内容之一是系统科学的产生和复杂性探索的兴起。

　　20世纪40年代以来，以系统科学和复杂性探索为主要代表的新兴学科的产生，标志着人类科学研究又进入了一个新的历史时期，科学发展正经历着一场历史性转变。和以往几次重大科学革命一样，这次科学变革也将改变世界的科学图景，革新传统的科学认识和方法，引起科学思维方式的重大变革。

　　系统科学和复杂性探索相生相伴、共同发展，成为当今世界科学发展的前沿和热点，甚至被称为"21世纪的科学"。这一领域的研究目前已是硕果累累，一片繁荣。各种系统理论不断发展成熟，新的复杂性探索正在逐步深化。在这群雄并起、学派纷争的系统复杂性探索中，我们认为，其研究进路大致在四个层面展开：第一，在各门具体科学层面或特定领域中的系统复杂性研究，这既是各门具体科学研究的重大课题，也是系统复杂性研究的重要阵地。第二，以跨学科、交叉性的研究进路探讨不同复杂系统之间的共性，建构系统复杂性突现和演化的一般性理论和思维范式。这不仅是系统复杂性研究的核心目标和宗旨，而且也代表了整个科学发展的一个重要趋势。第三，从哲学的层面对系统复杂性的一般理论进行提升和抽象，以期建构一个相对形而上的概念体系和逻辑框架，为认识客观世界提供一种新的视角。由此，系统科学的哲学研究是科学哲学的一个具有挑战性的新课题。第四,将系统复杂性理论和方法应用于解决现实的复杂问题,特别是组织管理系统问题,是系统复杂性研究的一个重要领域和进路。系统复杂性与系统管理相交叉的综合研究,不仅为管理科学带来范式性的变革,而且也为系统复杂性研究提供独特的发展资源。

情况表明,系统复杂性研究乃是一个生机勃勃、纷繁复杂、充满挑战和机遇的领域。有人认为,正如伽利略为牛顿建立简单系统理论铺平了道路一样,目前,建立复杂系统理论的研究纲领和统一范式正处于一个需要"牛顿"出现的"伽利略"时代。因此,我们要在这个领域开展有效的研究,逐步形成一个相对共识的研究纲领,需要"立足本土、紧盯前沿,海纳百川、继承创新,扎扎实实、默默耕耘",用系统复杂性方法来指导系统复杂性研究。我们认为,首先,要切实追踪和把握系统科学和复杂性探索的前沿和趋势,系统搜索和重点研读国内外相关理论著作,特别是得到国际学界认可的重要著作和教材,并对其中某些学科、学派的观点进行深入研究和推介。其次,在这一基础上力图按上述四个层面的进路,包括系统思想、系统理论、系统方法、系统哲学、系统应用等展开扎扎实实的研究,特别把构建一个与当代这一领域研究成果相适应的、有我们自己特色的关于系统科学和复杂性的理论框架及其应用作为奋斗目标。第三,加强与国际国内学术界同行的合作与交流,加强学术对接与对话,逐步形成具有广泛共识的研究纲领和统一范式,进而形成这一领域的研究共同体和"学派"。人们期待并相信,复杂系统理论的"牛顿"终将会出现。

为了反映近年来我们这一小小的研究共同体在这一领域耕耘的研究成果,我们组织编辑了《系统科学与系统管理文库》。首批将出版五本专著。这批著作以系统科学和复杂性探索前沿理论研究为核心,既有推介国外有影响的系统复杂性研究的翻译著作,也有我们自己的研究成果和心得;既有适用于高等学校的系统科学教材,也有我们对系统复杂性的理论和应用进行研究的学术性专著;既有复杂性

探索的基础理论,也有复杂性方法的应用研究。无论是哪个层面的
研究成果,我们都要求它们既坚持理论性和学术性,又顾及普及性和
读者群;既具有国际性和前瞻性,又保持特色性和创新性。我们打算
以此《文库》建构自身的生长基点,探求进一步的发展形式;我们也期
望本《文库》是一个开放的学术平台,能得到国内同行的关注与支持。
坚持下去,渐成规模,形成特色,产生效应! 为中国的系统科学研究
和复杂性探索贡献绵薄之力!

感谢研究共同体中的学长、同仁及我的学生们的积极参与!

感谢人民出版社的鼎力支持!

颜泽贤

2004 年 6 月于羊城

目 录

社会可持续发展的系统进路与对策研究

前　　言

　　"可持续发展"在一定意义上可理解为全球范围的"科学发展观",它不仅是一个重大的理论问题,而且是一项艰巨的实践任务。几年来,我们"华南师范大学系统科学与系统管理研究中心"本着"既注重基础理论又开拓应用研究,既与国际对接又具中国特色,既跟踪前沿热点又尊重学术传统"的工作理念,坚持从我国现代化建设和社会可持续发展的需要出发,将系统理论特别是复杂性理论和系统管理理论运用于社会可持续发展研究,并以系统可持续发展的理论为基础,将理论研究与广东省本地区的现代化建设实践紧密结合起来,从科技、经济、教育、体育、社会、生态等协调发展的角度研究广东省的区域可持续发展问题,为广东省的可持续发展实践提供决策咨询与实际服务。

　　本书收录的七个课题,既是本学科近年来的部分应用研究成果,又是本学科作为华南师范大学"国家211工程"重点建设项目"社会主义市场经济与社会可持续发展"的部分研究成果。这些课题的完成不仅为我们的系统理论研究提供了典型案例和实际素材,也为地区经济社会、科技教育的可持续发展提供了重要的理论和决策依据以及建设方案。

　　本书第1章从系统理论与系统分析的视角阐明了我们对"区域社会系统可持续发展"的理解与看法,特别指出可持续发展在科学发展观中的重要地位以及在构建和谐社会与和谐世界中的重大作用。以后各章即以区域社会、综合、教育、科技的逻辑顺序,按课题进行编排。

　　各课题组的主要成员为:

第2章　"澳门回归前后社会经济文化发展问题研究"

课题组组长:颜泽贤、王国健

主要参加人员:李永杰、杨永华、卢晓中、杨振洪、陈少华、闵定庆、

社会可持续发展的系统进路与对策研究

林伟健、邓顺国

第3章 "九运会举办对广州市天河区实施可持续发展战略的系统分析与评价"

课题组组长:颜泽贤

主要参加人员:范冬萍、陈开先、张立洪

第4章 "惠州市教育发展十年规划(2001—2010)"

课题组组长:颜泽贤

课题组主要成员:冯增俊、谢少华、张俊洪

第5章 "'广州大学城'发展规划"

课题组组长:颜泽贤

课题组副组长:卢晓中

课题组成员:胡劲松、谢少华、葛新斌、杨友东

第6章 "广东省大中小学可持续发展教育研究报告"

课题组组长:颜泽贤

课题组副组长:吴超林、赵细康

课题组成员:匡耀求、张应祥、范冬萍、郑航、赵琼、蔡俊兰、李德琳

第7章 "广东科学中心概念设计"

课题组组长:颜泽贤

课题组成员:范冬萍、陈开先、刘志光、安宁

第8章 "广东发展生物技术产业的对策研究"

课题主持人:颜泽贤

课题组主要成员:董国安、范冬萍、李康年、葛永林、查小飞

上述课题均经过专家论证,并被相关部门和单位采纳。由于本书篇幅有限,在收入本书时我们对其中几个课题的部分内容及附件进行了删节,略去了一些附件,如分报告、相关调查报告、调查表等,在此特作说明。还需提请读者注意并谅解的是,收录在本书的课题报告,分别于近几年的不同时间中完成,其中涉及的一些时间概念,如"已"、"将"、"正在"等,均系拟定报告时的时间表达方式,今天看来,可以说很多已经不准确了。为存报告原貌,本书出版时未在这方面做调整。

上述课题组人员有的为本学科成员,如范冬萍教授、董国安教授等;有

的为华南师范大学相关专业的教授,如王国健校长、李永杰副校长、冯增俊教授、卢晓中教授等;有的为校外及实际部门的研究者,如李康年先生、杨友东先生等。对他们付出的辛勤劳动,本人表示衷心感谢! 在本书的出版编辑过程中,张本祥研究员、范冬萍教授做了大量的工作,亦表示感谢! 对于人民出版社的大力支持,更是感谢不尽!

颜泽贤

2007 年春于羊城

第 **1** 章
区域社会系统可持续发展问题的系统分析

党的十六届三中全会明确提出："树立全面、协调、可持续的发展观,促进经济社会和人的全面发展。"中共中央总书记、国家主席胡锦涛在 2004 年两院院士大会期间指出："落实科学发展观,是一项系统工程,不仅涉及经济社会发展的方方面面,而且涉及经济活动、社会活动和自然界的复杂关系,涉及人与经济、社会、环境的相互作用。这就需要我们采用系统科学的方法来分析、解决问题,从多因素、多层次、多方面入手研究经济社会发展和社会形态、自然形态的大系统。"显然,这是给系统科学家们提出的一个重大课题。实际上,可持续发展问题是当前世界各国普遍关注的问题,也是当代世界科学技术的综合性、跨学科的前沿问题。由于社会系统是个多变量(极多的状态变量或控制参量)、多层次(从个体性的自然人到整个人类的极多层次)、复杂的(各种变量的关系错综复杂)非线性(各种关系原则上都是非线性的)系统,所以研究、解决它的问题需要综合运用复杂系统演化理论、自组织理论和混沌理论等现代系统科学的理论、方法和技术。

▶▶ 1.1 可持续发展

可持续发展是人类总结以往发展的经验教训提出的与传统发展观截然不同的发展理念。

▷▷ **1.1.1 关于发展**

　　首先使用发展概念的可能是生物学家,他们最初使用发展概念是用来描述增长,而这种增长主要指的是生命体规模的扩大。哈维的《动物生育学》是一部具有科学革命意义的著作,因为它用细胞生成原则代替了统治生物学理论长达一千多年的亚里士多德自然发生说,而发展就是哈维著作中的核心概念,所以发展观念也就伴随着哈维学说的推广而流行起来。这一流行观念被达尔文创立的进化论和斯宾塞创立的社会进化学说所采用,并逐渐地向经济学、社会学、心理学和社会历史哲学等广泛的领域渗透,从而成为某种具有现代性特征的普遍观念,甚至成为现代世界各国的一种国家宗教,或者说成为现代人类的一种普遍信仰。

　　《大英百科全书》对于"发展"一词的释义是:"虽然该术语有时被当成经济增长的同义语,但是一般说来,发展被用来叙述一个国家的经济变化,包括数量上与质量上的改善。"1987 年布伦特兰委员会的报告——《我们共同的未来》中提出:"满足人的需求和进一步的愿望应当是发展的主要目标,它包含着经济和社会的有效的变革。"我国学者牛文元和两位美国科学家提出:"发展是在人类生存条件被基本满足之后,为满足其更进一步的需求和愿望所付出的正向行为总和。"他们并进一步指出:"发展是在一个自然—社会—经济复杂系统中的行为轨迹。该正向矢量将导致此复杂系统朝向日趋合理、更为和谐的方向进化。"

　　综合以上有代表性的发展概念,可以看出它蕴涵着如下几个基本特性:

　　1. 可积累性。我们说发展观念是一种具有现代性意义的观念,主要是指发展观念是近代工业革命的伴生物,有人曾恰当地将工业革命描绘成"解放了的普罗米修斯",这种解放不仅为人类带来了光明,更带来了纷纷涌流的物质财富。在前工业革命时代,总地说来是一个物质财富相对匮乏的时代,说这个时代的物质财富匮乏主要是指,在那个时代里较少存在物质财富的剩余,所以几乎谈不上什么积累。从发展的意义上讲,没有物质财富的剩余和积累,就不可能使国家变得越来越富裕,人民的生活也不可能逐年有所改善,所以这样的时代就属于停滞的时代,或者说是没有发展的时代。与之相对照的是工业革命发生后的时代,用于进行工业生产的工厂在不断增加,工厂中所生产的工业产品又使大规模的百货公司中可供选择的商品琳琅满目，与之相适应的是象征着物质文明成就的高楼大厦也纷纷拔地而起。工厂的增多，物质的丰富和高楼的林立，都是物质财富积累的象征，同时也是经济和社会发展的象征。可以说，没有物质财富的积累就没有发展，所以积累性是传统发展观念的首要特征。

2. 可测度性。反映为物质财富增长的积累不仅是可感受到的，同时还是可以利用计算技术加以测度、并通过一套数字信息加以表述的。虽然发展并不等同于增长，但是必须使用反映增长的数字指标来展现发展的水平，这些数字指标也是在发展中才获得自己的意义。从 20 世纪 50 年代开始，经济学通过使用会计技术、长期统计分析技术和对平衡增长的静态描述技术等来研究国民生产总值(GNP)的增长，并使用人均国民生产总值来反映一个经济体的经济和社会发展水平，根据这些数值，又将所有国家分成发达国家、发展中国家和欠发达国家等若干类型。在某种意义上，人均 GDP 数值的高低便是一国人民生活水平高低的反映，甚至被看成社会文明程度的反映。第二次世界大战后，经济落后的发展中国家大都围绕着人均 GDP 的提高来制定自己国家的经济发展战略，从而把国际间政治和经济竞争演变为一场 GDP 数值的竞争。为了更加直观地反映出经济和社会发展竞争的成就，经济学又在 GDP 计算的基础上演化出增长率的数值计算来，即用年均 GDP 增长率来刻画社会的发展速度，因此 GDP 增长率又被称作发展率。可以用数值来表示社会的发展速度的事实说明，发展的观念是一个可测度的概念。

3. 进步性。发展还是一个与进步密切相关的观念，最早指出发展与进步两个概念具有一种相互缠绕关系的是法国哲学家奥古斯特·孔德，他说："就其实质而言，发展这一术语对于直接确定人类究竟在什么地方实现真正的至善，有着难以估量的好处"。在他看来发展就是进步。这里需要指出的是，关于发展的判断基本上是一个事实判断，但是进步则不然，关于进步的判断基本上是一种以人类根本利益为判断标准的价值判断。也就是说判断一个社会有没有取得进步，主要是看这个社会成员的福利有没有得到增进，或者说人们的生存状态和实际生活水平有没有得到提高。一般说来，社会的物质财富有所增长即社会获得了发展，那么这种发展必然表现为社会进步，即必然表现为社会福利的增进和人们实际生活水平的提高，也就是说表现为经济的发展和社会进步的同步。但也存在着经济发展和社会进步不同步的情形,尤其是在片面追求 GDP 增长的情况下,由于没有计算在 GDP 增长过程中所带来的不可再生资源的耗费以及环境破坏等对人们生存环境的影响,所以也可能造成 GDP 高速增长而人们的真实福利水平和实际生活质量下降的局面,这样就造成了发展和进步相背离的状况。可持续发展的思想和观念,就是针对这种理论与现实的背谬而提出的一种新发展观。

▷▷ **1.1.2 关于可持续发展**

一、可持续发展概念

在《我们共同的未来》的报告中,首次较为系统地阐明了可持续发展的观念和战略。报告认为,所谓可持续发展,就是既满足当代人的需要、又不对后代人满足其需要的能力构成危害的发展,同时提出实施可持续发展必须坚持公平性、可持续性和共同性三项基本原则。公平性主要强调人类对资源的平等占有和公平分配;可持续性主要强调代际平等的理念,当代人在寻求自己利益的最大化和需求的尽可能满足的时候,必须考虑子孙们的利益和他们的需求满足,使得我们的发展事业能够持续地进行下去。共同性是强调地球的自然系统是人类共同的家园,任何以破坏地球自然系统的方式来谋求发展的行为,受害的不仅是某个区域的人们,整个人类的利益都会因此而受到伤害。所以人类要学会与自然和谐相处,要在使地球自然系统得到保护的前提下,获得经济的不间断增长和社会的可持续进步。这些思想都基本上被写进了 1992 年《关于环境和发展的里约热内卢宣言》,进而上升为各国间进行国际交往的基本准则。

里约热内卢世界环境与发展大会之后,可持续发展问题成为国际学术界热烈讨论的话题,这些讨论主要是关于可持续发展概念的诠释、实施可持续发展战略及其应该遵循的原则。经济学家、社会学家、环境学家等从各自的领域对可持续发展的概念、意义与应用进行了大量卓有成效的研究。他们对可持续发展概念的理解虽不尽相同,但其核心内涵是一致的,都包括下面三层含义。

1. 发展

显然,可持续发展的基础是发展,没有"发展","可持续"就无从谈起。关于发展概念上文已有详尽论述。在发展的基础上,其可持续性实际上意味着或者说是要求人际公平,环境友好。

2. 人际公平

人际公平包含两个方面:横向的区际平等和纵向的代际公平。前者的实质是人类的生存品质问题,也就是社会财富、自然资源怎样在不同人群之间平等分配的问题。区际之间应体现均富、合作、互补、平等的原则,去促成财富和资源在空间范围内同代人之间的合理配置,不应造成生活质量上的过大差距以至心理上的鸿沟。后者的实质是人类的可持续生存问题,也就是人类作为一个种群能否有效地维持他的延续的问题。代际之间应以公正、合理的原则去使用和管理属于全体人类的资源和环境,每代人要以公正、合理的原则来担负各自的责任。当代人利益的获得不能建立在损害后代人利益的基础之上,当代人的发展不能以牺牲后代人的发展为代价,不同代人之间应该构建一种公平的关系。这关系到人类生活质量的改善和人类的前途与命运。

3. 环境友好

社会系统是自然系统中的一个子系统,大自然的负荷是有限的,而人的欲望是无穷的。为了使人类能长久地生存发展下去,为了使人类拥有更高的生存质量,为了使人类能有更理想的生存环境,必须要实现"自然资源与人类对其开发利用之间的平衡"。自然资源大致可以分为可再生与不可再生两类。一般说来,水、空气、阳光以及生物资源如森林资源、渔业资源等都是可再生资源。可再生资源的再生是有条件的,譬如淡水资源的再生必须靠下雨或冰川的持续融化,如果我们把生态环境破坏了,造成了干旱或冰川融化过快,就会遭受水资源匮乏的惩罚;森林资源的过度砍伐和渔业资源的过度捕捞,都有可能破坏它们的再生周期,从而造成资源枯竭的局面。而像煤炭、石油、金属矿藏等自然资源都属于不可再生资源,对这些资源的使用更必须考虑下代人的发展权问题,要尽可能延缓这类资源达到枯竭的时间。环境友好就是要寻求一种最佳的生态系统,以支持生态的完整性和人类愿望的实现,使人类的生存环境得以维持。

上述"人际公平"本质上是人与人的关系,而"环境友好"说的是人与自然的关系,所以,"可持续发展思想的核心,在于正确辨识人与自然和人与人之间的关系,要求人类以最高的智力水准与泛爱的责任感,去规范自己的行为,创造和谐的世界。人与自然的互为调适,协同进化;人与人的和谐共济,平等发展;利己利他的平衡;当代、后代的公正;自助互助的公信;自律互律的制约;凡此等等,构建了可持续发展的哲学框架,还原了中外先贤的理想范式"①。

二、可持续发展的实现

依据上述对可持续发展的理解,实现可持续发展自然要相应地从三个大的方面着手。

1. 以发展为前提

可持续发展的前提是发展,因为从逻辑上看,没有发展,可持续发展就无从谈起。而从现实上看,没有经济的发展和物质财富的增长,就不可能积累必要的财力来用于改善质量、提高效率、保护环境。实质上,片面追求增长甚至采取以破坏环境、杀鸡取卵的方式掠夺式地开发使用资源的一个重要原因是贫穷,因为只有穷疯了的人们才会以自杀的方式来追求快速致富。而解决贫穷问题的根本措施是发展,只有解决了贫困人口的基本生存问题,才能够制止那些为了生存而进行过度垦殖、过度砍伐、过度放牧、过度开采等一系列破坏生态环境的行为;也是由于贫穷的原因,人们才会对身边生存环境的日益恶化视而不见,而去从事那些小造纸、小化肥、土法炼油等严重污染环境的工业生产,甚至把那些没有经过处理的废水、废气、废渣直接排放到自然环境中去。只有用发展的办法来解决贫困,才能够从根本上堵住产生污染的源头,进而最终解决环境保护问题。人们生活质量的改善和经济效率的提高,无一不依赖于社会财富积累的增加,尤其是政府财政状况的改善,而这些都有赖于经济和社会的发展。

2. 以社会进步为目标

可持续发展的最终目的还在于改善人类的生存和发展处境,因为在传统发展观支配下的人类虽然从物质财富的增长中获得了一定的利益,但这些利益往往是一种牺牲了长远利益或者整体利益后所获得的眼前利益或局部利益。从社会进步的意义上说,经济增长并没有给社会带来多少实质性的进步。可持续发展的观念告诉我们,我们所需要的发展和增长是那种有质量、有效益的发展和增长,是那种能够给人们带来切实好处、长远利益的

---

① 牛文元、毛志锋:《可持续发展理论的系统解析》,湖北科学技术出版社 1998 年版,第 13 ~ 14 页。

发展和增长,即是一种名副其实的社会进步,这种社会进步不仅包括物质生活条件的改善,诸如居住环境、营养状况、医疗保健等方面的改善和提高;而且还包括人们的人文生存环境的改善,诸如社会人人平等原则的贯彻,社会正义精神的体现,人的各项自由和权利得到保障等。可持续发展的社会进步目标,就是要求人们的实际生活水平和生活质量能够持续不断地获得提高和改善,使人们的生活日益美好,使人们的未来充满希望。

3. 以保护自然为基础

可持续发展观念的关键之点,在于对自工业革命以来所形成的一种人与自然关系的矫正。因为自西方的文艺复兴以来,在观念上一直把自然当作人类的敌人和对手,当作人类必须去全力征服的对象。正是由于这种人与自然的对立和紧张的关系,才将科学解释为对自然规律的认识,而人们认识和掌握自然规律的目的则是征服和改造自然。正是这种不是把自然当作朋友和伙伴,而是把自然当作敌手和征服对象的观念,才使人类对自然没有一丝半点的敬畏之情,而所有的则是充满敌意的征服、改造、破坏,甚至是肆意地践踏和虐待。可持续发展首先在观念上要求人类要结束对自然的敌意,要把自然当作能够和谐共存并且不得不与之和谐共存的朋友和伙伴。其次在态度上,要求人类要充满善意和爱心去关心自然,并在行动上自觉保护地球和自然不再受到进一步的伤害,不仅要保护自然环境,同时要保护自然资源,人类要像爱护自己的兄弟姐妹那样尊重自然,爱护自然。

▷▷ **1.1.3 发展观**

可以说,可持续发展的提出和获得全球认可,标志着人类社会发展史上一次具有划时代意义的伟大转折,即由以物为中心、追求单纯经济增长的传统发展观转向以人为中心、追求社会全面进步的可持续发展观。

温家宝总理指出:"发展观是关于发展的本质、目的、内涵和要求的总体看法和根本观点。有什么样的发展观,就会有什么样的发展道路、发展模式和发展战略,就会对发展的实践产生根本性、全局性的重大影响。"[①]可以

---

① 温家宝:《提高认识,统一思想,牢固树立和认真落实科学发展观——在省部级主要领导干部"树立和落实科学发展观"专题研究班结业式上的讲话》,2004 年 2 月 21 日。

说,发展观作为一种价值判断,直接引导相关政策的制定。具体政策是发展观的系统化和建制化形态。虽然发展观是无形的,但却隐性地规定、支配着发展的走向与进程。

经过改革开放 20 多年的高速经济增长,我们在享受发展成果的同时,也受到了区域发展不平衡、环境污染和能源紧张等问题的困扰,这不能不引起各方面的警觉。党的十六届三中全会明确提出了"坚持以人为本,树立全面、协调、可持续的发展观,促进经济社会和人的全面发展";强调"统筹城乡发展、统筹区域发展、统筹经济社会发展、统筹人与自然和谐发展、统筹国内发展和对外开放的要求",推进改革和发展。这样完整地提出科学发展观,是我们党对社会主义现代化建设指导思想的新发展。牢固树立和全面落实科学发展观,对于全面建设小康社会,进而实现现代化的宏伟目标,具有重大而深远的意义。

温家宝总理进一步指出:"科学发展观强调以人为本,强调实现经济社会全面、协调、可持续发展。一方面,人的全面发展是社会发展的归宿,经济的增长、社会的进步、生活水平的提高,最终都要落实和体现在人的全面发展上。另一方面,人的全面发展,又以经济、社会、文化的发展为基础;科学技术的发展,物质产品的丰富,为人的全面发展创造了条件。科学发展观的实质是要实现经济社会更快更好的发展。发展观的第一要义是发展。离开发展,就无所谓发展观。坚持科学发展观,其根本着眼点是要用新的发展思路实现更快更好的发展。发展是硬道理,这是我们必须始终坚持的重要战略思想。中国解决一切问题的关键在于发展。"[1]

科学发展观是可持续发展理论的最新形态:"科学发展观作为发展观之新发展的产物,是特定时空条件下发展观趋于合理化与科学化的体现形式。作为认识事物的一种概念形态,发展观一旦被框定在科学范畴内,便被赋予全新的内涵与特质。科学发展观形成与运用的过程,是理性主义、科学精神与科学特质体现的过程。"[2]

---

[1] 温家宝:《提高认识,统一思想,牢固树立和认真落实科学发展观——在省部级主要领导干部"树立和落实科学发展观"专题研究班结业式上的讲话》,2004 年 2 月 21 日。

[2] 叶平、武高辉等编著:《科学技术与可持续发展》,高等教育出版社 2004 年版,第 263 页。

▶▶ **1.2 可持续发展的系统分析**

由上一节的论述可见,可持续发展的实质和核心就是永续发展,就是经济、社会、人口、资源和环境的和谐或协调发展。即要做到当前发展与未来发展相结合,当代人利益与后代人利益相结合,发展经济与合理利用资源和保护环境相结合,使我们的子孙后代永续发展和安居乐业。在此认识基础上,我们进一步运用系统分析的方法来考察可持续发展,可以获得更清晰、细致的认识。

▷▷ **1.2.1 系统分析**

与系统工程在 20 世纪 50 年代的发展同时,出现了被称为"系统分析"的方法论思想的端倪,这一发展与美国的兰德公司有特别的关系。国际应用系统分析学会(IIASA)在 20 世纪 70 年代实践并发展起来的方法无疑是兰德式的分析,系统分析在方法上较少定量化而更多地着重于策略和政策问题的分析。50 年代,兰德式的"系统分析"模式已变得很清楚,它所做的工作包括对为满足一个明确目标的所有不同方法的成本和效益进行广泛的经济评价。正式的系统分析方法论曾由许多兰德公司的作者在 50 年代做过简要的描述。希契(Hitch,1955)给出过一个与同时出现的系统工程及运筹学有许多相似之处的描述。其基本要点如下:

1. 一个或一组我们希望达到的目标。

2. 为达到目标所需的一系列供选择的技术或手段(或"系统")。

3. 每个系统所需的"成本"或资源。

4. 一个或一组数学模型,即表达目标、技术或手段、环境以及资源之间相互依赖关系的数学或逻辑框架或方程组。

5. 与目标和成本或资源相关的、选择最佳方案的标准。

在系统分析中,"系统"一词有两种含义。首先是在与"系统工程"这一短语中的用法相同的意义上使用的。这来自于一个事实,即从 20 世纪 40 年代以来国防需要常常以整个设备、人员和程序的复合体来表达,而不是表达为某件特定设备的需要。另一个意义指试图使分析成为全面的,试图考虑许多因素——财务的、技术的、政治的、策略的。这些因素将影响到某个重要问题的决策。奎德(Quade)和鲍彻(Boucher)(1968)对系统分析做过这样的描述："尽力在前后关系中把问题作为一个整体加以全面考察,并按照可能的结果比较候选方案。有三类研究是必需的,其中任何一种都可作为工作收益修正其余两种。首先需要的是系统地研究决策者的目标和在为达到目标的候选方案中做出选择的有关标准。第二是需要鉴定候选方案,检查其可行性,根据其效益和成本对之加以比较,并把时间和风险考虑进去。最后必须做出设计更好方案和选择其他目标的尝试,如果前面检查过的那些目标和方案是有欠缺的话。"[①]

综上可见,系统分析的核心是指"以恰当方式考虑所有相关因素",它承诺毫无遗漏地把与问题相关的所有因素考虑在内,并准确定位各因素间的关系。而与环境系统相偶合的社会系统,同时是由其中各要素的行动及其相互关联组成的整体,要素之间存在着复杂的非线性关系。这类复杂系统的发展、进化过程比其动力学机理更为复杂,时常伴有突变和不可预测事件。这样,任何具体的重大的社会问题往往都是一个系统问题,其中涉及的各部门、各方面、各种因素都是有机联系、相互制约的,都是整个链条上的环节。人类的无数社会实践也表明,片面的措施不仅不能真正解决经济社会中已经存在的问题,而且还会带来一系列新的经济社会问题。可以说,在社会系统可持续发展这个空前复杂的领域中,存在着大量的应被充分揭示的自然规律、社会规律及自然与社会相互交织在更高层次上的规律。而完成这项任务的只能是系统分析方法,只有对其进行系统的分析、系统的解决,才能处理好社会系统的发展问题。

如前文所述,社会系统的可持续发展实际上是要处理好三个关系:系统外,社会系统与其自然环境的关系;系统内,时间上——纵向的代际关系和空间上——横向的区际关系。对可持续发展问题的系统分析在最顶层就是要分析、处理好三个关系,使其协调平衡。

一是考察人与自然的关系的和谐性,解决人类自身发展、经济发展与自然资源和自然环境承载能力之间的矛盾,建构人与自然和谐协调的新时空。

---

① Michael C. Jackson, Systems Methodology for the Management Sciences, 1991, Plenum Press, New York, pp. 77—78.

它要求人口适度增长,人口增长不能超过自然的承载能力;要求人类在满足自己的物欲时,不能以过度消耗自然资源和破坏自然环境为代价,人的发展应该与自然的发展协调一致。人既不是听命于自然摆布的奴隶,也不是凌驾于自然之上的主人,人与自然只能是和谐的朋友,人与自然之间应该共生共荣,相互依赖,互为补充,协调发展。努力把握人与自然之间关系的平衡,寻求人与自然的和谐发展及其关系的合理性存在。同时,我们必须把人的发展同资源的消耗、环境的退化、生态的胁迫等联系在一起考虑。其实质就是体现了人与自然之间关系的和谐与协同进化。

二是考察人类经济社会发展的可持续性,即当代人与后代人之间的关系问题。也就是说,当前的人类决策和实践不应对保持或改善将来人类的生活水平造成危害,必须有效确保后代人的生存和福利。这意味着,人类必须将关注的对象从当代人扩展到后代人,将当代人之间的内部关系延伸至当代人与后代人之间,充分尊重后代人的利益和权利,并自觉充当后代人的利益代言人。它所解决的是人类发展需求的无限性与自然资源的有限性之间的矛盾。当然,这一矛盾的解决是一个永恒持续的过程,它要求人们对自然资源要合理开发和利用,培植其再生能力,对不可再生资源要厉行节约,切忌浪费,对人类生存发展的自然环境要加强保护,以便满足人类持续发展的需要。

三是考察不同区域主体之间在利益关系上的协调性,即当代人群间、地区间、国际间在资源开发与利用、环境保护与享用等方面是否互相协作、公平负担与享受等。这要求某一区域或某一国家的经济社会发展不能以损害其他地区或国家的经济利益和生态环境为代价。地球上所有的国家、不同种族的人们应该树立"一个地球村"的观念,以共同的责任、协调的行动去维护我们共同的家园。

在此基础上,还要系统分析、处理好以上三种关系之间的关系,其中协调"人与自然"的关系是保障可持续发展的基础,协调"人与人"之间的关系是实现可持续发展的核心,可持续发展是对人与自然、人与人两大关系的系统归纳,通过平衡、优化、协调,最终达到人与自然之间的协同以及人与社会之间的和谐一致。

▷▷ **1.2.2 可持续发展的系统描述**

对具体的社会系统来说,在一段时期$[t_1, t_2]$内,对于所选择的一定的

反映发展水平的描述指标(以 χ 表示)而言,显而易见,"发展"就意味着该指标的增长,即:

$$存在 t,其时 \ \chi_{t+1} > \chi_t$$

而"可持续发展"就意味着在整个时间段内该指标都是增长的,"对于任意的 t,都有 $\chi_{t+1} > \chi_t$ 成立",即:

$$\chi_{t+1} > \chi_t, t \in [t_1, t_2]$$

$[t_1, t_2]$ 为 χ 的定义域,即 χ 作为发展水平指标的时期。更严格意义上的可持续发展,不仅要求特定描述指标是增长的,而且要求其增长是较稳定的,即满足 $\chi_t = \chi_{t0} + at$,a 相对稳定。

除此之外,可持续发展还可以有另一种形式:社会系统要获得永续发展,自然意味着其时间进程 t 的不断延伸,而当时间超越特定可持续发展描述指标的定义域 $[t_1, t_2]$ 后,以该指标 χ 所描述的可持续发展成为不可能。然而,这时以不同的描述指标刻画发展水平的可持续发展还是可能的,这就是发展指标转换意义下的可持续发展。在这种转换过程中,社会系统在完成一轮可持续发展后,在不同发展指标下,开始新的一轮可持续发展。

系统地看,社会系统的演化有多种可能的形式,其中既有衰退、停滞、周期振荡,也可以有可持续发展。实际上可持续发展状态是社会经济系统演化过程的一个特例,是社会经济系统演化的动力学过程在可持续发展条件约束下的展现,因此包括可持续发展条件的社会经济系统演化的动力学过程就全面刻画了可持续发展问题。上文对可持续发展的界定,实际上就是约束社会经济系统演化的动力学过程的可持续发展条件,两者共同构成了对社会经济系统可持续发展的系统描述。

用数学语言说,社会经济系统的可持续发展状态主要有两类。

1. 单调的可持续发展

在一段时间内,相应的可持续发展描述指标单调增长,不出现明显减少的情况,这只对应两种情况:

一是环境约束不可忽略时,虽然能保持相应指标单调增长,$\chi_{t+1} > \chi_t$,但是增幅很小，$\chi_{t+1}-\chi_t\approx0$。这时的社会系统处于低速发展甚至停滞时期，发展缓慢的古代社会和所谓零增长社会都是如此。前者，在环境约束下，社会经济系统自身发展能力低下，只能实现低速发展；后者，虽然社会经济系统自身发展能力强大，但是环境资源的有限性显著，制约着社会经济系统只能维持低速的可持续发展。

二是环境容量足够大时，可实现相应指标的较快增长，"$\chi_{t+1}>\chi_t$，且$\chi_{t+1}-\chi_t>0$"，也即高速可持续发展。煤、石油、技术创新等资源相对充足的工业革命时期，以信息传输成本大幅度降低为主要资源的信息经济社会都是这样。

2. 非线性的可持续发展

如果我们在更宽泛的意义上理解可持续发展条件"$\chi_{t+1}>\chi_t$，$t\in[t_1,t_2]$"，即允许"变换标度考察$\chi_{t+1}>\chi_t$"和"在不同时期以不同指标反映发展水平"，那么我们可看到两种非线性的可持续发展：

一是间以衰退的可持续发展。虽然在一种时间标度下，社会发展时常出现衰退，但是在较大时间标度下，社会经济系统仍具有可持续发展的能力，总体趋势仍是发展的。如伴随经济周期的社会经济发展。

二是描述指标转换意义上的可持续发展。在超越特定指标的时间定义域$[t_1,t_2]$后，相应的发展环境因素的弹性减小，"提高利用效率和开发新资源"的潜力耗尽时，社会经济系统以该指标描述的可持续发展，即使是零增长也不可能。这时社会系统只能选择发展的描述指标χ转换意义下的可持续发展。例如，"以国民总产值为单一的发展的描述指标"到"以社会经济综合指标体系为发展的描述指标"的转换，其间社会系统实现了描述指标χ转换意义下的可持续发展。

由于人类社会系统是个复杂的多维度的系统，所以单一指标是无法完全刻画它的。对于可持续发展问题，同样如此，我们必须系统性地综合地考虑该问题。正如科学发展观所揭示的，它是以人为本的"经济与社会协调发展、城乡协调发展、地区协调发展、人与自然协调发展"，所以，我们应以一个指标体系而不是单一指标来描述可持续发展，而对多个相互影响的指标进行综合的系统分析将是个典型的复杂性问题。

若保留上述对可持续发展系统描述的形式不变，指标χ将不再是一个标量，而将是一个集相关因素于一身的总矢量，或说它代表的是一个指标体系。这时,χ 的可持续发展也就意味着体系内各种相关指标间要全面、协调且持续性地增长:(1)持续的发展必然是全面的,否则不可能实现可持续性。全面,是指社会系统中的各个层面,各种因素都要包括在内,人口、资源和生态环境,具体而言,全面的可持续发展,是指发展集科技、经济、社会、政治和文化于一体,是一个多维的综合的系统工程,是社会主义物质文明、政治文明、精神文明、生态文明的共同发展,是经济、社会和人的综合发展,是经济增长、政治民主、文化繁荣,社会和谐的全面发展。(2)可持续的发展也必然是协调的,否则,不协调的发展也不可能是可持续的。协调,是指处理好各种相关因素之间的关系,具体如要处理好改革、发展、稳定的关系,处理好社会各阶层之间的利益关系,处理好新形势下的人民内部矛盾和其他社会矛盾,积极稳妥地推进改革,同时让全体人民共享改革成果。传统的单纯追求经济增长的发展观,在实现经济指数增长的同时,带来了人口爆炸,土壤沙化,粮食短缺,生态破坏,环境污染等一系列严重问题,使发展面临严峻形势。可见,全面、协调、可持续是一个相互联系的整体,只有坚持全面协调的可持续发展,才能在经济实力增长,综合国力提升的基础上,实现社会全面进步和人的全面发展,才能更好地维护社会公平,激发社会活力,化解社会矛盾,保障社会稳定,发展社会事业,加强社会建设,实现社会和谐。只有坚持发展的全面性,才能从经济、政治、文化等各个方面为和谐社会建设提供物质基础、政治保障和精神支撑。只有坚持发展的协调性,才能有效地减少和化解社会矛盾,为和谐社会建设提供良好环境。只有坚持发展的可持续性,才能使和谐社会建设始终充满生机和活力。

▷▷ 1.2.3 可持续发展的系统控制

复杂的社会系统包含多个层面,其整体性要求发展的全面性,其有机性要求发展的协调性,而系统内在的结构和机制则展示了实现全面协调的可持续发展的机制。要实现可持续发展,必须在系统分析的基础上实施系统控制,具体而言,即用可持续发展的视角评估社会系统的状况,确定社会系统的可持续发展目标,推动社会系统从现状态向目标状态转化,将社会系统的演化维持在可持续发展的轨道上。这四个方面构成了社会经济系统可持续发展的系统控制问题。

1. 社会系统现状态的可持续发展评估

任何具体的社会系统都有其独特的性质、特征。社会系统可持续发展的控制,首先就要用可持续发展指标体系对具体时期的具体社会系统进行定位,看它是否处于可持续发展状态,与可持续发展状态有多大的差距,是怎样的差距,也即要对社会系统现状态进行可持续发展评估。

如上文所述,可持续发展状态意味着人与自然协调进化,人与人和谐相处,即人际公平(代际、区际公平),环境友好。在进行可持续发展状态评估的时候,就是要参照可持续发展的标准选择合适的切入点考察对象社会系统相应标准的静态和动态情况。这个合适的切入点实际上就是可持续发展的核心思想,即资源(物质资源和精神资源)在同时代人及不同时代人之间的公平分配。

首先,一个社会系统所拥有的物质资源和精神资源的现状是可持续发展状态的静态特征,标识着其可持续发展状态的起点,它的具体情况在相当程度上影响着社会系统未来可持续发展的运动学轨迹及动力学机制,所以评估社会系统的可持续发展状况不可忽视对静态现状的考察。例如"一个国家或地区的文明程度和生活质量及其对于理性需求(包括物质的和精神的需求)的接近程度"就能很好地反映该国家或地区可持续发展的现状。

其次,物质资源和精神资源在同时代人之间的公平分配,可具体化为多方面的权利平等:政治方面的政治权利平等、规则平等和在法律面前人人平等;经济方面的竞争机会平等、利用社会资源的权利平等、收入分配平等;道德方面的人格平等、人的生存权平等、人的发展权平等。评估可持续发展状态,就要从这些根本方面进行比照,因为没有公平正义就不会有社会的和谐,只有人人都享有公平的机制,公平的规则,公平的环境,公平的条件和公平的发展机会,才能真正激发社会系统的生命力,使全体人民各尽所能、各得其所,实现真正的人与人的和谐相处。

再者,物质资源和精神资源在不同时代人之间的公平分配,实际上就是资源的合理利用或说环境友好,可具体化为一个社会系统的"发展能力"、"发展潜力"、"发展速度"及其可持续性,其中包括该社会系统所具有的自然资本、生产资本、人力资本和社会资本的总和,以及对上述四种资本的合理协调、优化配置、结构升级以及对于创新能力和竞争能力的积极培育等。

将社会现状与这些方面进行比照就能确定社会系统发展的前景及其持续性。

考察上述三个方面,我们就能对在任何阶段的任何社会系统进行"发展形态"的定位。

2. 社会系统可持续发展目标状态的确定

由于具体社会系统的可持续发展状态受多种因素制约而不是唯一的,所以在对社会系统现状态进行客观全面的可持续发展评估后,就要依据"现状态"、"未来可能有的条件"和"社会系统的演化规律",确定切实可行的、合适的社会系统可持续发展的目标状态。确定怎样的可持续发展目标状态,关乎具体社会系统能否实现可持续发展及实现所需成本的大小,所以它是社会系统可持续发展系统控制问题的重要一环。

系统地看,不同的标度下会有不同的目标,可持续发展的评价指标是标度的函数,所以标度的性质将直接影响评价的性质,如标度的不确定性、时间无限延续性等就将决定评价结果的不确定性和相对性。

就是说,不同社会系统在不同阶段有其较合适的可持续发展目标,比如现阶段我国可持续发展的短期目标是由各方面相关因素决定的,有其独有的特点。温家宝总理对此有过明确的论述:"从我国进入经济社会发展新阶段面临的矛盾和国际发展经验来看,树立科学发展观至关重要。多年来,我国在经济快速发展的同时,也积累了不少矛盾和问题,主要是城乡差距、地区差距、居民收入差距持续扩大,就业和社会保障压力增加,教育、卫生、文化等社会事业发展滞后,人口增长、经济发展同生态环境、自然资源的矛盾加剧,经济增长方式落后,经济整体素质不高和竞争力不强等。这些问题必须高度重视而不可回避,必须逐步解决而不可任其发展。还要看到,我国人均国内生产总值已达 1000 美元,按既定的部署和现行汇率计算,到 2020 年将达到 3000 美元。这是整个现代化进程中一个非常关键的阶段,也是经济社会结构将发生深刻变化的重要阶段。许多国家的发展进程表明,在这一阶段,有可能出现两种发展结果:一种是搞得好,经济社会继续向前发展,顺利实现工业化、现代化;另一种是搞得不好,往往出现贫富悬殊、失业人口增多、城乡和地区差距拉大、社会矛盾加剧、生态环境恶化等问题,导致经济社会发展长期徘徊不前,甚至出现社会动荡和倒退。正反两个方面的经验教训告诉我们,在这个重要阶段,一定要处理好经济发展与社会发展的关系,处理好城乡发展、地区发展的关系,处理好不同利益群体的关系,处理好经济增长同资源、环境的关系,处理好改革发展稳定的关系,处理好物质文明建设同政治文明建设、精神文明建设的关系,还要处理好国内发展与对外开放的关系。科学发展观为我们解决前进道路上面临的矛盾和问题,顺利推进全面建设小康社会和整个现代化事业,提供了正确的指导思想和根本指针。"[1]

再如现阶段我国可持续发展的长期目标是根据我国的现状、未来可能情况及我们的理想构建的。胡锦涛总书记指出:"我们所要建设的社会主义和谐社会,应该是民主法治、公平正义、诚信友爱、充满活力、安定有序、人与自然和谐相处的社会。民主法治,就是社会主义民主得到充分发扬,依法治国基本方略得到切实落实,各方面积极因素得到广泛调动;公平正义,就是社会各方面的利益关系得到妥善协调,人民内部矛盾和其他社会矛盾得到正确处理,社会公平和正义得到切实维护和实现;诚信友爱,就是全社会互帮互助、诚实守信,全体人民平等友爱、融洽相处;充满活力,就是能够使一切有利于社会进步的创造愿望得到尊重,创造活动得到支持,创造才能得到发挥,创造成果得到肯定;安定有序,就是社会组织机制健全,社会管理完善,社会秩序良好,人民群众安居乐业,社会保持安定团结;人与自然和谐相处,就是生产发展,生活富裕,生态良好。这些基本特征是相互联系、相互作用的,需要在全面建设小康社会的进程中全面把握和体现。"[2]

在更具体和可操作的层面上,我国著名可持续发展问题专家牛文元对可持续发展目标从 7 个方面进行了系统的论述:(1)始终保持经济的理性增长:在这里特别强调一种"健康状态"下的经济增长,它既不同意限制财富积累的"零增长",也反对不顾一切条件提倡过分增长。(2)全力提高经济增长的质量:除了在结构上要不断合理与优化外,新增财富在资源消耗和能源消耗上要越来越低;在对生态环境的干扰强度上要越来越小;在知识的含量上和非物质化方面要越来越高;在总体效益的获取上要越来越好。(3)满足"以人为本"的基本生存需求:通过基本资源的开发提供充分的生

---

① 温家宝:《提高认识,统一思想,牢固树立和认真落实科学发展观——在省部级主要领导干部"树立和落实科学发展观"专题研究班结业式上的讲话》,2004 年 2 月 21日。

② 《胡锦涛强调扎实做好工作大力促进社会和谐团结》,新华网,2005 年 7 月 28 日。

存保障程度;通过就业的比例和调配,达到收入、分配、储蓄等在结构上的合理性,进而共同维护全社会成员的身心健康。(4)调控人口的数量增长,提高人口的素质:人口数量的年平均增长率首先应稳定地低于 GDP 的年平均增长率,而后逐渐实现人口自然增长率的"零增长",同时要把人口素质的提高纳入到首要考虑的政策之中。(5)维持、扩大和保护自然的资源基础:科学发展观的实物基础主要依赖于地球资源的维持、地球资源的深度发现、地球资源的合理利用乃至于废弃物的资源化。(6)集中关注科技进步对于发展瓶颈的突破:科技进步在可持续发展战略实施中,能够迅速把研究成果积极地转化为经济增长的推动力,并克服发展过程中的瓶颈,以此去达到可持续发展的总体要求。(7)始终调控环境与发展的平衡:通过不同类型的调节和控制,达到在经济发展水平不断提高时,也能相应地将环境能力保持在较高的水平上,以维系人与自然之间的协调发展。[1]

3. 社会系统从现状态到目标状态的过渡

社会系统从一种状态到另一种状态的转变可称为"社会态变"。社会态变是社会系统运动过程的一种重要的和内容丰富的模式。具体社会系统从特定现状态到特定目标状态,是由一定的运动学轨迹和动力学机制连接的,其中社会系统(作为一个适应性系统)的行为及行为模式受到相应的规范。它所决定的社会控制参量族的变化轨迹,在社会系统演化的动力学机制规定下,决定了社会系统从现状态过渡到目标状态的概率和方式。

首先,系统态变的第一个阶段是所谓的"原状态失稳"。系统的态变可描述为从一个状态到另一个状态的转换,当然这两个状态都是稳定的运动模式,前者是特定态变的原状态,后者是特定态变的目标状态,原状态的稳定性的丧失即失稳,是特定态变的第一个阶段。社会系统要实现特定的态变,首先必须改变原有的社会机制或推动社会控制参量脱离原状态的稳定区间,两种措施单独或同时推进都可使原状态成为不稳定的状态,从而完成社会态变的第一个阶段。

使原状态失稳后,实现特定态变的第二步就是要使目标状态稳定,而要使特定的目标状态成为稳定的,特定的非线性机制或控制参量是必要的但不是充分的,两者的结合才是充分的。也就是说,特定的机制和特定的控制

---

① 牛文元:《中国科学院院刊》,2004 年第 3 期。

参量两者同时处于使目标状态稳定的范围内,才能造成特定的目标状态的稳定。为实现社会态变,重要的就是营造环境,在社会涨落广泛存在的情况下,社会系统的稳态只对应于环境,有什么样的环境就有什么样的最后稳定的社会状态。对环境的营造:一方面,自然边界条件和人的自然属性作为社会系统的一个相对稳定的边界条件,在很大程度上,不是人力所及的,也就无所谓人为营造。另一方面,也是更重要的,与社会主体的行为及行为模式相关的社会环境的营造,归根结底是由社会主体实现的,社会系统中的个人、社会团体等各种尺度的子系统都可以以其各自的方式对社会系统的运动施加影响,实际上,他们就是通过社会主体的行为及行为模式这种社会控制参量影响社会运动的。

使原状态失稳,使目标状态稳定,只是实现社会态变的前两个步骤,相对于这两者,要实现特定的社会态变,更重要的也是更困难的是怎样以尽量低的成本推动社会系统从原状态向目标状态转变,即具体的操作问题。对于社会主体而言,这个具体的操作问题,就是把握社会涨落和社会控制参量的变化方式,以使社会系统按一定的途径实现预期的态变。对应于一般复杂系统的态变规律,社会态变的控制大体上可分为两个过程:"优化社会态变的目标状态"和"社会态变的路径选择"。

一般地,目标状态的优化,由特定的涨落或特定的控制参量的变换方式实现。具体到社会态变的情况,优化目标状态就是使社会态变的目标状态成为多种可能目标状态中的优势状态。它是通过以下两个过程实现的:其一,社会涨落的控制。在原状态失稳而目标状态还未建立起来时,其间是涨落起重要作用的混沌期,这时对社会涨落的控制将极大影响社会系统对未来状态的选择。各种社会主体只有抵制对目标状态不利的涨落,培植、放大与目标状态相符的涨落,才能使社会系统顺利度过混沌期,从混沌中实现期望的再生。在原状态失稳而新状态未稳时,一些应有的社会控制实际上处于弱化状态,这时不利于和有利于目标状态的社会涨落都会出现。对于前者,应以各种治标和治本的措施尽量抑制这些现象的滋生和蔓延,把它们控制在一定的限度内,使它们不致发展为稳定的巨涨落。对于后者,即对那些有利于目标状态,或是作为目标状态萌芽的涨落,则应大力扶持,促进其发展,使其成为稳定的巨涨落。其二,社会控制参量的系统推进。我们已看到由于复杂的社会系统具有多值性,所以要使系统实现特定的态变,其控制参量系统必须保持一定的结构顺序,即必须实现整体的系统推进,否则,就无法实现由特定的原状态到特定的目标状态的态变。相应地,在社会态变中,也必须保证社会控制参量系统的保序的整体系统推进,才能实现特定的目标状态。如果不能实现社会控制参量的整体系统推进,社会态变就不能达到特定的目标状态,而可能陷入完全不同的目标状态。

对于社会系统来说,实现了社会涨落控制及社会控制参量系统的保序的整体系统推进,我们就能实现社会系统的特定态变,但这唯一的特定社会态变可能对应着多种可供选择的具体路径,其中不同路径的成本不同。所以在考虑了态变的成本后,我们就应选择成本较低的态变轨迹,使在实现特定社会态变的前提下,尽量减少社会态变的代价。一方面,要把握不同社会控制参量的相对变化速度及整体变化速度,使之处于社会和国民的有限承受力范围之内,因为任何社会变革都是一个过程,不可能瞬时完成,社会的具体情况决定了社会态变的具体的最低成本。如,在进行经济结构调整时,应使社会保障体系的建立与之配套进行,这样人们可以减轻态变过程带来的痛苦,否则,即使最终实现了相应的改革目标,社会和人民也会付出高昂的代价。另一方面,在考虑态变成本的同时,也要考虑态变的方式,要考虑突变式的或渐变式的态变对社会及个人的不同影响。社会及个人的不同的有限的承受力限制了特定社会态变对态变方式的选择,有些社会只能承受低成本的渐变式态变,而有些社会却能承受高成本的突变式态变。所以在决定具体的控制参量的变化路径时,还要考虑到对态变方式的选择。

总之,复杂社会系统的目标状态对控制参量的依赖不仅是次序不可易,而且具有整体性,即一个由特定可持续发展指标体系描述的社会系统从现状态到目标状态的轨迹是由在这期间社会控制参量系统的整体运动结构决定的。社会控制参量的整体系统推进(包括特定的内部结构、空间结构、时间结构等)是实现社会经济系统特定态变的必要条件。在这里必须摈弃平面式的、线性的、机械的行为模式,否则,试图以单一的或某些不完备的措施来实现目标状态,可能会事与愿违,因为被忽略的其他控制参量只有很少不同(无论在具体的值上、序上,还是在整体性上),就可能使社会经济系统陷入完全不同的目标状态。

4. 社会系统可持续发展状态的维持

社会系统可持续发展状态的获得不是一劳永逸的,已达到可持续发展状态的社会经济系统仍存在着怎样维持的问题,这也是社会系统可持续发展系统控制的重要部分。

由于社会系统的发展进程中存在着众多内外不确定性因素,特定社会系统的可持续发展稳定状态还可能要面对指向性很强的内外不稳定因素的干扰。所以即使不能说维持可持续发展状态比获得可持续发展状态更难,至少可以说维持可持续发展状态要比获得可持续发展状态付出更持久的努力。容易理解,维持系统特定稳定状态的控制机理与前述稳定目标状态的机理是相同的,这里不再重复。对于社会系统可持续发展状态的维持,这些控制机理实际上可以对应很多具体的措施。这就恰如胡锦涛总书记指出的:"构建社会主义和谐社会,必须树立和落实科学发展观,坚持以经济建设为中心,坚持'五个统筹',促进社会主义物质文明、政治文明、精神文明建设与和谐社会建设全面发展;必须坚持以人为本,始终把最广大人民的根本利益作为党和国家工作的根本出发点和落脚点,在经济发展的基础上不断满足人民群众日益增长的物质文化需要,促进人的全面发展;必须尊重人民群众的创造精神,通过深化改革、创新体制,调动一切积极因素,激发全社会的创造活力;必须注重社会公平,正确反映和兼顾不同方面群众的利益,正确处理人民内部矛盾和其他社会矛盾,妥善协调各方面的利益关系;必须正确处理改革发展稳定的关系,坚持把改革的力度、发展的速度和社会可以承受的程度统一起来,使改革发展稳定相互协调、相互促进,确保人民群众安居乐业,确保社会政治稳定和国家长治久安。为了促进社会主义和谐社会建设,要切实保持经济持续快速协调健康发展,发展社会主义民主,落实依法治国的基本方略,加强思想道德建设,维护和实现社会公平和正义,增强全社会的创造活力,加强社会建设和管理,处理好新形势下的人民内部矛盾,加强生态环境建设和治理工作,做好保持社会稳定的工作。"①

▶▶ 1.3 区域社会系统的可持续发展

在现实社会中,我们遇到的绝大多数社会系统都不是封闭性的,而是区

① 《胡锦涛强调扎实做好工作大力促进社会和谐团结》,新华网,2005年7月28日。

域性的。可持续发展,不仅是全球或国家的战略目标选择,而且也可以是诊断区域社会系统是否健康运行的标准。因而,在对社会系统可持续发展问题有了一般性的认识后,我们不仅要进一步地探讨区域性社会系统可持续发展的特点,而且要将可持续发展过程在微观层次上具体化,探讨区域性社会系统的各个方面到底是怎样实现可持续发展的。

▷▷ **1.3.1 区域社会系统可持续发展的特点**

从科学发展观的角度看,区域社会系统可持续发展的一般规律是什么?这是要首先解决的理论基础问题。区域性社会系统的可持续发展,这个问题有两个方面:

1. 作为一个整体系统,其发展问题与前文所述一般社会系统的可持续发展问题一样,即解决好资源(物质资源、精神资源)的公平分配问题,也就是人与人及人与自然的关系问题,主要涉及系统相关各个层面在不同时、空标度上的协调性、系统化。如长、中、短期利益的平衡,经济、社会、环境发展的平衡等,这里不再赘述。

2. 作为一个区域系统,其可持续发展问题还涉及它与其他区域系统的竞争、协作关系。系统地看,要想在整体系统中占据有利的地位,竞争与协作都是不可避免的,那么具体而言怎样才能始终保持有利的发展态势呢?这是区域社会系统可持续发展要解决的特征性问题。相对于上文对可持续发展问题的一般讨论而言,要解决区域性社会系统的可持续发展问题,只要将相应结论从整体系统过渡到区域性系统即可,而这种过渡必须包含以下两个步骤:(1)截断。在区域性系统的情境中,由于不可能认识以至选择所有的问题相关因素,因此必须选择有限数目的可处理因素,那么具体地选择多少和选择哪些因素,也即在哪里截断,就需要首先予以确认。实现了正确的选择,也就完成了从整体系统到区域性系统过渡的第一步。(2)重构。在考察整体系统时,所有问题相关因素以恰当的方式处于一种系统化结构中,而在相应的区域性系统情境中,截断操作既破坏了相关因素的完备性,也会使原系统结构成为非恰当的。因此就需要把截断出来的因素以新的系统化方式重新组合起来,构建一种相对具体问题情境而言的恰当的系统结构。这样,一般地,对区域性社会系统而言,只能在特定的、具体的意义上非完备地、较恰当地考虑一些问题相关因素,即所提供的只是一种局域性的操作步骤,它无法把所有问题相关因素考虑在内,且只能在一定情境下对所选因素间的关系进行较优定位。

以中国的发展为例,在全球这个整体系统中就可以把中国看做是一个区域性系统。可以说,全球化既张扬弱肉强食的社会达尔文主义,又为发展中国家的现代化提供了空间与机遇。中国的发展是全球化与本土化的统一,全球化催生并制约着中国的发展,既是阻力也是助力,实现国内外统筹有助于变阻力为助力,变制约因素为促进因素,实现我国这个大的"区域系统"的可持续发展。

▷▷ **1.3.2 区域社会系统可持续发展的一般措施**

具体而言,对于区域性社会系统来说,首先要基于"预测"、"现状"和"可能性"几种因素的综合来解决发展目标定位的问题,即在有效预测的范围内,进行区域外科学技术发展趋势预测,经济社会结构调整趋势预测,政策调整预测等;客观分析对象系统的现实情况;考虑、比较所有可能的发展进路;进而确定符合实际情况的区域社会系统的发展目标。

有了可持续发展的目标定位后,就要比照现状,确定区域社会系统有哪些优势、哪些不足,进而要采取相应的措施。从政府的角度看,相应的措施可分为下述两类,即组织性措施和控制性措施。

组织性措施主要指营造发展环境,即创造系统运行的规则、环境、条件,并且要在关键点(临界状态)上加以引导,控制。区域社会系统的可持续发展,需要维持人才、资金、技术、劳动力等生产要素的相对稳定集中,其条件应主要由政府的组织行为来创造和维持。这就如胡锦涛总书记所强调的:"要通过发展社会主义社会的生产力来不断增强和谐社会建设的物质基础,通过发展社会主义民主政治来不断加强和谐社会建设的政治保障,通过发展社会主义先进文化来不断巩固和谐社会建设的精神支撑,同时又通过和谐社会建设来为社会主义物质文明、政治文明、精神文明建设创造有利的社会条件。"①

然而,政府的组织行为在很多情况下是不能高效率地产生宏观秩序的,这时政府的控制性行为将是必要的。区域系统各层面间在一定标度下的利

---

① 《胡锦涛强调扎实做好工作大力促进社会和谐团结》,新华网,2005年7月28日。

益,有时是难以或不能协调而达到双赢或多赢的(即无法系统化或说达到最优平衡点的),这时将要求以政府的强制性行政力量加以"控制",为全局最优或较优而调整局部利益。

在整合上述预测、组织和控制行为后,就可以建立现实的全面的可持续发展体制,但是由于区域系统的内外环境变化及各种计划、措施都具有一定程度的不确定性,所以为了实现长时标的可持续发展目标,还必须构筑系统的抗风险体系,即构建学习型的或适应不确定性变化的机制与能力。

▷▷ **1.3.3 区域社会系统可持续发展的具体对策**

上述一般性措施在应用于区域社会系统可持续发展的实践时,必须具体化、对策化,才能具有可操作性。也就是说,我们不仅要研究我们想怎样、应该怎样,更重要的是要研究我们能够怎样。在这里一方面手段要服从目的,另一方面目的也要服从手段,因为由具体的方法、步骤支持的可实现的目的才是有意义的,而不可实现的目的不但无益反而可能有害。这里我们应主要考虑做什么、能否做和怎样做,并以其为出发点来考虑想做什么和应该做什么。

几年来,我们将复杂性理论和系统管理理论运用于可持续发展的理论研究,并以可持续发展的理论为基础,将理论研究与广东省本地区的建设实践紧密结合起来,研究广东省的区域可持续发展,为广东省的可持续发展实践提供咨询。所完成的7个课题分别涉及相应区域社会系统综合性的发展对策,经济发展对策,科学、教育、社会事业发展对策研究,我们所给出的区域社会经济系统可持续发展的具体对策将详尽地展现于后面几章的内容之中。

第2章为"澳门回归前后社会经济文化发展问题研究"。对于区域社会系统来说,重大的政治体制变革虽然不是常规性的,但是也是可能发生的,而且对相应区域社会经济的发展会具有根本性的深远的影响,其影响机制与一般事件的影响具有很多相似的地方。我们选择澳门回归这一重大政治变革前后该区域的经济社会的综合发展作为研究对象,对区域社会系统的可持续发展可以说具有典型的意义。

第3章为"九运会举办对广州市天河区实施可持续发展战略的系统分析与评价"。区域社会系统的发展,经常会遇到一些机遇和挑战,现代社会中,一些典型的大型事件、社会活动,如奥运会、世界博览会、各国领导人的峰会等,常常会非常规地刺激其举办地的社会经济发展。因为这些大型活动的举办需要进行较大规模的主体及配套设施建设,服务需求大增,在相当长时间内会拉动多个行业的需求。所以,利用好这类机遇,能使区域社会经济系统实现跨越式的发展,尤其会使一些密切相关的行业、区域取得长足的进步。我们所做的"九运会举办对广州市天河区实施可持续发展战略的系统分析与评价"正是这样的一个课题,我国的全国运动会从绝对量上看是个相当大规模的社会活动,尤其对于一个区来说,会对其社会经济的发展产生相当大的影响。如何利用好这个机遇实现较好的发展是该课题要回答的问题。

第 4 章为"惠州市教育发展十年规划2001—2010",第 6 章为"广东省大中小学可持续发展教育研究报告"。任何社会系统的主体都是人,其发展都离不开人的发展,以人为本,实现人的全面发展,是科学发展观的实质和核心,而讲到可持续发展,其一个重要的内容就是教育的发展。因为教育是与相当长时间后的社会经济发展相关的,它培养的是未来的社会经济活动参与主体——人。那么具体而言怎样发展区域性的教育事业呢? 我们在"惠州市教育发展十年规划2001—2010"课题中尝试了教育发展的对策研究,在"广东省大中小学可持续发展教育研究报告"中考察了可持续发展观念本身通过教育达到持续性的情况。

第 5 章为"'广州大学城'发展规划"。区域社会系统以子系统形式进行的发展,可以是个自然过程,也可以是个有计划的过程。系统的任何一个子系统当然不会与其整体系统完全相同(只是规模小)。作为一个子系统,区域社会经济系统必然具备整体系统的各种基本的特性,但是它们又都会有一些独特的性质、特征。所以,不失一般性,我们选择"大学城"这种新的社会系统组织形态为例,来研究区域社会系统以子系统形式实现的可持续发展。系统可以从某个侧面、层次进行发展,也可以从某个部分进行发展,经过子系统从无到有、从小到大的过程,整体系统得以壮大发展。而要实现整体系统有效的可持续发展,子系统的发展必须满足一定的条件,其定位、机制、规模等要符合整体系统可持续发展的要求,两者要协调一致,才能实现子系统与整体系统在发展上的互相促进,才能实现通过子系统的发展达到整体系统可持续发展的目的。

　　第7章为"广东科学中心概念设计"。科学文化建设在区域社会经济发展中实际上占据着重要的地位。如前文所述,经济发展不等于社会进步,区域社会系统要实现可持续的、符合人类利益的发展,必须同时实现社会的进步,社会进步与经济发展实际上是相辅相成的。而科学、教育、文化是社会事业中的重要部分。所以,文化建设应是区域社会系统可持续发展的重要内容之一。我们所做的"广东科学中心概念设计"是一个典型的区域性科学教育建设项目,它充分体现了与社会发展相协调的科学文化建设内容。

　　第8章为"广东发展生物技术产业的对策研究"。只有经济的充分发展,才能为社会系统的可持续发展提供雄厚的物质基础,区域社会系统中经济的发展,在相当大程度上是以产业发展的形式进行的,经济的可持续发展也要体现在产业的可持续发展上,即不断有龙头产业出现,产业升级、替代能够正常地、不断地进行。以产业的发展为基础,才能增加就业,促进消费,带动整个经济系统的发展。这样,研究区域系统经济的可持续发展,就要落实在研究产业的发展上,我们所做的"广东发展生物技术产业的对策研究"正是这样一个具有典型意义的课题。

第2章
澳门回归前后社会经济文化发展问题研究

澳门回归前后社会经济文化发展问题研究

▶▶ **2.1 澳门社会经济发展的基本路向及主要策略**

1999年12月20日,澳门顺利平稳回归祖国,成为中华人民共和国继香港之后第二个特别行政区。澳门回归后,在"一国两制"方针指导下,根据《基本法》,在特区政府的领导下实行"澳人治澳"、"高度自治",进入了一个崭新的历史新纪元。

在新的历史时期,澳门经济将如何从连续数年的低谷走出并走向繁荣,从而实现社会的稳定发展,这将是澳门特区政府和社会各界所面临的最大挑战。我们将以经济发展为主线,详细分析澳门经济发展所面临的主要问题及其原因,在此基础上研究新时期澳门经济的整体定位及基本发展路向,并提出相应的发展策略。

▷▷ **2.1.1 回归前澳门社会经济面临的严峻形势及其主要症结**

2.1.1.1 回归前澳门经济与社会整体面临的严峻形势

澳门经济自20世纪60年代开始进入一个新的发展阶段,到70年代取得了突飞猛进的发展。1971年至1981年间,澳门本地生产总值(GDP)创下年平均增长16.7%的历史纪录,成为全球经济增长最快的地区之一。进入 80 年代,在中国内地改革开放的推动下,澳门经济获得持续稳定的增长,并形成了以旅游博彩业、出口加工业、地产建筑业、银行保险业四大产业为主要支柱的产业体系,在中国现代化建设中扮演着不容忽视的"窗口"和"桥梁"的角色。

然而,事物的发展并非一帆风顺,经济的发展也时有起伏。进入 20 世纪 90 年代以后,澳门经济在经历了初期的异常繁荣之后,从 1993 年起增长速度大幅放缓。该年,澳门本地生产值的实质增幅,从 1992 年的 13.3% 大幅下跌至 5.2%。其后,经济增长逐年放缓,并于 1996 年进入负增长期,1996 年及 1997 年,总体经济负增长分别是 0.5% 和 0.3%。1998 年,澳门的经济衰退进一步加剧,全年经济负增长高达 4.6%。及至 1999 年,经济负增长仍维持在 2.9%。而失业率则从 1997 年的 3.2% 攀升至 1999 年的 6.4%。澳门经济进入第二次世界大战以来最严重的衰退之中。

澳门经济的衰退首先从地产建筑业、出口加工业等行业开始,逐渐扩展到旅游博彩业及银行保险业,经济的四大产业支柱均存在程度不同的不景气。最早步入衰退的是地产建筑业,90 年代中期楼宇价格已从 90 年代初的高峰水平下跌五成左右,空置单位保守估计至少达 4 万个以上,积压的资金高达数百亿澳门元(以下简称元),已陷入空前困境中。曾为澳门经济最大产业的制造业亦严重萎缩,据统计,从 1989 年至 1998 年,制造业在澳门本地生产总值中所占比重从 21.4% 下跌至 9.3%,已失去主导产业的地位。90 年代中期,经济不景气亦影响到澳门的第一大产业——旅游博彩业,到澳旅客人数自 1996 年创下 815 万人次的历史纪录后开始逐年下降,1997 年和 1998 年分别是 700 万人次和 695 万人次,跌幅分别是 14% 和 0.7%。博彩收益亦呈下跌趋势,据澳门货币汇兑及监理署(AMCM)的统计数据,1998 年澳门博彩税是 50.57 亿元,比 1997 年大幅下跌 15%。在金融业,由于受到各行业经济衰退的影响,银行业经营日趋困难,经营成本普遍上升,边际利润逐年下降。据统计,1998 年银行盈利总额是 10.68 亿元,比 1997 年大幅下跌 22.3%。

2.1.1.2 澳门四大支柱产业面临的困境及其原因

1. 地产建筑业

回归前,澳门地产建筑业的低迷不景气,突出表现在以下几个方面:

第一,地价、楼价大幅下跌,楼宇空置率急升,资金大量积压。

澳门的房地产市道自1993年下半年起开始调整,后持续下滑,1996年曾一度出现轻微的反弹,1997年受亚洲金融风暴的打击终于一蹶不振。据估计,从1993年下半年开始,澳门的楼价平均已从高峰期水平下跌约五成,一套地点适中的中型住宅在最高峰期一般可售80万—90万元,90年代末仅可售40万—50万元。商业楼宇售价的跌幅可能更超过五成,新口岸的一些商业楼宇,最高峰时每平方英尺可售2000元左右,而90年代末的售价仅为600—700元,相当于高峰期水平的三成左右。

至于楼宇的空置数目,可说相当庞大,据新城市规划暨工程顾问有限公司总工程师崔世平先生的研究,自1995年以来,新落成的楼宇单位中,累积的空置单位有67000个,占新建成单位的45%,如果保守一点用两年延误的方法计算,也有56000个,而最乐观的估计仍有42000多个。其中,住宅楼宇的空置单位约在3万—5万之间,商业及写字楼空置单位约8000—13000个左右。而积压的资金保守估计约有500亿元,有人甚至估计超过1000亿元。

最典型的例子是被誉为澳门"明日尖东"的新口岸填海区,因该区的土地大部分是在1991年至1992年间批出、在1993年高峰期动工的,落成后遇到地产市道空前不景气,大量单位无法出售,空置率相当高。每当入夜,该区相当部分楼宇窗口是漆黑一片,成为澳门地产市道低迷活生生的见证。

第二,在供过于求的总体形势下,新批出的建筑准照、新动工楼盘以及新建成的楼宇面积均大幅减少。

从新批出的建筑准照看,1993年是174个,其中住宅楼盘的准照148个,除了1994年一度增加到181个之外,随后年份逐年减少,到1999年仅得42个,其中住宅楼盘准照34个,不及高峰期的1/4。从新动工楼盘看,1993年是170个,1994年达到创纪录的199个,随后也逐年减少,到1999年仅得51个,仅相当于高峰期的25.6%。

随着新动工楼盘的减少,新落成楼盘数目和楼宇面积也大幅减少。从新落成的楼盘看,1993年是206个,1995年达到235个,创下新纪录,主要是前两三年大量动工的楼盘相继落成,但随后亦大幅下降,到1999年新落成楼盘减少到65个,不到高峰期的三成。从新建成楼宇的建筑面积看,1993年是142.7万平方米,到1996年达到190.8万平方米的历史高峰,但之后则急剧下降,到 1999 年仅达 66.9 万平方米,相当于 1996 年的三成半。

第三,地产建筑业对澳门本地生产总值(GDP)的贡献下降。

据统计,地产建筑业在 20 世纪 90 年代初期全盛时期,在澳门 GDP 中所占比重曾一度高达 12% 左右,然而,随着地产建筑业的不景气,这一比例已经急降。以建筑业为例,1993 年,建筑业占 GDP 比重是 7%,到 1998 年已跌至 3.7%,约跌去四成半,照此类推,地产建筑业在澳门 GDP 中的比重可能降低 7%—8%。难怪有学者指出,长此下去,地产建筑业将不再成为澳门经济的主要支柱。

澳门地产建筑业经过长达 9 年的调整消化,直到回归前仍未看到有迹象走出谷底,其中的关键因素是沉淀在市场中为数高达 40000 至 60000 个空置的楼宇单位,这对一个人口仅 43 万的小型城市,内部经济持续不景气,外部刚遭遇亚洲金融风暴袭击,确实构成了沉重的压力。

根据最乐观的估计,澳门当时空置的楼宇单位至少有 40000 个,如果每个单位平均居住 3.5 人,按战后增长高峰期 1981—1991 年的人口平均增长率 3.9% 计算,要消化全部空置的住宅单位至少需要 7 年时间。实际上,目前澳门人口增长率已经不可能达到这么高的水平,澳门地产建筑业的消化期可能长达 10 年时间。

大量空置楼宇需要消化,积压其中的数百亿元的庞大资金无法周转,导致大量企业亏损、破产、清盘,并使银行的坏账增加,这对澳门经济的发展造成了相当深远的负面影响。20 世纪 80 年代以来,推动澳门房地产发展的资本力量主要是本地华资、港资,尤其是中资,它们在房地产业泥足深陷,严重影响了澳门的投资、消费,亦成为澳门经济近年来迟迟无法走出低谷的原因之一,这反过来影响了房地产业的复苏,形成恶性循环。

2. 出口加工业

澳门现代的出口加工业起步于 20 世纪 60 年代,到 70 年代如江海大潮,推动了澳门整体经济的起飞。在 80 年代的全盛时期,出口加工业一度超过旅游博彩业而成为澳门经济的第一大产业。据估计,1984 年,澳门出口加工业产值在澳门本地生产总值中所占比重曾高达 35.9%,超过旅游博彩业的 23.6%。

然而,进入 20 世纪 90 年代以后,澳门的出口加工业呈现整体规模收缩的态势。据统计,从 1990 年至 1999 年,澳门出口加工的生产场所从 2274

家减少到 1227 家,雇员工人由 6.47 万人减少到 4.02 万人,减幅分别是 46% 和 38%。期间,澳门出口加工业的生产总值虽然从 130.0 亿元增加到 135.8 亿元,增幅约 4.5%,但该产业在澳门本地生产总值中所占的比重却从 1989 年的 20.3% 下降到 1999 年的 9.4%,1997 年制造业在澳门 GDP 中所占比重更一度低至 8.1%。

澳门出口加工业的整体规模收缩,原因是多方面的,不过,其中的关键原因,从外部看是纺织品配额制、普惠制的出口优势日渐削弱,从内部看则是澳门的生产成本不断上涨、尤其是劳工短缺所致。

第一,纺织品配额与普惠制的出口优势日渐削弱。

20 世纪 50 年代后期,个别纺织品进口国家如英国等,为保护其自身的纺织业,开始对香港地区、印度、巴基斯坦的纺织品进口进行限制,其后联邦德国、美国、日本等国家相继追随,这就导致西方发达国家于 1974 年正式引入"多维协议"(MFA),对纺织品进口实行配额制度。当时,西方国家将澳门视为"非主要出口地区",放宽对澳门产品的限制,澳门以独立关税地区直接或间接地参加了关税及贸易总协定(GATT)和"多维协议"等国际经贸组织,澳门的纺织品和成衣亦因受到纺织配额的保护而迅速发展。

然而,多维协议作为世界开税及贸易协定的例外,经过近 20 年的运作,在 20 世纪 90 年代初期亦因世界贸易自由化的大趋势而发生重要转变。1993 年 12 月 15 日,西方主要工业国经过长达 7 年的艰苦谈判,终于就国际纺织品及成衣贸易达成乌拉圭回合的协议《纺织品及成衣协议》(Agreement on Textiles and Clothing,简称 ATC)。根据 ATC 的规定,纺织品及成衣贸易在 1995 年 1 月 1 日至 2004 年 12 月 31 日的 10 年过渡期内,进口方逐步取消所有数量限制,MFA 回到 GATT 的轨道,最终实现贸易自由化。

乌拉圭回合的 ATC 协议主要内容是:分三阶段取消配额限制。第一阶段从 1995 年 1 月起至 1997 年 12 月底,目标是按 1990 年 MFA 范围内的国际纺织品及成衣贸易总进口量的 16% 取消配额限制,同时原 MFA 双边协议中的配额基数在 1990 年的基础上增长 16%;第二阶段从 1998 年 1 月起至 2001 年 12 月底,再取消 17% 的国际纺织品贸易配额限制,同时原 MFA 双边协议中的配额基数在 1997 年的基础上增长 25%;第三阶段从 2002 年 1 月起至 2004 年 12 月底,再将 18% 的国际纺织品贸易自由化,同时原 MFA 双边协议中的配额基数在 2001 年的基础上增长 27%。10 年过渡期结束后,从2005年1月1日起,对其余49%纺织品贸易取消配额限制。至此,所有MFA的配额限制全部取消,纺织品及成衣贸易完全纳入GATT。这一转变无疑将对澳门以制衣、纺织为主体的出口加工业构成严峻的挑战。

长期以来,在澳门的纺织制衣产品出口中,受配额限制所占的比重相当大,且呈现逐年上升趋势,反映了澳门制衣纺织业对纺织配额的依赖程度。据统计,1985年,澳门受配额限制的纺织品出口值在纺织品出口总值中所占的比重是63.4%,到1996年已上升到81.3%。因此,可以预料,纺织品配额分阶段取消对澳门的出口加工业会造成相当大的冲击。

幸而在目前的第一、二阶段,由于取消配额的种类都不是澳门生产的主要成衣类别,对澳门尚未构成较大的影响。关键是在过渡期剩下的数年间,澳门的制衣纺织业能否成功转型,或者是否有新兴产业崛起替代,否则,前景将不容乐观。

澳门出口加工业的另一项外部有利因素是受普惠制低税待遇,澳门产品可免税或低税进入相关国家,这对澳门的非成衣纺织业,如玩具、电子、人造花等行业曾产生积极作用。然而,近年来,随着澳门劳动密集型产业的比较优势日渐消失,澳门享受普惠制产品的出口值呈逐年下降趋势。据统计,1989年澳门享受普惠制产品出口值为21.77亿元,占出口总值的比重为16.5%,但到1996年已跌至3.79亿元,所占比重仅为2.84%。

值得指出的是,世界贸易组织的缔约国,为遵守推行贸易自由化的承诺,在未来数年间将降低进口关税,届时最惠国待遇进口关税的差别将会缩小甚至消失,这是澳门出口加工业面对的另一不利因素。

第二,生产成本不断上升,劳工短缺,矛盾突出。

澳门的出口加工业,主要是劳动密集型的加工工业,尽管不少制衣厂已普遍采用电脑控制的衣车,但仍要人手配合操作,有的程序更完全依赖人手操作,如玩具的装嵌、制衣的熨烫,人造花的装配等工序,自动化程度低。因此,在澳门制造业总成本中,劳动力成本占很大比重。据澳门政府的统计,1986年,澳门工业薪酬总额占支出总额(薪酬总额+消耗总额)的18.6%,占普查增添额的49.98%。

20世纪70年代末80年代初,大量内地新移民涌入澳门,给澳门出口加工业提供了充裕而廉价的劳动力,保证了澳门产品在国际市场的竞争力。然而,从1984年起情况发生了变化,该年澳门政府和中国内地就移民问题达成协议,规定中国政府有关部门每月只批准120个合法移民,每年批准1440个,这种情况一直维持到现在。诚然,澳门劳工短缺的另一个重要原因,是随着经济发展、生活水平的提高,澳门居民的就业观念明显改变,愿意从事制造业生产的择业者降到最低程度,旅游博彩业等服务业的繁荣更吸引了大批的劳动力,并提高了劳工、土地等生产成本。

20世纪90年代以来,劳工短缺已对澳门制造业产生负面影响,不少工厂有订单不敢接,生产能力不能充分发挥。1992年,澳门厂商会访问属下200家会员,普遍反映由于劳工短缺,生产设备利用率不足六成。为解决劳工短缺的问题,1988年澳门政府正式批准输入外地劳工。到90年代中期,澳门输入的外劳工已超过3万人,成为支撑澳门制造业的一个重要因素。

因此,从20世纪80年代中后期起,香港厂商已不再视澳门为一个理想的投资地点。与此同时,香港的劳动密集型产业已开始大规模移到劳工和生产成本更低廉的大陆内地,尤其是广东珠江三角洲地区。澳门因为劳工短缺、成本上升,加上运输条件、行政手续繁复等因素,对香港厂商的吸引力已逐渐丧失。

20世纪90年代末,澳门出口加工业面对的挑战是最严峻的:一方面昔日劳动密集型产业的比较优势已日渐消失,但另一方面产业和升级转型又举步维艰。由于澳门的工业投资环境优势不明显,工厂企业又以中小型居多,主要属加工装配性质,辅助工业配套设施不足,加上普遍缺乏技术人才和管理人才,劳工素质偏低,资本、技术密集型产业和升级可以说困难重重。在进退两难之际,不少厂商遂把工厂迁往内地,这也是导致澳门出口加工业衰退的原因之一。

3. 旅游博彩业

长期以来,旅游博彩业一直在澳门经济中占有重要地位,除20世纪80年代中期的一段时期以外,它一直是澳门经济中最大的产业支柱。1996年,来澳门旅游人数突破800万人次大关,旅游博彩业在澳门本地生产总值中所占比重亦从80年代中期的约25%上升到90年代中期的约40%—45%,不但成为澳门经济的最大产业支柱,而且成为澳门经济的半壁江山。

不过,从1997年起,受到内部自身条件的局限,尤其是外部亚洲金融风暴的冲击,澳门旅游博彩业亦受到颇大冲击,来澳门旅客人数、旅客消费额及博彩收入等均告下跌。1997年和1998年,来澳门旅客人数分别是700

万人次及 695 万人次,分别下跌14%和0.7%,1998 年澳门的博彩税收入为50.57 亿元,比 1997 年大幅下跌 14%。目前,旅游博彩业存在的问题主要是:

第一,旅游博彩业对香港客源市场依赖过大。

长期以来,香港游客占来澳游客总数的比重,直到 1992 年以前一直高达80%以上。1992 年,来澳的香港旅客达 616.7 万人次,以人数计创历史纪录。不过自 1992 年以后,香港访澳旅客无论从所占比重和绝对数量方面,都呈现明显下降的趋势。据统计,1992 年至 1999 年,来自香港的旅客在澳门旅客总数中所占比重从 80% 逐年跌至 57%。当然,其中部分原因是来自中国内地和台湾地区的游客所占比重上升所致。不过,从到澳门的香港旅客绝对人数看,到 1999 年也已下跌至 423 万人次,比 1992 年下跌 31%。

这种情况的产生,原因是多方面的,首先是受亚洲金融风暴的冲击,香港地区经济陷入衰退;其次是澳门治安环境恶化,令游客望而却步。此外,澳门旅游资源开发不足,尚未能成为家庭式度假、商务、会议旅游地区,也是重要原因之一。这从香港旅客的结构及消费中可见一斑。据 1997 年抽样调查,来澳的香港游客中,71.2%是男性,平均逗留时间仅 1.28 天,非博彩的人均消费仅 846.5 元,均低于澳门旅客的平均数,反映出澳门对香港旅客的吸引力并不大,主要集中在博彩业。

第二,澳门旅游博彩业对博彩业的依赖过大。

长期以来,澳门的旅游博彩业是在博彩业的带动下发展起来的。

澳门的旅游博彩业包括博彩业、游览业、酒店业、饮食业、娱乐业、旅运业、珠宝首饰业、通信业及古玩业等,其中,核心行业是博彩业。根据澳门(地区)政府博彩合约监察署 1985 年 12 月出版的调查报告,90% 来澳门的旅客是为了赌博。进入 20 世纪 90 年代中期以后,博彩消费在来澳旅客消费额中所占的比重逐年上升,已从 1991 年的 61% 上升到 1997 年的 73%。可以说,博彩业的兴衰决定着澳门整个旅游博彩业的命运。这种单一的结构严重制约着澳门旅游博彩业的健康发展。

第三,澳门博彩业的专营制度严重制约着旅游博彩业的发展。

长期以来,澳门博彩业实行专营制度,垄断经营。在此制度下,博彩业内部缺乏竞争机制,专营公司在业内一家独大,垄断了整个行业。长期独占的丰厚利润,使专营公司逐渐变得暮气沉沉,不思进取,内部经营管理落后、保守、混乱以及服务素质低下,已越来越受到澳门社会各界的抨击。20世纪80年代中期以来,专营公司为了争取客源,扩大营业额,逐渐形成类似承包责任制而又带有强烈层压式推销色彩的"赌厅——叠码制度"。由此所衍生的丰厚的赌场边缘利益又成为黑社会势力坐大的温床。到20世纪90年代中期,随着澳门经济日渐不景气,逐渐坐大的黑帮势力为争夺开始减缩的赌场边缘利益而展开激烈争斗,令社会治安迅速恶化,严重影响了澳门作为国际旅游城市的形象和声誉,澳门的旅游博彩业也受到了严重的打击。

4. 金融业

随着地产建筑、出口加工、旅游博彩等支柱产业相继不景气,整体经济投资不振,内部消费疲软,澳门的金融业亦难以独善其身。以银行业为例,由于受到不少企业未能按期还款的影响,银行拨备增加,对外贷款更加审慎,致使盈利出现负增长。1998年底与1997年底相比,22家银行的存款增加67.53亿元,即增长了7.2%,但贷款却减少了5.83亿元,减幅为1.1%,存贷比率从57.8%进一步降至53.4%,而总体盈利则从13.75亿元减少到10.68亿元,大幅减少22.3%。1999年,由于受到坏账呆账大幅增加的拖累,银行的经营更不乐观。

2.1.1.3 澳门整体经济衰退的内部原因分析

澳门经济在回归前数年间陷入战后以来最严重的衰退,原因固然是多方面的,从外部看主要是受1993年开始的中国宏观经济调控的影响,尤其是受到1997年以后亚洲金融风暴的冲击,从内部来看,根本原因在于澳门经济一直以来属于具有显著依赖性、由外生变量推进、被动式发展的微型经济体系,缺乏内生的创造性的经济发展动力,一旦缺乏来自外部的经济发展因素,经济发展就急转直下,由繁荣走向衰退。历史上如此,20世纪90年代中期以来的历程也是如此。由于这一根本原因及其他的相关因素,使澳门经济发展过程中存在各种短期内难以治理的症结:

1. 澳门原有的比较优势正逐渐削弱

20世纪60年代中期以后,香港部分厂商利用澳门所享有的纺织品配额和普惠制,以及低成本的比较优势,在澳门大举投资设厂,推动了澳门出口加工业的崛兴,出口加工业的蓬勃发展又带动了整体经济的起飞和持续发展。到 80 年代中期,中国内地对外扩大开放,澳门凭借其自由港的地位及广泛的海外联系而成为内地尤其是广东珠江三角洲对外开放的桥梁和窗口,大量中资涌入澳门,投资澳门经济的各个行业,推动了澳门经济的持续发展。

然而,20 世纪 80 年代中期以后,澳门经济原有的比较优势逐渐削弱。随着中国内地开放的进一步扩大,广东珠江三角洲以低成本的优势逐渐取代了澳门而成为香港厂商的首选投资地区。这一时期,澳门的生产成本不断上升,劳工短缺,纺织品配额及普惠制的出口优势日渐削弱,澳门的出口加工业因投资后劲乏力而呈萎缩趋势,已失去作为经济主导行业的地位。踏入 90 年代,澳门因经济体积细小,特别是缺乏深水港,无法与其背后的经济腹地,尤其是珠海、珠江三角洲西部以及西江中下游地区形成紧密的战略联系,其作为这一地区对外开放的桥梁和窗口的优势亦随内地开放程度的提高而逐渐削弱。因此,到 90 年代中期以后,澳门经济因外来资金投入的大幅减少,逐渐陷入困境之中。

2. 澳门的产业结构严重失衡

澳门经济发展至 20 世纪 80 年代,基本形成了以旅游博彩、出口加工、地产建筑和银行保险为主要支柱的产业体系。但从 90 年代以来,由于地产建筑、出口加工等支柱产业纷纷出现滑坡,"产业空洞化"现象日益显著。澳门的产业结构过分依赖旅游博彩业的特征日趋突出,其在澳门本地生产总值中所占份额不断增大,已成为澳门经济的半壁江山。博彩旅游业的收益一直在澳门公共财政收入中占有举足轻重的特殊地位,其中又以博彩收益为绝大部分。在 1999 年的公共收入中,由专营权批给所得的公共收入,占总收入的 52.4%,形成了一业为主的失衡格局。实际上,旅游博彩业也在下滑,只是由于整体经济不景气,使其所占份额仍然高企。

澳门产业结构的严重失衡,还突出地表现在它的各个支柱产业内部结构不合理。旅游博彩业实际是博彩业一业独大,由于对历史与人文景观方面缺乏深度开发,对商务、会展、度假等旅游开发不足,致使旅游业缺乏多元化的综合发展。就是博彩业本身,由于"专营权"的控制,缺乏竞争和创新动力机制,方式陈旧,设施落后,传统色彩过浓,也不利于博彩业的发展。制造业结构简单,主要是纺织、制衣业两项产品占出口总值八成以上,缺乏多元化发展特色。金融业也是结构单一,以传统的信用零售银行业为主,主要进行中短期的存贷业务,缺乏资本市场,离岸金融业务起步较晚,业务规模很小。所有这些,都从不同的层面制约了澳门经济的发展,也制约了澳门经济整体竞争力的提升。

3. 缺乏大型企业,对广大中小企业发展支持不足

澳门经济的一个重要特点,是以中小企业为主,企业经营规模细小分散,而技术水平亦相对落后。以制造业为例,1999年,澳门制造业有工厂1232家,雇员41253人,平均每家工厂员工为33.5人。其中,1至19人工厂有873家,占工厂总数的70.8%。而人数在200人以上的工厂仅42家,占3.4%。

这些工厂的生产技术和设备水平从每年的固定资产增减值和使用面积亦可见一斑。1999年,全澳制造业1232家工厂增添的固定资产为5.77亿元,平均每家工厂增添固定资产46.8万元。而雇佣工人在19人以下的873家工厂,平均使用面积不足153平方米。由于企业规模细小,生产技术和设备相对落后,澳门的纺织制衣业基本上仍属于低加工度、低附加值、低技术密集形态,对低廉的劳动力依赖较大。

大企业是产业发展的龙头,也是产业发展动向的标志。中小企业是产业发展的基础,两者在结构上合理,则相得益彰,有利产业的良性发展。但澳门的产业在发展过程中,产业组织结构严重失衡,在为数约15000个的各类企业中,中小企业约占98%以上,其中相当部分业主是小本经营者。中小型企业的致命弱点是缺乏新技术、新产品的开发能力,缺少优秀的高级管理人才和技术人才。由此,导致了澳门产业发展中缺少创新的动力,也缺乏创新所需的各种资源,新一代企业家的培养成长也缺乏产业基础。澳门大企业的缺乏,既有深刻的殖民统治、历史传统文化等原因,也有澳葡政府长期以来缺乏对中小企业发展的支持的因素,其中后者是根本的。

4. 投资营商环境日渐恶化

随着比较优势的逐渐削弱、产业结构的日趋单一化,澳门投资营商环境的制约因素日益突出。自20世纪90年代初以来,随着港澳码头、友谊大桥、国际机场等多项大型基础建设项目相继完成,澳门投资营商的"硬件"环境虽然已有了较大的改善,然而,总体环境不但没有改善,而且有恶化的趋势。其中重要的制约因素,就是澳葡政府的"夕阳心态",公共行政架构、法律制度严重滞后于经济的发展,再加上回归前夕的社会治安环境的迅速

恶化,成为澳门经济发展中的重大不利因素。

澳葡政府行政程序的繁复,行政效率的低下,以及政策的多变,缺乏连续性,多年来已受到社会各界及国际投资者的抨击,令海外投资营商者望而却步,已成为澳门投资环境中的一大制约因素。由于政府机构庞大、臃肿,各部门之间分工不合理,职能重叠,又缺乏统筹协调的有效机制,澳葡政府各部门之间往往缺乏沟通渠道。而且,高级官员往往随着澳督的去留而频繁调换,造成政策的不稳定性,连续性低,行政效率低下,行政程序繁复,并导致部分环节的贪污受贿应运而生,对投资营商者造成一定的困扰。

澳门的法律制度也严重滞后于社会经济的发展。从经济方面看,澳门现行的商法,包括公司法、票据法、保险法、破产法等,主要来源于1888年颁布的《葡萄牙商法典》和1901年颁布的《有限公司法》,许多条文早已不符合一百多年后的现代澳门社会经济。1990年澳门政府曾完成修订公司法草案,但其后又搁置多年。此外,澳门的法律长期使用葡语,而非国际上通用的英语,外商在涉及法律问题时,要经过翻译等程序,往往使时间拖延,导致商业贸易上的延误。值得指出的是,尽管澳门已有较完整的法律制度,但整个社会的法治程度并不高,很多问题都需靠人际关系解决。

澳门的治安情况自1993年经济逐渐陷入不景气之后明显趋于恶化。据统计,从1987年澳门进入过渡时期开始到1994年,整体罪案数字从4717宗上升到5966宗,7年间上升了27%。然而,从1994年到1996年,整体罪案数字则从5966宗上升到8576宗,两年间升幅高达44%。1997年以后,澳门的犯罪案件呈公开化、暴力化的趋势,枪杀公务人员、绑架富人、纵火烧车等连串暴力事件不断发生,其背后则是澳门黑社会帮派因赌场利益分歧而爆发的冲突,最后演变为向澳门治安当局的公然挑衅。

迅速恶化的治安环境不仅严重地影响了澳门社会稳定及民生,而且沉重打击了澳门的旅游博彩业和整体经济,外界舆论甚至将澳门喻为"西西里岛"、"犯罪天堂"。当时,据香港大学一项民意调查的结果显示,超过七成被访市民表示因澳门治安差,而完全不涉足或减少去澳门。

5.公平竞争的市场机制尚未形成

由于种种历史因素,长期以来澳门的资本主义经济并未得到很好的发育,市场的对外开放程度较低,在经济的一系列重要领域,诸如博彩业、电讯业以及其他公用事业等均存在垄断因素,公平竞争的市场机制尚未形成。

因此,即使到了20世纪90年代,澳门的资本结构仍以港资、中资及本地华资为主体,国际化程度不高。这种情况表现为社会较封闭,观念保守,无论政府或商人都存在不同程度的排外心态。由于缺乏外资的进入,整体经济失去活力,陷入病态。这可以说是澳门经济衰退的更深层次的原因。

6. 整体人力资源素质低下

澳门长期以来高等教育与职业教育发展不足,基本没有高素质的科学研究与技术开发人才队伍,更遑论雄厚的基础研究积累,导致整体科技水平低下。从人力资源的整体素质看,据澳葡政府1999年一季度发表的《就业调查》,在全澳约20万名就业者中,文化程度在初中以下者高达74.8%。这与澳门迈向知识经济时代、不断提升经济竞争力是极不相称的。

以上种种症结,都将在长期和短期内制约澳门经济的复苏和繁荣。特区政府和澳门社会各界应以明智的态度正视这些问题,对症下药,采取各种相应的对策,逐一加以解决,为澳门的稳定和繁荣创造良好的条件。

▷▷ **2.1.2 回归后澳门社会经济发展的基本路向**

在澳门地区的经济发展过程中,目前虽然存在各种问题,存在种种制约因素,但是,必须充分注意到澳门经济发展的优势和机遇。澳门回归祖国,实施"一国两制",保持原有资本主义制度和生活方式50年不变,新成立的特区政府执政后积极进取,稳重施政,澳门市民的观念也在逐步转变,创新意识与民主风气逐渐兴起,社会关注民生、关注经济的力量不断壮大。正如何厚铧先生在上海举行的亚太经合组织2001年工商领导人峰会上的讲话中所指出的,澳门回归祖国后,中央政府恪守"一国两制"的方针,对澳门特区政府和居民予以充分的信任,既不干涉特区的内部事务,同时也对澳门的稳定和发展予以强有力的支持。澳门《基本法》的落实,确保了澳门特别行政区享有高度自治权。澳门治安环境明显好转,严重犯罪率大幅下降,社会比较稳定。澳门的经济亦扭转了回归前持续数年负增长的局面,外来投资逐步上升,旅客数字创出新高。2000年澳门本地生产总值(GDP)增长4.6%。这些都十分有利于回归后澳门的社会经济发展。尤其值得重视的是,进入21世纪,经济全球化、区域化迅速推进,区域经济合作呼声日渐强烈,包括香港、澳门在内的大珠江三角洲进一步崛起,这些都为澳门经济走向振兴繁荣奠定了基础。

正如《澳门2020》研究报告指出的那样,澳门经济作为一个产业结构极为特殊的微型经济体系,面临着经济体制自由化、经济发展国际化、经济合作区域一体化、产业结构知识密集化、城市功能服务化、旅游博彩特色化、制造业精品化、金融工具多元化、经济活动信息化、市场竞争人才化的发展趋势。如何进行合理的经济定位,加强区域经济合作,开展制度创新,奠定良好的产业发展基础,发展科技,提高人力资源素质等,都需要根据澳门的实际,制定可行的对策。

2.1.2.1 对澳门的传统社会发展模式的反思

在新的历史时期中,澳门经济的总体定位及基本发展路向,再度成为澳门社会各界关注的焦点。其实,澳门经济发展模式的研究,自从1990年澳葡政府委托著名的美国麦健士公司就澳门中期经济发展规划做的研究报告《澳门未来十年发展前景》已经开始。其后,较有影响的研究除《澳门未来十年发展前景》之外,尚有1994年中国国家科委专家组的《澳门高技术产业发展之路》、1997年广东港澳经济研究会和澳门经济学会联合课题组的《澳门经济发展的若干策略》,以及1998年吴立胜、曾国坚主编的《平衡与繁荣——澳门跨世纪经济发展战略研究》。这些研究报告实际上都对澳门新时期经济发展模式做了颇有深度的研究。

1."地区性的战略枢纽"

首先揭开这一研究序幕的,是1990年底发表的美国麦健士公司的《澳门未来十年发展前景》。该份研究报告开宗明义即指出:澳门已处于其发展的转折点,一直采取的"随波逐流"式的发展模式迄今已走到尽头,已能看到一些重大的、结构性的不利情况影响澳门经济。这是对当时仍呈现一派繁盛景象的澳门经济响起的第一声警钟,从事后分析,这种判断至今仍然是相当深刻中肯的。

该报告认为,澳门应趁当前大规模发展基础建设的有利时机,重新确定经济发展的路向,而最佳的选择就是利用"靠近增长中的有潜力的、吸引人的华南经济"这种战略竞争优势,争取发展成"地区性的战略枢纽"。这是麦健士公司对澳门经济的明确定位。可惜的是,报告并没有具体阐述这一定位的真正内涵,这是它的不足。不少人因而将所谓"地区性的战略枢纽"误解为华南地区的制造业中心。例如,有评论就批评:"如果像麦健士公司建议的那样,把澳门未来经济的希望寄予工业,而又将工业发展的重点确定为以内地特别是华南地区为目标市场,引进技术、资金,建立中等技术、有较高附加值、产品又是中国所需的工业,这是很难实现的。"

其实,综观整份报告,所谓"地区性的战略枢纽"的内涵,不仅包括制造业,而且包括服务业以及其中的旅游博彩业。该报告认为,澳门要成为"地区性的战略枢纽",就必须采取短期防御性措施和长期进攻性策略相结合的方针。从短期来讲,必须保护现有的核心行业,包括制造业的纺织制衣业,以及服务业的旅游博彩业。报告明确表示:"在服务行业,旅游业将是保护性行动的焦点。"而从长远看,报告认为澳门在制造业方面应发展纺织制衣、食品加工、家私及木制品、包装、装饰纸品、印刷、制药、塑料制品、皮货、玻璃和瓷器、工业机械和设备等具有中等技术及有较高附加值的产业,在服务业方面则应发展旅游、银行、保险、运输、教育、耐用品批发及其他商业服务。旅游业应向高附加值方向发展,包括包租旅行、国际商旅。可见,服务业尤其是旅游业仍是其中的重要环节。

不过,不可否认,报告的侧重点是考虑澳门制造业的提升,这与当时的客观环境有很大的关系。20世纪80年代期间,制造业一度取代旅游博彩业而成为澳门经济最大的产业,而80年代末期,制造业的升级转型已成为当时澳门经济中一个极紧迫的任务。可惜的是,该报告并未能扭转制造业日渐式微的颓势。

2. 大力发展高技术产业

进入20世纪90年代,澳门出口加工业的增长明显放缓,"加快工业转型步伐,以求经济持续繁荣",已成为当时澳门社会各界上下一致的呼声。在这种背景下,1993年8月,澳门基金会委托中国国家科委国际合作司组织专家研究澳门科技发展与经济繁荣之间的关系,探讨以科技促进澳门持续繁荣的发展之路。1994年10月,中国国家科委专家组经过长达一年的调查研究,正式发表题为《澳门高技术产业发展之路》的研究报告。

该报告在引言部分即明确指出:发展高技术产业已成为当今世界经济发展的主旋律。面对这一世界大潮,在1999年之后,澳门将如何保持繁荣?从当今世界的发展趋势看,答案是明确的,那就是"乘世界之大趋势,积极创造条件,大力发展高技术,求澳门经济之振兴"。为实现这一新的发展路向,该报告提出的基本对策是:利用高新技术改造澳门现有产业,并选择新的生长点营造新的高技术产业,以提高澳门产业的技术水平和竞争力,推进澳门经济的持续繁荣。报告根据"立足现实,面向未来,有限领域,重点突出,形成特色"的原则,结合澳门发展高技术产业的战略优势和制约因素,提出了澳门面向 21 世纪的发展战略,即"借中国内地高技术人才之优势,融澳门政治、经济、社会之位势,造澳门发展高技术产业之大势,从生物和信息两大高技术领域入手,培育生长点,营造新产业,再显澳门之辉煌"。据该报告的预测,到 2005 年,生物技术产业和信息技术产业将与旅游博彩、出口加工、地产建筑以及金融业一道成为澳门经济的六大产业支柱,其中,生物技术产业将仅次于旅游博彩,出口加工业则居第二位。而到 2010 年,生物技术产业将超过旅游博彩业成为澳门经济的第一大产业支柱。

不过,正如有评论指出:"澳门需要以高技术来装备和改造传统产业,也可能在极其有限的领域发展高技术产业,但要像中国科委专家设计的那样,使高技术产业成为澳门的主导产业,并通过高技术产业的发展带动整个澳门经济的持续发展,前景不容过分乐观。"事实上,澳门发展高新技术产业的整体基础比香港更加薄弱,无论从现有企业的规模、技术装备、科技人才看均远远不足以支撑其发展。像国家科委专家组的设想,进入 21 世纪的澳门,每千人口中科学家人数在 2005 年将要超过美国 1992 年的水平(3.8 人),接近以色列水平(4.7 人),更是远离澳门当前的客观现实。

3. "区域性商贸综合服务中心"

1996 年,澳门经济进入负增长时期,出口加工业在本地生产总值中所占比重已降至不足 10%,高新技术产业的崛起尚未见踪影。在这种背景下,广东港澳经济研究会和澳门经济学会的专家组成联合课题组,对澳门经济再进行全面深入的考察,并于 1997 年 3 月发表题为《澳门经济发展的若干策略》的研究报告。

该研究报告在全面分析澳门经济的种种优势和制约因素的基础上,提出了澳门经济的具体定位——"区域性商贸综合服务中心"。这一定位明显是麦健士报告的定位"区域性的战略枢纽"的具体化,而在其内涵上亦从侧重于制造业转向侧重于商贸,包括旅游博彩、金融服务和商业服务等。根据该报告的解释,"商业服务包括贸易、商业咨询、电信服务、船务、仓储、空运代理、会计、法律、建筑设计、工程及其他技术顾问、数据处理、广告、市场研究、机械设备租赁服务等。"与《澳门高技术产业发展之路》截然不同的是,该报告以商贸服务取代高技术产业,认为"已经兴起并日益发展的服务行业,将成为澳门未来经济新的支柱产业"。

不过,有评论批评说:将澳门经济发展的路向定位为"区域性商贸综合服务中心"值得斟酌。因为"按课题组的定义,显然不能把博彩旅游业包含在商贸服务业的范畴内",而商贸服务是依附性很高的行业,没有商业的高度发达,商贸服务是难以获得大规模发展的。综观该份研究报告,将旅游博彩业排除在商贸服务业之外显然是一种误解,事实上,旅游博彩业是贸易行业中的无形贸易,这是众所周知的常识。尤其是该报告在确定澳门经济发展路向时已明确指出,澳门应该"形成以旅游博彩业为先导,发展旅游博彩、出口加工、建筑地产、金融服务、商业服务等主要支柱产业,各业协调发展的多元化产业结构"。显然,该报告在确定"区域性商贸综合服务中心"这一定位时,是将旅游博彩业列为整体经济的先导行业,占有举足轻重的地位。报告并强调指出:"当前振兴经济,首先要振兴旅游博彩","要发挥旅游博彩的先导作用,带动其他产业的发展"。与前两份研究报告相比,旅游博彩业在澳门经济中的战略地位已前所未有地提高了。这一判断实际上反映了当时澳门经济的客观现实。

不过,无容否认,"区域性商贸综合服务中心"的定位确有其不足之处,即容易被外界误解旅游博彩业在其中的地位,而商贸服务的内涵亦相对地显得不够清晰、准确。

4."国际性综合旅游中心"

第4份研究报告就是以澳门新建业集团主席吴立胜为首的课题组在1997年8月发表的《平衡与繁荣——澳门跨世纪经济发展战略研究》。与前3份报告相比较,该研究报告将振兴澳门经济的期望,明显地寄托在旅游博彩业上。报告认为:"澳门经济可以定位为:保持自由港的制度框架,加强与香港及内地的分工协作,成为国际性的以博彩业为特色的综合旅游中心,并以综合旅游带动整个澳门经济的发展和社会的进步。"

该报告认为,现代社会中,旅游业这一享有"永久朝阳产业"美誉的新兴产业,越来越展现出勃勃生机。该报告认为:澳门选择以国际性的综合旅游中心为其发展目标,不仅仅依据于旅游业诱人的前景,更重要的还在于它适合澳门的具体实际,可以扬澳门经济之所长,而补其经济之所短。澳门是闻名世界的三大赌城之一,事实上,旅游业特别是博彩业长期以来一直是其重要的经济支柱。舍弃这个最大的优势,另辟经济发展的新径,恐怕是难以实现的,或者会事倍功半。而在原有的基础上发展成为国际性的综合旅游中心,可以利用原有的基础和声誉,又是轻车熟路,可以收事半功倍之效。这些分析都是相当精辟的见解,也反映了 20 世纪 90 年代中期以后旅游博彩业日益坐大、出口加工业日渐萎缩的客观现实。

然而问题是:以澳门这个区域很小的地方,能否发展成国际性的旅游中心? 旅游博彩业又是否具备带动整体经济走向繁荣的能力? 有学者认为,纵观澳门历史,旅游博彩业并不具备带动整体经济走向繁荣的能力,澳门开埠以来出现的几个经济发展较快的时期,都不是依靠旅游博彩业的发展带动的。相反,往往是整体经济处于淡景时,旅游博彩业的地位才显得较为突出。旅游博彩业与其他行业关联度较低,对其他行业缺乏足够的带动能力,在解决就业方面功能较有限,再加上该行业一直存在着来澳旅客滞留时间短,客源结构较单一,本身的扩张能力也受限制等问题,使该行业作为龙头产业的功能进一步受到制约。

且不论这一论评是否完全正确,将澳门经济的主导产业全部寄托于旅游博彩业,至少在长远战略上值得商榷。深入分析可以看到,澳门投资环境中的一个极其重要的优势,就是它作为中国南大门的另一个自由港及独立关税区。与香港相比较,澳门的经济腹地和所联系的国际市场都有很大的不同,澳门背靠的是珠江三角洲西部,沿西江往西北上溯是西江中下游广阔的经济腹地,而它联系的海外市场则以欧盟和拉丁语系国家为侧重点。这是澳门不容忽视的战略优势。从长远发展战略角度分析,澳门的这种极重要的中介角色若不加以充分利用,无论对澳门地区还是对整个中国本身,都是一种重大损失。

正因为如此,《澳门未来十年发展前景》才强调:"澳门的发展目标必须建立在本地区仅有的战略性优势的基础上,靠近增长中的有潜力的、吸引人的华南经济。"而《澳门经济发展的若干策略》亦指出,澳门必须"作为中国对外开放的窗口和桥梁,通过发展多元化的国际联系,积极扮演多重中介角色"。至于《澳门高技术产业发展研究》,亦极重视"确立澳门作为中国大陆进入欧洲统一大市场跳板的地位",可谓"英雄所见略同"。

2.1.2.2 澳门回归后社会经济的总体定位及基本发展路向

1. 澳门社会经济发展的外部宏观环境及内部竞争优势

澳门回归祖国后,即进入21世纪。21世纪初,世界经济无疑将发生深刻的变化:一方面,世界经济增长、国际贸易、国际投资、国际金融及产业结构的大调整等经济格局在20世纪90年代发展的基础上将出现新变化;另一方面,科技革命的日新月异必将推动经济全球化、区域化的加速发展。

随着经济全球化、区域化的进一步推进,区域经济一体化的进程将促进地区内贸易、投资的自由化发展,使区内贸易增长速度大大高于世界贸易增长速度。国际投资也将迅猛发展,其中,发达国家仍占主导地位,发展中国家的对外投资将日趋增加,跨国公司的直接投资及企业购并仍将是国际投资的主要方式,不仅将推动贸易和投资的相互融合,也将大大加快世界经济一体化、区域化的进程。

在这种总体经济格局中,亚太地区将在金融风暴的创伤中逐渐康复并进一步崛起,包括中国在内的这一地区无疑将成为全球最大、最活跃的经济中心区域之一。其中,包括香港、澳门、广东珠江三角洲在内的粤港澳大三角地区在过去20年高速增长的基础上,极有可能继续成为远东和亚太地区的一个主要增长极。

在21世纪初期亚太区以及粤港澳大珠江三角洲区域经济的合作与分工中,澳门经济的竞争优势最突出地主要表现在以下两个方面:

第一,澳门旅游博彩业在区域合作与分工中的竞争优势。

澳门素以"东方蒙特卡洛"之称享誉全球,其不但历史悠久,而且规模宏大、设备齐全、丰富多彩,与美国的拉斯维加斯、摩纳哥的蒙特卡洛并称世界三大赌城。其独特形象已深入人心,每年吸引了来自世界各地的数百万名游客。正因为如此,在一个相当长时期内,旅游博彩业一直是澳门经济的最大产业,它对政府的财政收入、市民的就业乃至整体经济的带动,具有重大的影响。值得指出的是,历史上,澳门曾是中西文化、宗教长期交汇的城市,具有"博物馆"式的都市风貌和丰富的历史文化遗产。这些独特的旅游博彩业资源的发展潜力不容低估。因此,澳门旅游博彩业在区域合作与分工中具有进一步发展的竞争优势与潜力。

诚然,我们也应该认识到,20世纪90年代以来,随着韩国、马来西亚、菲律宾、澳大利亚、越南等越来越多的亚太国家相继开放赌业,澳门博彩业在区内一枝独秀的局面已经不复存在,其发展空间已明显收窄,竞争优势亦日渐削弱。这种情况若不能在一个中短期内得到根本性的扭转,澳门整体经济的发展将面临严重的挑战,这是澳门社会各界不能不面对的一个严峻客观现实。

第二,澳门的自由港优势、区位优势及国际网络优势的结合。

澳门是在中国南大门与香港互成犄角之势的另一个自由港、独立关税区,1999 年 12 月 20 日回归后,是继香港之后的第二个特别行政区,继续实行原有的资本主义制度和生活方式 50 年不变。这是它相对于广东珠江三角洲的优势。与香港相比,它的经营成本较低,基础设施已在不断改善之中,而且,澳门的经济腹地和所联系的国际市场都与香港有所区别。

澳门背靠的是珠江三角洲西部,沿西江往西北上溯是西江中下游广阔的经济腹地,而它联系的国际层面,则以欧盟和葡语国家为重点。长期以来它与这些地区和国家一直保持着悠久的经济、文化等诸方面的联系。澳门的这个"中介"角色是其独特的、不容忽视的优势。无疑,因为种种主客观方面的原因,这一优势在很大程度上仍然是潜在的,尚未得到充分的发掘、利用。

然而,从长远发展的战略角度分析,澳门这种极其重要的中介角色如果不能充分发挥出来,无论对澳门还是中国本身都是一种重大的损失。澳门回归祖国后,应在"一国两制"的大前提下,充分发挥"两制"的优势,特别是注意发挥澳门特有的、内地不能代替的比较优势,通过加强其作为中国内地与国际社会尤其是欧盟及葡语国家的"中介"角色,去开拓自身的发展空间。

2. 澳门经济发展的总体定位及基本目标

根据 21 世纪世界经济的总体发展趋势和澳门本身的竞争优势,回归后澳门社会经济的发展路向可以确定为:在"一国两制"的基本框架下,维持并强化其自由港功能,使其在区域合作与分工中成为综合性旅游博彩城市和中介性商贸服务城市,并以综合旅游博彩业和中介性商贸服务业这两个产业为主导产业,促进澳门经济结构的多元化、现代化发展,并带动整体经济的持续发展和社会的稳定繁荣。

在这种经济发展路向中,澳门有两个具体的发展目标:第一,成为区域内的综合性旅游博彩城市,即"亚洲的拉斯维加斯"。在继续发展博彩业的同时,大力发展非博彩旅游业,将澳门目前以博彩业为核心的旅游博彩业拓展为博彩旅游、家庭式度假旅游、观光旅游、文化旅游、商务旅游、保健旅游、会议旅游、展览旅游互相融合及互相带动的综合性旅游服务业。第二,成为区域内中介性商贸服务城市。中介性商贸服务包括商业咨询、电讯服务、区域物流、离岸金融、建筑设施、工程及其他技术顾问、数据处理、广告、市场研究、资讯等方面。中介性商贸服务业的崛兴,势将推动澳门经济结构的多元化和升级转型,给其整体经济注入一股新的强大动力。

这两个目标可以相辅相成发挥作用。从中短期看,澳门可以作为亚洲综合性旅游博彩城市为重点,以作为中介性的国际商贸服务城市相辅助,而从中长期看,后者的战略地位将随条件的逐步成熟而逐渐提高,成为推动澳门经济发展的两股主要动力之一。

3. 基本发展目标之一——"亚洲的拉斯维加斯"

将澳门建设成综合性旅游博彩城市的目标,是要成为亚洲的拉斯维加斯。事实上,近年不少学者对澳门旅游博彩业的发展都提出了类似的概念。1997年11月29日,香港特区政府行政首长董建华的特别顾问、香港政策研究所主席叶国华在澳门一个专题演讲会上就指出:"假如将来香港成为中国的纽约,澳门可考虑争取成为中国的拉斯维加斯,营造一个安全法治的环境,建设一个文明健康的城市,提供丰富多彩的娱乐消闲服务,再加一个带良好设施和服务的会计中心,只要能正确地与香港配合,紧密依靠珠江三角洲,相信会走出一条长久稳定的发展道路。"澳门经济建设协进会会长崔煜林也发表过类似的看法,他说:"旅游博彩业在澳门已有很长的历史,并具有继续发展的潜力和空间。长远去看,在2001年博彩专营合约期满后,宜引入拉斯维加斯的管理方式,引入内部竞争,澳门有条件发展成为亚洲的旅游娱乐博彩中心。"中山大学港澳研究所教授郑天祥、雷强也指出:澳门应发展成东方的拉斯维加斯。

拉斯维加斯和澳门一样缺乏资源,但在政府政策的引导和有效监督之下,开放博彩业的内部竞争,以博彩带动旅游娱乐和整体经济,经过几十年的发展,今日的拉斯维加斯已经发展成为一个具有安全法治环境的世界著名旅游娱乐城市和会议、展览中心,经济蓬勃发展,在沙漠上创造了一个经济神话。

　　近年来,澳门旅游博彩业正面临着亚太区内许多城市日趋激烈的竞争,泰国、马来西亚、越南、澳大利亚等国家都在大力发展旅游博彩业,尤其是金融危机以来,东南亚地区的货币大幅贬值,对游客的吸引力大大增强。近年来,澳门的博彩业甚至受到香港的影响,香港原本是禁赌的地区,但目前游弋在香港附近公海的赌船已增加到7—8艘,最大的一艘达5万吨级,气派豪华、博彩设施先进、各种娱乐服务一应俱全。而且赌博完毕后可以停泊在九龙附近,十分方便香港赌客。因此,澳门的博彩业要正面面对亚太区的竞争对手,以及间歇性地承受香港甚至内地个别地区非法赌业的挑战。

　　然而,在现行专营合约的制度下,澳门的博彩业缺乏内部竞争机制,经营传统、保守,设备落后,形式单一,无力应付外界日益严峻的挑战。尤其是20世纪80年代后期以来,叠码式回佣制度泛滥,博彩业派生的外围利益丰厚,每年约有数十亿港元的博彩营业额落入回佣灰色地带,甚至被黑社会从中汲取财政资源,壮大势力,并引发了日趋激烈的利益冲突,进而令治安环境恶化,游客望而却步。这种情形若不能在短期内扭转,一旦外围城市的旅游博彩形象确立,澳门博彩业的竞争优势将迅速被削弱。

　　从长远的战略考虑,澳门要继续维持和增强其旅游博彩业的国际竞争力,就必须打破专营垄断的局面。只有打破专营垄断,引入内部竞争机制,澳门博彩业才能形成良性竞争,才能引进新的、现代化的经营管理模式,改善设施,并加强多元化发展,逐渐将澳门目前的旅游博彩转变为拉斯维加斯模式的综合性旅游。

　　在现行制度下,澳门的博彩与旅游其实是分开的,主要为成年人提供服务,因而主要属博彩旅游。根据美国拉斯维加斯的经验,在博彩经营开放之后,竞争机制将推动投资者转变经营方式和经营观念,并将竞争扩展到综合性旅游的各个方面,综合的设施将包括赌场、酒店、配套娱乐设施、主题公园、食街、博物馆、小型影院、大商场、民族文化馆、表演场等,从而将旅游及博彩原来惠及的对象,综合性地结合起来,使服务对象从原来的男性成年人扩展到家庭的大小成员和工商团体,从而大大增加客源,特别是来自度假的家庭。拉斯维加斯正是这样创造了沙漠上的奇迹。

　　澳门完全有条件发展成为亚洲的拉斯维加斯。尤其是考虑到澳门具有丰富的历史文化遗产,又是亚洲独具特色的"欧陆小镇",发展综合性旅游具有不少潜在的优势。香港政策研究所主席叶国华就有这样的感受,他说:

"在我的印象中,澳门最吸引人的是她的南欧风味、小镇风情、恬静港湾、林阴大道,我会为了松山灯塔、市政厅前、主教山、大三巴、仔的西洋大屋,甚至十月初五街的老式店铺而时不时来澳门逗留一两天,松一松紧张的神经。"他并指出:"澳门的发展实实在在适宜新旧分隔,尽力修缮好老区,保留原来小巧精致的风味,作为地区内带异国情调的旅游热点。新区则可建成符合国际标准,综合性的旅游、娱乐、康体、会议中心,吸引国际访客,既适宜喜欢刺激的人士,又适宜合家欢乐,家长参加会议,家眷同行赴澳,观光游玩,一举两得,公私兼顾。"因此,澳门回归后社会经济发展的目标之一,可确定为"亚洲的拉斯维加斯"——综合性的旅游博彩娱乐城市。

4. 基本发展目标之二——中介性的国际商贸服务城市

澳门回归后社会经济发展的另一个目标,是应该成为中介性的国际商贸服务城市。历史上,澳门曾在一个相当长时期内成为远东繁荣的转口贸易商埠。20世纪70年代澳门出口加工业崛兴,中介性的商贸服务已成为一个密不可分的重要组成部分。时至今日,澳门离岸性中介商贸活动仍相当活跃,只是由于统计方法等方面的原因,该部分收益未能在澳门本地生产总值中准确反映出来。随着国际经贸交往不断深化,中介性的商贸服务亦已日益多样化,在商品实物贸易的基础上,以技术、信息、服务等为对象的商贸活动正不断发展。因此,澳门回归祖国后,凭借其背靠中国内地并与欧盟及拉丁语系国家的悠久历史联系,其中介性商贸服务业将具有广阔的发展前景。澳门作为自由港,应该而且也可以成为继香港之后联系中国和国际经济的另一个枢纽和桥梁。

其实,澳门应该成为区域内中介性或离岸性的商贸服务城市这一目标,在澳门商界和经济学界也已取得相当程度的共识。澳门特区行政长官何厚铧上任前在一个研讨会上就曾表示:一直以来,澳门已是中国同世界联系的重要中介者,在澳门回归后,这一中介作用更符合各地华商的需要。澳门经济建设协进会会长崔煜林也表示,澳门应发展成为具有联系欧亚功能的小型国际城市。

具体而言,澳门作为中介性或离岸性商贸服务城市,可以具有以下几个方面的内涵:

第一,作为周边地区尤其是香港的后勤服务基地。

澳门的经济制度和经济体制,与香港有不少共同点,诸如都是实行资本主义的自由经济制度,是历史悠久的自由港,实行简单及低税率的税制,货币与港币挂钩,银行体系稳健、信誉良好,与香港有密切的联系,基础设施日渐完善,背靠祖国内地,与国际市场有广泛的联系,等等。但是,在经营成本方面,澳门则比香港具有优势,澳门的生活费用只是香港的40%左右,地价与租金约为香港的二至三成,雇员工资也只有香港的四成。与香港相比,澳门还有一套比较灵活的劳工输入制度和良好的生活环境。

因此,澳门有条件成为周边地区尤其是香港的后勤服务基地。事实上,这一趋势已开始显露,突出的例子是1997年香港和记传讯将该公司在香港的控制中心转移到澳门。其后,佳讯传呼、香港电讯甚至部分东南亚国家的电讯传呼公司也相继表示有意将工厂移师澳门。1998年,为了让香港工商界认同澳门是香港工商业后勤服务基地的概念,澳门汇业银行和澳门贸易投资促进局联合举办"鸿图展业在澳门"的拓展计划,结果成功引进包括佳讯传呼在内的3家公司来澳门发展。

第二,作为台商投资中国内地的中转站。

自1995年12月澳门国际机场落成启用后,澳台两地之间的经济联系明显加强,澳门作为台商投资中国内地的中转站的角色亦大大凸显。其中的最大原因是澳台航线开通后,一方面机票较香港便宜,另一方面澳门对台湾旅客实行落地签证,且"一机到底",大大方便了台湾旅客来澳或经澳转往内地。随着来澳台商的增加,台商对澳门的了解也逐渐加深,不再仅视澳门为一个赌城。在台商眼中,澳门有两大优势,一是与欧盟关系密切,享受其优惠待遇,方便台商拓展欧洲市场,二是作为联系台湾和内地的桥梁,方便台商拓展与内地特别是华南地区的经贸关系。

目前,台商投资内地的格局基本上是以香港为中转站,面向华南地区,主要集中在福建省和广东省的珠江三角洲,其中,台商在珠海投资企业就有上千家,在中山、江门、顺德等珠江三角洲西部地区达上万家。近年来,香港经营成本不断增加,台商在香港的经营日益困难,澳门就成为了理想的替代地点,极有希望成为台商在珠江三角洲投资的控制中心。澳门作为台商投资中国内地的中转站或控制中心,还有一个有利的人文因素,就是澳门的闽籍移民多达7万人,他们当中不少人在台湾有亲属,台商到澳门投资很容易就能找到熟悉澳门环境的合适人选协助管理业务。正因为以上这种种有利因素,澳门作为台商投资内地中转站的角色正日益明显。1997年,香港台湾工商协会会长王禄言在考察澳门后就表示:以澳门的地理条件看,澳门同珠海、中山、江门、湛江等地的联系比香港更为优异,澳门完全可以成为台商进入中国大陆投资、开展经贸活动的门户。

第三,作为连接中国内地和欧盟及拉丁语系国家的国际商贸城市。

澳门背靠中国内地尤其是珠江三角洲西部地区,面向国际市场,与欧盟及拉丁语系国家有着悠久的经济、文化等多方面的联系。因此,澳门有条件成为连接中国内地和欧洲市场以至拉丁语系国家的中介和桥梁。目前,欧盟在澳门已设立了不少战略性机构,包括1992年成立的澳门欧洲资讯中心,1996年成立的澳门欧洲——中国企业家俱乐部等,欧盟并计划建立欧盟——澳门——中国资讯共享系统,借助先进的信息高速公路建立起欧洲与中国相互进入之路。1998年4月在澳门就成功举行了"尤里卡计划(会合)亚洲"国际技术合作会议。因此,澳门是中国与欧洲国家发展商贸联系不容忽视的战略据点。目前,澳门的这方面优势实际上并未能发挥出来,澳门应积极发掘这一潜力,积极发展相关的中介性商贸服务,发展成为连接欧亚的小型国际商贸城市。

第四,作为区域性离岸金融中心、物流枢纽及资讯科技转移中心。

澳门要确立其作为进入中国市场的跳板和拓展欧洲市场的中介战略地位,必须要加强与中国华南地区,尤其是珠江三角洲西部以至西江中下游地区的商贸联系,包括贸易、产业、金融、旅游、科技等方面的联系。澳门如果能凭借自由港的优势,发展成珠江三角洲西部地区以至大西南对外贸易的转口港,尤其是成为区域性物流枢纽、离岸金融中心以及资讯科技转移中心,其中介性国际商贸城市的角色将进一步凸显。澳门国际机场启用后,其空运转口港角色已开始显现,尤其是1998年香港赤腊角国际机场空运货站电脑系统出现故障期间,澳门实际上已发挥部分物流分流作用。

▷▷ **2.1.3 回归后澳门社会经济发展的若干策略措施**

为推动澳门产业结构的升级转型,实现澳门经济在新的历史条件下的总体定位及基本发展路向,现阶段的关键是制定相关的实施策略,包括推进制度创新,建立良好投资营商环境,吸引外资进入;改革博彩专管制度,开放赌权,推动旅游博彩业向多元化、综合性方向发展;借势、借力积极推进区域合作,尤其是加强与广东珠江三角洲的经贸合作;改革教育制度,积极发展科技,提高人力资源的素质,以增强澳门经济的国际竞争力。

2.1.3.1 推进制度革新,建立良好的投资营商环境

澳门要扩大对外开放,积极引进外资,加强与中国内地、周边地区及与欧盟和葡语国家的经贸合作,刺激经济复苏、稳定繁荣,其首要前提是建立一个安全、良好的投资营商环境和公平竞争的市场机制。

1. 重整警队,厉行反贪倡廉,彻底打击黑社会犯罪活动,改善治安环境

长期以来,澳门的纪律部队纪律涣散,其中的害群之马贪污受贿盛行,对日益猖獗的黑社会势力打击不力,令社会治安环境日趋恶化,已经成为澳门投资营商环境中最瞩目的制约因素。澳门特区政府成立后,行政长官何厚铧即将打击黑社会犯罪活动列为首项任务,并致力于建立有效的监察机制。按照澳门《基本法》的有关规定,澳门特区政府根据澳门的历史和现实情况重组审计署、廉政公署、海关等部门,并重整警队,厉行反贪倡廉,打击黑社会犯罪活动。目前,澳门的治安环境已得到很大程度的改善。当然,长远而言,澳门特区政府应致力于建立一套有效的监察机制,彻底消灭黑社会势力滋生的社会基础。

为有效打击黑社会犯罪活动,彻底改善澳门的治安环境,建议应采取以下一些措施:

第一,修改、完善澳门刑法,加重对暴力犯罪活动的刑罚;

第二,驻澳门解放军在必要时配合澳门纪律部队维持社会治安;

第三,发动广大市民,群策群力,加强社会舆论导向,正确引导青少年;

第四,积极开展区际司法合作;

第五,严厉打击黑社会组织的洗钱活动,切断黑社会势力的经济命脉;

第六,分化瓦解黑社会组织,彻底铲除黑社会势力。

2. 积极而循序渐进地推行公共行政架构的改革,简化投资营商的行政程序,提高行政效率

由于历史的原因,澳门政府现行公共行政架构可谓流弊丛生,主要表现为公共行政机构庞大、臃肿,各部门之间分工不合理、职能重叠,而且缺乏统筹协调机制。这种状况使得各部门之间权限不清楚或重叠,导致政出多门、行政效率低下,以及政策的多变、缺乏连续性。这已成为澳门投资营商环境中的一大制约因素。

澳葡政府的官僚习气、行政效率低下，积习已久，多年来已为外界诟病，令投资者气结。关于这一点，澳门社会已有共识，就是澳葡政府建制内的高官也有同感。前澳门政府策划暨合作办公室主任苗蓝图就曾表示，澳门政府机构太过庞大，职能重复，不仅对经济发展不利，政府的财政也负担不起。因此，对澳门公共行政架构和公务员制度的改革已势在必行，继续维持现状已行不通。

澳门回归祖国，其实为澳门公共行政架构的改革提供了一个极难得的历史性契机。特区政府应该及时把握这一良机，以循序渐进的方式推行改革，致力建立一个高效、精简、廉洁、公正的政府架构，彻底解决行政程序繁复、行政效率低下等问题。同时，应致力建立公务员招聘、晋升的合理制度和机制，使架构的改革与制度的完善互相配合。

3. 积极推行法制改革，加快修订现行法律、法例，致力建立一个现代化的法律制度以及公平、公正的法治环境

澳门投资营商环境中的另一重要制约，就是澳门的法律体系，尤其是商业及经济法律体系的现代化、国际化程度低，法治程度不高，公平竞争的市场环境尚未形成，这成为澳门投资营商环境中的又一个制约因素。

因此，澳门特区政府成立后，应继续致力于推动澳门法律体系，尤其是商事法律的本地化、现代化和国际化，借鉴香港及邻近地区的成功经验，使之符合国际规范，提高对外开放的程度。在修订部分法律时，应考虑到有利于简化程序，提高效率，并适应当前澳门的社会经济实际情况。

为有利于吸引外商投资者，有关法律规例应尽量做到中、英、葡文并用，以符合国际通行的惯例。当然，建立一个健全、完善的司法体制和公平、公正的法治环境，更是其中不可或缺的重要环节。法制改革的最终目的，就是建立一个高度法治的社会，一切依法办事，以法治澳。

2.1.3.2 改革博彩专管制度，开放赌权，推动旅游博彩业向多元化、综合性方向发展，提高旅游博彩业的国际竞争力

现行的博彩专管制度虽然曾对澳门的博彩业起步发展起过积极的推动作用，然而，经过三十多年来的实践，其弊端亦已逐渐暴露，诸如使澳门博彩业经营出现垄断因素，造成博彩业经营保守，传统色彩过浓，设施陈旧，在国际及区域的竞争中逐渐落伍等问题。相比之下，邻近地区则相继放宽禁令，

引入竞争机制,发展赌业,就是邻近的香港,近年也发展起游弋公海的赌船,这对澳门博彩业构成了相当大的冲击。澳门要提高旅游博彩业的国际竞争力,当前必须注意以下几个问题:

1. 改革现行博彩专管制度,开放赌权,引入竞争机制

目前,澳门旅游娱乐有限公司的博彩专营合约于 2001 年底届满,澳门特区政府面临的一项重大经济政策,就是检讨现行的博彩专营制度并进行改革,这可以说是澳门特区政府在制定整体经济政策中无法回避的一项带有根本性的决策。这一决策对于澳门能否发展成"亚洲的拉斯维加斯"有重大的影响。

澳门只有改革现行的博彩专营制度,开放赌权,引入竞争机制,才能吸引国际资本投资澳门博彩业,推动澳门博彩业实现现代化管理,更新博彩设施,优化旅游娱乐配套设施,发展高科技博彩娱乐事业,提高服务素质,创造一个文明、健康、舒适、安全的博彩环境,在继续发挥博彩业优势的前提下,以增加对区内及国际游客的吸引力。

2. 加强对澳门历史、人文等旅游资源的深度开发

澳门要将现行以博彩业为核心的旅游业发展成为博彩、观光、文化、度假、保健、商务、会议、展览融为一体的综合性旅游服务业,就必须加强对澳门潜在的历史、人文等旅游资源的深度开发,要充分利用澳门在历史上曾是中西文化交汇的枢纽、具有"博物馆"式的城市风貌和丰富历史文化遗产的优势,突出澳门作为亚洲的"欧陆小镇"的特色。充分利用和发挥澳门现有旅游资源的潜在优势,重点搞好旅游配套,将是能保存原有特色的、投入少、见效快的可行性策略。

在发展策略上,澳门应加强整体城市的发展规划,对具有历史价值的以西湾——议事亭前地——大三巴牌坊一线为主轴的历史古城区加强保护、重建工作,强化其南欧风格和休闲情调。地产业亦应发展欧陆特色的建筑。与之相配合,可创建葡国风味食品街、步行街、土风舞表演亭、现代化并具有澳门特色的跳蚤市场、葡语短期培训班,进而强化澳门在粤港澳旅游大三角中的特色和差异。

此外,澳门应在继续办好现有的国际性文化活动,如国际音乐节、国际艺术节、格兰披治大赛车、国际烟花汇演、国际龙舟赛的同时,重点兴建一些小巧玲珑、具有丰富文化内涵的主题景观,致力将澳门建设为具有欧陆风情

的亚洲旅游度假中心和中小型国际会议、展览中心。

3. 加强粤港澳大三角旅游区的合作协调

澳门应进一步加强其与广东的经济合作,尤其是与珠海在旅游方面的合作。目前,珠海市已决定将毗邻澳门的横琴岛开发为"国际特别旅游区"。澳门应积极加强与珠海的合作,研究联合开发横琴岛的可行性,使澳门旅游博彩业的发展与横琴岛开发配合衔接,以避免形成正面竞争,争取实现相互补充、相得益彰的效益,将澳门兴建成粤港澳大三角旅游区中独具特色的一个不可或缺的重要环节。

澳门还应充分发挥粤港澳三地官方或半官方机构的区域旅游协作功能,办好"粤港澳大三角旅游区"。粤港澳三地应形成各自的旅游特色,将"购物天堂"与"博彩胜地"、"欧陆小镇"以及"南粤风情"结合起来,形成分工互补、互惠互利的旅游路线,共同提高竞争力和开拓新的旅游市场。

2.1.3.3 借力、借势,积极推进区域经济合作

澳门要取得更大的生存与发展空间,唯一的出路就是借势、借力,全方位拓展区域经济合作,其中,包括与香港、台湾、广东珠江三角洲等地区以及与欧盟和拉丁语系国家的经济合作。本报告侧重分析澳门在区域经济合作中的主要作用以及推进粤澳经济合作的对策。

1. 澳门在区域经济合作与分工中的地位与作用

从地缘经济学的角度看,澳门在区域经济合作与分工中的主要作用如下:

第一,澳门是华南经济圈与环南海经济圈的桥梁。

华南经济圈的形成,可以促进其与东南亚进行产业协作,形成环南海经济圈。从资源角度看,南中国海有1万亿美元的资源蕴藏,是中国内地除沿黄海—陇兰经济区域带以外的唯一资源替代地区,是21世纪中华民族生存的重要依托之一。

从地缘角度看,环南海地区位于日、欧、美、加经济多角地带,是亚太经济合作区域的中心地带,这一地带主要包括中国内地、香港地区、台湾地区、新加坡、马来西亚、泰国、印尼、菲律宾、越南和柬埔寨10多个国家和地区。在这些地区,社会制度、经济发展水平、市场完善程度差别大,但在文化传统、生活习惯、地域联系等多方面都存在着广泛的共同点。尤其重要的是,

东南亚华侨的亲缘、地缘、业缘、神缘和物缘五缘网络已越来越成为环南海民间交往的纽带和联系的桥梁,通过华侨引进资金、技术、人才和管理经验,建立互惠、互补、互助的经济协作圈关系已在初步形成。

从长远看,日本市场难以进入,美国市场的贸易保护主义日趋严重,而东南亚国家人口众多,商品需求结构与中国相应,是亚洲市场尚待开发的处女地。如印度尼西亚有两亿人口,生活水平处中低档,大量需求中国的轻工业品和消费品。在南海诸国家中,彼此经济发展水平虽然仍存在着一定的差异,但就各自的特点来看,可以开展以水平型经济分工为主的混合国际合作模式,开展互惠互利的分工合作,发挥各自优势。

自 20 世纪 70 年代中期起,该地区经济发生了重大而深刻的变化,其在世界经济格局中的地位呈上升趋势。特别是东盟国家实现了"农转工"的战略转移,填补了亚洲工业带的缺环,使该地区成为又一块"增长放射区"。随着经济水平的提高及工业化的深化,东南亚各国经济的向心力日益加强,势将形成"结构性变动的连锁反应"。

从潜在趋势看,它对中国澳门以及内地、台湾和香港经济发展的作用,大于以往任何时期和任何地区。环南海经济区形成以后,将出现一个地域庞大(12983109 平方公里)、人口众多(62401.70 万人)、经济总量可观(GDP 为 16386.27 亿美元)、贸易往来频繁(进出口值 9735.95 亿美元)的经济区域。澳门可在这个经济区域发挥积极的桥梁作用。

第二,澳门是通往拉丁语系国家经贸区域的枢纽。

澳门位居亚太地区中心位置,与欧共体及拉丁美洲在经贸、文化和历史方面有较深的渊源关系。历史上澳门就曾是通往马尼拉、墨西哥、果阿、里斯本环球贸易网络的一环。中国曾通过香港这一国际化自由港城市推动了与英语系国家的联系,随着中国全方位开放格局的出现,外贸体制与市场体制的多元化,中国迫切需要开辟一个通往拉丁语系国家的经贸枢纽。

世界上以葡、法、西、意等拉丁语言为第一语言的国家,可称之为"拉丁国家"。根据有关学者在 20 世纪 90 年代中期的统计,属"拉丁国家"的有葡萄牙、法国、西班牙、意大利、巴西、墨西哥等 30 余国。此外,世界上还有 50 多个国家通用拉丁系语言。两者相加,共有 80 余个国家和地区,占世界国家和地区总数的 1/3 强,比通用英语的国家和地区还多。30 多个拉丁国家人口占世界 1/9,国民生产总值占 1/6,经济技术实力相当雄厚,但其对华贸易额,仅占中国外贸总额的 7.8% ,来华投资仅占外商对华投资的 1.2% ,与拉丁国家的经济实力和国际影响极不相称。中国同其他 50 个通用拉丁系语言国家的交流,则更为薄弱。究其原因,就在于中国和拉丁国家之间,缺乏一个像香港那样的国际交流枢纽。扩大中拉交流的当务之急,是造就一个联系拉丁国家的"第二香港"。

澳门与拉丁语系国家有相似的语言、文化背景、罗马法法律体系、悠久的经贸联系,有数以万计的拉丁语系侨属。尤其值得注意的是,澳门是欧盟与中国乃至整个亚洲地区的联系纽带。1992 年欧盟和澳门签署了《欧盟和澳门之间贸易及合作协定》。协定涉及工业、贸易、科学、技术等众多领域。根据该协定,欧盟和澳门将互相给予"贸易最惠国待遇",提供共同生产、创办企业、技术转让、金融机构合作和人员交流等方面的便利,推动澳门制造业多元化,创建适合中小企业融资、掌握市场和获得科技成果的机制和机构。同时,欧盟还在澳门建立了 3 个面向亚洲乃至欧洲之外所有地区的服务中心:一是欧洲咨询中心,负责协助欧洲中小企业和亚洲中小企业建立各种联系,提供咨询服务,以及和澳门有关银行一起实施欧盟的《亚洲投资伙伴计划》;二是欧洲文献中心,馆藏了欧盟各类公开文件和刊物,并建有专门的计算机网站供用户从因特网上查询文献资料;三是欧洲旅游培训中心,负责向亚洲旅游业的同行提供各类有关欧洲旅游的培训。另外,欧盟还向澳门贸易投资促进局和澳门生产力暨科技转移中心等机构派遣专家顾问,帮助培训政府公务人员,资助有关学校和科研机构开展科研活动,并资助在澳门建立欧洲研究学会等。

欧盟发达拉丁语系国家不仅工业发达、科技领先,而且长于艺术工艺,其时装、制鞋、化妆品、食品、工艺品等高档消费品执世界同类行业牛耳,通过澳门这一窗口,华南沿海将大为受益,开辟一片新的天地。

历史上,澳门也是远东与拉美贸易的重要一环。16 世纪 80 年代至 17世纪 20 年代是澳门早期转口贸易型经济的发展高峰,期间,澳门成为里斯本——果阿——澳门——长崎——马尼拉——阿卡普尔可——得马这条航线上的重要一环。同时,澳门亦逐渐成为广州对外贸易的外港,成为中国对外贸易的一个重要转口港,经澳门输出的中国产品包括生丝、丝织品、黄金、各种矿产、瓷器、药材、手工艺品等,而经过澳门输入中国的货品包括白银、香料和象牙等,尤以银子为最大宗,而澳门亦逐渐成为中国对外贸易的一个重要中转站。

但今日中国与拉美贸易规模、经贸联系,实在与其应达到的水平相差甚远。仅以巴西为例,巴西是拉美大国,国土面积居世界第 4 位,人口居第 5 位,将是 21 世纪十大新兴市场之一,仅亚马逊地区地下资源就达 30 万亿美元之巨,而目前中国对巴西的出口只相当于对其进口的 1/10。曾为葡属非洲的安哥拉、莫桑比克、几内亚比绍、圣多美及普林比西,也是一个广大的潜在市场。

第三,澳门是未来港澳珠三角自由经济区的重要一环。

珠江三角洲经过十多年的发展,已有比较强的经济实力,然而对外仍需引进资金与技术,对内吸纳自身缺乏的能源与原材料资源。珠江三角洲是珠江流域经济区的核心,其与澳门的关系(当然也包括香港)应朝泛珠江经济区的金融中心、商业中心、信息中心、科技中心发展,使之成为整个珠江流域外向型经济发展的导向和产业换代的基地。粤港澳地区具有参与现代国际分工极有利的经济地理位置条件。按贸—工—农顺序发展加工工业和商品性农业生产,建立国际海运的中转港口产业,发展金融、信息业,高中档食品、罐头、服装及热带亚热带作物和海产品的深加工、精加工工业,电子仪表、精细化工以及建立在南海石油基础上的石化工业及其后续工业,形成外向型的区域经济体系,是其今后发展的方向。关于此点人们一般有共识,本报告强调以下两点:

其一,粤港澳经济区,应朝自由经济区方向发展,区间人员、资金、物资、劳务自由流动,依据世界经济形势,选择和实行自由的货币、汇率以及关税制度和政策。关于此点,其要点一是营造自由企业制度的经济运作机制,逐步实现粤港澳企业的"嫁接",增强工商企业的实力,参与国内外市场的竞争,并使三地组建起更多更好的跨国企业集团,参与跨国经营;二是构建粤港澳自由经济区的近期目标的第一步试验,应首先实行经济特区的一线彻底放开,把深圳、珠海经济特区与港澳地区联结为"小自由经济区";三是构建粤港澳自由经济区的远期战略是中国在实行一国两制的同时,给予广东开放度、自由度更大的自主权,使粤港澳之间的人员、资金、物资、劳务等方面可以自由畅流。随着广东经济的日益发展和粤港澳自由经济区的形成,广东与港澳地区经济边界将逐步趋向消失。

其二,港澳珠江三角洲地区应成为资金流、物质流、商品流、人才流、信息流和文化流的集成与传递、集成与辐射的创新发源地,如美国大西洋沿岸与五大湖带、美国太平洋沿岸城市带、德国莱茵河谷城市带以及日本太平洋沿岸城市带一样。城市带的兴起是经济发展梯度变化的主流,现在美国的波士顿城市带,由波士顿向南延伸到华盛顿,纵长约450英里,宽约150英里,占全国土地面积的1%,但人口却达到4000余万,是美国金融业、工商业、科学文化教育事业最集中的地带。美国与加拿大的五大湖沿岸城市带,其人口与经济实力大致与波士顿相当。日本的太平洋城市带拥有全国大部分的人口与经济及科技的精华,是世界上最大最密集的城市带。英国由伦敦向西北经伯明翰、曼彻斯特到利兹的城市带集中了英国一半以上的人口与经济实力。欧洲从荷兰的阿姆斯特丹港与鹿特丹港向南沿莱茵河,经联邦德国鲁尔区到斯图加特的一条城市带包罗有三千多万人口与联邦德国、荷兰的精华。港澳珠三角洲的崛起,也将如此。

2. 推进粤澳经济合作的基本对策

澳门在发展区域经济合作过程中,发展与广东的经济合作,是最具条件和需要优先考虑的。推进新时期粤澳两地经济合作的发展,需要围绕既定的目标,根据两地目前合作及各自经济发展中亟待解决的问题,采取相应的策略。我们的建议有如下几个主要方面:

第一,加强两地政府之间的沟通与协调,推动合作的顺利发展。

新时期粤澳经济合作的发展,需要两地政府和民间两个层面的共同努力,政府的协调与政策引导是非常重要的一环。回归后的澳门特别行政区政府与广东省政府,是"一国两制"条件下的两个地方政府,应本着平等、协商的原则,在中央政府的指导下,就区域合作与发展的各项重大事项进行沟通与协调,共同进退、共同繁荣。为此,需要组建相应的协调机构,有效地开展协调工作。这些机构至少应有三个层次:一是最高协调决策机构,可由两地共同组建经济合作协调委员会,其职能主要是解决两地合作过程中的指导原则、政策取向、重大事项决策等问题。二是半官方机构,根据合作的发展需要,在旅游、贸易、工业、科技、信息网络、教育与人才等方面设立相应的机构。其职能主要是解决具体合作领域的协调问题,提出各个领域的合作指引,处理具体的合作事务等,以推动各个领域的合作发展。目前,澳门已部分设有这些机构,还应适当增加,但广东方面还缺乏这类机构,应根据需要来构建。三是由政府机构指导的行业性协会,目前需要解决的主要问题是加强两地行业性协会的沟通与协调,发挥其促进合作发展的积极作用。

第二,以推动旅游合作为契机,扩大澳门经济发展空间,带动两地经济稳健发展。

粤澳两地的旅游合作,已有良好的基础,也取得一定的成效。但如何进一步充分利用两地旅游资源潜力巨大和互补性强的优势,推动两地旅游合作迈上新台阶,带动两地经济发展,尤其是与旅游相关的服务业的发展,仍然大有可为之处。

首先,以推进两地综合性旅游业发展为目标,将澳门以博彩旅游为主的旅游资源与广东以自然风光、历史、人文等旅游资源进行优势互补,在此基础上,以已有的旅游热点为基础,开发新的旅游热点,拓展商务、会议、度假等旅游,使旅游业向多元化发展。

其次,两地合作开发横琴岛,将其建成以旅游业为主导,综合发展商贸、饮食、房地产等产业的"国际旅游区"。近几年来,这一设想得到两地许多学者的共鸣。在功能上,可将其设定为度假、休闲、购物、会展,以配合澳门发展博彩旅游为主导,推动其非观光旅游的全面发展。在特色上,突出"中西文化交流"的主题,以吸引海内外广大游客。横琴岛"国际旅游区"的开发,不仅能有效地拓展澳门经济发展空间,特别是综合性旅游业的发展空间,而且能提升两地经济合作的层次。

再次,建立旅游业发展协调机构,组建大型的旅游集团。21 世纪初,粤港澳地区将成为世界三大旅游热点之一,面对这一机遇,仅有一般的"联合推广机构"远远不够,必须在区域中将长期旅游发展规划、发展策略、景区景点布局与投资建设、利益协调等方面进行更高层次的协调与合作。因此,需要建立具有决策、协调职能的机构,以统筹全区旅游业的综合发展,并配合以组建大型的旅游集团,直接推动旅游业的发展。

第三,继续加强两地基础设施建设的协调与合作,为两地经济发展增创良好的硬环境。

自20 世纪90 年代以来,粤澳两地的基础设施已得到很大程度的改善。目前的主要制约在于粤澳的陆路(包括高速公路与铁路)未能联结及澳门缺乏深水港。同时,沟通粤港澳三地的便捷的交通运输网络建设问题,具体来说就是跨越珠港澳三地的跨海大桥的建设问题,也是未来两地经济合作发展的重要基础设施。有关跨海大桥及深水港的建设方案,三地政府及学者都有不同想法,提出过多个方案。这涉及投资成本、经济效益与三地各自的经济利益问题。要在中央政府的协助下,三地通过充分协商和合作,不以一时一地之利益争长短,而以三地共同的长远利益去考虑问题,在多个方案比较、论证的基础上进行选择,才能成功。

第四,充分利用澳门的特殊优势,实施市场多元化战略,推动两地经济国际化的发展。

澳门未来发展成为国际性的商贸服务城市的经济定位,目的就是为了推动澳门经济与广东经济的国际化,扩大对外经济活动的舞台。因此,必须充分利用澳门的自由港、独立关税区以及与中国台湾、欧盟和拉丁语系国家、地区具有广泛联系的特殊优势,以澳门为中介,两地联手发展与台湾、欧盟及拉丁语系国家和地区的经贸关系,实施市场多元化战略。

在发展广东与台湾的经贸关系方面,充分利用澳台通航及澳台关系日益密切的机遇,在澳门设台商投资促进机构,着重做好咨询服务、招商引资等工作,吸引更多的台商到澳门、广东投资与贸易,使澳门成为广东台商的总部集结地和生活、后勤服务基地,使广东成为台商投资与贸易的热点。

在发展粤澳与欧盟和拉丁语系的国家和地区的经贸关系方面,要充分利用澳门欧洲资讯中心所提供的关于欧洲的投资、贸易、法律等方面的信息,进行市场分析,寻找机会,引进外资和输出产品,逐步扩大经济贸易往来。对拉丁语系国家和地区的经贸关系的发展,目前应主要进行市场调查,寻找市场突破口,为拓展东西非洲和南美洲的市场开辟道路。

第五,创造各种有利条件,促进两地的人才、技术交流,促进产业的升级转型。

澳门经济发展路向以综合性旅游业和商贸服务业为两大支柱,但并不排斥出口加工业、房地产业、金融业等产业的发展。这些产业的发展都需要大量的专业人才和科学技术。澳门素来严重缺乏专业人才和科学技术,而广东经过二十多年改革开放的发展,相对于澳门具有比较优势。因此,澳门完全可以借鉴香港积极引进内地高级人才的方法,采取积极措施,从广东以至内地引进高中级技术人才,以丰富自身的人才资源。在科学技术引进方面,亦可向广东以至内地引进应用科技,用以改造传统的加工业,推动产业升级转型。而广东的科技机构、高等院校以及厂商也应运用市场机制积极向澳门厂商推介,相得益彰。

第六,支援澳门人力资源开发,努力提高澳门人力资源的整体素质。

澳门回归后的经济重建和制度创新都需要大量各种类型和各种层次的人才。只靠人才引进并不能彻底解决问题,关键还要靠培养本地的专业人才和提高本地人力资源的整体素质。这不仅需要澳门特区政府下大力改革教育体制,调整教育结构,增大教育投资,积极开展普通教育和职业技术教育,而且需要广东以至内地的高等院校予以大力支援。因为澳门的高等教育和职业技术教育资源有限,需要利用广东以至内地的教育资源,通过合作办校、合作培训,或输送人员到广东及内地高等院校学习等形式,加快人才资源开发的步伐,为经济发展提供更多高素质的人才。

2.1.3.4 建立深水港,进一步完善交通设施,强化自由港功能

20 世纪 90 年代以来,澳门的基础设施已得到很大程度的改善,尤其是澳门国际机场通航之后,澳门与外界的交通联系已大大改善。然而,澳门要借势、借力推动区域经济合作,成为中介性商贸国际城市,尤其是成为连接中国内地与欧洲市场的枢纽港,仍深深受到其缺乏深水港的制约。澳门要在区域经济的合作与分工中扮演一定的角色,关键因素之一是改善港口设施条件以及彻底改善澳门与珠江三角洲北部以至大西南的水陆路交通运输条件。

当初,澳门兴建九澳港时就有两个明确的目标,一是取代内港在货柜方面的业务,成为澳门货柜及燃油专业码头;二是与机场和铁路相结合,实现澳门作为区内主要转口港的构思。然而,目前的九澳港均未能做到这两点。因此,应迅速展开九澳港第二期工程,将九澳港浚深至 7—9 米,可停泊 5000 吨货轮,以适应发展需要,并为建设更大吨位的深水港奠定基础。

然而,由于九澳港的选址存在先天不足问题,要做根本性改善难度很大。为此,曾有顾问公司提出一个方案,拟在九澳港离岸十多公里海面兴建一人工岛,在岛上兴建深水港,在附近海面设立配合珠江三角洲内河航运的中流作业码头,人工岛港口预计水深可达 17 米,并与国际航道直接相通。根据该方案,此举可强化澳门自由港的中转功能,其服务范围可涵盖珠江三角洲西部以至西江中下游地区。另一个构想就是加强珠澳合作,在得到中央政府支持的前提下,将珠海部分具备条件的岛屿拨归澳门兴建深水港或

合作兴建深水港。不少专家认为,珠江口西部地区最适合建设深水大港的地方就是在万山群岛地区,可考虑澳门与珠海合作兴建。不过,这一构想在实施中将会遇到不少实际困难。有关珠澳合作共建深水港问题,建议中央政府、广东省政府及有关方面成立专门小组详细研究。

至于在澳门与内地货运方面,可从水路、公路、铁路三个方面着手,通过与内地有关方面协商,重开前山水道,恢复前山河的航运,同时加快京珠高速公路和广珠铁路的建设步伐,彻底打通澳门与珠江三角洲乃至中国内地的交通大动脉,以真正发挥和强化澳门自由港的功能。

2.1.3.5 树立科技创新理念,积极培植资讯科技企业,培育新一代企业家,加速人力资源的开发

1. 树立科技创新理念,积极培植资讯科技企业

澳门作为一个独立的经济体系,面对知识经济的挑战和大珠江三角洲蓬勃发展高新科技产业的趋势,高新科技产业不可或缺。诚然,以澳门目前的科技基础和产业基础,条件是欠缺的,但可通过政府和民间的共同努力,逐步建立起一批高新科技企业,甚至可以在将来发展自己的高科技工业园。澳门可充分发挥生产力暨科技转移中心的积极作用,通过发展应用科技来改造传统产业,提升其科技水平;通过推动资讯科技的发展,带动新兴的高新科技产业发展,并在高新科技产业发展具有一定基础的时候,筹建自己的工业科技园。这里的关键点有四点:

第一,在澳门全社会要逐渐形成科技创新的理念,认识到澳门经济的长远发展和竞争力的提升离不开高新科技产业的发展。否则,就是在大珠江三角洲的科技合作中,澳门也只能是门外汉。

第二,澳门生产力暨科技转移中心应该发展为高新技术企业孵化器,并能充分发挥这一职能,为中小企业提供包括技术开发、生产经营、资金筹措、信息咨询、人才培训、国际交流和物业管理等方面的配套服务。

第三,特区政府应成立专职科技发展的机构,以组织指导科技产业的发展。同时,应在资源、政策等方面全力支持生产力暨科技转移中心的发展。

第四,建立科技产业风险投资基金,合理利用现代的金融工具服务于科技产业的发展。

2. 积极培育新一代企业家

澳门经济振兴与持续发展，需要有一大批富有创新理念的新生代企业家，通过他们冲破传统保守的、家庭式的工商企业管理模式，将澳门的工商企业引向现代化。主要措施在于：现代企业家精神的培养，现代企业管理知识的传授，尤其重要的是对有专长的青年人才给予其创业的支持。因此，企业管理人才的引进、专业管理教育的扩张、MBA教育的引入、新型的行业协会的发展等都是必需的。

企业家的生存空间是企业的发展，因此，支持中小企业发展不仅仅是经济发展的需要，也是培育新生代企业家的需要。澳门特区政府可借鉴香港或一些发达国家支持中小企业发展的策略，根据澳门产业发展的需要，制定支持中小企业发展的具体政策和措施，包括资金支持、人力支持、科技支持、市场信息咨询等等，使中小企业有一个良好的生存与发展空间，为产业发展创造良好的基础。

3. 改革教育制度，加速人力资源的开发

现代经济竞争的核心是人才竞争。澳门人力资源素质低下已是不争的事实，而且仅靠短期的努力是不能奏效的。因此，必须将人力资源作为一项长期的、根本的战略任务，坚持不懈地努力，才能取得实效。人力资源开发需要大量的投入，故必须广泛宣传，使全社会从特首到普通市民都认识到人力资源对澳门经济发展的制约，认识到人力资本的价值所在，并形成政府与民间共同投资的理念和风气。澳门努力进行人力资源开发的主要措施应包括：

第一，争取尽快实施12年义务教育制度，从根本上解决提高公民文化素质的问题。

第二，拓展高等教育规模，调整专业结构与专业课程设置，培养更多的高级专业人才。

第三，积极发展职业教育。政府与民间团体机构都应积极开办各种职业教育机构，培养各类型的高、中、低级职业技能人才。

第四，制定并逐步实行继续教育制度，对各类管理、技术与技能人才不断进行知识更新，接受新的技术，掌握新的技能，尤其是对在职的中青年就业人员，必须首先纳入继续教育工程，以保证有效地提高现实人力资源的素质。

在这方面应借鉴香港的成功经验。但由于澳门与香港比较，许多方面的条件不如香港优越,因而吸引力会低些。应考虑适当降低进入的条件,在服务方面下足工夫。

结束语:澳门——中等规模全方位开放的国际性"明星"城市

本报告在经济全球化、区域化的宏观经济背景下,根据澳门在区域经济合作与分工中的竞争优势,提出澳门进入21世纪初期社会经济发展的总体定位和基本发展路向,即成为多元化、综合性旅游娱乐城市和区域性商贸服务中心,并提出实施的相关发展策略。相关策略包括:推进制度创新,建立良好投资营商环境,吸引外资进入;改革博彩专管制度,开放赌权,推动旅游博彩业向多元化、综合性方向发展;借势、借力,积极推进区域合作,尤其是加强与广东珠江三角洲的经贸合作;改革教育制度,积极发展科技,提高人力资源的素质,以增强澳门经济的国际竞争力。

澳门回归祖国,并根据"一国两制"的方针实行"澳人治澳"、"高度自治",为澳门经济结构的转型提供了千载难逢的历史契机。可以预料,在特区政府和全体市民的共同努力下,澳门经济将走出低谷,并再创繁荣。正如《澳门2020——未来20年远景目标与发展策略》所指出的,澳门将发展成为全中国和亚太地区中一个中等规模全方位开放的国际性"明星"城市。

▶▶ 2.2 澳门回归前后教育发展问题研究

▷▷ 2.2.1 本研究的基本定位和切入点

本研究有如下两个定位:第一,教育是澳门社会、经济和文化的一部分,所以对教育问题的研究必须置于澳门社会、经济、文化的总背景下,与社会、经济、文化等方面的研究联系起来,而不能把教育问题孤立起来;第二,根据本课题的目的和要求,本研究应突出问题与对策研究的特点。

根据这一基本定位,本研究主要是围绕澳门的教育改革问题这一主线或以此为切入点展开的,这是因为澳门在过渡期和回归后的十多年间,教育改革较之以前迈出了较大的步伐,取得了明显的成效。同时也存在一些问题,这些问题既有过去就有的问题,改革没有改到的,也有改革过程中新出现的一些问题。所以,我们认为以澳门教育改革为研究的主线或切入点是比较适合的。

▷▷ **2.2.2 本研究的主要内容**

2.2.2.1 澳门过渡期的教育改革

根据中葡两国签署的《中葡联合声明》,澳门从 1988 年 1 月 15 日开始进入过渡期。在到 1999 年 12 月 20 日为期近 11 年的过渡期内,中葡双方都在为澳门政权的顺利交接做准备。教育担负着提高全民素质,培养各类专门人才的重任,也是文化传承的重要途径,所以,教育的普及和发展是澳门社会经济可持续发展和繁荣的重要保证,也是保持澳门这样一个"文化的百花园"地位的必然选择。因此,教育问题一直为澳门各方所关注。在过渡期内,澳葡政府对教育进行了一系列的改革,使澳门教育进入了一个新的发展阶段。

1. 澳门过渡期教育改革的背景

对澳门的教育来说,过渡期十多年,是它历史上从未有过的改革和发展的十多年。以澳葡政府 1991 年 8 月 29 日颁布《澳门教育制度法》为标志,全面拉开了澳门过渡期教育改革的帷幕。应当说,澳门这次教育改革浪潮的出现是有深刻的政治、经济、教育和利益背景的。

(1)政治背景

澳门过渡期教育改革的一个主要政治背景,就是落实《中葡联合声明》精神。《中葡联合声明》指出,澳门自古以来就是中国领土的一部分,由于种种原因,长期以来处在葡萄牙的管治下。中国将于 20 世纪末在澳门恢复行使主权,建立中华人民共和国澳门特别行政区,实行"一国两制"。为了能顺利实现政权交接,就需要解决诸如"中文官方化、公务员本地化、法律本地化"和保证澳门社会继续安定和繁荣等问题。而这些问题的解决都与提高澳门居民素质和培养人才有密切的关系,最终是与澳门教育的发展问题联系在一起的。澳葡政府在过渡期积极开展教育改革工作,这被视为澳葡政府在解决澳门回归的三大问题、配合澳门主权交接上的积极态度,是《中葡联合声明》的政治影响发挥作用的重要表征。

另一个具有政治色彩的背景或动因是葡萄牙希望在结束对澳门的管治

后仍然保持其影响,而要保持其影响,一个是通过文化,另一个是通过澳门人。无疑这两个方面都有赖于教育发挥作用。

(2)经济背景

配合澳门经济发展转型是澳门过渡期教育改革的一个重要背景。澳门是一个小型化的社会,面积只有约 25 平方公里,人口约四十多万。长期以来,澳门经济停滞不前。进入 20 世纪 60 年代,澳门抓住西方经济发达国家产业结构和市场需求旺盛的有利时机,利用自身廉价的劳动力资源,开始发展外向的、劳动密集型的加工工业,在 70 年代末 80 年代初,内地的改革开放和新移民的大量涌入为澳门经济的发展提供了新的空间和充足的劳动力,保证了澳门经济持续的高速增长。从 60 年代初到 90 年代初近三十年期间,澳门本地生产总值年均增长接近 9%,1994 年人均生产总值为 16164美元,形成以旅游博彩业、出口加工业、银行保险业和地产建筑业为支柱产业的经济结构。但是,由于受到全球经济不景气和劳动密集型经济固有局限性的影响,近几年澳门经济增长放缓,进入了调整时期。如何尽快地走出低谷,事关澳门社会经济的繁荣稳定。有识之士认为,澳门应在"一国两制"的基本框架下,维持并强化自由港功能,在区域合作与分工中成为综合性旅游博彩城市和中介性商贸服务城市,并以综合性旅游博彩业和中介性商贸服务业这两个产业为主导产业,促进澳门经济结构的多元化、现代化发展,并带动整体经济的持续发展和社会的稳定繁荣。澳门经济发展的这一基本定位,需要大量的人才和高素质的劳动力的支撑,这就要求澳门教育迅速改变长期落后的状态。澳葡政府在过渡期进行教育改革,加快教育的发展,是对澳门经济发展转型的一种回应。

(3)教育背景

澳葡政府长期不承担发展公众教育的社会责任,只主办为葡籍人士和土生葡人子女服务的官立学校,而对人口占 97% 的华人子女的教育却采取不干预政策。澳门教育是以私立教育为主体,没有统一的教育目标和学制,缺乏基本的教学计划、教学大纲、课程设置和本地教材,每个学校各自为政,另外,办学主体多元,除政府办官校外,宗教团体、慈善机构、工会、妇联、商会、街坊会等参与了办学。由于政府对教育缺乏有力的管理和支持,造成澳门教育长期处于散乱和落后状况。相邻的香港早在 20 世纪 70 年代初就普及了九年义务教育,而澳门到 90 年代还没有实施义务教育,其他类型教育的发展刚处于起步阶段。澳门主权的交接和经济发展的转型向澳门教育提出了迈向现代化的要求,面对澳门教育落后的局面,唯一的办法是通过改革去改变它。

(4)利益背景

在澳门长期保持葡国文化影响是葡澳政府过渡期的一个考虑重点。葡萄牙人 16 世纪中叶从澳门登岸,到鸦片战争后逐步取得澳门的管治权至今共四百多年,在这期间葡萄牙政府从澳门获取了大量的利益,也在澳门形成了自己固有的利益。当葡萄牙政府要面对澳门主权在 1999 年 12 月 20 日回归中国这一不能改变的事实的时候,难免对澳门有依依不舍之感。澳门是葡萄牙在东方最后的一块"管治之地",由于种种原因,东方的其他"管治地",如东帝汶、果阿、马六甲等地都没能有意识地保留葡国文化。因此,葡萄牙政府把东方保留葡国文化的希望寄托在澳门,目的是保存葡萄牙中世纪后期的"航海发展史痕迹",扩大和加深葡萄牙民族主义的影响,以便"九九"后继续保持葡萄牙对澳门的影响与联系。前任澳督文礼治说要把"东亚大学(现澳门大学前身)建成 21 世纪的葡国文化灯塔"。前任葡萄牙总统苏亚雷斯的夫人说要"在澳门永远保留葡国文化"。显然,葡萄牙政府要在澳门过渡期取得"文化教育上的胜利"。因此,过渡期的澳葡政府是负有"特殊"使命的。葡方要求把葡文确定为官方语言之一,一再强调保留澳门带有葡国文化色彩的风貌,如建筑物、图书、公共设施等,以及"九九"后要保留一所葡文学校,这些都是维护自身利益的表现。所以,澳葡政府期望通过实施教育改革,可"合理化"地把葡国的教育理念、文化等渗透到澳门的年轻一代身上。

因此,澳葡政府在过渡期实施教育改革,这既是对政治环境变化、经济转型和教育现代化大趋势的适应,又是保护自身利益的一种策略。

2. 澳门过渡期教育改革的主要方面

澳门过渡期教育改革是在上述特殊的背景下进行的,因此,改革也就具有其独特性。综观澳门过渡期教育改革,主要体现在以下几个方面:

第一,教育行政管理法制化。澳葡政府通过教育立法和推进"依法治教"。"以法治校"工作,改变过去对教育的"不干预"政策。1991 年 8 月 29 日澳葡政府颁发了《澳门教育制度法》,该法共 10 章 56 条,对该法的实施范围、教育基本原则和组织原则、教育制度组织、教育辅助与补习、人力资源、物质资源、教育机构、教育资助、教育制度管理、教育制度的发展等问题做出了明确的规定。《澳门教育制度法》是澳门教育的基本法。随后,澳葡政府制定和充实了《澳门教育司重组法案》、《私立教育机构通则》、《幼稚园、小学预备班及小学教育的课程组织》、《初中教育课程组织》、《第一阶段倾向免费普及教育法令》、《教育委员会组织法》、《成人教育之回归及延续教育之法律制度》、《特殊教育之法律制度》、《技术及职业教育之法律制度》等法规。仅从1991年到1997年,澳葡政府制定和实施的教育法规达五十多项,这些法规条例基本上覆盖了教育的方方面面,从而初步形成了一个比较完整的教育法规体系。回归以后这些法规特区政府基本上还在沿用。

澳门过渡期教育管理法制化也存在一些问题,主要有:教育法例的"本地化"程度不高;教育立法的民主性体现不够;守法和执法的意识不够强,等等。实际上这些问题在澳门回归以后的今天依然存在。

第二,基础教育改革问题,主要是将私校纳入公共教育网的形式来推行普及免费的十年教育,促进基础教育发展。澳葡政府分别在1995年和1997年颁布实施普及免费教育法令,分阶段实施十年普及教育,第一阶段是小学预备班到小学六年级共七年,第二阶段是初中三年。根据法例规定,私校纳入公共教育网以自愿为原则,入网学校需与教育暨青年司签约,在学校履行有关义务(主要包括遵守《澳门教育制度法》及有关的补充法例;每班额不得超过45人;不收取学费;杂费的收取不得超过津贴总额的20%;不得随意开除学生;接受教育行政部门的财政监督等)的前提下,政府每学年给予每位小学预备班和小学学生4800澳门元(班额超过45人者资助额递减,96—97学年资助额增至5200澳门元),初中生为每人每年8500澳门元,同时政府有责任为入网学校提供人员培训、学生保险和医疗、教育资源补充等方面的辅助。95—96学年到98—99学年四年间,政府投入免费普及教育的经费达9.65亿澳门元,入网学校占私校总数的83%,受惠学生超过6万人。虽然澳门实施普及教育的方式受到不少人的批评,但它对发展澳门的基础教育确实起到了较大的推动作用。

基础教育改革的另一举措就是政府增加投入,改善学校,尤其是私立学校的办学条件。澳门私立学校由于长期教育资源短缺,大多数学校的办学条件十分简陋,场地窄小,设施不全,班额大,教师负担重。澳门进入过渡期后,随着一系列教育法规的实施,政府逐步加大对私立学校的支持力度,使私立学校的办学条件得到了不同程度的改善。据澳门教育暨青年司 1998 年 1 月的统计，澳门政府从 1993 年起实行批地建校计划，具体方式是政府提供土地，团体出资兴建，或政府建校，交团体经营，其中第一、第二期批地建校计划拟建校规划已在 1998 年年中公布。与此同时，政府每年都拨款资助私校充实设备、设施。由于学位的增加，私立学校的班额在逐年下降，95—96 学年与 97—98 学年相比较，私立幼稚园每班平均人数由 44.8 人降到 41.78 人，幼高班由 47.7 人降至 43.18 人，小学由 50.8 人降至 49.7 人，初中 97—98 学年的平均班额为 47.65 人。

第三，澳门师资发展问题。应当说，澳门这一时期比较重视师资发展，特别是通过制定教师政策，提高私立学校师资的待遇与素质。澳葡政府在过渡期的教育立法大多是针对私立学校的，这与澳门教育以私立学校为主有关。由于澳门教育长期得不到应有的重视，私校教师的待遇低，无保障，而且流动性大，相当部分的人是在"走投无路"的情况下选择当教师，造成了师资素质参差不齐，受过高等师范训练的教师不多，甚至存在小学毕业教小学，中学毕业教中学的情况。从 20 世纪 80 年代中期开始，澳葡政府对私校教师实行津贴，并且提供培训的帮助（例如联系内地的华南师范大学为澳门培养合格师资），特别是进入过渡期后，随着《澳门教育制度法》、《私立教育机构通则》、《私立教育机构教学人员之通则》、《倾向免费教育法令》等的颁布和实施，教师尤其是私立学校教师的待遇和素质有了较大的提高。据有关材料显示，1985 年开始设立的私立学校教师直接津贴、年资奖金分别在 1992 年、1996 年两次提高，1996 年的增幅分别是 10% 和 16.67%，有师范学历的小学教师直接津贴为 1320 澳门元，无学历的是 790 澳门元。在 1996 年实施七年普及教育的一年后，在教师薪金方面，入网学校接受免费教育年级的教师薪金增幅为 20%，而非免费教育年级的教师薪金增幅为 12.7%，入网学校教师的平均收入为 7344 澳门元，增幅高于其他行业的收入。1997—1998 学年入网学校教师平均薪水为 9667 澳门元。因而，当今教师在澳门成为热门职业。但是官校与私校教师待遇的差距还十分明显。澳葡政府为了不断提高师资素质，近十年来每年都拨出专款进行教师培训，学历合格教师从 1985 年的 50%，提高到 1997 年的近 70%。

第四，发展现代教育制度，完善教育体系。澳门过渡期通过颁布实施《高等教育条例》、《成人教育之回归及延续教育的法律制度》、《技术及职业教育之法律制度》和《特殊教育之法律制度》等法规条例,不断完善澳门自身的教育体系。1988年2月,澳门政府委托澳门基金会接收创建于1981年的东亚大学,对原有的英制大学结构进行了改革,设立了专门学院,把三年学士课程改为四年,同时增设了一批与澳门社会、经济发展密切相关的专业,进一步明确其为澳门主权的顺利交接和以后社会经济的发展培养高级人才服务的职责。1991年2月,依据《澳门高等教育条例》把东亚大学改名为澳门大学,并得到进一步发展,在澳门高等教育发展中发挥着"龙头"作用。此外,澳门还相继成立了澳门理工学院、澳门高级警官学校等高校。在职业教育方面,尤其是中等职业技术教育,近年来有所突破,继工联职业技术中学开办后,官立的澳门职业中学也在1998年9月开始招生。成人教育方面,20世纪80年代以来一直发展迅速,至1998年共有学校98所。特殊教育虽尚处在起步阶段,但已引起一定的重视。

第五,政府牵头,加强与内地的教育交流合作。澳门长期在葡萄牙的管治下,虽然与内地一直保持着交往,但是大多是民间往来。澳门进入过渡期后,社会要求改变澳门教育落后面貌的呼声日益高涨,澳葡政府也意识到要依托内地来提高澳门教育的发展水平。因此,澳葡政府有意识地通过政策导向,引导澳门的教育机构、团体加强与内地的合作交流。如承认内地的学历,设立基金会资助回内地就读大学的学生等。20世纪90年代以来,澳门与内地教育的合作交流不断加深和扩大,大批的澳门学生回内地上大学,内地派出校长、教师到澳门任职,内地高等院校参与澳门中小学师资的培训,两地学者、学术机构和团体进行科研合作与学术交流等。以粤澳教育为例,据不完全统计,在1993—1997年的5年中,每年两地教育界的交流参观人数在一千人左右,举办学术研讨会达十多次;1997年在广东高等院校就读本科的澳门学生超过1000人,研究生近三百人;华南师范大学、广州体育学院通过举办教育、中文、学前教育、体育等专业的学位课程班,培训澳门中小学师资近两万人;中山大学、暨南大学等院校与澳门大学等机构也开展了广泛的科研合作。

2.2.2.2 澳门回归后的教育改革和发展

由于教育本身的特点,加之澳门教育改革起步不久和回归时间较短,所以,总的来说,澳门回归后的教育改革基本上仍然在延续过渡期的教育改革,并在不断深化和有所拓展。这一深化和拓展主要包括两方面意涵:一是针对改革中碰到的问题不断地加以改进,二是改革向纵深发展和开始关注一些新的方面。下面我们从澳门内部的教育改革和澳门与内地(以广东为例)的教育合作与交流两方面,来考察澳门回归后的教育改革和发展,这里包括从实然、必然和应然三种视角的考察。

1. 澳门内部的教育改革和发展

(1)进一步提高对教育在澳门社会、经济发展中的作用的认识,把教育置于优先发展的地位。应当说,对教育在澳门社会、经济发展中的作用的认识在澳门社会是不平衡的,虽然特区政府对教育还是比较重视的,但澳门民众对教育的认识有待提高。据华南师范大学澳门研究中心的社情民意调查结果显示,过半数的被调查者(52.3%)认为特区政府对教育非常重视或比较重视。而被调查者在回答"您认为澳门政府下一阶段应优先做好哪一方面工作"这一问题时,提及"发展教育"的占30.3%,其中只有5.6%的第一提及率。由此可见,提高澳门民众对教育的重要地位与作用的认识是当务之急,因为在一个对教育普遍缺乏认识和重视的社会,要深化教育改革和发展教育是难以想象的。

(2)进一步加大培养师资的力度,提高澳门师资的素质。教育的成败,关键在于有没有合格的师资。虽然近十多年来澳门通过多种渠道加强了对师资的培养,整体师资队伍质量得到了提高,但应当注意到,澳门师资队伍的状况并不令人乐观,特别是面对适应澳门社会、经济发展对教育的迫切要求而同时带来的对师资的需求,澳门师资培养的任务还十分艰巨。在我们的调查中,有21%的被调查者认为回归后澳门的师资队伍质量有了较大提高,但有近二分之一的被调查者认为提高不大或没有提高。从这一调查结果中至少有两个问题值得思考:一个是澳门发展师资的策略如何更好地适应澳门的实际。如在师资培养方式方面,注意多层次、多规格、多形式地培养师资人才。同时应重视优化师资队伍结构,改变师资发展的无序状况。此外,应注意研究教师教育中的课程问题,特别是要注意顺应国际师范教育发展的潮流,加快教师专业化进程;另一个是作为帮助澳门发展师资的内地高校,也有必要检讨以往的培养、培训方式和策略,针对澳门师资现状,采取更加行之有效的措施,达到最优的效果。

(3)把课程教材改革列入重要的议事日程。由于历史的、政治的、文化的等多种原因,澳门学校的课程教材五花八门,是名副其实的"多样化",这不利于保证各级各类学校的教育质量。而且,澳门以往的教育改革基本上没有太多地触及课程教材问题。实际上课程教材问题已成为澳门教育改革和发展的一个"瓶颈"。近年来虽然对课程教材的改革问题开始引起人们的重视,但进展难以令人满意。比如,只有11.8%的被调查者对回归后教材的编写出版表示满意,而有19%的被调查者表示不满意。所以,特区政府有必要尽快拿出一套完整的课程教材改革方案,并从政府层面切实推进和落实。

(4)把握好高等教育发展的"度"。随着澳门社会、经济的发展,同时顺应世界性高等教育大发展的趋势,近年来澳门高等教育发展迅速。目前,澳门共有各类高等学校11所。这个数目在澳门这样一个人口只有四十多万、面积只有约二十五平方公里的地区,是比较大的。特别是澳门原来高等教育的基础比较薄弱,直到1981年才有了现代意义上的第一所高校,所以,澳门这样的高等教育发展速度也是惊人的。对于澳门高等教育的发展,当前许多有识之士也表示了他们的忧虑:一是像澳门这样一个比较小的地区有没有必要办如此多的高校;二是目前澳门高校大多数是新办的,规模较小,在相当长的时间内难成大气候,而且这与当前世界高等教育发展追求规模效益的潮流似乎也不相适宜;三是质量问题如何保证,这里有高校师资、设施等方面的问题,也有生源方面的问题。我们认为,以上这些问题确实值得特区政府在确立高等教育发展战略时加以认真考虑。对此,我们有一个基本认识,就是澳门高等教育发展不能走那种"小而全"的路子,既要重点发展那些适应澳门社会经济发展需要和有助于提升澳门的整体层次的高校,同时也要注意利用毗邻内地(广东)及内地的高等教育优势,与内地建立培养高层次专门人才的合作机制。

2. 新时期粤澳教育合作与交流

广东与澳门的关系源远流长,在新的历史条件下加强粤澳两地教育的合作与交流,对于两地的共同繁荣与发展有着非常重要的意义。

(1)粤澳教育合作与交流的前景分析

随着澳门回归祖国,粤澳在教育方面的合作与交流会比以往任何时候更为密切和广泛。这是基于对两地加强教育合作与交流的意义和条件的认识而得出的必然结论,也已为回归后粤澳教育合作与交流的事实所证明。

首先,粤澳在经济、科技、文化等方面的交流与合作近年来日益密切,这在客观上要求加强两地间的教育合作与交流。因为在粤澳经济、科技、文化等领域的合作与交流大大推动各自在这些相关领域的发展的同时,也面临着一个对相关人才的需求问题,要使两地的合作与交流继续发挥在推动经济发展和社会进步上的应有作用,就需要为之培养人才的教育通过合作与交流,获得进一步的提高,以为经济、社会的发展输送适应需要的人才。而且,从世界教育发展的一般趋势来看,当社会、经济发展到一定阶段后,经济、社会的发展将愈来愈有赖于教育的先行,这是当代社会、经济及教育发展间的一个客观规律。因而,当前要使粤澳在经济、科技、文化等方面的合作与交流顺利开展并在推动各地的教育发展中发挥应有的作用,两地教育的合作与交流的广泛开展并取得切实成效就是必不可少的,并处于基础地位。

其次,加强合作与交流,相互借鉴,有利于两地教育的共同发展,促进人才培养。粤澳在教育的许多具体方面的互补性较强,如澳门在民办教育和私立学校的发展与管理等方面有许多有益的经验。而广东在师资培养、高等教育、中文教学及学前教育等领域有优势。通过加强彼此的合作与交流,取长补短,对于两地的教育发展都是十分有益的。

再次,通过教育的合作与交流,粤澳能够加强相互之间的了解,增加彼此的相融,尤其可以通过广东这一窗口,使澳门对内地的政治、经济、文化、科技及教育等情况有更真实的了解,这对于保持澳门的稳定与繁荣,都具有十分重要的意义。同时,通过在教育的合作与交流的过程中逐步改造和消除澳门教育中的殖民色彩,这对于回归祖国怀抱后的澳门教育乃至整个社会的健康、稳定发展,意义是非常重大的。另一方面,广东也可借助澳门作为国际性城市的窗口作用,特别是其与欧盟和拉丁语系国家与地区的联系,更好地把握世界教育发展的普遍趋势和动态,来进行教育改革,以此推动广东教育国际化和现代化进程,使广东教育更好地顺应世界教育发展的趋势和面向世界。

从粤澳进行教育合作与交流的条件和基础来看,则主要体现在以下方面:

第一,文化基础。粤澳同属岭南文化圈,两地方文化素有联系与渊源,由此也带来了彼此在文化上的认同感。虽然澳门长期为葡萄牙殖民统治,西方文化对其影响很大,但毕竟同祖同源,以岭南文化为特征的中华文化仍是其社会的主流文化,语言上的相通、文化上的同源、教育上的因袭,为两地进行教育交流与合作奠定了基础。

第二,政治基础。我国政府对澳门回归和保持回归后澳门的长期稳定与繁荣十分重视,特别在近年制订的一系列有关澳门回归祖国的政策与法规,诸如《中华人民共和国澳门特别行政区基本法》等,对澳门与内地的关系做了清楚的阐明,其中也有对教育的专门阐述;同时,通过近年来进行《中华人民共和国澳门特别行政区基本法》的宣传与教育,以及回归两年来澳门稳定发展的事实,人们对澳门的前途更有信心。这都为进行粤澳在教育方面的合作与交流奠定了政治与思想基础,也提供了法律与政策依据。

第三,经济基础。与内地其他地区相比,广东在经济发展的许多方面与澳门比较接近,这为开展粤澳在教育方面的合作与交流提供了物质基础。同时,广东在经济方面与澳门的联系更为密切,这不仅为两地的教育合作与交流提出了要求,而且也为之奠定了坚实的基础。

第四,地缘基础。粤澳地理位置接近,来往方便,这为粤澳进行教育方面的合作与交流奠定了地缘基础。

第五,以往合作与交流的基础。近年来粤澳在经济、科技、文化、教育等诸方面进行了广泛的合作与交流,积累了粤澳合作与交流的许多宝贵经验;同时通过这些交流与合作,与澳门有关部门和人员建立了联系,交流了感情,增进了友谊,这都为以后进一步加强彼此的合作与交流奠定了很好的基础。

最后,粤澳教育互补性是两地进行教育合作与交流的最根本的基础。因为只有具有互补性,才会有互惠、互利的可能,而互惠、互利又是任何合作与交流得以发生和顺利进行的前提和基础,也是合作与交流能长期进行下去的必不可少的条件。教育的合作与交流概莫能外。

(2)粤澳教育合作与交流的策略选择

在粤澳教育合作与交流的基本方针上,我们应当坚持以《中华人民共和国澳门特别行政区基本法》为准绳,立足于广东经济、社会发展的需求和继续保持澳门繁荣与稳定的需要,按照优势互补、利益共享、切实可行的合作交流原则,积极主动地开展粤澳在教育方面的合作与交流。

如果从具体的工作思路来考虑,我们认为可以通过合作研究推动合作项目,以加强教育有关方面的合作研究,来带动和推展两地教育上的合作与交流。采取这种工作思路有以下好处:一是以研究为前期准备基础,有利于彼此认识沟通,双方都乐意接受并有积极性;二是合作与交流方案可以通过科研来充分论证,并借助科研的导向作用影响决策,进而推进实施,从而确保合作与交流切实有效完全可行。根据这一思路,我们在实施粤澳教育合作与交流的过程中应采取官方与民间并举的方针,积极开展多渠道、多形式、多层面的交流与合作。

教育合作与交流的具体内容可以从以下两个角度来确定,一是从取长补短和借鉴的角度来确立合作与交流的内容,这是互促性的合作与交流。比如,合作开展职业技术教育的研究,主要探讨如何充分利用广东有关技术理论教育的师资力量和选择澳门的一些新兴产业及优势行业建立相关教育的实习工场,开展合作,谋求共同发展;合作开展教师及教育管理人员培养和培训的研究,主要在总结以往为澳门培养师资的基础上,根据新的形势特别是澳门教育发展和回归后社会、经济发展的需要,研究如何不断拓宽与之合作培养师资的领域和途径;合作开展民办教育、私立学校的研究,特别注意研究、借鉴澳门民办官助办学体制及其发展经验,推进广东教育发展的多样化,等等。

二是从发展需要和共同开发的角度来确定合作与交流的内容,这是开发性的合作与交流。比如,合作研究与经济相适应的粤澳港教育发展一体化问题;合作研究与建立粤澳教育信息交流中心问题;合作研究与建立国际教育信息交流中心问题;合作研究与推进粤澳教师资源共享和交流的问题;合作研究粤澳普通(职业)教育的学历互认与转换及跨区域升学问题;合作研究与推进建立两地共有的教师(教育人员)培训基地问题;合作研究与建立两地共有的教具生产基地问题;合作研究与推进粤澳教学资源(仪器设备、图书资料、实验基础等"硬资源")的共享和交流问题;开展教育教学理论的合作研究。

粤澳教育合作与交流的步骤,可根据需要、合作与交流的有关原则和内容,分阶段推进,主要可分为以下三个阶段:澳门回归前的合作与交流,重点是开展互促性合作交流;澳门回归初期互促性的合作与交流项目与开发性合作与交流项目结合;澳门回归后长期的合作与交流,以开发性的合作与交流项目为重点。

教育合作与交流的途径可根据"以加强教育有关方面的合作研究,来带动和推展两地在教育上的合作与交流"这一总的工作思路,采取官方与民间并举的方针进行合作与交流。同时,应改变以往那种分散的、局部的、较多集中于教育微观方面的合作与交流状况,组织较高层次、强有力的组织协调机构,可建立粤澳人才培养合作与交流协调委员会,指导、组织、协调合作与交流事宜,如内容(项目)的确立、方案的策划、人员的组织、方式与途径的选择、成果的评估与推广等。委员会由政府主管部门有关人员、权威人士、教育专家、教育实际工作者和民间团体、经济、企业界等方面人士组成。最后,作为一项着眼于"高"产出(培养高素质人才),且又涉及粤澳合作的教育事业,需要有相应的经费投入。因此,有必要建立教育合作与交流的财政保障机制,可考虑设立"粤澳教育合作与交流基金",基金来源可以两地政府投入为主,多渠道筹措,并通过投资等经营运作来扩大基金。

▶▶ 2.3 澳门的文化特点与发展趋势

澳门要在"一国两制"体制下持续发展,其中一个根本的条件和前提是必须充分尊重澳门文化的历史和现实,尊重澳门四百多年历史发展自然形成的、具有鲜明的澳门自身特点的文化形态和文化环境。这一文化形态和文化环境,业已与澳门政治、经济、教育等诸方面产生了健康良性的互动作用。同样,我们可以预期,这一文化形态和文化环境仍将是澳门获得全面持续发展的自身动力来源之一,在确保澳门真正拥有一条适合自己特点的发展道路方面发挥不可估量的巨大推动作用。相反,任何无视澳门文化特点的预设,都将会影响"一国两制"的进一步落实和实施,阻滞澳门在"一国两制"下的持续发展。

▷▷ 2.3.1 保持澳门独特的文化特点,坚持多元共进的发展道路

澳门最重要和最基本的文化特点,就是澳门文化的多元共进特性。这是澳门历史发展的自然产物,更是中西方文化四百多年交流、融合的结晶。澳门多元共进的文化,是一笔极其丰富的文化遗产,也是澳门文化向前发展的根本前提和出发点,是无法绕过去的。但是,澳门文化在长期发展过程

中,也形成了某些弱项乃至于弊端,还有一些外在和内在的制约因素成为澳门文化发展的"瓶颈"亟待解决和克服,希望以此为契机使得澳门文化得到健康发展和创造性转换。

2.3.1.1 澳门多元共进的文化特性和现状

澳门多元共进的文化特性,是澳门历史形成的产物,是风貌独卓的社会现实,也是澳门文化发展的新基点。

1. 澳门多元共进的文化特性是澳门历史形成的产物

澳门文化的多元共进特性,植根于澳门自身的历史。16世纪中叶,葡萄牙人据居澳门,获得一定自治权,这种制度上的特殊性使得澳门在中国文化史上和中西交流史上占据了一个非常特殊的地位。从四百多年前的明代末叶起,澳门一直是西学东渐的突破口,是中西文化的重要交汇点,在中国文化史上和中西文化交流史上创造了许多个第一的纪录。西方向东方传播宗教、艺术、科技的重要人物很多都是从澳门登陆,而后走向中国腹地的,其中就包括利玛窦和达·伽玛这样的先驱人物。葡萄牙人在据居澳门后不久,就创办了远东第一所西方大学——圣保禄公学,专门培养双语精英,以利在中国内地传教。学院的课程设置虽以神学为主,但也较系统地讲授西方自然科学技术,收藏西方书籍达数千种之多,使得澳门成为西方近代文明向东方传播的中介点。传教士以澳门为基地向中国内地进发,在带去西方宗教、尝试着翻译《圣经》等西方神学著作的同时,也带去了西方书籍、地图、医药、自鸣钟、望远镜等西方近代文明的成果,有力地推进了中国科技的近代化进程。随着传教活动的活跃,西方人士研究中国的专门学问"汉学"勃然兴起,传教士就是把中国文化译介给西方的首批汉学家。他们将《四书》、《五经》等中国文化经典译成拉丁文,在西方世界出版发行,并译出一千多种中国书籍敬献给教皇。他们写作了第一批系统研究中国历史和文明的学术著作,如曾德昭神父的《大中华帝国志》就被誉为"中国百科全书"而饮誉西方世界。中国第一批双语辞典,如利玛窦的《葡华字典》、马礼逊的《英华字典》等,第一批近代意义上的报刊,也都是在澳门涌现的。而中国自己的优秀人物又往往是通过澳门这个历史的窗口走向世界的,其中就包括了像明代的汤显祖、清代的林则徐、郑观应和推翻帝制、创立民国的伟大先行者孙中山先生这样的杰出人物。中国第一批留洋学童容闳、黄胜兄弟也是在澳门接受初步的西式教育,起步走向世界的;康有为、梁启超等维新活动家也以澳门为政治舞台,创办了维新派的第一份报纸《知新报》,系统地宣传维新,参与报务、撰稿者多为广东籍人士,令广东风气大开;伟大的革命先行者孙中山先生曾在澳门行医济世,后来在此地建立了革命基地,使澳门成为中国近代史上的又一个活跃的舞台。

2. 澳门文化的多元共进特性,充分体现了中国文化的圆融性特性

澳门文化的多元共进特性,充分体现了中国文化的圆融性特性,是中国传统文化在一个全新的历史时空里的新发展。从普遍的民族心态来看,每个民族都不同程度拥有自然整合的力量,自身就具备与其他民族理解与沟通的可能性和途径,这对于本地区的稳定、发展和繁荣至关重要。起初,葡萄牙人在遵循中国的法律和习俗的大前提下,又依照葡萄牙的法律和习俗进行自治,从而获得经济利益和政治双重效益的微妙平衡。中国人在与葡萄牙人的交往中获取经济利益的同时,也接触到了西方的宗教、科技、文化知识和生活方式,渐渐接纳了这一新的文化模式和生活方式。葡萄牙人和中国人形成了"共处分治"的两个"社会中心",中西文化在澳门长达四百多年的交汇,其间虽有过短暂的激烈冲突,更多的则是冷静的反思与和平共处,进而融会贯通。漫长的东西方历史文化交融,最终形成了澳门文化的多元共进特性,既融入以葡萄牙为代表的西方文化的特点,也保留了中国传统文化和民间文化的质性。涵盖中西文化种种内容和形式的物质文化、制度文化、行为文化和精神文化,在澳门得到进一步的融合和发展。宗教信仰的不同没有深化为宗教战争,生活方式的差异没有酿造出相互抗争、排斥的恶剧;民族的不同,没有激化为种族的仇恨与杀戮;教育制度的不同,更可以相安无事,各自拥有和平发展的天地。这种中西文化总体上和平共生共进的长期存在和发展,直接形成了澳门今天十分独特的文化多元共进的特性。这一特点充分反映出中国文化的圆融性,也昭示了中国文化和西方文化融合的无限前景。这确实是一份难得的历史文化遗产,值得今天的澳门人珍视,也值得全世界的人类珍视。

3. 澳门多元共进的文化是澳门文化的基本现实

澳门的多元文化,不仅是过去了的历史,更是永远也不会过去的现实。澳门多元化,是澳门社会的现状,是澳门人生活的架构。澳门文化的多元性,体现在居民的各族结构、流通的语言、文学艺术、宗教信仰、民间习俗、饮

食建筑、教育制度、生活方式等诸方面,可以说是全面的多元文化。现今澳门居民的各族虽以中国人和葡国人为主,还有英国人、印度人、马来人等族群,因此,澳门居民的民族结构是多元的,实际上颇具国际性特点。澳门流通的语言以中、葡文为官方语言之外,尚有一种虽日见少用,却仍有人在说的澳门葡语方言——patoa,而使用英语、法语、印第语在澳门完全可以生存。这些语言并非只在极少数人之间会说而不在社会上流通,而是在澳门人的日常生活里担当实际交流沟通大任的活的语言。宗教信仰的多元性更为明显,中国道教、佛教,阿拉伯世界的伊斯兰教,西方的天主教、基督教等都很普遍,至于中国民间的信仰,更在澳门有扎根的优势。每一个到澳门的人,都会对澳门的教堂、庙宇之多感到惊奇,这正说明了澳门宗教信仰的多元化。更为难能可贵的是,澳门的多元宗教信仰,从未演变成宗教的对抗、冲突,乃至仇杀、战争,而是和平地共生共存。澳门的这种宗教信仰共生共存体现出来的祥和及蕴涵着的文化宽容精神,是值得每一个澳门人珍视,也值得为澳门治安发展策略的主政者珍视的。澳门的民俗文化的多元化,长期以来都是澳门人生活不可分割的一部分,中西方民俗生活的差异,并没有阻滞澳门社会的发展,反而促进了澳门文化的繁荣,为澳门社会生活增添了情趣。澳门的饮食文化,更融会了中国博大精深、丰富多彩的饮食文化和西方各国独具风貌的饮食文化,而形成了极具特色的澳门饮食文化。事实上,现今澳门人生活中不可或缺的"澳门葡国菜",本身就是中西方饮食文化融合的独特产物。澳门处处都是西式、中式和中西合璧式的种种独具个性的建筑,使得澳门成为与香港风格迥异的中西合璧的港口城市。澳门的各种教育制度和层次,也充分体现出澳门教育文化多元的意义。

2.3.1.2 澳门文化的历史遗留问题与当前澳门文化的一些症结

四百多年来,澳门文化虽然得到了长足发展,业已形成了独具风貌的特色,但是,由于历史、现实等种种原因,澳门文化的发展也出现了一些问题。如果这些问题和症结长期得不到解决,必定会严重影响澳门文化的健康发展。

1. 澳门文化的多元化程度亟待升华

澳门中西方文化共存和融合的特色是很鲜明的,所取得的成绩无疑也是有目共睹的。但是,由于澳门四百多年来主要是接受葡萄牙文化,至于接受葡萄牙以外的文化和文明则是以间接的方式实现的,或是通过葡萄牙转手接受,或是以葡萄牙的视角和眼光来接受,或多或少地沾染了葡萄牙文化的色彩。这一独特的接受方式应以历史的眼光加以考察。在鸦片战争以前,葡萄牙文化在整个欧洲文明中是比较先进和发达的,占有比较明显的强势,无论通过葡萄牙转手还是以葡萄牙的视角来接受其他民族的文化和文明,都具有一定的先进性和前沿性。然而,随着英国海上霸主地位的确立,鸦片战争爆发后香港成为英国殖民地,上海等租界的设立,澳门一枝独秀的地位不复存在,葡萄牙文化的发展渐渐滞后。尤其是第二次世界大战以后国际政治、经济、科技和文化格局发生巨大变化,中心向美国转移,美国强势文化对全球全方位的辐射和影响日益扩大,葡萄牙对于这一新的变化颇感不适应,相应的政策调整远远不够,而不能与英语世界进行全方位的、深层次的对话,而且在拉丁语系国家网络中也无法居于最前列,落后于法国、意大利、西班牙等拉丁语系国家。

葡萄牙文化的滞后属性在澳门发展史上暴露无遗,明显地制约了澳门文化的发展。加上近现代葡萄牙国内经济不振,保皇势力、保守势力及军事独裁势力长期掌握政权,左右国内及海外属地的文化政策,对澳门政治、经济、教育和文化持放任自流的态度,不予以强有力的政策引导和支持。同时,葡萄牙惧怕其他国家尤其是英语国家染指澳门,影响自身在澳门的既得利益,千方百计阻挠英美等高度发达国家对澳门的辐射。因此,澳门文化的发展具有某些先天的葡萄牙文化的限制,葡萄牙文化曾经极大地促进了澳门对于早期西方先进文化和文明的接受,对其形成性格鲜明的澳门文化特色起到了关键作用。同时,我们也应看到,葡萄牙文化已经严重限定和制约了澳门对于全球性的先进、发达文化和文明的接受和吸收,影响了澳门对于自身文化的先进性和前沿性的及时调整和提高。澳门文化实际上是以葡萄牙文化影响为底色的多元共进的文化,其多元特色和先进程度比起香港来确实有着明显差距,所以,今后澳门文化的发展路向应该更具开放性,更加多元化。

2. 澳门文化的创新动力不足

澳门文化的发展,还受到政策资源、人才资源等方面的困扰,创新动力不足。众所周知,文化发展必须依托政策扶持和创新人才,然而,澳门长期以来未能制定相应的文化政策和文化发展战略,对文化走向不加引导,对文化发展不加扶持,使其一直处于自生自灭的状态,完全靠文化人的自主行为进行运转。虽然中西方文化合璧、多元共进等观念在澳门已经达到高度共识和实施,但是,对如何使得中西方文化进行合理而有效的融合,文化各个层面的融合程度又该如何把握等敏感而现实的问题,都缺乏适当的政策指导。这样的后果,一方面是未能营造出利于澳门文化健康发展的外部环境和内部氛围,有效提升澳门文化的品格和基调,人为地将澳门文化与世界先进文化隔离开来,使得澳门文化长期徘徊于世界先进文化的门坎外面;另一方面大大挫伤了广大文化人的积极性,遏制了澳门本土人才的创新发展。同时,澳门也未能有效发展各种层次的文化教育和专业教育,致使文化人才的培养始终未纳入社会发展的议程上来,人才资源长期处于一种普遍匮乏、布局失衡的落后状态之中。

首先,以往澳门文化的人才资源,主要以被动接受的方式培养,长期依赖中国和葡萄牙的力量进行培训,这主要通过两类方式解决,其一是葡萄牙人或者土生葡人回到葡萄牙本土和其他西方国家接受高等文化教育和专业教育,澳门华人到葡萄牙等西方国家接受高等文化教育和专业教育,或是到祖国内地、港台接受高等文化教育和专业教育;其二是澳门人在本地跟随文化人士和专业人士学习相关知识和技能。这种在文化知识和技能习得上的单一途径,必然产生澳门文化人才知识结构单一和单薄的不良后果,人才资源的整体素质不高,导致澳门文化的自主创新能力相对不足。其次,由于澳门长期施行华洋共处分治的政策,华人与西方人在观念文化、制度文化、艺术等层面上的交往和交流相当有限,中国传统文化和西方文化的融合更多地体现在日常生活层面上,澳门文化人才在高层次的集体创新能力上相对落后。再次,从文化层面的多样性上来看,澳门文化人才的布局显著失衡,在传统传媒等有限领域当中集中了相当多的人才,而其他领域的专业人才相当有限,甚至于一些重要领域出现了业余人才"一统天下"的局面。四百多年来,澳门除了贡献过创作《葡国魂》的贡梅士这样一位文豪外,至今未涌现过令澳门人深感自豪的具有全国性乃至世界性影响的文化人才及文化团体,这无疑是与澳门的国际身份和地位极不相称的。

3. 澳门文化的发展急需调整人们的文化观念

文化作为一种非经济制度因素,其实可以有效地形成一股"文化力"和"经济力",对社会经济的发展起着非常关键的作用。但是,关于文化与经济的关系,相当一部分人在认识上仍是模糊的乃至偏执的。

　　首先,值得注意的是,那种认为文化搭台经济唱戏的意见,占有相当的地位,文化的功能,似乎仅只是经济的配角,这样的看法也很有市场。澳门各界人士对此问题的反应与心态,可以分为以下几点:一是对澳门现有的文化是多元文化持认同态度,并认为这是由于澳门四百余年来中西文化的交汇形成的;二是认为这种多元文化的西方部分,含有浓厚的殖民地色彩,回归后应做质性上的调整;三是认为历史的多元文化,固然含有殖民地成分,但回归后这种色彩将会继续淡化到仅只是澳门历史的痕迹,同时,这种多元文化社会可以转化为一种丰富的深厚人文资源,而且这种丰富和浓厚的人文资源之于澳门是独特的,不是每个地区和城市都具备的,对于澳门回归后的经济发展应该是一个有利的条件。澳门各界人士对于澳门文化是多元文化持认同心态,说明澳门社会对澳门自身的社会历史持一种认同态度。这一点实际上就是一种文化凝聚力。对此善识善用,使这种历史文化的凝聚力在澳门回归后会发挥正面积极的作用,成为澳门平衡过渡、持续繁荣的强势助力。对于第二点,应当承认,澳门各界人士之所以会有这样的认识,是因为在客观上这相当部分确是事实。对于那些明显含有殖民色彩乃至侵略意味的事物,事实上,中国政府历来的态度都是鲜明的,但在具体的处理上又是谨慎的和有理有节的。随着澳门的回归,会有许多具体问题浮现,必须加以面对和做出决定。例如,对涉及街名、节日、设施乃至人文景观的内容等,应当细致、慎重,力求在保持澳门多元文化的前提下行事。对那种认为凡是代表葡国或西方的文化都必须消除的偏激心态,要做正面和积极的引导。应当通过对“一国两制”和澳门《基本法》的深入广泛的宣传,使澳门的多元文化得到澳门社会的认同,并使之在回归后的澳门社会发展中发挥应有的积极作用。

　　其次,还有的人士认为,保持一个地区的历史文化特点,仅仅是一种保护文物的工作。这实在是把一个复杂的问题过于简单化了。如果真是这样看问题,往往会就事论事,借口财力物力的不足而迁延时日,甚至把保护文物与市政建设对立起来,而从根本上取消保护文物的意义。实际上,这是一个如何看待文化传统与现代社会二者关系的大问题,更何况在很多时候,文化传统本就已融会在现实社会之中,已然成为社会现实不可分割的部分,澳门的实情就是如此。今天,文化的概念及其涵盖面是极其广泛的,文化作为一种"经济力"的观念也得到最终确认,以这种新观念来反观澳门文化,其意义显然非同寻常,近年来澳门文化的建设和发展可以说有了新气象,如澳门国际音乐节已成功举办多年,产生了一定的国际影响,就是很有力的举措,但是,这一文化转型可以说是任重道远,过程也必将是漫长的。

▷▷ **2.3.2 澳门的多元文化与澳门回归后新的经济生长点**

任何社会的持续发展,都不可能脱离业已形成的历史文化传统,更不可能脱离已然存在的社会现实,澳门社会的持续发展自然也不会例外。澳门要持续发展,既不能脱离其历史文化传统,也不能脱离其社会现实。

2.3.2.1 澳门社会保持多元文化,是"一国两制"理论和实践的丰富性的具体体现

既然澳门文化的多元性是历史的产物,是社会的现实,也是澳门社会发展的新基点,那么,实现、实施"保持特点,多元发展"的宏观战略,就将成为"一国两制"在澳门特区顺利实施的标志,也将是"一国两制"的伟大构想在继香港"一国两制"之后的又一个成功的典范,这无疑具有重大的政治意义和现实意义。

1. 澳门文化的多元化特性,是澳门文化发展的新基点

澳门历史文化传统的多元化,澳门社会现实的多元文化,决定了"一国两制"下的澳门文化发展的多元化。澳门文化的多元化特性,是澳门文化发展的新基点。充分尊重澳门历史文化,注重澳门文化的传承和发展,不做人为的粗暴的割裂和中止,是保持澳门长期发展、持久繁荣的根本保证和根本前提,这完全符合邓小平同志"一国两制"伟大设想的理论和实践原则。从澳门回归前后的两次社会调查数据来看,我们也可以清楚地看到澳门民众对澳门文化定位所持的文化心态。

回归前,绝大部分澳门民众认为澳门是中西方文化交汇处,也是中西方文化融合比较成功的区域,例如,大三巴本是西方传教士的修道院遗址,现已成为澳门的标志,大三巴周围现存有许多中国传统宗教的庙宇和中国传统文化的象征物,如哪吒庙、石狮子等等。绝大部分澳门民众认为,这些中国传统文化的标志不会影响大三巴周围的环境,应予以保存。

回归后,澳门民众普遍体会到,澳门的生活方式和中西合璧的文化得到

了有效的保留,满意度在 80% 以上。何厚铧在上海举行的亚太经合组织(APEC)2001 年工商领导人峰会上的演讲中指出,澳门《基本法》的落实,确保了澳门特别行政区享有高度的自治权,社会比较稳定,澳门经济也扭转了回归前持续数年负增长的局面,澳门居民的基本权利得到了充分的保障,继续依法享有言论、新闻、结社等多方面的权利和自由,多元文化的特色受到尊重,保持了原有的资本主义制度和生活方式。他在演讲中还介绍了澳门的区位优势和广泛的国际关系、自由港和低税制及其独特的中西交汇的文化。这些事实充分说明了澳门民众对于澳门文化现状的认同态度,也再次证明了邓小平同志"一国两制"的伟大设想本身就具有文化多元的涵盖维度。不同的社会制度,原本是不同质性的文化的产物,而一个中国的含义却是确定不移的,这两者可以结合起来,成为一种"一国两制"的构想,就从根本上包容了文化的多元性。因此,"一国两制"的体制,是澳门持续发展、继续繁荣的坚定基石和指导方针,也是澳门多元文化持续发展的指导方针与保障。

事实上,当今任何地区、社会的现代化都伴随着国际化的进程,而要真正的现代化和国际化,就必得走一条互相独立、平等、兼容并蓄的道路,做到不同文化的全面开放,这也就意味着必须使文化多元化发展。因此,宏观地说,澳门文化发展的模式可以概括为:保持特点,多元发展。

2. 澳门文化应该成为澳门长期稳定和可持续发展的"文化力"

澳门社会经济的持续发展在很大程度上是与澳门社会文化及其结构存在着互动关系的,澳门文化应形成一股"文化力"和"经济力",有效地推进澳门社会经济向前发展。澳门文化应该成为澳门长期稳定和可持续发展的"文化力",这是需要广大澳门人形成共识的。香港在回归以后的成功事实可资借鉴。香港在英国治理之下,一贯标榜是西方文化的成功模式,香港是西方文化的舞台乃至阵地,有意无意地回避乃至无视香港实际上也是中国传统文化的舞台和阵地的事实。这一偏执在回归后便逐步显现出某些不良后果,在亚洲金融风暴之后,香港尽管成功地抗御了香港内部及海外的经济恶势力,但香港的经济发展依然还是出现了负增长,其中,旅游业的负增长十分明显。香港特区政府和香港旅游业采取了一系列有效的措施,终于在 1998 年 10 月明显地使香港旅游业重又获得振兴,直至现在还保持着旺盛的活力。其中一个重要举措就是,大力宣传香港并非只是一个西方文化的结晶品,而同时也是中国传统文化精华展现的舞台,香港实际上是中西方文化交汇的产物。应该说,香港的这些举措是成功的,对于发展香港经济也是有效的,同样对澳门有启发意义。实际上,澳门多元文化所拥有的条件和基础不亚于香港,甚至在某些方面远远优于香港,尤其是澳门从来都是多元文化并存、和谐共同发展的,澳门不必像香港那样急于在新的历史条件下重新塑造自己的文化形象。两相比较而言,澳门的多元文化实在是一笔丰厚的历史文化财富,也是现实的人文资源,只有扬澳门之长,避澳门之短,善识善用这一笔富贵的资源,才是发展澳门经济与文化之道。

2.3.2.2 澳门文化建设和发展的若干路向

在新的历史条件下,澳门文化应该加强以下几个方面的建设和发展:

1. 澳门政府应当对澳门文化的发展前景做出相应的统筹规划,制定相应的文化战略

从政府层面而言,澳门政府应制定一系列的文化政策,重新思考和调整澳门文化的定位,以追赶世界文化潮流。澳门文化在中西方文化融合、多元共进等方面业已取得许多成功的经验,拥有葡萄牙文化及拉丁文化的元素,是澳门拥有不可替代的特点的关键所在,也是区别于香港和优于香港的地方,不可能也无必要在一朝一夕之间舍弃葡萄牙文化及拉丁文化。恰恰相反,这正是澳门文化的特色所在,是今后澳门文化发展出区别于香港文化的增长点之一,也是澳门文化积极接受以英美为代表的西欧文化影响的基点之一。澳门文化今后的发展路向,应该是在继续发扬葡萄牙文化及拉丁文化的同时,加强同英语世界的交流,积极接受和吸收以英美为代表的西欧文化,以提升澳门文化的品质和格调,将澳门文化直接与世界文化的发展衔接起来,追随世界文化的发展潮流,进而形成澳门文化的新特色,不至于成为香港文化的"翻版"或者是"香港第二"。

今后的澳门文化应是葡萄牙文化(及拉丁文化)、英美文化和中国文化三者的奇妙的结晶体。同时,澳门政府和民众都非常清醒地认识到,澳门的文化定位和经济定位仍然朝着以国际性博彩娱乐和旅游购物为主的多元方向发展,那种试图把澳门像香港那样定位于工业中心和金融中心的设想,显然是不切实际的。对此,澳门民众已达到高度的共识。现在,澳门在拓展这一文化定位的空间,加大投资增加娱乐、旅游设施的规模和素质等方面做出

了很大的努力,取得了较明显的效果。

2.澳门民众在新的历史条件下应当调适自己的文化心态,促进澳门文化的建设和转型

应该说,宗教信仰的多元性、语言运用的多元性、生活方式的多样性和审美文化的多样性等等,构成了澳门民众对于文化多元性认同的物质基础和心理基础,本身具有无可限量的文化整合潜力,对澳门社会经济起到了建设性的作用。诚如澳门特首何厚铧所言,"作为一个微型经济,澳门对外依存度很高,必须积极参与区域经济合作,与国际市场进一步接轨"。因此,今后澳门文化建设也应朝着这个方向努力。澳门民众应抛弃重经济、轻文化的"市侩心理"和"投机心理",培养出尊重知识、尊重文化的健康心态。同时,还要抛弃"看客心态",积极投身于澳门文化的建设。澳门民众不应满足于对以往的中西合璧的文化、生活方式的继承,更不应像以往那样主要以通过日常生活的方式来接触和吸纳先进外来文化和文明,而是要在这一基础之上清醒地认识到澳门文化与香港文化、台湾文化、中华文化乃至欧美文化的不同点和不足点,充分利用澳门开放的国际地位和澳门文化的整合力量,打破满足于现状的"小城心态"和"半岛心态",消除经济上、文化上的自卑心理和怯弱心理,积极接受和吸收先进的文化和文明,努力拓宽自己的文化视野,培养出立足港澳、背靠祖国、放眼世界的恢宏胸襟和理性态度,将澳门文化的发展提升到与世界接轨、同步的高度上去。

3.努力改善澳门文化的内涵和素质,培育出合理的文化市场和文化产业结构,营造出澳门面向世界的文化品位

从现今世界大势看,文化及其产业结构和市场构成,属于第三产业结构中的第三层次,即是为提高全民科学文化水平和素质的部门,文化建设有助于物质生产和文化产业保持良性互动的比例关系,促进社会整个产业结构的合理化和高度化,改变社会消费结构,提高劳动者素质。

文化产业或曰文化经济,包括了三个层面的内容:"小文化"是指文学和艺术,"中文化"则拓展到了图书、音像制品、新闻出版、书店、文物部门、博物馆、展览馆等领域,而"大文化"就涵盖了包括文学、艺术、图书、音像制品、新闻出版、书店、文物部门、博物馆、展览馆、园林建筑、教育、科技、体育、旅游、饮食及宗教等在内的广阔范围,"大文化"圈内各个门类之间存在着良性互动的关系。

从这一新的文化视野来看,澳门文化的发展有着巨大的空间,这一视野实际上能对澳门文化今后的努力方向起到指导性的作用。澳门不仅要给自己的文化重新定位,确立新的文化特点,还要努力培育自己的企业文化、社区文化、文化产业、文化市场、文化消费观念,改善文化资源的配置和开发,完善文化经济政策。实际上,澳门在文化建设上具有得天独厚的优越条件,中西合璧的文化特性和自由港的国际地位可以有效地吸引文化创造人才,拥有多方面多层次的文化投资渠道和结构,可以灵活自如地运用世界最先进的文化设备,可以按照国际文化市场的规则拓宽文化消费市场,从而创造出一番新气象来。例如,在回归前不久,澳门组建了第一家电影公司,拍摄了澳门第一部影片《大辫子的诱惑》,描写了中、葡青年男女打破种族、信仰、社会地位及文化差距,追求幸福爱情的故事,调动了中、葡两国及澳门最优秀的演艺人员,取得了较好的社会效益和经济效益。最近,澳门又本着立足港澳、面向全国、走向世界的开放精神,组建了澳门卫视频道,开播业已获得成功。澳门琳琅满目的博物馆荟萃了澳门的历史文化及中西文化交流史的篇章,已经成为澳门的拳头项目之一。澳门国际音乐节和格林披治方程式车赛等等,经过多年的举办,既扩大了澳门的知名度,也使得澳门积累了承办国际文化交流项目的经验,为更进一步拓展重大国际项目奠定了扎实的基础。澳门高等教育和职业教育也积极向内地敞开大门,招收内地学生,使澳门成为祖国内地通往世界的桥头堡,为澳门高等教育和职业教育的多元化发展做了有益的探索。这一系列举措都反映了澳门改善已有的文化项目结构、提升文化项目品质、改变澳门过度依赖博彩业状况、塑造全新的自我形象而做出的努力,无疑是非常值得称道的。

4. 应加紧澳门文化的物质基础和外围条件的建设

文化的建设和发展常常受制于经济规模、经济实力、人员素质和配套设施等因素。众所周知,澳门地域狭小,生产力水平不高,人员整体素质不高,确实长期制约着澳门文化的发展。

今后澳门文化的发展还需要解决以下四个方面的问题:

其一是基础建设。虽然澳门已有众多的文化设施、景点、旅馆等基础建设,但是在布局上并不是很合理。因此,需要政府和有关机构加大投入,改造原有设施,保护好文物古迹,在此基础上有计划地营建新景点。如已经落成的大理石观音像、观景塔等等,都体现了一个新的发展思路和方向。

其二,努力改善社会环境,整治社会治安,提高公务员的素质和纪律部队的执法水平,增加政务的透明度,营造出一个祥和、平安的社会大环境,有利于澳门文化的建设和发展,促进中西文化的正常交流。

其三,积极引导和推动澳门的社团文化、企业文化和社区文化建设,优化社团的组织结构,加强企业人员的凝聚力,激发和提高民众参与文化建设的热忱和水平。例如,2001年澳门艺术节中的一个项目《看得见的城市》,就是由民间的视觉艺术团体策划并组织实施的。这个项目把艺术、历史和现实生活紧紧地联系在一起,让人们重新审视了澳门小城的特殊魅力。这一成功经验表明,澳门文化的发展和提高有赖于澳门民众的全情参与。

其四,积极加大文化教育和艺术教育的投入,扩大文化教育的规模,以培养出合格的文化人才。澳门现有的中小学教育贯穿了一定量的文化素质课,是值得肯定的,但在高等教育和专业教育层次上无论是规模还是水平都有待提高,现有的教育力量确实不足以培养出符合社会需要、时代需要的人才。澳门大学、澳门理工学院及旅游学院等教育机构正在调整自己的培养方向,开设"大文化"领域的课程,有的还提供了学位课程,这对于培养本地文化建设人才、缓解人才短缺的矛盾,起到了关键作用。这一战略方向的调整和实施,需要政府有关部门和民间团体的扶持和投入,多方支持,必定会结出硕果。

邓小平同志关于"一国两制"的伟大构想,相继在香港和澳门两地获得成功,充分证明了其理论预见性和巨大的实践空间。澳门特首何厚铧在上海举行的亚太经合组织(APEC)2001年工商领导人峰会上,盛赞中央政府在澳门回归后恪守"一国两制"方针,对澳门特区政府和居民给予充分的信任,不干涉特区的内部事务,对澳门的稳定和发展予以强有力的支持。澳门《基本法》的落实,确保了澳门特别行政区享有高度的自治权,澳门治安环境明显好转,严重犯罪率大幅下降,社会比较稳定。澳门的经济也扭转了回归前持续数年负增长的局面,外来投资逐步上升,旅客数字创出新高。何厚铧说,澳门居民的基本权利得到充分的保障,继续依法享有言论、新闻、结社等多方面的权利和自由,多元文化的特色受到尊重。2001年9月,澳门举行了特区成立后的首次立法会选举,选举过程完全符合公平、公正、公开、民主和廉洁的原则,反映出澳门正以循序渐进的方式,稳妥而积极地推动民主政治的发展,澳门民众对社会事务的关心和参与程度也逐步提高。这些新气象充分说明,正是澳门的区位优势和广泛的国际关系、自由港和低税制及其独特的中西交汇的文化,共同营造了澳门稳定的政治、经济、文化环境,令澳门居民得以充分发挥自己的聪明才智,加倍努力地建设自己的家园。

本章主要参考文献

1.《中华人民共和国澳门特别行政区基本法》,澳门基金会 1997 年版。

2.《澳门未来十年发展前景》,麦健士公司 1990 年版。

3. 广东港澳经济研究会、澳门经济学会课题组:《澳门经济发展若干策略》,1997 年编印。

4. 澳门发展策略研究中心、澳门经济学会联合课题组:《澳门 2020——未来 20 年远景目标与发展策略》,2000 年编印。

5. 杨允中:《澳门与现代经济增长》,澳门经济学会 1992 年版。

6. 黄汉强主编:《澳门经济年鉴(1984—1986)》,澳门华侨报社 1986年版。

7. 黄汉强、吴志良主编:《澳门总览》,中国和平出版社 1995 年版。

8. 冯邦彦:《澳门概论》,香港三联书店 1999 年版。

9. 陈多等编著:《澳门纵横》,新华出版社 1999 年版。

10. 澳门经济社会发展战略研究课题组:《提升澳门经济》,1999 年编印。

11. 谭展云、林浩然:《澳门与多纤协议》,澳门基金会 1994 年版。

12. 对外贸易大学课题组:《机遇·挑战——澳门经济发展模式研究》,对外贸易教育出版社 1994 年版。

13. 吴立胜、曾固坚主编:《平稳与繁荣——澳门跨世纪经济发展战略研究》,香港文汇出版社 1998 年版。

14. 李华杰、许隆、周维平主编:《跨世纪的粤港澳区区域经济》,广东高等教育出版社 1996 年版。

15. 华南师范大学澳门研究中心,颜泽贤、王国健主编:《澳门研究论集》,1999 年编印。

16. 季崇威主编:《中国大陆与港澳台地区经济合作前景》,人民日报出版社 1996 年版。

17. 吴志良:《澳门政制》,澳门基金会 1995 年版。

18. 吴志良著:《生存之道——论澳门政治制度与政治发展》,澳门成人教育学会1998年编印。

19. 澳门大学澳门研究中心、北京大学港澳研究中心课题组:《提升澳门经济竞争力战略研究报告》,1999年编印。

20. 澳门发展策略研究中心:《新时期港澳经济关系专题研究》,1999年编印。

21. "何厚铧在上海举行的亚太经合组织(APEC)2001年工商领导人峰会上的讲话",人民网2001年10月19日。

第 **3** 章

九运会举办对广州市天河区实施可持续发展战略的系统分析与评价

伴随着 20 世纪科学技术进步的步伐,人类的社会生产力获得了极大的提高,100 年来人类所创造出来的物质财富,几乎比这之前人类所有世代创造的物质财富的总和还要多出许多倍,物质财富的丰富极大地推进了社会文明进步的进程。但人口的爆炸性增长,资源的掠夺性开采和无节制耗费,生态环境的急剧恶化以及城乡环境的严重污染,又对人类的生存和发展构成前所未有的挑战。面对着日益严峻的生存和发展形势,人类已经开始从传统的发展迷梦中警醒,联合国环境与发展委员会(WECD)于 1987 年发布了题为《我们共同的未来》的长篇专题研究报告,该报告第一次指出了人类实施可持续发展战略的必要性,并系统地阐明了可持续发展观念的基本含义和可持续发展战略的基本内容。这一观念一提出,立即在全世界范围内获得了广泛认同和积极响应。在联合国环发组织的积极推动下,1992 年 6 月,世界环境与发展大会在巴西里约热内卢举行,各国首脑经过长达 12 天的热烈讨论,最后通过了《里约环境与发展宣言》和《21 世纪议程》两个划时代的文件,从此,走可持续发展之路成为世界各国经济和社会发展的共同选择。

处于现代化建设全面推进阶段的中国,恰好处在人口、资源、环境与经济社会发展的尖锐的矛盾冲突中,可持续发展观念和可持续发展战略为中国政府解决这一尖锐矛盾提供了一条新的思路,进而转变了我们的发展观念,拓宽了我们的发展思路,所以中国政府是《里约文件》的最积极响应者。

1992 年 7 月 2 日,里约会议刚刚结束,中国政府就开始组织力量编写《中国 21 世纪议程——中国 21 世纪人口、环境与发展白皮书》,这一重要文件于 1994 年初编写完成,并于 3 月 25 日经国务院常务会议讨论通过。《中国 21 世纪议程》颁布实施后,受到国际社会的高度评价,联合国环发大会秘书长指出:在一个世界上最古老、人口最多的国家实施可持续发展战略,无疑具有世界意义,它标志着一个历史性的转变。中国政府认真履行自己的庄严承诺,按《中国 21 世纪议程》的要求编制了《中华人民共和国国民经济和社会发展“九五”计划和 2010 年远景目标纲要》,并于 1997 年将实施“可持续发展战略”写进中共十五大报告中。

广州也和中国的其他城市一样,按照党中央和国务院的要求,于 1996 年 4 月开始组织力量编写《广州 21 世纪议程》,并于 1998 年上半年编制完成。该文件为广州市制定的可持续发展战略是:坚持以经济建设为中心,以保持经济持续快速增长、综合经济实力不断增强为前提,同时注重经济、社会、人口、资源、环境的协调发展和社会的全面进步,坚持以人为本和以先进的科学技术为主要推动力,逐步利用市场机制实现由传统发展模式向可持续发展新模式的转变,以使广州的经济和社会发展沿着持续、快速、健康的轨道稳步地向前发展。该文件为广州制定的发展目标是:到 2000 年城市建成面积为 322.5 平方公里,城市化率达 65% 以上;到 2010 年,城市规模扩展到 436.8 平方公里,户籍城市人口控制在 785 万,常住人口不超过 877 万,城市化率达到 80% 以上。

天河区是广州市的新兴城区,于 1985 年经国务院批准成立,成立后借第六届全国运动会在广州举行、主体育场在天河区兴建的历史机遇,大力开发建设天河新区,十余年来,共开发兴建了 300 多万平方米的商品房投放市场,极大地促进了天河区的经济发展,尤其是第三产业的发展。到 1999 年,第三产业占区内生产总值的比重已达 63.3%。在第三产业中,尤其以商业所占的比重为最大。从 1996 年起,其商业产值占第三产业总值的比重就已经超过 62%。1999 年天河区商业占全区国内生产总值的比重将近 40%,这标志着天河区经济已经完成了由城郊型向都市型的转型。1999 年 4 月,天河区成立了可持续发展实验区协调领导小组,并编写了广东省第一部区(县)级的 21 世纪议程——《天河区 21 世纪议程》,以及《天河区可持续发展实验区总体规划》,成为天河区可持续发展的行动宣言和行动方案。中华人民共和国第九届运动会于 2001 年 11 月 11 日再度在广州举行,九运会的主体育场也再度在天河区的黄村兴建,天河区的城市建设、经济和社会发展也再度面临一次难得的历史机遇。按照《广州 21 世纪议程》和《天河区 21 世纪议程》的要求,天河区的经济和社会发展必须走可持续发展的道路,因此,对九运会举办将对天河区的经济和社会发展所带来的各方面影响进行分析和评估,为实现天河区经济、社会发展与环境生态及资源利用相协调的目标提出相应的对策建议,具有重要的现实意义。

▶▶ 3.1 可持续发展的观念和理论

▷▷ 3.1.1 关于可持续发展概念的诠释

如第 1 章所述,联合国环境与发展委员会 1987 年 7 月正式发表的题为《我们共同的未来》的长篇报告,首次较为系统地阐明了可持续发展的观念和战略。1992 年里约热内卢世界环境与发展大会之后,可持续发展问题成为国际学术界热烈讨论的话题,这些讨论主要包括对关于可持续发展概念的诠释、实施可持续发展战略及其应该遵循的原则。可持续发展概念大致可以从以下几个不同角度来诠释:

1. 从自然属性角度

较早时候,一些生态学家首先从生态学意义上提出"持续性"的概念,他们所说的持续性就是指生态系统的可持续保持,他们从这一角度认为可持续发展就是要实现"自然资源与人类对其开发利用之间的平衡"。自然资源大致可以分为可再生与不可再生两类。一般说来,水、空气、阳光以及生物资源如森林资源、渔业资源等都是可再生资源。可再生资源的再生是有条件的,譬如淡水资源的再生必须靠下雨或冰川的持续融化,如果我们把生态环境破坏了,造成了干旱或冰川融化过快,那么就会遭受水资源匮乏的惩罚;森林资源的过度砍伐和渔业资源的过度捕捞,都有可能破坏它们的再生周期,从而造成资源枯竭的局面。而像煤炭、石油、金属矿藏等自然资源都属于不可再生资源,对这些资源的使用更必须考虑下代人的发展权问题,要尽可能延缓这类资源达到枯竭的时间。这便是生态学家们早期提出的、关于可持续发展的资源与开发利用之间保持平衡的解释。因为有不可再生资源的存在,因而保持平衡事实上是不可能实现的。所以在 1991 年 11 月由国际生态学会和国际生物学会联合召开的关于可持续发展问题的专题讨论会上,进一步把可持续发展定义为"保护和加强环境系统的生产和更新能力",不是从资源平衡的角度,而是从环境系统的生产和更新能力的角度来阐释可持续发展,似乎将可持续发展的真正问题掩盖了起来。还有人从生物圈概念出发认为,可持续发展就是寻求一种最佳的生态系统,以支持生态的完整性和人类愿望的实现,使人类的生存环境得以维持。这种定义同样有掩盖问题之嫌。

2. 从社会属性角度

一份题为《保护地球——可持续生存战略》的研究报告,由世界自然保护同盟、联合国环境开发署、世界野生生物基金会三家单位联合研究,于 1991 年发表,这份报告将可持续发展定义为"在生存不超出维持生态系统涵容能力的情况下,改善人类的生活品质"。这个定义的长处在于,从社会人的角度来阐释可持续发展,并且从人类生存的意义上来凸显可持续发展问题的严峻性。因为可持续发展问题的实质是人类的可持续生存问题,也就是人类作为一个动物的种群,能否有效地维持它的种群延续的问题。面对如此严峻的课题,研究报告提出了人类可持续发展的价值观;又提出了包括强调人类生产方式与生活方式要与地球承载能力保持平衡,保持地球的生命力和生物的多样性等原则在内的维持人类可持续生存的 9 条基本原则;还提出了落实人类可持续生存的 130 个行动方案。从社会属性来诠释可持续发展,可以使研究者将视点集中在人类社会,关注人类生活品质的改善,关注人类的前途和命运,使得这种研究带有浓重的人文色彩。

3. 从经济属性角度

这主要是经济学家从经济学的角度来理解和诠释可持续发展。许多经济学家都做过这样的尝试,巴比亚在其题为《经济、自然资源、不足和发展》的著作中,将可持续发展定义为"在保持自然资源的质量及其所提供服务的前提下,使经济发展的净利润增加到最大限度";还有经济学家认为可持续发展就是"今天的资源使用,不应减少未来的实际收入"。在第一个定义中,自然资源质量和其所提供的服务的保持,事实上是需要成本耗费的,这些耗费在传统经济学中是不被计算的,但在可持续发展意义下,就必须从发展所获得的利益中扣除,所以可持续发展意义下的经济学,可以看成是加进环境成本或资源使用的社会成本因素的经济学。由于成本因素的增加和成本的扩大,许多项目在传统经济学意义下是有利可图的,但在可持续发展意义下则是不经济的。第二个定义如果把它理解成当代人不要侵害下一代人利益,那么用它来诠释可持续发展是过于简单和肤浅的,如果严格从字面意义来说,由于其所使用的"未来"是模糊的,所以整个定义的语义欠清晰。总地说来,经济学视角由于偏重计算和视界较狭窄,这种解释也不具有普遍意义。

4. 从科技属性角度

科学家们对于可持续发展的理解与人文学者们的理解有所不同。他们认为"可持续发展就是建立极少产生废料和污染物的工艺和技术系统",因为在他们看来,污染并不是工业活动不可避免的结果,而是技术差和低效率的表现;能源危机的解决办法同样也是技术进步,矿物能源的有效使用技术和再生能源技术的突破,终将为人类的能源利用开辟出新的道路。所以可持续发展问题的核心是技术进步,现代可持续发展的目标就是转向使用更清洁能源或发明出更有效排放(接近零排放)的工艺技术,从而把能源和其他自然资源的消耗减少到最低。从科技角度诠释的可持续发展具体、实在,但缺乏那种为人类命运忧虑的人文关切,所以这种诠释也同样不具有普遍意义。

▷▷ **3.1.2 关于可持续发展的战略选择**

走可持续发展之路,是当代人类社会的惟一理智选择。然而,由于国家与国家之间的基本国情不同,即使在一国内部,也会由于不同地区之间的经济发展水平不同,它们各自所采取的可持续发展战略也不尽相同。理论上通常把发展目标分解为经济增长目标和环境目标两个部分,把那种追求经济增长与环境改善双重目标的发展战略,称作强可持续发展;而把那种在追求经济增长的同时允许环境状况的暂时恶化,但人们为环境恶化所付出的代价要远远小于他们从经济增长中所获得的收益,人们可以利用经济增长收益中的积累部分来使环境恶化得到控制,并逐步向环境改善转变,这种发展战略被称作弱可持续发展战略。一般说来,发达的经济体系或国家通常采取强可持续发展战略;而发展中国家或经济体系则只可能采取弱可持续发展战略。下面让我们分别来讨论这两种战略:

1. 强可持续发展

实施强可持续发展战略客观上应当具备三个条件,首先是国家已经拥有了较为充足的物质储备,或者说已经有了较强的经济实力,政府有充足的财政资源用于投入环境治理,一般说来国家的工业化程度没有达到一定规模,没有培植出充足的税源,要让政府拿出一大笔钱来投入环境治理是不可能的。美国直到20世纪60年代末,人均GDP已经达到11000美元的时候,才开始大规模治理环境;日本实施大规模环境控制时,人均GDP也已经达到4000美元以上。其次是国民环境意识的形成。有研究指出,大致在人均GDP 1万美元的情况下,才会达到国民环境意识的真正成熟时期,这时人们对环境质量的改善有着强烈的要求,从而促使政府的财政资源分配不得不向治理和改善环境的方向倾斜。第三是成熟的环境治理技术的形成。环保技术通常属于高新科技领域,并往往伴随着高度密集的资本投入,这在发展中国家实施将遇到极为巨大的困难,即使那些靠输出廉价能源而致富的国家,要应用高技术来进行环境保护困难也依然很大。尽管1992年的世界环境与发展大会上,发达国家承诺无偿转让环保技术,但直到1997年对《21世纪议程》执行情况进行检查为止,5年里发达国家履行承诺的记录几乎等于零!所以强可持续发展战略只可能在发达国家中得以实施,美国、加拿大、日本及欧洲都按照在环境持续改善的前提下实现经济的持续健康增长的目标来制定自己的《21世纪议程》,并在现实中基本按照这一目标走自己的可持续发展之路,但他们的成功对发展中国家的借鉴意义是有限的。

2. 弱可持续发展

弱可持续发展在理论上承认,发展中国家在推进它的工业化进程的过程中,一定时间内的环境恶化是不可避免的,问题的关键是这些国家从工业化中所获得的收益要远远大于环境恶化所带来的损失,并且应该从工业化的收益中拿出一部分钱来用于环境恶化的控制,从而使整个发展进程沿着逐步由弱可持续发展转向强可持续发展的路向前进。

要使发展中国家走上这条良性的健康发展之路,就必须实行相应正确的发展策略,主要有:①实行低工资就业的劳动政策,因为发展中国家的工业化启动阶段,主要的困难在于发展资金的不足,为了使企业能够迅速发展壮大,就必须让劳动者承受一定时间内的低工资收入,而把这部分利益转移到企业家和政府的手中,企业可以把这部分所得变成新的投资,政府可以把这部分所得用于环境的治理或控制,但劳动者必须为此付出生活状况改善较慢的代价。②实施环境的低标准控制,在工业化的启动阶段,绝对地不准兴办污染企业是不可能的,但也绝不能任凭工业污染遍地开花,因此有必要为环境控制制订一个与工业化启动阶段相适应的低标准,从而使环境的污染和恶化处在一个可承受和将来易于治理的范围之内,以便将为工业化带来的环境损失降到最低限度。③坚持资源的适度开发利用原则。工业化的启动阶段不对自然资源进行开发利用是不可能的,但这种开发利用必须以适度为原则,过度地滥开滥采必然造成自然资源的极大浪费,同时带来生态环境不可逆转的破坏,这必须坚决禁止。

▷▷ **3.1.3 可持续发展的系统分析**

在理论上可以把可持续发展系统分为国家或地区的可持续发展系统和城市的可持续发展系统两类。城市可持续发展系统将在下面探讨,这里我们主要讨论国家或地区可持续发展系统。一般把国家或地区的可持续发展系统分为经济可持续发展系统、社会可持续发展系统、生态可持续发展系统三个子系统。

1.经济可持续发展系统

怎样描述经济系统的可持续发展?显然使用语言描述不如使用数值指标描述。可持续系统的描述指标大致可以分成发展指标和可持续指标两类:(1)发展指标,一般用输入与输出两种指标,经济系统的输入指标就是那些反映经济投入的指标,譬如资源耗费、社会投资、社会资金占用等;而输出指标就是反映经济发展成就的指标,譬如 GDP 值、增长率、政府财政收入、人均 GDP 等。(2)可持续指标,主要是反映可持续发展要求的指标,可以直接计算环境代价,并通过环境代价的逐年变化,来反映经济系统的增长是否符合可持续发展的要求;也可以间接地用能耗利用率等指标,这样通过对能源使用效率的考察,间接地反映出环境状况,从而反映经济的增长是否符合可持续发展的要求。

2.社会可持续发展系统

可以通过人口、教育、就业、医疗、社会保障等因素来描述社会系统的发展状况,但社会系统不宜使用输入、输出指标来描述发展。人口的发展指标通常用增长率,教育发展指标通常用受教育人口的变化率,就业情况通常用失业率,医疗状况变化通常用千人拥有医生的变化率,社会保障主要用失业人口的救济率等来表达。在这些因素中,人口、教育和就业是与可持续发展密切相关的因素,如果人口基数过大而且严重就业不足,那么这个社会系统就会被人口压力压垮,从而不可能实现社会的可持续发展;教育问题也同样,如果一个社会系统的成人识字率太低,就说明这个社会系统的劳动力素质太差。在一个文盲充斥的社会系统中,是无法顺利实现工业化和经济现代化发展目标的,因此一个社会系统的教育投入情况在一定意义上也是这个系统能否实现可持续发展的一个重要判据。

　　3. 生态可持续发展系统

　　这里的生态系统是以国家或独立经济体为单位的自然环境生态系统,描述这一系统的指标主要有工业废弃物(废水、废气、废渣)的处理量与排放量、生活废弃物(废水、垃圾)的处理量与排放量、土地(包括耕地)资源的拥有量和消耗量、森林资源的拥有量与消耗量、淡水资源的人均拥有量与变化趋势、大气环境质量及变化趋势、湿地与草场等其他生态资源的拥有与变化趋势等。这一指标体系是计算环境代价的重要依据,弱可持续发展系统的可容忍环境恶化的度,必须通过对上述各指标变化后的代价计算来确定,所谓代价计算就是要计算某种生态资源遭破坏或恶化后,恢复它原来的状况需要花费的经济代价,不计算这种环境成本的经济增长是没有意义的。

▷▷ **3.1.4 广州市的可持续发展系统**

　　把城市作为一个完整的经济和社会系统来研究它的可持续发展问题,这与把一个国家或地区作为研究对象相比,既有一定的共性,同时也存在着某种程度的特殊性。主要表现在系统分解方面,通常将城市系统分解为经济、社会、环境和城市建设四个子系统而不是三个,城市经济系统的描述,除了反映经济投入的固定资产投资和反映经济产出的 GDP 值、人均 GDP、政府财政收入外,一般还使用反映城市国际化程度的外贸进出口总值,以及反映城市经济运行的金融机构各项存款总值;城市社会系统的描述,除在中国城市管理的意义下,存在着城市农村人口与非农人口的区别,以及城市户籍人口与流动人口的区别外,其他描述指标应当与以国家或地区为研究对象的体系没有什么区别;城市环境系统不需要用可耕地、森林、湿地、草场等环境资源要素来描述,一般代之以城市公共绿地覆盖率、人均占有绿地面积等指标;反映环境污染控制的指标,通常用工业粉尘处理率、工业污水排放达标率、生活污水处理率、生活垃圾处理率等描述。城市建设系统通常用反映城市规模的城市建成面积、反映城建投入的人均城市维护资金、反映交通状况的人均道路面积及道路面积占城市面积的比重、反映市民出行方便程度的万人拥有公共汽车数量、反映市民居住状况的人均住房面积、反映市民通信状况的百人拥有电话数量、反映水资源供应状况的人均日常生活用水量等指标。我们将依据以上分析把由《广州21世纪议程》所确定的广州市的可持续发展目标反映如下:

广州市经济和社会发展状况及可持续发展目标一览表

指标	单位	1990	1998	2000	2010	1990—2000
GDP	亿元	319.60	1841.6			
人均 GDP	元	5418	27474		75000	
固定资产投资	亿元	90.59	758.83			
政府财政收入	亿元	36.94	132.19			
金融机构存款	亿元	440.47	3473.8			
进出口依存度	%	54.91	58.87			
物价涨幅指数		1.16	1.16			
城市人口总数	万人					
失业人口比率	%	1.6	2.31			
千人拥有医生	人	3.53	3.4			
教育经费比重	%	12.94	10.19			
保障人口比率	%					
城市建成面积	km^2					
人均维护资金	元	53.55	1822.04			
道路面积比重	%	5.79	8.38		10.5	
人均道路面积	m^2	1.83	5.77		16.37	10.7
万人公汽拥有	辆	1.83	13.77		20	
人均居住面积	m^2	7.99	11.55			
百人拥有电话	部	9.7	67.43			
人均日常用水	吨	460	564			
绿地覆盖率	%	19.50	28.08			
人均拥有绿地	m^2	3.16	6.37			
工业粉尘处理	%	95.07	95.6			
工业废水处理	%	48.38	91.1			
生活污水处理	%	27.93	30.35			
生活垃圾处理	%					

▶▶ **3.2 天河区实施可持续发展的优势与意义**

　　天河区位于广州老城区的东部,东与黄埔区毗邻,南与海珠区划江为界,北与白云区相接壤。全区面积约 148 平方公里,人口 1998 年末 48.16万。天河区 1985 年建区,属于广州市的新兴城区。国务院批准设立天河区可能与全国第六届运动会的主会场在这里兴建有关。伴随着天河体育中心的崛起,环体育中心地带的原广州城乡结合部,一时间成为广州市城市开发和建设的一片热土,天河火车站、中信广场、天河城、广州购书中心、市长大厦等一大批具有某种标志意义的建筑工程,先后在这片热土上开工建设,天河区也因为这些工程的集中建设而成为广州最具有现代气派的新城区,成为广州城市建设的新骄傲。按照《广州 21 世纪议程》的要求,天河区的发展必须被纳入广州实施的可持续发展战略中去,因而规划天河区的发展,必须按可持续发展的思路来进行研究和思考。依据上面所给出的可持续发展理论,我们首先来研究以下天河区实施可持续发展战略的优势,以及天河区实施可持续发展战略对广州市落实《广州 21 世纪议程》的意义。

▷▷ **3.2.1 天河区实施可持续发展战略的优势**

　1. 区位优势

　　从城市发展的角度看,广州已经把从沿江向沿海推进、建设以山水园林为主要特色的城市作为自己的发展方向,这样,东南方向就是广州未来城市发展的重点。番禺、花都撤市设区后,天河区在区位上已经成为广州市的中心,沿广州大道方向,北起天河火车站,经天河体育中心的中心城区、珠江新城、赤岗塔,顺延至番禺市桥,已经初步形成大广州的南北主轴。而这条中轴线的主体部分位于天河区,它理所当然地代表着 21 世纪的广州形象。按重新调整的《广州市总体规划》,要以占地 6.6 平方公里的珠江新城为中心,将天河区建成为广州未来的新中心城区。随着广州城市发展向东南方向的加速推进,天河区作为未来广州城市建设重点和发展中心的地位日益被确定。

　　戴星翼先生在《走向绿色发展》一书中认真探讨了城市的区位因素对

其可持续发展的影响。他认为从经济学的观点看,有利的城市区位乃是一种经济发展的稀缺资源,因为有利区位在经济发展中具有不可替代的价值,正是由于这种不可替代价值的存在,所以在城市土地的招标拍卖中好地段的土地价格往往是差地段价格的几倍乃至十几倍。一个城区的区位优势是由该城市的总体发展规划所决定的,按照广州市把燕岭公园—体育中心—珠江新城一线建设成体现广州城市现代化面貌的新轴线的规划,未来广州的城市标志性建筑绝大部分要在这条轴线上兴建,因此天河区就会面临广州其他城区难以相比的发展机遇。经过长时间的论证和高水平规划设计,占地面积达 6.6 平方公里的珠江新城,将会被发展建设为集金融、商贸、行政、外事、商住、娱乐等功能为一体的广州市中央商务区(CBD),成为类似于纽约曼哈顿、香港中环那样的金融街区和国内外大公司总部的集中办公地,成为广州商务空间最为密集、地价最昂贵、赢利水平最高的地王区域。城市地王区域的培育必将带动它周边地区的开发建设,并大幅度提高天河城区的交通、城市公共绿地以及其他城市基础设施的建设规格和标准,从而使天河区的城市建设步入引领现代化潮流的轨道。

2. 人力资源优势

天河区是广州市智力资源的高度密集区,到 1998 年底,天河区内集中了高等院校 12 所,其中进入"211 工程"的国家级重点大学就有 3 所(华南理工大学、华南师范大学、暨南大学),相当于广东全省"211 工程"大学的四分之三(另一所为中山大学)。各类大专以上的在校学生约 8 万人。国家及省市级科研机构 44 个,国家重点实验室 3 个,各类专业技术人才 3 万多人。凭借智力密集的优势,天河区把高新技术产业作为自己的战略性产业,现区内拥有天河科技园、天河软件园、华南理工大学软件园三个国家级高新技术产业基地,在科技园里兴办的各类科技企业 1005 家,经认定为高新技术企业的有 201 家,占全市的 73% ,1999 年科技园实现工业总产值 36.5 亿元。天河软件园软件系统集成企业四百多家,其中有 6 家国家级软件企业,37 家被列为广东省重点企业,占全省的 56.7% 。1999 年软件产业技工贸总收入 41 亿元,纯软件收入 20 亿元,占全国的 8.6% ,成为全省最大、全国闻名的电子信息产品集散地,在全国的软件产业发展中处于领先地位。经过较长时间的积累、沉淀和富集效应,天河区已经成为南中国地区集科学传播、科技研发、高新技术产业于一体的智力和科技研发能力的高度密集区。

到 1998 年止,该区内累计实施的"火炬计划"项目 134 项,占全市的 63.9%,并初步形成了发挥人才群聚效应的良好人文环境。

　　3. 生态环境优势

　　处于城乡结合部的天河区与其他老城区相比,还具有发展空间广阔、自然生态环境条件优越的长处。全区地势由北向南逐渐倾斜,北部由白云山、冒峰山余脉拱卫出的低山丘陵,海拔一般在 100—400 米,为宜林山地;中部为海拔 40—100 米的台地,其间的瘦狗岭 131.4 米,既可用于绿化,也可用于城市开发;南部为海拔 8—18 米的冲积平原。全区林业用地面积 3346.68 公顷,占土地面积的 22.6%,全区绿化覆盖率高达 50%,人均绿地面积 27.9 平方米。天河与广州的其他城区一样,气候属于南亚热带季风气候区,年平均温度 21.8 摄氏度,气候宜人;年平均降水量 1725.7 毫米,雨量充沛;年平均日照 1960 小时,日照率为 44%;年平均相对湿度 79%,全年无霜期 341 天。季风期分明,秋冬以北风、西北风为主,春夏以南风、东南风为主。珠江沿天河区南边界流过 11 公里,河流总计流程为 61.79 公里,区内还分布着中型水库 3 座,小型水库 11 座,湖泊山塘 11 个。天河区的人口密度为每平方公里 3259 人,加上流动人口每平方公里的人口密度也不过 5000—10000 人,而广州老城区的人口密度 1994 年为 17298 人,比天河区高出 2—3 倍。天河区是城市公共绿地建设面积较大的城区,除轴线绿化工程、珠江沿岸宽带绿化工程、珠江公园和天河公园绿化工程等重点城市生态环境建设工程外,区内众多的大专院校和科研单位,绝大多数都是广州市的绿化先进单位,像华南理工大学、华南师范大学、华南农业大学、暨南大学等单位的校园,本身就是一个巨大的城市公园,这些大面积的公共绿化,再与点缀其间的二百多处小区的人工绿色工程一道,编织出天河区风景宜人的绿色网络系统,进而形成天河区特有的环境资源优势。

▷▷ 3.2.2 天河区实施可持续发展战略的意义

　　1. 加快城区建设的整合步伐

　　广州市的城市发展经过一番北沿还是南下的争论后,最终还是选择了东移南下的发展方向。番禺的撤市设区,为广州的城市发展扫清了最后的发展障碍。将番禺的市桥、南沙纳入广州城市发展的总体规划,进而形成广州城区的组团式结构,是未来广州城市发展的必然选择。在这个组团结构中,广州老城区依然是核心,或者说是广州城市的主体,环绕这个主体依次发展番禺市桥、番禺南沙、黄埔、花都等若干个卫星城,尤其是黄埔、南沙这两个滨海城区,肯定是广州未来重点发展的特色城区。天河区在广州城市的这次东移南下的过程中,扮演着东引、西连、南牵的重要作用,未来广州城区的联系整合全赖于天河区的城市发展。广州市的城区整合不能仅限于广州老城区与天河新区的整合,还应该把黄埔、南沙、市桥等城区的发展也放到整合的视野中去,这样天河区发展的牵引作用将会更明显。必须按照城区整合的思路来规划天河区的城市建设和经济发展,尤其要把这种整合放到发展广州城市特色的思路中去。世界名城巴黎有一条举世闻名的塞纳河,河上90多座形态各异的桥构成巴黎特有的建筑景观,滨河两岸的城市建筑有法国历史建筑博物馆的美誉,在这些建筑映衬下的塞纳河风光如诗、如画、如梦,令无数国际游客流连忘返。广州当然无须去模仿巴黎制造一条东方塞纳河,有人建议建设一条由南沙至黄埔的滨海风景长廊似乎是值得考虑的,但无论如何总要发展出一些只属于广州自己的特色来。

2. 加速经济结构的优化升级

广州市 1998 年的人均 GDP 值已经达到 27318 元,比排名全国第一的深圳市的 32643 元差 5325 元,比排名第二的上海市的 28228 元仅差 910 元,而比排名第四的北京市的 16136 元高出 11182 元。换算成 1982 年的美元币值,按低估值计为深圳 2463 美元、上海 2130 美元、广州 2061 美元、北京 1217 美元;按高估值计为深圳 6953 美元、上海 6012 美元、广州 5819 美元、北京 3437 美元;平均计为深圳 4708 美元、上海 4071 美元、广州 3940 美元、北京 2327 美元。按照产业结构高度理论,除北京尚处于工业化加速阶段外,深圳、上海及广州都已经进入了工业化成熟阶段。处于这一阶段的经济发展应当实现经济增长方式由粗放型向集约型的转变,这种转变指的是经济增长实现由速度数量型向质量效益型转变,产业结构由劳动、资本密集型向技术、知识、信息密集型转变,增长动力由依靠投资拉动转变为依靠科技进步和劳动力素质的提高。广州市实现经济增长方式转变的关键措施有三条:第一是进一步加大对外开放的力度,逐步实现同国际经济秩序接轨。因此必须加快发展金融保险服务、国内贸易服务、旅游服务等服务贸易领域,吸引更多国际性企业来参与国内市场的竞争。加快珠江新城中心商务区的建设步伐,是加速广州对外开放步伐的关键步骤,只有把珠江新城的 CBD 建成服务广东及华南地区,辐射全国乃至东南亚地区的著名商务服务中心,广州加速经济开放的目标才能够实现。第二是加强经济结构的调整、优化、升级,到 1998 年广州的产业结构,按对 GDP 的贡献来计,第一、二、三产业的比重分别是 4.88∶46.8∶48.32;按就业结构计,分别是 21.04∶38.34∶40.62。按照可持续发展的思路,到 2010 年广州的产业结构按贡献计应调整到 2∶30∶68,按就业计应调整到 7∶32∶61,因此必须加快第三产业的发展,而加快珠江新城中心商务区的建设,也同样是加速发展第三产业的必然选择。第三是加快高新技术产业的发展。如前所述,天河区是广州高新技术产业较为集中的地区,未来广州高新技术产业发展的希望在天河,因此天河的发展对广州市可持续发展战略的实施可以说具有举足轻重的作用。

3. 促进城区环境的整体改善

天河区曾经是广州市的主要工业基地,全区工业用地 26 平方公里,约占全区面积的 18%,工厂主要集中在员村、东圃一带,在全广州(包括县级市及番禺、花都)的 52 家污染大户中,天河区就占了 8 家,并且是排名十分靠前的污染企业,其中广州污染大户的前十名,天河就占了 4 家,它们是广州氮肥厂(3)、广州珠江造纸厂(7)、广州绢麻纺织厂(8)、广州鱼珠木材厂(10)。这些工厂的生产对周围地区的土壤、空气、水体都造成了十分严重的污染,以致使天河区东南地区的土壤受镉、铅的污染达到中度或严重的程度;空气中的氮氧化物严重超标,二氧化硫浓度也处在每立方米 0.05—0.06 的水平上;地面河涌、湖面、水库的水体,由于周围工业污水的直接排放而被严重污染。虽然近年来由于各工厂都重点狠抓了污染治理,环境恶化的势头已经得到了遏止,但离彻底治理污染的环境目标还有很大差距。另外,天河区作为一个发展新区,人口增长过快的问题也比较突出,1985 年设区时天河区的人口只有 24 万,但到 13 年后的 1998 年,人口猛增到 47 万多,几乎翻了一番。如果再考虑到诸如石牌村那样的城乡结合部寓居着大量进城务工人员的情况,加上这些暂住人口,天河区的实际人口数量还会更大。预计到 2010 年,天河区的常住人口会达到 73 万,加上暂住人口可能会接近百万,这是一个问题十分严重的数字。天河区必须按照可持续发展的思路,慎重解决好人口增长过快的问题和环境污染的问题,否则它会直接影响《广州 21 世纪议程》的实施,影响广州市的整体发展。

▶▶ 3.3 九运会对天河区发展的促进作用

▷▷ 3.3.1 九运会概况与六运会启示

1. 九运会概况

中华人民共和国第九届全国运动会是我国在 21 世纪里所举办的第一次大型综合运动会,经国务院批准新世纪的首次全国运动会在广东进行,这次运动会共设竞赛项目 30 个大项,345 个小项,金牌 358 枚。除冬季项目的 3 个大项 10 个小项以及马拉松项目的两个小项外,其余 27 个大项的 333 个小项全部在广东举行,比赛被安排在广州、深圳、珠海、汕头等 14 个城市,全部竞赛项目需要比赛场馆 67 个,训练场馆 55 个,其中需要新建的比赛场馆 19 个、训练场馆 5 个。确定在天河区黄村兴建的广东奥林匹克体育场,是九运会的主体育场,是举行九运会开幕式、闭幕式和田径比赛的地方,它将被建设成具有承办国内外重大体育赛事能力的一座综合性多功能的体育场,占地 30 万平方米,可容纳 8 万名观众,总投资为 10 亿元人民币,是 21 世纪广州市乃至广东省的标志性建筑。

与 1997 年 10 月在上海举行的第八届全国运动会相比,九运会与八运会的规模大致相当。从意义上讲,八运会是 20 世纪我国举办的最大规模的综合运动会,比赛项目设 28 个大项,需要通过比赛产生 319 块金牌。来自全国各省、自治区、直辖市、解放军以及各行业体育协会的 48 个代表团约 1.5 万人参加了当时的运动会。上海市为成功举办比赛而新建、改建的体育场馆四十多个,共计建筑面积七十多万平方米。上海在八运会筹办的过程中,首次采用吸引社会投资的方式来进行运作,取得了较好的社会效果。九运会从目前报名的情况来看,其参赛规模要超过上届,预计将会有约 1.6 万人参加比赛或为比赛服务,再加上新闻记者和应邀嘉宾,参加九运会的人数将会超过 2 万人。作为新世纪里的第一次全国体育盛会,广东必须精心地进行安排和组织,确保九运会的圆满成功。

2. 六运会的启示

1987 年"六运会"在天河区成功举办,为天河区提供了一次难得的发展机遇,天河区政府借六运会的东风,成功地利用了天河体育中心的规模积聚功能和辐射效应,使天河体育中心成为推动天河区由城郊向现代都市中心区转变的发动机,迅速实现经济现代化的助推器。但在充分肯定六运会对天河区经济发展的促进作用的同时,也特别应该采取逆向思维的方式,反思一下过去的失误,把经验和教训都看成可持续发展的宝贵财富。

(1)思想观念滞后

兴建天河体育中心时,市场经济在中国的政治生活中的地位还没有得到完全确立,所以当时把办好全运会当作一项政治任务来完成。当时的所有领导者都没有这种领导现代化的经历,更没有通过举办大型综合体育运动会来促进城市建设和经济发展的经验。受这种历史条件的局限,由于对天河体育中心的建设对城市发展前景的影响评估不足,所以对兴建天河体育中心将会产生的对城市建设和经济的拉动作用,几乎没有什么思想准备,因此就造成了体育场馆的建设与城市总体规划脱节、与市场经济的运作规律脱节、与人民的生活福利事业脱节的局面。说它与城市的总体规划脱节,是因为在规划和建设体育中心时,根本没有考虑将来要在它的北面兴建广州新火车站,因为火车站一般为城市的客流中心,必须为客流的疏散预留较充裕的路面,起码要有一条可供公共交通工具直接出入的较为宽畅的主干道。而今所有进出火车东站的车辆都必须环体育中心绕道行驶,便是体育中心与火车东站建设规划脱节的明显例证,这也是目前天河地区主要路口经常出现大塞车现象的主要原因。说它与市场经济的运作规律脱节,是因为在兴建天河体育中心时,市场经济在中国的政治生活中还没有得到正名,所以当时的政府也不可能有诸如开发体育产业等的现代思想,这自然是情有可原的事。但当时的体育场馆建设似乎应当考虑运动会开完以后,这些体育设施作为社会的福利资源,应当如何发挥其造福于社会的作用,目前其设施利用率仅有10%,造成了极大的资源浪费。譬如今年在成都举办的全国大学生运动会,其场馆大部分建在高等院校里,运动会开完后这些体育设施立即转而为高校服务,就不存在这种浪费。设想当年若能将部分场馆建在石牌、华工、师大、暨大、华农等高校可以就近利用这些设施,那将会较好地发挥这些设施的社会效益。

(2)规划设计滞后

由于对体育中心崛起后的经济拉动作用估计不足,因此对天河新城区的发展而言,明显感觉到规划设计的滞后。这种滞后主要表现在规划目标短浅、超前意识不够、规划水平较低、档次不够、缺乏总体关照等方面。说规划目标短浅主要是指,在对天河新区进行全面建设之前,没有一个十分清晰的城市发展目标。试想要是在开发建设之先就有要把天河新区建成能够代表广州 21 世纪形象的最现代化城区的目标,能够将道路交通网的密度建设得这样低吗? 有关资料表明:越秀区每平方公里城区有道路长度为 5.2 公里,东山区为 4.38 公里,天河新区则仅为 2.75 公里。道路宽度不够,道路交叉路口靠红绿灯实施控制等,都是造成经常塞车的最直接原因。公共绿化用地的严重不足,是规划目标低的又一表现。广州作为中国产值第二、人口规模第六的中心城市,南中国的政治经济中心和在亚洲城市体系中有着较高地位、在国际上也有较高知名度的国际性城市,起码应该有一个与其城市地位相称的城市中心广场,譬如北京的天安门广场,沈阳、大连的中山广场,太原的迎泽广场,包头的阿尔丁广场等,或者有一条能够代表城市形象的著名街道,像上海的南京路、北京的长安街、长春的斯大林大街等。在老城区由于历史的原因,没能够建成这样一个著名的中心广场或街道,就应该在新区的发展规划中来弥补这一缺憾。天河新区如果作为广州新世纪的形象,就不能不做这样的高目标、高起点、高规格的规划。虽然十几年后的今天,天河新区已经是广州最具现代化气派的城区之一,但是由于当年没有这种富有远见和想象的规划,今天也就形成不了这种大气度城市广场和著名街道。深圳市虽然当年也规划了像深南大道那样颇具现代气派的城市主干道,但今天仍然感觉到早年规划的落后。为了使深圳的城市建设上新台阶,他们又采取向全世界招标的方式征集新城市中心的规划设计方案,并最终选取日本规划设计师的设计,在福田建设新城市中心。广州的天河新城区,包括珠江新城规划设计方案,与深圳的福田新城市中心相比较,我们就会感觉到广州城市规划的落后,这种落后是规划理念和规划思想的落后,因为在深圳福田新城市中心规划的背后,可以读出设计师用建筑语言所表达的那种对天人合一、社群与自然融合的追求,而从广州的新城市中心的规划中,我们读不出这些,或许设计者本人本来就没有这种追求。事实上,两者的差别是有没有设计思想的差别。

(3)规划管理滞后

因为天河新区的开发建设是在由于体育中心的建设使得这一地区交通

条件改变了之后,由土地开发商自发开展的城市建设运动,规划部门只负责监督土地使用的建设用途,而对建筑密度以及建筑物的高度、造型、色彩等均无任何要求,任凭开发商自由建设,而开发商当时又大都是一些资质不高、资金有限、只追求眼前利润的急功近利团体,于是使新区的建设画地为牢、各自为政,不考虑整个街道的景观效应,更不可能为公众留下必要的公共绿地和公共活动场所,却同时为市民们留下了许多半截子工程。这是由于许多开发商开发资金不足所致,也许一些人由于还不起银行贷款现在已经破产了。现天河新区主干道两旁的半截子楼盘,已经成为天河区最煞风景的街头景观。现国内像西安、合肥等规划管理执行得比较严的城市,对一般新区开发或旧城改造的规划控制,西安控制到小区的设计模型通过规划审查后才可以进行土地招标,承建商必须按已经设计好了的楼宇模型进行施工;而合肥的城市建设,总体规划控制到楼层高度和建筑物色彩。因为只有这样,城市的街道景观和立体效果(从城市上空俯瞰时的视觉效应)才能够被建设出来。

(4)社区管理滞后

天河区 1985 年建区时基本上是以管理郊区农村人口为主的城郊型社区。"六运会"的成功举办,加速了天河区由城郊型社区向城市型社区的转化。经过十几年的发展,现天河区人口的城市化率已经达到 86.7%,基本上实现了由乡村社区向城市社区的转变。但由于转变过程太快,区政府虽然也为适应这种转变而想了一些办法,采取了一系列措施,比如采取兴建农民公寓的办法来加速旧村的改造,并在条件成熟的时候增设行政街机构,将已经城市化了的农村地区纳入城市行政管理体制等,但这些措施的出台仍落后于现实的转变需要,并因此造成农村居民点被城市分割和包围的现象,产生许多类似于石牌村那样的"城中村"。由于这类村住宅用地是按农村方式进行管理的,当这些地皮被城市用地包围之后,村民们最大限度地利用他们的宅基地盖房屋,并将他们住不了的房屋出租出去。这样不仅有"城中村"的基础设施与城市不配套,建筑物的风格、造型、色彩与城市不协调的问题,同时还有这些出租屋的流动人口管理和社会治安等问题,增加了城市管理的难度。这样的问题解决起来难度较大,今后将显现更多后遗症。

▷▷ **3.3.2 九运会对天河区发展的促进作用**

1.九运会对天河区经济的拉动作用

九运会对广州市地方经济的作用是广泛的,影响到各方面的发展,主要表现在以下几个方面:一是在准备九运会过程中,城市基础交通设施建设、体育场馆建设和城市环境治理推动着交通运输业、建筑业、钢筋水泥等建筑原料和建筑器械制造业的发展;二是九运会中的各种赛事以及新建场馆以后举行的各种赛事和活动为城市带来大量客源,推动相关体育产业、周边商业、周边餐饮住宿业及周边旅游业的发展;三是在准备九运会过程中,城市基础设施和生态环境的改善,为居民居住以及工商业投资提供了更好的环境,将有利于房地产业的发展;四是九运会是国内规模最大的体坛盛会,为国内外瞩目,它本身就是向全国甚至于世界展示广州市的一次机会,其宏大的规模、独特的宣传效果以及巨大的影响力,成为商家关注的热点,为广州市经济发展提供了更多的机遇。当然,上面几个方面并不是各自孤立的,它们是相互联系的。各产业之间相互促进,相互推动,以经济网络群的形式向前发展。下面分别从交通运输业、建筑业及与建筑相关的制造业、体育产业、周边餐饮住宿服务业、周边商业、周边旅游业、信息产业、广告业和房地产业来进行分析。

(1)交通运输业

这次九运会需要训练比赛场馆110个,分布在广东13个市。为了九运会的交通流畅,广东省在交通运输方面投入很大,使广州市与其他各市之间的交通运输都有了改善。广州市在市内交通方面的投入相当大,九运会前三年,广州市投入市政交通基础设施的资金将达339亿元,其中包括鹤洞、华南两座跨珠江大桥、地铁1号线、全封闭的环城高速公路、内环与内环路和环城高速公路相衔接配套的7条放射状公路、新机场以及新机场高速公路和广深准高速铁路城市客运快速交通系统。到九运会召开时,广州市将建成一个现代化的交通网,使广州的交通方便发达。

为了迎接九运会,天河区也配合市政府做了不少工作。天河区按照"积极主动、尽力而为"的方针,配合广州市的市政道路建设,在天河区建成四通八达、快速畅通的主干路网,包括对中心城区主干道的拓宽整治,对广园东路华南快速干道北段、广州大道北段等快速系统工程的实施以及黄村广东奥林匹克中心体育场的道路配套工程的建设等。通过这些道路、交通基础设施的建设,有力地推动了天河区运输事业的持续快速发展,到九运会前,天河区交通在广州市这个现代化交通网中将最为流畅。

(2)建筑业

为准备九运会,广州市在基础设施方面的建设主要有三大块,一是市政交通基础设施建设,前面已讨论过,九运会前三年总投资将达到 339 亿元。二是为九运会准备的体育场馆,分为两大块:一块是新建的场馆,包括新建的广东奥林匹克体育场、广州体育馆新馆等,另外一块是改建和维修的少量体育场馆,包括现有的天河体育中心等场馆,总投资约 30 亿元。三是城市环境、生态环保方面的建设,估计约五十亿元,其中包括城市园林绿化体系,城市街道改造工程和城市环保工程。这些巨额基础设施建设无疑会有力推动建筑业的发展。天河区配合市政府除对城市中心区主干道进行改造等工程外,还实行了绿化美化城市等建设工程,包括对天河公园等五大公园的建设。以上所有这些对建设的巨大投入,将有力地推动广州市的建筑业的发展,推动天河区的建筑业的发展。当然,广州市外的其他市的九运会交通场馆基础工程建设,对广州市以及天河区建筑业也有推动作用。

(3)制造业

九运会对广州市有关制造业的推动作用,主要有几个方面。一是交通基础设施建设以及体育场馆建设需要大量原材料,包括钢筋水泥,对建筑原料的大量需求会刺激这些原材料制造部门的发展。二是交通基础设施建设中大量建筑器材以及体育场馆建设需要大量体育仪器,对这些仪器的需求会刺激相关制造业的发展。三是九运会对有关运动服装鞋帽制造业的推动作用。四是随交通运输业的发达,运输成本的降低也会刺激制造业的发展。五是九运会宏大的规模、独特的宣传效果以及巨大的影响力,成为商家关注的热点,为制造业发展提供了更多的机遇。当然,九运会对有关制造业有推动作用,不只局限于广州市,对其他地方有关的制造业也有较大的推动作用。但经济是相互影响、相互促进的,这本身对广州制造业有推动作用,而且广州制造业在地理位置上处于优先地位,所以九运会对广州制造业的作用要比对其他地方的作用强,况且广州利用九运会的机会,成功引入这方面的制造商投资也是可行的。

(4)体育产业

体育产业就是围绕体育运动项目形成的一系列生产服务型企业。它分为两类,一类是生产型体育产业,主要指体育仪器设备制造企业和体育运动服装制造企业。这次九运会形成的规模及其对体育活动的影响都有利于这类生产型企业的发展。这在前面已论述过。另一类是服务型体育产业,下面重点分析运动会对服务型体育产业的推动作用。一国的服务型体育产业的发展主要取决于该国的经济发展水平。根据发展经济学的一般常识,一国在工业化没完成时,它的经济增长主要依靠工业的拉动,依靠制造业来发展。只有到后工业化时代,它的经济增长主要源泉才可能来自第三产业。目前我国正处于工业化加速时代,人均国内生产总值 1000 美元左右,按这个水平体育产业发展会比较缓慢。但是对广州市来说则不同。1998 年,广州市完成国内生产总值 18449 亿元,比 1997 年实际增长 13%;人均国内生产总值 2.75 万元,折合 3323 美元,稳居上中等收入国家水平;职工平均工资为 14384 元;人均可支配收入 11256 元,实际增长 7.8%,名列全国十大城市第一名;人均消费性支出 9422 元,增长 7.5%。另据广东省体委《全民健身计划实施现状和对策研究》课题组的统计,广东省人均月体育消费为 34.34 元,折合成人均年体育消费为 411.8 元,广州市人均月体育场消费为 38.71 元,折合成人均年体育消费为 464.4 元。广东省人口七千多万,广州市人口六百多万。1999 年末全市总人口 685 万,比 1998 年末增加 10.86 万。这样计算,广东省的年体育消费总量超过 300 亿元,广州市的年体育消费超过 28 亿元。因此,广州市的体育产业有巨大的消费市场,而且广东是一个经济发展迅速的省,体育消费的比重会迅速上升,体育消费市场的潜力将很大。市场是产业的生命,体育产业在广州有良好的发展基础。

九运会对服务型体育产业的推动表现在三个方面。一是九运会是国内举行的规模最大的运动会,观众人数多,造成的社会影响很大,会引起人们对体育运动的关注,从而带动全民健身事业的发展,扩大体育人口数,以体育人口的消费增加体育市场的需求,形成一个良性循环。体育搭台、经贸唱戏,多方参与体育活动,有利于体育产业的发展。二是九运会后的体育场馆为举行各种体育比赛及活动和人们观看各种比赛及活动提供了场所。例如,广东奥林匹克体育中心可用作足球甲 A 球队的主场。三是体育场馆可用于全民健身活动。这本身既有一定的社会功能,也有经济功能。在天河区境内的广东奥林匹克体育场是为迎接 2001 年第九届全运会在广东召开,并为将来承办重要国际体育赛事而建设的,这无疑会推动天河区体育产业的发展。

(5) 周边餐饮住宿服务业

"九运会"本身的各种竞赛将是一根强力杠杆,可以形成表演、咨询、培训等无形资本市场,同时带动与体育相关的行业,如体育场馆周边餐饮住宿服务业。餐饮住宿等服务业是以顾客数量变化来判断未来发展状况的。这些产业对未来顾客来源是否充裕关系程度很高。顾客数量与体育竞赛的观众密切相关。这次在天河区黄村将新建成拥有8万个座位的广东奥林匹克体育场,是国内外最先进、规模最大的体育场之一。在九运会中,广东奥林匹克体育场将承担开幕式、田径和足球等热门比赛,会有大量观众,而且以后这最先进的体育场将承办各种大型赛事和活动。这些大型赛事和活动会有大量观众,无疑会给周边餐饮住宿服务业带来大量的客源,这会明显推动这些服务业的发展。当然,这些都是直接的效果。再说九运会是国内规模最大的体坛盛会,为国内外瞩目,其宏大的规模、独特的宣传效果以及巨大的影响力,会带来体育场馆周边地区的繁荣,这会推动这些服务业持续发展。国内外的许多大型运动会已证明了这一点,其中六运会就是很好的一个例子。另外,天河体育中心各场馆,包括体育场、体育馆、游泳馆和网球场,在九运会期间也将举行部分比赛,也会有大量观众,这也会推动其周围餐饮住宿服务业的发展变化。

(6) 周边商业

周边商业的发展与餐饮住宿等服务业很相似,主要取决于顾客的数量。但与这些服务业不同的是商业顾客的流动性比较大。比如,看赛事的观众总避免不了在周边吃住,而买东西可以选择其他地方。场馆周边最初易于发展的是标志性商业,即与体育有关的商业,这些商业用品专营店是场馆周边商业开发的主要形式。随后借助规模宏大的体育场馆和九运会独特的宣传效果以及巨大的影响力,会带来体育场馆周边地区的繁荣,并使周边地区商业气氛逐步加浓。这样一来比较容易形成集聚性的商业中心,随后其他商业也会逐步发展起来,并由商业中心的聚集和扩散边界形成相对明显的商业圈。天河体育中心周围的发展就是这一模式,主要借助天河体育中心的各体育场馆和六运会的影响力,发挥其辐射、聚集功能,从而形成现在的天河体育中心商业区。这次九运会的主体育场——广东奥林匹克体育场同样会发挥天河体育中心各体育场馆的作用,在不久的将来会形成黄村奥林匹克体育场商业区。

(7)旅游业

旅游业在广州市的经济发展中占有重要地位。改革开放之初,广州旅游业发展相当落后。当时的城市基础设施极为落后,而旅游设施则更是严重匮乏,旅游接待能力严重不足,档次不高,服务水平低下。随着改革开放的不断深入,旅游业的发展也能催生出一个欣欣向荣的朝阳产业来。改革开放全面开创了旅游业发展的新时期,推动了广州城市经济和各项社会事业的迅速发展,也给广州旅游业带来了巨大的发展机遇。这次九运会,国内外来观看比赛的观众估计上百万,而且各省(市)电视台、电台将对赛事进行全方位的现场直播、转播、录播报道,各省(市)报纸大篇幅的专题报道和跟踪报道,庞大的计算机信息网络覆盖整个运动会,相关信息将通过国际互联网及时准确地向全世界发布。通过九运会这些赛事,全国各地甚至于世界各地的观众对广州都有了一个比较清楚的认识,而且对广州丰富的旅游资源都有新的兴趣,将有利于广州的旅游业进一步开发。

天河区境内有世界大观和航天奇观两处著名的主题公园,处于这次运动会主体育场广东奥林匹克体育场旁,这不能不给天河区旅游业带来巨大的效益,推动天河区旅游业的发展。而且作为这次运动会的主体育场广东奥林匹克体育场,将会成为一个标志性的建筑,也会吸引国内外的旅游者,成为一个标志性的旅游景观。

(8)信息产业

1954年,瑞士世界杯赛开辟了转播世界杯足球赛的先河。从这时,电视转播就促进了体育商业的兴起。20世纪70年代初期的NBA是一个几近倒闭的体育组织,但实行电视转播之后,NBA步入了一个新的时代,整个NBA创造的收入约100亿美元。电视通过商业包装使体育比赛娱乐性增强,将体育比赛的观众从经常参加体育运动的人发展扩大到那些极少参加体育运动的人,甚至不参加体育运动的人。可以说,电视转播促进了体育产业的发展。同时体育产业的发展引起了体育管理机构对电视转播的进一步重视,也进一步推动了电视传播业的发展。2001年在广东省举办的第九届全国运动会是21世纪我国第一个综合性体育盛会,各省(市)电视台、电台将对赛事进行全方位的现场直播、转播、录播报道,以绝对的收视率吸引数以亿计的观众。庞大的计算机信息网络覆盖整个运动会,相关信息将通过国际互联网及时准确地向全世界发布。商家通过对九运会的赞助,不仅可以保证赛事的成功举行,获得良好的社会效应,且可借机扩大自身的知名度,提高企业形象,从而获得丰厚的回报。

为了将九运会办成一个成功的新世纪运动大会,广东省加强了九运会信息网络建设。建设了九运会信息网络中心,它通过广域骨干网与各地市的网络中心互联,负责整个计算机网络的信息交换和数据传输。本网络的建设是广东省信息网络的重要组成部分,对加快广东省信息化进程,促进信息技术的开发、应用,带动信息产业的发展具有深远的意义。九运会各种赛事的转播以及各场馆以后各种比赛和活动的转播无疑将刺激电视传播业的发展。

(9)广告业

与电视转播业同时发展的还有广告业,包括赛事间的各种电视台广告,体育场地广告及队服广告等。第九届全国运动会集资委员会决定,九运会将打破历届全运会依靠政府投入与行政指令筹资的模式,积极借鉴国际大型体育赛事开发无形资产的市场化筹资经验,面向社会公开拍卖运动会的名称、会徽、吉祥物使用专有权。集资委员会等单位于 2000 年 6 月 22 日在广州中国出口商品交易会举行九运会无形资产首次拍卖会,对"九运会名称、会徽、吉祥物使用专有权唯一专有产品"的家电项目进行公开拍卖,主要涉及空调器、电视机、电冰箱、电话机等家电产品。有康佳、TCL、海尔等著名家电企业表示了参与竞标。此外,云南红塔集团、白沙集团以及日本富士公司已计划斥资参与九运会赛场广告和电视广告竞争。这些无疑都会推动广告业的发展。

(10)房地产业

房地产业在众多产业中受运动会的影响最大。房地产业包括居民用房(主要是商业住宅楼)和商业用房(主要是办公楼、宾馆饭店住宿楼和门面房等)。首先,从商业住宅楼方面看,主要是随着我国经济的发展,居民收入水平的提高,人们对住房的周边环境会提出更高的要求。因此,周边拥有良好的交通基础设施和美化的生态环境的住宅楼对居民有吸引力,是人们选择的理想居住地,对生活水平较高的广州市民来说尤其如此。这次为了准备九运会,广州市在交通基础设施和生态环境治理方面投入很大。随着广州市交通状态的改善和生态环境的优化,广州市将是理想的居住之地,这将有利于住宅房地产的开发。再一就是居民收入水平的提高,人们的健康和观看体育竞赛的需求的提高,使全社会对体育场馆的关心程度逐步加强,从而使体育场馆的地位不断提高,大型场馆附近的住宅将对人们很有吸引力,这也会推动商业住宅楼房地产业的发展。其次,从商业用房房地产开发看,九运会场馆举行的各种体育赛事和文娱活动以及九运会造成的巨大影响给周边餐饮、住宿、商店等带来了大量客源,为这些产业发展提供了保障,这有利于这类房地产的发展。总之,九运会带来交通基础设施的改善、生态环境的优化以及更多的商业机会,都会使城市的土地增值。在六运会中,天河区曾成功地利用六运会带来的机遇,使天河区房地产业快速地发展起来,在天河区的经济发展中做出了不可磨灭的贡献。这次九运会的举行也可以说是广州市实现城市东移的城市发展规划和建设国际大都市的重要步骤,天河区是广州市城市建设的中心区。随着九运会的主会场广东奥林匹克体育场的建成,城市东移建设的加快和建设国际大都市战略的实施,天河区房地产开发市场会越来越兴旺,众多住宅小区的开发和天河城、中天广场、中港城、市长大厦等大型工程的开发,天河区已经成为广州市最活跃的房地产市场,这使天河区房地产业又将有一个新的飞跃。

2. 对九运会经济效益的评估

众所周知,第六届全运会在广州天河体育中心的成功举办,给整个广州市带来的连动效益是无法用金钱衡量的。天河体育中心未建成时其地只是一片农田,四周一片荒凉,体育中心的建成和六运会的成功举办,可以说促使天河区交通运输、基础设施、建筑制造、体育、餐饮住宿服务、商业、旅游业、电话、电信、科技等综合能力整整加快了十年,其对城市建设、科技含量及广大群众的物质与精神生活产生的效应对整个社会都具有很大的拉动作用。同样,要清楚估计出九运会对天河区所产生的经济效益是很难的。下面从基础设施建设、体育比赛和群众娱乐健身、餐饮住宿服务业、商贸旅游业、房地产业等方面粗略地估计一下九运会对天河区可能产生的经济效益。

(1)基础设施建设

为了准备九运会,广州市在三年内投入市政交通基础设施的资金将达到339亿元,新建和改造体育场馆的资金将达到30亿元,生态环保的资金达到50亿元,总投资额约430亿元,平均每年140亿元。由于基础设施建设的关联性很强,向前可以拉动建筑业、钢筋水泥等建材原料部门,向后可以促进交通运输部门的发展。根据经济学中的乘数效应,按照国际惯例,发展中国家基础设施建设的乘数为2倍左右,这样测算,广州市在基础设施建设方面的直接效益和间接效益每年约为280亿—420亿元,天河区作为广东奥林匹克体育场所在区,其所得效益要超过八区的平均数。

(2)体育比赛和群众娱乐健身

这次九运会的举办场所,在天河区有广东奥林匹克体育场和天河体育中心等体育场馆。广东奥林匹克体育场,观众席位8万个,用于开幕式和田径、足球比赛,运动会比赛共14天,估计到该体育场的观众会有200万人次。另外,天河体育中心体育场,观众席位6万个,用于足球、棒球、垒球比赛。游泳馆,观众席位3000个。估计天河体育中心的观众会有100万人次。假如九运会的平均票价为30元,那么天河区的各场馆售票收入将达9000万元。九运会后的新建广东省奥林匹克体育场,假如每年承担国内外各种重大赛事30场,平均每场赛事5万人,再按先前的计算方法,它的门票收入将达4500万元。除了体育比赛之外,体育场还可以利用其他空闲时间搞群众娱乐健身,这也是一笔不少的收入。以上这些效益都是九运会给天河区各场馆带来的新增效益,当然原来的天河体育中心的体育场与广东省的体育场存在竞争性,效益方面有所损失,但可以寻找其他开发形式弥补。

(3)餐饮住宿服务业

根据上面的估计,九运会中天河体育中心各场馆观众约一百万人次,假如每人次在餐饮、住宿方面的花费为50元,那么九运会中这类服务业的总收入将达5000万元,九运会中广东省奥林匹克体育场观众200万人次,平均每人次实数花费50元,也将达1亿元,这些是九运会中的收入。假如九运会后的广东省奥林匹克体育场每年观众按150万人次计,每人次在食宿方面的花费50元,总收入将为7500万元。这些都是很直观的效益,估计也比较粗略。通过九运会达到的宣传效果以及其影响力,广州市在全国中的影响增大,天河区的影响也逐步加强,天河区体育中心和广东省奥林匹克周边地区会更加繁华,商贸旅游业会更加发达,餐饮住宿业创造的效益也会逐渐增加。

(4)商贸旅游业

随着人民生活水平的不断提高和支出结构的变化,以及广州市旅游环境的进一步改善,广州旅游业发展态势良好。这次九运会,南下来观看比赛的观众估计有上百万,天河区境内有世界大观和航天奇观两处著名的主题公园,处于这次运动会主体育场广东奥林匹克体育场旁,还有国家级生态公园——华南植物园,这些著名的风景区都会给天河区旅游业带来巨大的效益。伴随旅游业发展的是商业,广州一向以商贸旅游业闻名,商业在广州经济发展中占有重要地位,天河区商业也将在九运会中大大受益。当然,具体效益很难用数据来统计,但下面给出一些历史数据希望能说明问题。

1998 年广州全年旅游业总收入为 323.46 亿元,增长 10.9%,旅游外汇收入 10.63 亿美元,旅游业增加值 98.62 亿元,占市国内生产总值的 53%;市城市接待过夜旅游者总人数为 2044.86 万人次,比 1997 年增长 31%,旅游业经营状况良好。1999 年广州旅游营业总收入为 363.46 亿元,比 1998 年增长 12.4%;旅游外汇收入 11.67 亿美元,增长 9.8%;城市接待旅游者总人数 2115.93 万人次。1998 年,广州市实现社会消费零售总额 904.57 亿元,比 1997 年增长 12.7%,剔除价格因素实际增长 17.0%;1999 年全市社会消费品零售总额达 1000.68 亿元,首次突破千亿元大关,比 1998 年增长 10.6%。

关于天河区的旅游业方面没有统计数据,这里我们给出一些商业方面的数据。1995 年,天河区社会消费品零售总额为 373 亿元,占广州市的 6.78%,1998 年提高到 8.85%;同期,市场商品成交额从 31.6 亿元提高到 71.6 亿元,占广州市的比重相应从 13.15% 提高到 18.92%;1999 年天河区的社会消费品零售总额达 93 亿元,居广州市八区、四县级市首位,占当年广州市 1000.68 亿元的 9.3%;1999 年,天河区第三产业占其国内生产总值的比重为 63.3%,商业从 1996 年起占第三产业的比重则在 62% 以上;其中 1999 年商业占天河区国内生产总值的比重为 39.54%。

通过以上数据尽管不能估计九运会给天河区商贸旅游业带来的效益,但能看出商贸旅游业的发展趋势,看出在六运会后天河区商贸旅游业是怎样从无到有逐步发展起来的。通过以上的分析,基本上能判断出九运会及九运会中后期天河区商贸旅游业的发展态势。

(5)房地产业的开发

房地产业的开发主要集中在广东省奥林匹克体育场周边,广东省奥林匹克体育场周边 1 平方公里的土地将有极大的商业开发价值,将是几年或十年后的商业中心,商店宾馆会在此落户。连接体育场与中山大道的大观路,也将在不久的将来成为这带区域最繁华的街道。原广州氮肥厂地区控制的33平方公里的土地也将作为商业住宅地,这些都会给天河区房地产带来相当大的效益。1985年天河建区,规划为广州市城市中心区,随着天河体育中心的建成,天河区房地产业迅猛发展,区属下六大房地产开发公司及一大批房地产开发经营企业应运而生。至1998年共开发兴建了三十多个配套齐全、环境幽雅、居住舒适的住宅小区,总建筑面积达三百多万平方米。特别是天河体育中心周围更是高楼林立,一群群高层商住大厦、高级写字楼如中天广场、市长大厦等拔地而起,成为广州现代化建筑的标志。同时,近郊农村加快旧村改造和新村建设步伐,陆续兴建了一批农民公寓,农民住宅向城市化公寓住宅转变,其中长观新村、棠下新村、猎德新村、林和新村、黄村新村等颇具规模,成为省、市村镇建设的典范。1998年,天河区属房地产开发公司达33个,房地产业增加值5.82亿元,比1992年增长65.06倍。虽然现在广东省奥林匹克场周边这一带地区房地产业创造的价值很难用数据来衡量,但是几年后它的效益绝不亚于现在的天河体育中心。

以上分析了九运会对这些产业带来的经济效益,除此之外,它还将对交通运输业、制造业、信息产业等方面产生巨大影响,这些效益是无法估量的。其实,九运会带来的效益远不止这些,九运会主要是借助其强大的影响力和其广告效益,为广州市树立良好的形象,给广州市经济发展提供更多的机遇,从而带来巨大的无形财富,对广州市的整个经济都产生深远的影响。不久以后,九运会会像当年的六运会一样再创一个新"天河"。

3. 九运会对天河区城市建设的促进

即将于2001年11月在广州举办的第九届全国运动会,又一次将主体育场建在天河区的黄村,历史的机遇再次光顾天河。为了迎接九运会,广州已经和即将投入的资金将达到430亿元,其中市政基础设施建设投入339亿元,生态环保投资50亿元,体育场馆建设投入30亿元。平均每年投入资金140亿元。由于九运会的绝大部分场馆在天河区境内,所以不仅用于体育场馆兴建的30亿投资会在天河区实现,同时用于城市基础设施建设的投资,如广园东路的兴建等也主要会在天河区实现。因此天河区是九运会兴办的最大受惠者,借此天河区的城市基础设施会进一步实现现代化和都市化。九运会对天河区城市建设的促进作用可以从如下几个方面反映出来:

(1)加速天河区快速交通网络的建成

天河区地处广州市的东部咽喉地带,是广深、广珠、广汕、广韶、广赣五大公路的起点处,因而是广州与珠江三角洲、粤北、粤东、江西、湖南等地进行陆路交通的要道;同时天河火车站也是广深铁路与京广铁路的交会处,广州地铁一号线也在这里实现铁路运输与城市轨道交通的衔接。过去由于规划滞后,造成了天河区内交通适应不了交通流量发展,因而经常出现交通堵塞的情况。为了适应九运会召开的需要,城市规划部门已经决定修筑沙河立交、黄埔大道地下隧道等工程,并修建广圆东路、华南快速干线等城市快速交通工程。这些工程建成后天河区的区内交通状况将会得到极大改善,一个以广圆东路、黄埔大道、中山大道、华南快速干线为基本骨架,交通设施配套成网,基本上没有复杂的交叉路口因而快速便捷畅达的交通体系,将由于举办九运会的促进而加速建成,天河区也会因此而突破交通拥挤这一制约天河区发展的瓶颈因素,进而迎来天河区城市建设和经济发展的又一个黄金时期。

(2)加速广州城市中心东移的速度

从规划理论上来讲,轴线是一个城市的脊骨,北京城的总体规划采用以景山—故宫—天安门—前门为南北轴线,长安大街为东西轴线的基本规划格局,南北轴线同时也是旧紫禁城的中轴线,它代表着北京城的历史;而长安街横贯北京城东西,长达几十公里,沿长安街两侧鳞次栉比地矗立着北京城的主要现代建筑,代表着北京城的现代。两条中轴线交会于天安门广场,因此天安门广场便成为传统与现代的交汇之处,成为历史和今天交织、传统与现代荟萃的北京城精华之所在,这便是京城的核心,同时也是整个国家的心脏。

广州当然没有北京那样优越的人文、地理和政治资源,但对它的那种以轴线为骨架的对称布局思想,仍然可以有条件地加以汲取。事实上,广州城东西轴向明显,东风路及与东风路平行的环市路和中山路便构成广州城的东西主轴,即以东风路为主轴,以中山、环市路为辅轴。至于南北轴向,广州老城是以越秀山—纪念堂—市政府—海珠广场为基本轴线的。当城区拓展之后,市政规划当局没有及时根据城市发展客观需要,勾勒规划出广州城新的南北轴线,以至于使得拓展了的广州城变成了一个找不到轴线的没有脊梁骨的软体城市,这实在是规划管理的严重不足。其实广州城有一条地理条件十分优越的南北轴线,即白云山—东山—海印桥一线。按中国传统的规划思想,城市南北轴线的北端点必须止于山,这意味着为这座城市选定一个坚实的靠山。紫禁城兴建时苦于城背后无靠山,于是以垒土的方式在故宫后面垒起一座景山,它至今仍是北京城的靠山。广州老城由于城区狭小,用不着选白云山为靠山,于是就选择了越秀山为背靠,而形成一种"六脉皆通海,青山半入城"的城市特色景观。但当广州城区拓展到越秀山背后之后,原广州老城的基本轴线基本上被新城区淹没,这时规划当局理所当然地应该为包括新城区在内的整个广州城寻找一个新的靠山,而这个靠山也理所当然地应该是白云山。如果规划当局当时有这种规划思想,就会把海印桥及其周围地区作为替代纪念堂、市府广场的广州新城市中心来规划,因为扩大了广州城的东西轴线已经变成了珠江,这样南北轴线连接着山,东西轴线贯穿着水,山水相依,交相辉映。而以海印桥为中心的海印地区,便是荟萃山水精华的南北、东西轴线的交会地区。

可惜的是,当年在规划时,规划者没有这种规划思想,从而使得广州城的发展错失了这样一次天赐的良机。现今唯一的补救办法,是选择火车东站—体育中心—珠江新城—赤岗一线为广州城南北新轴线,这一轴线与东西向的珠江轴线交会于规划中的猎德桥至广州大桥之间,这里将建设成为未来广州的城市中心。但这一方案的明显不足在于城区背后的靠山不稳,同时规划中的城市中心偏于东隅,不居于城市人口的重心点上。

按照规划专家的设想,未来广州的空间架构东西向是以珠江为轴线,建设一条横贯广州城区的"蓝色长廊";而南北向则以白云山—越秀山—中山纪念堂—市政府—海珠广场为一条短轴,而以燕岭公园—火车东站—天河体育中心—珠江新城—海心沙岛—赤岗领事馆区—新客运广场为一条南北向的长轴,两条南北轴线则建设成"绿色长廊"。两条绿色长廊北端在白云山、南端在海珠区的生态果园保护区汇合,形成广州市区的绿化"内环线"。从文化意蕴上来解读广州市区的两条南北轴线,西轴线是具有两千多年历史的老广州城的历史轴线,这条轴线承载着广州过去岁月的文明与辉煌,具有深厚的历史文化底蕴,而东轴线则是改革开放后才逐步被开发建设的一条现代轴线,它的大气磅礴和日新月异正勾勒出从沉睡中醒来的广州,正在以它的勃发的英姿走向世界,东轴线所描绘和代表的正是广州光辉灿烂的前途和无限美好的未来。历史与未来遥相呼应,传统与现代交相生辉。九运会的召开可以加速广州城市规划的双轴战略的实施,因为天河区城市基础设施的改善,可以加速燕岭公园—天河火车站—天河体育中心—珠江新城一线的东轴线的建设步伐,并加速天河广州中心商务区的形成。

(3)加速广州科教型社区的形成

天河区的石牌、五山一带,集中了广州的六所著名高校,形成了颇具特色的大学密集区,利用这一地区高密度的智力资源,又建成了天河科技园、天河软件园、华南理工大学科技园等高新技术产业区。广州市政府还要在此基础上进一步规划建设广州科学城,其主体部分在天河区的范围之内,科学城内规划建设广州光电子和信息技术产业园(光谷)、生命技术产业园、广州科学公园、广东科学中心等重大项目,这些工程建成后,将会形成一个西起石牌、五山,东至东圃,延伸至天河与黄埔、白云两区交界地带的以智力高密为特征的科教型社区。环广州奥林匹克中心的康乐体育休闲中心的建设,应该被包括在这一社区建设的目标之内。广州科教型社区的建设,对广州可持续发展的实施将具有极为重大的意义,因为广州未来的经济发展必须走依靠科技进步的道路,高新技术产业将会在广州未来经济的发展中扮演举足轻重的角色,九运会举办所带来的天河区基础设施的极大改善,将会加快广州科教型社区规划的实施步伐。

(4)加快广州城区生态化的步伐

天河区特殊的地理、地势、地形、地貌条件,使它能够按"良好生态结构"的目标将天河区的许多地方规划建设成为广州的城市"生态源"基地。根据专家们的实际测定,在天河区的北部、西北、东北和中部的低山丘陵区,可以将面积为55558亩的地方辟为广州的城市"生态源"基地,这一基地里的自然植被主要有季风常绿阔叶林、针叶林、灌草丛等群落植物品种,由于林业用地比例较大,因而环境容量较大,可以通过吸收二氧化碳制造氧气的过程,对整个广州的城市环境起到净化作用,所以通常又把城市"生态源"称为"市肺"。市肺不仅可以为城市提供新鲜的氧气,同时也为城市提供绿色,起到美化城市的作用。这些城市的公共绿地还是人们休闲度假和旅游观光的好去处,因此天河区应该结合旅游开发,将岑村火炉山、凤凰山、筲箕窝水库、龙眼洞、华南植物园等谷地建设成为集观赏、游憩、探险、求知为一体的新型生态公园组团,这一生态公园组团的建设,将会进一步改善广州城区的生态环境,加速广州迈向生态型城市的步伐。

(5)促进城区管理水平的提高

如果说六运会只给天河区带来了城市化,而没有带来现代化和城市文明的话,天河区可以利用九运会在天河举办的良机,进一步使全区的城市文明建设再上一个新的台阶。促进城市文明建设的关键是,进一步强化城市管理,尽快提高天河区的城市管理水平,而提高城区管理水平的首要措施是强化城区的规划管理,这首先应该从提高规划管理水平入手。措施包括:①提升规划档次、提高规划水平:天河区必须进一步提高城市的规划和建设的质量,策划一批具有标志意义的城市建筑,譬如广州大剧院等在天河施工,并下决心把城市的建筑密度控制下来,尽可能多地建设城市公共绿地,以塑造一个全新的城市文明形象。要强调规划的超前性,按照高起点、高目标、高质量的要求,全面重新规划全区。要力争规划水平在国内乃至国际上保持一定的领先地位,尽可能做到规划水平50年甚至100年不落后。②加大城市规划管理的力度:可以借鉴国外先进的规划管理经验,在全区的规划经过重新的调整和修编后,经人民代表大会以立法的方式予以通过,从而使城市规划具有法律效力,任何对规划的更改,都必须经人民代表大会批准。只有规划的权威性得到尊重,不会因为行政领导人的主观意志而改变,更不会因为行政领导的变更而变更,城市的建设才能够保持它的延续性和有序性。③提高城市规划的管理水平:对城市规划的管理不能再满足于过去的粗放水平,要提高对规划管理的深度,对于城区的主干道,要尽可能地对建筑物的高度、色彩以及样式进行适当控制,以形成自己独具特色的街道景观。

另外,天河区还需要认真做好乡村地区城市化的转化工作。九运会在天河区的举办,必将进一步加速天河区城郊地区的城市化。要汲取天河地区城市化过程中所造成的"城市包围乡村"现象的教训,做到精心规划,积极引导,加快郊区社区向城市社区转变的进程。此外,尚需指出的是,天河区要结合广州东轴线建设工程,积极做好天河体育中心的功能转化工作。因为以天河体育中心为核心的地区正在发展为广州的中心商务区(CBD),但中心商务区的城市功能与体育中心现行建筑面积达14万平方米的体育设施的功能,是不相容的。占地达到8万平方米的天河体育中心,只作为人们休闲娱乐的场所而不能为具体商务活动提供服务,将会削弱这一地区的中心商务区的功能。鉴于将来广州奥林匹克中心建成后与其社会服务功能相冲突,而现在没有奥林匹克中心竞争,天河体育中心的场馆使用率仅10%,并且包括许多不务正业的博览会、演唱会等的实际,建议九运会后,天河体育中心应逐步改造成城市中心广场,如果广州能够将天河体育中心改建为占地将近 60 公顷的城市中心广场,将会有助于实现将这一地区建成广州的中心商务区的规划目标。

第 4 章
惠州市教育发展十年
规划（2001—2010）

在区域社会可持续发展中，人才是根本，教育是关键。"惠州市教育发展十年规划"课题组受惠州市政府的委托，以当今国际国内教育发展为宏观背景和参照，以惠州市现有教育发展为基础，以惠州市率先基本实现现代化先进市为发展依据，通过认真阅读有关部门提供的各种材料和数据，深入实际调查研究、实地考察和以座谈会的形式广泛征求意见，认真全面把握实际，总结经验和成绩，分析机遇和挑战，发现问题，探究根源，寻求问题解决策略。在此基础上，提出"惠州市教育发展十年规划（2001—2010）"。

▶▶ 4.1 惠州教育发展的基本形势

▷▷ 4.1.1 教育发展现状分析

自改革开放以来，惠州市教育发展很快，在办学体制、发展规模、教育结构以及教育投入等方面都实现了质的飞跃，逐步建立起一个以经济发展为基本导向、多元结构、有发展潜力的崭新教育体系。

1. 初步形成多元化多类型的教育体制

惠州市的教育已从单一国办学校转向国办与民办并举的学校体制；从单一普通教育转向普通教育、职业技术教育、成人教育并举的教育体制；从单一师范专科学校的高等教育转向师范与综合大学、普通高校、成人高校和电大函授等教育形式并举的教育体系;并建立起初等教育、中等教育至高等教育的系统教育制度,特别是高等教育中形成了有内在衔接的二年制、三年制和四年制的多层次高教体制。

2. 教育规模不断扩大

1994年全市基本实现"普九";随着教育的发展,规模不断扩大,1999年小学学龄儿童入学率达到99.84%;小学毕业生升学率达到96.57%;初中毕业生升学率达到50.96%;小学、初中、高中阶段在校生分别达到335551人、149785人、27826人。高等教育由原单一师范专科升格为综合本科,在校生达到2000年的8976人,其中全日制生5785人;电视大学6所,在校生11403人。适龄人口高等教育入学率为11.13%。

3. 教育投入逐年增加

自20世纪90年代以来,教育投入增长率约7%,1997年全市教育经费总投入(不含高教系统)5.73亿元,其中财政性教育经费3.24亿元,占GDP比率的0.91%,1999年达6.82亿元,其中财政性教育经费3.74亿元,占GDP比率的0.95%,比1990年的0.73亿元增长834%。

4. 推进教育教学改革,办学质量明显提高

首先是改革教育管理体制,逐步完善"分级办学、分级管理"的办学体制;实行分类指导,建立起完善的督政、督学制度,按照普九的验收标准和学校现代化要求,提高办学效益。其次,在学校内部管理中推行聘任制和全员聘用合同制,引进竞争机制,破除终身职务制,调动教师积极性。合理配置人才资源,教师队伍水平不断提高,每年都涌现出一批办学质量高、效益明显的办学单位和优秀教育工作者。以一批上等级学校和惠州学院专科升本科为特征,全市整体办学水平有显著提高。

▷▷ 4.1.2 教育发展问题分析

惠州市尽管改革开放以来教育发展成绩很大,但是在办学体制、发展规模以及办学水平上仍存在许多迫切需要解决的重大问题,与惠州市未来经济发展要求、与惠州人的教育需要、与珠江三角洲各县市特别是毗邻的深圳市有较大差距。

1. 教育发展水平较低

全市教育发展规模和速度仅相当于全省平均水平,低于珠江三角洲经

济区各县市水平。2000年初中毕业生升学率为54%,全省为61.88%,深圳市为94%;每万人拥有高中阶段在校生、高校在校生分别为80.15人和20人,都低于全省发展水平的149.15人和55.42人,而全国每万人中高校在校生为57.6人。

2. 教育质量与办学效益不高

全市中小学上等级学校偏少,全市现仅有省一级学校8所,市一级学校41所,优质学校在校生占中小学总数的30.4%,全省为25%,但远低于珠江三角洲其他县市的水平;中小学学生中获科技发明奖、奥林匹克奖的很少,初中及普通高中教师学历达标率为84.2%、66.52%,仅相当于全省平均值的87.48%、65.35%;小学专任教师中有大专学历的仅18.48%,初中教师中有本科学历的仅9.53%,远远低于珠江三角洲其他市的水平。普通高校中高级职称人数占专任教师总数为32%,而全省为39%,全市达到国家规定的办学标准水平的学校仍然偏低。一半以上完全中学每年仅招收2个高中班,办学规模小且效益差。职业高中中独立职中仅4所,办学规模小,设备差,质量水平低,形成恶性循环,日见萎缩。薄弱学校比重较大,目前尚有381所。

3. 教育经费严重不足

全市教育投入严重欠缺,以普教为例,1999年财政投入占GDP的0.95%,远远低于全省平均值2.18%,而市值仅为0.69%,与《教育法》规定的4%差距甚大。过低的教育投入,造成了严重经费紧张,相当部分区、市、县财政拨款不及教师"人头费"的一半,现每年教师工资缺口8500万元;全市"普九"仍欠账2.6亿元,而要完成"改薄"还需投入资金2.4亿多元,这些款项目前均无来源。

在全市各种教育问题中,最为突出的教育问题是投入不足,严重地影响着全市教育的发展。教育投入不足的原因大致有三:一是办学观念偏差,既有对办教育促进经济发展的认识不深,也有不懂得建立教育与经济互动机制的基本原理。二是教育投入渠道不畅,主要表现在政府投入主渠道不畅,既违反《教育法》规定教育投入"三增长"的规定,无法实现占GDP 4%的目标,也严重低于全国2.79%的平均水平。三是教育体制陈旧,其中教育投入不足也主要由僵化的投入体系所造成,片面强调政府要包干教育的观念制约了教育的发展和质量,也妨碍了教育的现代化进程和社会发展。

▷▷ **4.1.3 教育发展形势分析**

"十五"及未来 10 年内,惠州市将面临一个重大的发展机遇,大亚湾的全面开发和广东增创新优势带来巨大的良好前景,也使惠州面临着新的发展机会与严峻的挑战。

1. 经济发展的巨大压力

以中海壳牌石化项目落户惠州为特征的历史性发展机遇将带动全市新一轮的世纪发展热潮。一是将引发一个重大的历史转变,极大地推进惠州的城市化步伐,实施从以农业为主转向以工业发展为主的新发展模式;二是将带来经济迅速增长,不仅经济规模扩大,发展速度加快,将保持 9% 以上的增长,而且将从高投入、低效益的粗放型的劳力密集型产业转向低投入、高效益的科技型的技术密集型产业,从掠夺性生产转向可持续性发展;三是产业结构转变将加快,第一、二、三产业将从 2000 年的 14∶58∶28 转变为 2005 年的 10∶56∶34,再发展为 2010 年的 8∶52∶40,国内生产总值达到 1472 亿元。由此,今后惠州人才需求总量将会持续增长,而且高层次人才需求也不断增大,更重要的是人才结构将发生重大转变。

2. 现代化进程引发的巨大需求

惠州正处于加快城市化的关键阶段,随着大亚湾的开放,将引起从经济结构到社会转型的巨大变迁,社会结构将从以农村人口为主转变为以工业人口和城市人口为主。按 2010 年城市化发展达到 60% 的目标考虑,城镇人口应比 1998 年翻一番,按当时人口计算约一百万人。因此,一是要强化劳动力的教育培训,继续教育工程将会有极大的发展;二是每年有近十万人从农村向城市转移,加上有源源不断到来的外来人口,城市教育压力日巨,将成为城市中需重点发展的领域之一;三是社会精神文明建设任务繁重,例如,强化民众的现代意识,整合多元文化作用,提升城市文化品位等,这些都只有发展教育才能承担,特别是教育发展对社会道德观念的转变有重要作用。

3. 待教育人口将进一步膨胀

惠州由于新的人口高峰到来,学龄人口将大幅上升,巩固提高九年义务教育将成为新世纪初的重大任务。特别是南海石化等项目带来的大量外来人口,不仅其子女教育将成为巨大的教育问题,而且随经济发展大量人口也将涌入,劳动力的培训任务艰巨,待教育人口也将数倍增长。

4.知识经济及信息化发展的推动

随着信息业迅猛发展,知识经济时代很快到来,知识、科技决定着国家的兴盛衰亡,国际格局将由科技和知识的水平来主宰,掌握高科技的国家将支配和役使那些被迫利用这些成果的国家,推行无殖民地的殖民统治。支配与被支配国家和地区主要由科技水平或教育水平所决定。推行教育创新,培养创新型高科技人才,是发展中国家特别是欠发达地区走出恶性循环的关键举措。在惠州大开放、经济迅速融入世界一体化的推动下,惠州教育应有较大创新,以策应新经济对惠州提出的发展要求。

▶▶ 4.2　教育发展"十五"计划及2010年发展目标

▷▷ 4.2.1　指导思想

惠州市新世纪十年教育发展的指导思想是:根据邓小平同志"教育要面向现代化,面向世界,面向未来","发展是硬道理",以及江泽民同志提出的"增创新优势,更上一层楼,率先基本实现现代化"的精神,坚持科教兴市的战略方针,以惠州市率先基本实现现代化先进市为发展依据,落实基础教育"重中之重"的战略思路,大力发展职业技术教育,推行高等教育大众化;突出教育体制创新,充分开发教育资源,建立多元化教育体制,满足人民群众对高质量高层次教育的需求;深化教育改革、优化教育结构,全面推进素质教育,实现人才培养模式的现代转型,培养创新人才;加强领导,增加投入,提高教师队伍水平,健全教育法治体系,促进办学水平的整体提高;坚持分类指导与突出重点、全面推进与均衡协调相结合,寻求教育的规模、结构、质量、效益的最大发展;以惠州经济发展需求为导向,建构新一轮产业发展水平上的产学研教育体系,为惠州率先实现现代化服务。

▷▷ 4.2.2　教育发展目标

1.总目标

惠州教育未来发展目标是:2005年教育有较大发展,达到中等以上发达水平;2010年基本实现现代化。教育发展走向全省前列,教育成为惠州社会发展的基础和主导力量。

2. 2005 年目标

(1)教育有重大发展,达到中上发展水平。

学前教育:大力发展幼儿教育,学前儿童入园率达 70%,2005 年,全市幼儿在园人数达 10 万人。

义务教育:巩固提高九年义务教育水平,常住人口初中毛入学率达 98%,优质学校在校生达 50%以上。

高中阶段教育:常住人口初中毕业生升学率达到 70%以上,高中阶段教育(含职业技术教育)毛入学率达到 75%,城镇常住人口基本普及高中阶段教育。全市高中在校生达 12 万人。

高等教育:户籍人口适龄青年(18—22 岁)全日制高等教育入学率达到 16%,保有和兴办高等院校 3—5 所,在校生达 2.5 万人;电视大学覆盖全市,在校生达 3 万人。

继续教育:常住劳动人口职业教育率达 50%,城区达 60%,建立起开放完善的终身教育体系。

(2)建立公有与私有、国办与民办相辅相助的多元化教育体制;发展与建立教育法规、结构、质量与社会需求相适应的现代教育体制。

(3)建立起系统的各级各类学校体系,并使其在学制上实现相互衔接,高中阶段以上教育不受年龄限制,实行弹性学制的现代教育制度。

(4)建立符合市场经济原则和现代教育发展规律的运行机制和管理体系:大力发展优质教育,建设一批上等级的学校和示范学校;在大幅度提高教师水平基础上,培养一批较有知名度的学科带头人、名校长和教育专家。

(5)积极推进教育需求,建构起系统的教育体系。一是建立起产学研一体化的地方教育发展模式;二是建立起公有与私立、国办与民办相辅相助的多元教育体系;三是建立起正规与非正规教育相衔接、适合广大市民需要的多层次多类型的终身教育体系;四是建立起以教育创新为本的教育改革框架,以学生为本的教育理念,以发展为本的地方课程体系,以学校为本的管理体制,以市场竞争为本的运行机制,以致力拉动 GDP 增长为本的教育综合产业体。

(6)以上述发展为基础,培养有理想、有道德、有知识、个性健全、守纪、德智体美全面发展,能在各行各业建功立业的、富有创新意识和奉献精神的一代新人。

(7)初步建成以高校为中心的人才库和科技研发基地,并据此形成各种决策咨询系统,参与地方发展活动;在此基础上建构拉动 GDP 增长的有惠州时代特色的教育产业体系。

3.2010 年发展目标

(1)全面实现教育现代化,教育水平进入全省前列。

学前教育:常住人口幼儿入园率达到85%以上。

九年义务教育:高标准实现九年义务教育,60%中小学建立校园网。

高中阶段教育:高中阶段教育毛入学率达到90%,常住人口基本普及教育达 12 年。其中职业教育率占40%,正规学校教育达80%。

高等教育:户籍人口适龄青年全日制高等教育毛入学率20%以上,高等学校达到 5 所,在校生 4.5 万人,获得硕士学位授权点 10—15 个,在学研究生200—300 人。

(2)建立一批有较高水平的学科和示范学校,使小学优质教育率达到50%以上;形成一个有利于创新人才成长、富有时代竞争意识的绿色教育环境。

(3) 初步建立起一个与经济发展相互动、满足广大市民教育需求、国际化程度较高、面向未来发展的有惠州特色的现代教育体系;基本上实现任何人利用适当的方式都可以获得所需要的各种教育,初步进入学习化城市。那时,教育将成为惠州发展的重要基础和现代化城市最亮丽的明珠。

▷▷ **4.2.3 2001—2005 年教育发展具体目标**

1.学前教育

大力发展学前教育,支持社会办托办园,实现村村办园的目标。

(1)建立以社区文化中心为依托的学前教育指导体系,为幼儿园和家长提供良好的学前教育指导。

(2)在惠州学院开设学前教育系,培训学前师资,研究学前教育的教育教学理论。

(3)制定并推行学前教育机构规范标准,编制科学合理的幼儿课程,编写相应读物。

2. 九年义务教育

改造薄弱学校,缩小校际差异;扩大教育规模,提供充足学位;创办等级学校,提高整体教育水平。

(1) 2005 年,全市在校小学生 35 万人,初中生 7.24 万人;小学 700 所;初中 216 所;小学和中学分别达到校均规模 500 人和 800 人以上。

(2) 消灭薄弱学校,完成中小学标准化建设。

(3) 转变办学模式,全面推进素质教育,构建培养学生创新精神和实践能力的新型教学模式,提高教育水平,促进全体学生在德、智、体、美诸方面得到全面和谐发展。

(4) 推进学校德育的现代转型,提高学校德育的时代性、科学性和实效性,更新德育内容,转变德育方法,制订新的学校德育规范和行为准则体系,引导学生自觉内化教育要求,做一名有个性、有社会责任的自律的公民。

(5) 强化外语和计算机教学的教育特色。把外语教育作为早期教育的重点来抓,改革现行外语教学,有条件学校可开展双语教育;普及网络和数字化知识,实现校校联网,优质学校办校园网络。

3. 高中阶段教育

(1) 扶持多种办学体制,大力发展高中阶段教育;充分发掘教育资源,扩大优质教育总量;建立普通高中与职业高中、学历教育与继续教育互通衔接新体系,改革高中课程,加强基础学力;构建创新培养模式,发展学生个性潜能。

(2) 根据惠州经济发展不平衡的特点,构建多层次的梯级高中发展模式:山区普通高中与职业高中双轨并行制,中、东部普通高中加高二分流制以及综合高中制。各县市区应合理规划高中发展,分类指导,逐步发展。

(3) 逐步推行初、高中分离办学,强化高中阶段教育特色,2005 年,高中阶段招生 40000 人,其中普通高中在校生 7.24 万人;学校 46 所,其中新建高中 7—9 所。

(4) 重组现有中等职业学校(含普通和成人中专、职业高中、技校)资源,部分升格或合并为大专层次院校,或构建一种一校多能的新职业技术教育体系,融学历教育、职业教育、文化补习、岗位培训、技术训练以及社区文化中心等多种功能于一体,实施学历教育与继续教育、正规教育与函授培训相互衔接、相互贯通的新高中教育模式。

(5) 探索当代新型高中教育教学模式,无论是普通高中或职业高中,都应推行弹性学制或学分制,允许跨校、选课;都应以分科为主,以一二门为主修,多门并举,在重视基础文化课的基础上,培养学生良好的人格和创新、创业精神;特别扶持高中生研究探索精神,有条件的高中可设立青少年科学院。

(6)全市高中都应建立网络课室,全面普及计算机知识,实现校校上网。

4. 高等教育

按照高等教育大众化的要求,大力发展各类高等教育,支持惠州经济的新世纪发展和满足市民受高等教育的要求。利用开放惠州港的有利时机,全方位与国内高等院校进行合作,发展有特色的惠州高等教育;组建国际化的中国南方电子石化研究开发基地,使之成为一个以电子石化为品牌的教育、研究、开发、生产和产品聚散地,一个中国在这一学科领域与国际交流的重要桥梁;以发展高等教育为依托,开发和建立惠州人才库,汇聚高水平人才和吸收各种先进科研成果,形成特色科研研发力和学术创新力的新型高教模式;以此为基础,培养一大批适应惠州经济发展和社会需要的、有较高创新性和科学人文素养的新型人才;推进惠州现代化,提高市民文化素养和优化现代城市人文环境。

(1)建立新型高等教育体系。惠州目前高等教育发展正处于转折期,在完善政府办教的同时,引导和支持企业和民间创办高等学校,尤其是与中海壳牌石化项目未来走向相一致的高等院校或专业。以第一个 5 年为起步,15 年内基本形成一个从山区三年制职业技术学院到沿海电子石化型专业学院再到综合性惠州大学的多层次结构合理的高等教育体系。

(2)扩大高等教育规模。2005 年,全市建成全日制高校 3—5 所,在校生达 2.5 万人,其他类型高校在校生人数也应相当。高中应届毕业生升学率达 80% 以上。

(3)逐步提高办学层次。到 2005 年,惠州学院升格为惠州大学,发展以本科层次教育为主,有 3—5 个硕士学位授权点的学术、科研、开发兼容的普通高校。在发展和提升其他高校的基础上,惠州市基本上形成专科、本科与研究生之比为 4:5.5:0.5 的三位一体宝塔形培养体系;文史哲、数理类及电子石化类之比为 3:3:4。

(4)以大亚湾开放为主线,制定教育投资政策,实施"三同"引进策略。即在引进项目时,同时引进技术;引进技术时,同时引进人才;引进人才时,同时引进培养机制。实现经济开放与教育开发同步,吸引外力,构建国际化的以中国南方电子石化研究开发基地为核心的新型高等教育基地,发展地方特色经济。

(5)在为惠州发展服务中提高高等教育办学水平。

(6)在未来5年中,惠州应审时度势,强化高教与发展地方经济特色相结合,建立若干支持符合地方支柱产业的产学研发展链,加大力度创建若干一流特色学科和重点实验室。

(7)发展开放高等教育。主要院校应有目的地开设分校或校区,或建立高级技工学校,发展乡村高等技术教育;鼓励发展在职高等教育,满足在职人员教育需求;开放大学实验室及图书设备,鼓励自学成材者借助大学设备进行学习。

5.社会教育与继续教育

建立社会教育与继续教育网络,满足市民在工作和生活中学习提高、发展自我的需要,为促进社会风尚更新、迈向学习化城市提供重要条件。

(1)建立完善的从业规范和职业制度,推行"绿色证书"和"就业准入制度"。从业、就业必须与资格证书与学历文凭并用、并重;继续教育与晋升同步;建设若干个学习化企业为可持续发展的"绿色证书"示范单位。

(2)建立规范化的社会文化教育体系,实现村有图书馆、文化技术中心,镇有文化站,市有图书馆、博物馆、展览馆、美术馆、文化宫等设施,有规律地组织各种文化教育活动,活跃城乡文化生活,提高公民素质,促进学习化社区形成。

(3)实现校社互动的教育机制。

(4)在现代经济要求下,各类学校要逐步建立起服务社会的机制,开放教育资源;而在教育日益社会化的形势下,社会应承担更多教育责任,创设更多教育设施,为青少年健康成长提供更加健康的环境。

▶▶ 4.3 未来5年惠州市教育现代化重点工程

▷▷ 4.3.1 优质教育工程

1.消除薄弱学校

各市县、区要把改造薄弱学校作为重点任务,拨出专款,制订分步消除薄弱学校的具体计划,在三年内完成改薄,并打好基础,稳步提高办学水平。

2.扩大优质学校规模

有计划地集中资源每年扶持若干所学校上省市一等学校,增加优质教育总量;并依托现有名校优势,合并薄弱学校为校区或分校,扩大优质学校学位额数,为更多儿童提供接受优质教育机会。每所优质学校每年都应扶持一所薄弱学校。

3.利用各类学校优势,创办特色学校

每市县区每年应扶持创办2—3所特色学校,为不同发展才能的学生提供受优质教育的机会。

4.巩固提高义务教育水平

制订全面计划,按每年增加学校人数增建新校;在吸纳新生的同时,逐步减少班级规模至小学每班40人,中学每班45人;全面完善教学设备,提高教学质量。

5.学校标准化建设

制定和实施《惠州市学前教育机构设置标准》、《惠州市中小学现代化建设标准》、《惠州市中小学教育教学规范》等。2005年,城镇学校全部达标,农村学校80%达标。

▷▷ **4.3.2 优化高中阶段教育工程**

1.建设优质独立高中

大力发展普通高中,每年平均应建1—2所高中;实行初中与高中分离,设独立高中;集中资源,分期分批逐步创办优质高中,特别是特色高中。

2.建设特色职业学校

全面重组现有的职业中学、中专学校和技工学校为统一学制的职业学校,由教育局统筹协调;职业学校实行按工种及类别设专业,创建特色职业学校,力争2005年有10所职业学校进入国家和省级重点学校,50%成为特色学校。

建立职业技术教育奖学金或贷学金,或制定相关资助政策;支持贫困家庭子女就读职业学校。

3.鼓励发展民办高中

支持合法机构和私人按有关规定兴办高中教育,实行提供无偿用地,免税配套费用等优惠政策;积极探索"公办民助"、"民办公助"、"公有民办"等高中办学形式;加强民办高中管理,让民办高中提供较优质的教育。

▷▷ 4.3.3 优先发展高等教育工程

1. 兴建惠州中国南方电子石化研究开发基地

办学目标:建立一个与惠州未来产业发展相一致的、汇聚各种优秀人才并集科研、教学、开发为一体的新型高等教育实体、电子石化型高新技术研发基地。

办学形式:推行引进项目、引进资金、引进技术与引进技术人才和建立培养机构同步的新经济发展法则,鼓励国内外企业同时引进或开办相应的科研与培训高级人才机构,或附设研究生培养机构、博士后流动站等。面向国内外招收优秀人才研读。基地用地由地方拨给,基本建设费用由政府牵头多方集纳社会资金解决。

办学方案:市统筹规划,分阶段实施。在大亚湾开发区内划出 3 平方公里用地,由政府投资兴建基本生活和教学用房,兴学单位筹建教学设施;强调基地内学科水平先进、具有引导产业新科技发展潮流的功能,注重各办学单位间优势互补、资源同享。初期以服务大亚湾开发区支柱产业为主,以推动引进技术为主;成熟后覆盖全市,以创新技术为主,力争成为惠州新产业的孵化中心,形成高度国际化的推动中外电子石化高新科技交流的产学研基地。2005 年展现雏形,2010 年初具规模。

2. 重构惠州大学

办学目标:初步建成有特色的地方综合大学。

发展方案及规模:第一步,强化科研和教学水平,重点建设 10 个带头学科;第二步,组建 64 个专业学院,全面实现本科办学水平达标;第三步,聚集学术梯队,申报 2004 年硕士学位授权点。2005 年,在校生达 1 万—1.2 万人,其中全日制本科生达 80%,建成应用型硕士学位授权点 3—5 个,省、市级重点学科 10 个,建立起强有力的产学研联合体,形成电子、石化和服装等多个较鲜明的学科优势特色。以多种方式,继续与新加坡等外国名校合作办学,提高大学学术水平。

3. 创办惠州职业技术学院

办学目标:突出职业技术教育,培养各行业第一线高素质的技术人才和专业管理人才。

发展方案及规模:第一步,2001年调整合并现有的商业、旅游、粮食及技工等中等学校,在其原地上征地1—1.5平方公里组建惠州职业技术学院;第二步,根据惠州经济发展需要,重点建设若干学科专业,并创办以服务教学实验为主的惠州工业中心;第三步,2005年后,重点提高办学质量,创办本科专业。2005年,设10—12个专业科系,在校生达1.2万人。职业技术学院筹办经费由政府、行业及企业共同筹资兴建;成立院董事会,按股份制运行。

4.创办惠州师范学院

办学目标:创办起一所专门培养小学师资和开展小学教育科研的本科师范学院。办学方案及规模:2003年从惠州学院中剥离出小教师范专业,合并惠州师范学校及进修学校,创办小学教育专科;2005年在校生达6000人,2008年升格本科。学院辐射河源、汕尾等地区,主要从事职前和在职小学师资培训。

▷▷ **4.3.4 继续教育工程**

1.制定继续教育政策

制定和实施《惠州市从业教育标准》、《惠州市企业技术标准》及《惠州市技能评级及奖励条例》等,规定继续教育作为企业升级和职工晋级的必备条件,对获得较高技能等级者给予有关奖励;大力培育继续教育市场。

2.组建继续教育培训中心

各级政府、行业、企业都应建立相应的继续教育中心,为转岗、入职和在职者提供不同水平的继续教育;原则上每市县区都应成立一所,每个行业也应成立一所或有固定性的依托基地。

3.倡导多元化产业式继续教育体系

强化继续教育的质量,倡导多元化办学,运用产业化方式创办高效高质的继续教育基地;支持高等学校参与行业继续教育,采用集中培训,函授或资格考试等多样方式;继续教育应把专业培养与职业道德教育结合起来。

▷▷ **4.3.5 师资干部队伍建设工程**

充实优化和提高教师队伍,把建设一支师德优良、业务素质高的教师队伍作为实现教育现代化目标的关键。制定师资建设规划,建立系统的师资培训体系;惠州师范学院专门培训幼师、小学教师,惠州大学教育学院培训中学教师;强化教师资格制度,实行职前培训与在职提高一体化制度。依据国家和省的有关规定,制定惠州市教师资格认证制度,每十年必须重新考核认证。

实行教师聘任制。坚持教师资格、入聘考核、试用考核三者并具的聘任方针,面向社会公开招聘教师;落聘教师一律转入人才市场,按有关规定办理;自2001年起,新入聘的幼儿教师起点学历原则上应达中专,小学应达专科,中学应达本科,高校教师应达硕士学位;2003年后应根据地区情况逐步地相应提高一个学历等级。

完善教师职业制度。制定在职教师进修条例,强化教师业务水平与晋升选用挂钩,鼓励教师业务进修,通过必要机制选拔有潜质的教师到国内外名校深造,提高业务水平;制订培养优秀教师计划,继续实施省"百千万人才工程""千百十人才工程",促使人才脱颖而出,并注意吸引国内外优秀人才到惠州任教;鼓励教师参与国内外重大课题攻关,或吸引重大课题到惠州来实施。加强教师队伍的师德建设,倡导一代优良教风。

中小学教师继续教育经费按广东省"省长令53号(1999)"执行。干部队伍建设包括校长及管理人员的聘任和发展,应制定相应法规,提高其业务水平,把培养一支德才兼备、业务精良的干部队伍列为工作重点,坚持公开招聘校长,竞争上岗;实行校长职级制,造就一批专家型的名校长。

加强教师和干部队伍的信息技术教育,制定相关条例,把计算机水平作为聘任相应岗位的基本条件。

▷▷ **4.3.6 教育创新工程**

1. 教育体系创新

坚持推进教育体制改革,建立一个多类型多层次的多元化办学体制。完善"分级办学,分级管理"体制,构建省、地市、县三级办学体制,加强县级管理中小学的权限;制定相关政策,倡导民办、私立或民办公助,国有民办并举,形成多元办学、多元投资体系;在政策范围内,试验各种办学形式,鼓励国内外机构来惠州办学;也支持惠州学校跨省或出境办学。同时,引进市场机制,构建联邦式学院制的惠州大学管理方式,市场主导,自行运作,竞争发展。

创造条件实行按学生能力分层次教学、多级考试按不同专业标准招生的制度;并尽快推行高校"宽进严出,学分制运行"的试验,从根本上改革全国统一高考招生制度;构建各类高校与各类中等学校相衔接的教育体制,为不同职业学校毕业生提供进一步深造的机会;幼儿教育主要由社会力量办学,由教育部门进行监督管理;引进多种机制,鼓励发展专司教育的社会机构,创设全社会育人环境,并分担学校过度的教育功能。

2.办学模式创新

建立有惠州产业特色的产学研教育模式,促进专业与行业、与产业的一体化运作,课程、学科与项目、开发一体化,使新产品或带头产业获得多个相关学科支持,并引导产业在投入新产品的项目时先投入对教育的研究开发。制定政策支持学校办学试验,引进对教育改革有重大意义的实验项目,特别是在语文、数学、英语、艺术、体育、音乐等方面。

3.评价考试制度创新

建立校本管理与目标管理制度,校长任期目标公开,每年公布完成情况;对学生进行年终综合素质评估,以评估报告取代成绩报告单;引进社会评估机构,学校评估结果向社会公开。九年义务教育就近免试入学;改革中小学考试方法,降低考试难度;小学学生成绩采用等级制。

▷▷ **4.3.7 教育信息化工程**

制定惠州市教育信息化规划,成立相应管理机构,多方筹措基金,2005年建立惠州市教育网,实现每个学校上互联网,25%课堂可演示多媒体课件,90%以上的学校开设信息技术课。

每个县、市、区建立一个教育资源中心(可附设于某一重点学校),引进、开发、维护该市、县、区的学科教学资源,指导该地区的教育信息化工作。

制订现代教育技术达标标准。2005年主要任课教师都应掌握制作课件技术,并使用于教学活动。

积极发展远程教育。改造、提高现有电视大学,把社区文化教育中心与电大教学点结合起来;在重点中小学设教学现场转播站,给边远地区传送部分重要课程;鼓励利用网络技术,建构个别化学习情境,推进终身教育发展。

▷▷ **4.3.8 课程教材、教学现代化工程**

树立课程现代化意识,鼓励研究、参与课程改革。大力普及现代课程理论,强化教师编制学科课程的制度;鼓励教师独立或与专家联合编写教材,对有重大意义的教材或列入国家和省计划或省教材审查委员会通过的教材给予立项资助,支持建设有地方特色的地方课程与地方教材体系;积极开展教学研究,推进课堂教育现代化;建立中小学教学实践基地,优化中小学教学环境,培养学生实践能力。有条件的市、县和学校,都应成立奖教奖学基金,支持和奖励在教育上有突出贡献的人员。

▶▶ **4.4 惠州市教育现代化主要保障措施**

▷▷ **4.4.1 强化对教育现代化的领导**

1.把教育现代化作为实现惠州市现代化的基础

惠州市现代化实质上是要使小农经济或机械工业时代的发展模式,转向知识经济时代的发展模式,所依靠的只能是高科技和专门人才,因此,发展起培养这种新人的教育是决定惠州实现现代化目标的决定性基础条件。所以,教育现代化是惠州走向现代化的必然选择,具有战略性意义。

2.加强党的领导

各级党委和政府要把发展教育纳入工作议程,在规划教育发展、安排教育用地、落实教育经费等方面给予必要重视;建立领导联系学校制度,以及建立教育决策咨询制度。

▷▷ **4.4.2 增加教育投入,开发教育资源**

1.保证政府财政性教育投入"三增长"

从法律意义上保证政府教育投入按《教育法》和《中国教育改革与发展纲要》的规定,逐年提高财政性教育投入,"十五"期间每年教育经费提高1—2个百分点,2005年教育经费达到GDP的3.5%—4%;依法征足用好城乡教育费附加;按上年人均纯收入计征,实行乡征、县管、乡用政策。教育经费必须单列,专款专用。

2. 城乡教育集资

县级政府可审批按依法、自愿、量力原则,且用于正当教育发展的农村教育集资;集资项目由教育局申报,经县级人民政府审批。可减免企业因职业培训费用所应缴纳的相应税额,鼓励集资建立基金用于以职工技能培训为核心的职工教育。

根据群众对教育的不同需求,可经严格审批后,允许学校增设某类新教育服务项目,所收费用必须全部用于该校的基本建设。

3. 开发教育产业

依法开发教育产业,是当前世界教育发展的重要趋势,也是集资发展教育的重要手段。开发教育市场,允许学校接收少量择校生,用优质服务募集发展资金;鼓励社会力量集资办学,与政府分担发展教育的基本费用。

在法律允许下,可运用财政、金融、信贷等手段提高教育融资能力;争取发行教育债券、教育福利彩票、上市公司提成等方式进行教育融资。

4. 建立教育成本分担机制和助学体系

民办教育、非学历教育、幼儿教育按成本收费;高中阶段教育酌收30%,学校提供的特殊教育项目收费另行审批;高校分以拨款为主、收费为主和成本收费三类,前者收30%,后两者收60%;建立"贷、奖、助、补、减"的助学体系,以不同方式支持不同经济条件的学生完成学业。

5. 完善法规,依法治教

在贯彻国家法规的基础上,制定并完善地方教育法规体系,如惠州市学校设置条例、捐资助学条例、教育收费条例、学生资助条例,以及各类国家法规的实施细则等,做到有法可依,把教育纳入法治的轨道。

实行学校法人资格制度。健全学校办学章程,建立健全办学自主权的责任制度、保障机制和约束机制;建立教育执法机构,维护教育秩序和学校、师生合法权益;建立教育执法检查制度,健全包括财务审计、评估发展目标在内的综合效益审计制度。

制定民办教育相关法规,支持激励和规范民办学校,允许地方政府向民办学校提供较优惠的土地使用方法,并根据招生情况和办学实绩对民办学校给予相应的经济资助。

6. 加强教育督导制度

借鉴国内外先进方法,建立方向正确、科学有效的现代教育督导体系。

健全督导机构,每县、区都应设督学;制定科学评估指标体系,强化办学质量水平;日常自我评估与督导行为结合,督政、督学、督教结合,提高办学水平。督导情况应摘要定期通报公布。

7. 加强学校道德教育,促进青少年健康成长

各级政府应重视学校德育工作,制定学校德育规章;改革学校德育形式,培训专职教师;出版健康青少年读物,组织进步向上的社会活动;强化社会文化市场管理,防范青少年犯罪。

加强对学校德育的研究,对重大课题立项资助;建立和完善青少年道德教育基地,聘请兼职法制副校长,创设良好的学校教育环境。

8. 建立教育科研机构,推进教育改革

建立惠州教育发展研究中心,其中设教育研究所、课程教学研究所、培训中心以及相关专业教育研究机构;各县市也应建立相应机构,统筹教育研究工作,倡导科研兴教,提高教育质量,推进教育发展。

第 5 章

"广州大学城"发展规划

　　随着现代社会经济及科技的发展,尤其是以高科技、信息化为特征的知识经济时代的到来,高等教育已进入社会的中心,成为社会可持续发展的"轴心机构"和"动力站"。高等教育的发展与一个地方的社会经济及科技发展水平关系日益密切,并越来越成为其综合发展水平的重要标识。广东省在 20 世纪末确立了"科教兴粤"、率先基本实现现代化的战略目标。要实现这一战略目标,高等教育的发展是一个极其重要的因素。"大学城"(或称"高教园")建设是 20 世纪末在我国方兴未艾的高等教育发展的一种新的组织形态。实践表明,"大学城"建设日益显示出在促进高等教育发展、适应社会经济及科技发展上的特殊优势和强劲势头。

▶▶ 5.1 "广州大学城"发展规划的战略意义、基本定位、指导思想和主要原则

▷▷ 5.1.1 "广州大学城"建设的战略目标

　　根据广东高等教育的发展现实和"科教兴粤"战略对高等教育发展的需求,当前"广州大学城"(以下简称"大学城")建设的战略目标主要体现在以下几个方面。

　　1. 加快和改善高等教育大众化进程

　　"大学城"建设一方面因应广东高等教育大众化进程的需要,加快高等

教育发展的步伐;另一方面促进高校扩招后的基本办学条件的改善,为高等教育质量提供切实保障。

2. 提高高等教育整体水平和层次

"大学城"建设除了规模上的扩大以外,鉴于目前广东高水平、高层次的大学较少,而高等教育在教育强省、实现教育现代化和"科教兴粤"战略中所处的"龙头"地位,要通过举全省之力,新建设一二所高水平、高层次的一流大学,以此提高广东高等教育的整体水平和层次。

3. 提高高等教育资源的使用效益

"大学城"建设要通过政府主导的"有形的手"和市场调节的"无形的手",实现资源优化配置,尤其是要通过在"大学城"内高等教育结构的优化及其与广东高等教育结构优化相适应,达到资源优化配置的目的。与此同时,在"大学城"内部实行最大限度的资源优质共享。

4. 促进高等教育制度创新

"大学城"建设要在与国家现行的法规条例不抵触的前提下进行高等教育的新制度的探索和实践,一方面为"大学城"的发展寻求适当的制度模式,另一方面为我国高等教育的制度建设提供具有示范意义的制度范式。

5. 发展高科技产业,改善产业结构,促进经济转型

"大学城"建设要凭借其产、学、研一体化(而不是三者一般意义上的相联系)的优势,促进高科技产业的发展,从而加快广东产业调整的步伐,促使广东经济向高科技密集型经济的转型。

6. 提升广东的学术与文化品位

"大学城"建设将促进一种新的学术文化的形成和发展,从而有助于整体提升与广东经济发展的层次和水平相适应的学术与文化品位。

▷▷ **5.1.2 "大学城"建设的战略定位**

根据"大学城"建设的战略意义,"大学城"建设的基本定位是:高层次、多功能、新制度。

1. 所谓高层次,主要体现在以下几个方面:

(1)新建设一二所高水平的大学。

(2)引入的大学应为研究生以上层次以及国外著名大学的优质资源。

（3）成为高科技发展和高科技产业的孵化基地。

（4）以大学的建设和发展带动与之相适应的高标准和现代化的城市建设和发展。

（5）"大学城"城区文化建设的高品位。

2. 所谓多功能，主要体现在："大学城"具有大学的教学、科研和为社会服务的三大职能。与此相应，"大学城"具有高等教育的育人功能、科学功能、经济功能、文化功能、国际化功能和生态功能等。

3. 所谓新制度，即把"大学城"建成制度创新的"特区"，尤其是在"大学城"的办学体制、投入体制、管理体制和运行机制的创新方面。

▷▷ **5.1.3 "大学城"建设的指导思想和主要原则**

"大学城"建设的指导思想是："大学城"建设要在广东省政府的主导下，根据"大学城"建设的战略目标，遵循高等教育发展的内外部关系规律，按照"大学城"建设的三大定位，以大学建设为核心，带动具有城市特征和功能的"大学城"的形成，并与区域经济、科技、文化、生态协调发展，促进"大学城"的产、学、研一体化。

"大学城"建设的主要原则包括：

1. 政府主导与自主发展相结合的原则，即政府在"大学城"的建设中起主导作用，尤其在"大学城"建设的初始阶段，包括在制定"大学城"的发展规划、确立"大学城"的准入标准、建立"大学城"的管理组织等方面起主导作用。政府主导并非主宰，而是发挥"有限政府"功能，尤其是随着"大学城"的建设和发展进入到相对成熟阶段，政府主导作用将逐渐减少，并向引导和协调的角色转换；同时，作为"大学城"建设的主要参与方，学校和企业等拥有相应的自主发展权，而且学校和企业等的自主发展权随着政府主导作用的减少和角色转换将逐渐增大。因而，"大学城"建设在一定程度上应是"政府搭台、学校和企业唱戏"。

2. 强力推动与自然发展相结合的原则，即政府依据高等教育内外部关系规律，通过行政行为对"大学城"建设进行强力推动，促使"大学城"建设的正常启动和运作；同时，在"大学城"建设进入到相对成熟阶段后，伴随政府主导作用的减少和角色转换，"大学城"建设将在高等教育发展的内外部关系规律的推动和制约下，进入到以自然发展为主的阶段。

3.效益优先与可持续发展相结合的原则,即"大学城"建设必须以追求最大效益为优先目标,尤其是要促进"大学城"的诸职能及诸功能的最佳履行和发挥;同时,以最大效益为优先目标的"大学城"建设应当是建立在"大学城"的可持续发展的基础上,而不是以牺牲"大学城"的长远利益和可持续发展为代价,一味追求一时一刻的效益或某个目前的局部效益。

4.重点突破与整体发展相结合的原则,即"大学城"建设要突出重点,通过重点突破来推动整体的发展。比如,产权明晰是"大学城"建设首先需要重点突破的"瓶颈",也是"牵一发而动全身"的问题;同时,"大学城"建设又是一项系统工程,系统的各部分之间是密切联系、相互配合的,在一定时期必须适当选择其重点,并处理好重点突破与配套发展的关系,从而达到以重点突破来推动整体发展的目的。

5.有限目标与全面发展相结合的原则,即"大学城"建设是一个长期的过程,而一定时期的建设目标必然是有限的,这包括两层含义:一是设立有限方面的目标,二是目标的达成度是有限的。因此,"大学城"建设必须也必然是循序渐进、梯度发展的,不可能一蹴而就。比如,从政府主导和强力推动过渡到自主发展和自然发展,从法制管理与威权管理过渡到法制管理与民主管理,以及"大学城"的大学文化的形成,都是一个逐渐发展和演变的过程;同时,全面发展是"大学城"建设的一个终极目标,要通过长期建设和全面发展,最终使"大学城"的应有职能和功能得到全面而充分的体现。这就要求大学城建设必须为全面发展留有足够的空间和余地。

6.特色鲜明与开放发展相结合的原则,即"大学城"建设必须有自身的个性,除了大学城这样一种特殊的大学组织形态应有的个性外,尤其是与其他大学城相比,"大学城"应在一定程度上体现出"与众不同"。"大学城"内部各高校也应彰显特色。而特色的体现,可以是局部的、某方面的,也可以是整体的、全面的;同时,"大学城"建设不是封闭自守的,而是开放发展的,需要与社会、经济发展保持密切的联系,与国内外大学进行合作与交流。"大学城"内部各高校也是彼此开放的,要以此来有效地实现资源共享、优势互补、共同提高。

5.2 "广州大学城"建设的目标系统和准入标准

5.2.1 "广州大学城"建设的目标系统

"广州大学城"建设目标的构建应坚持与我省率先基本实现现代化的社会发展规划相适应,与建设教育强省目标相适应,与广州城市发展布局相适应,特别是应与我省产业结构调整优化相适应;要坚持高等教育大众化与层次、质量、水平、效益和效率协调发展;坚持内联与外引,多样、开放与统一管理、分类指导相结合;立足长远,实事求是,突出重点,阶梯式分三步实现多层次目标。

1. 大学城建设的时空目标

"广州大学城"的建设在时序上划分为三个大的阶段,即:成型期、成熟期、辐射期。各个阶段的建设重点有所侧重,大学城各种功能发挥的多寡和形式不同。

(1)成型期

2005—2007年,在完成前期大学城整体和各大学的入城规划和基本建设后,大学城已具雏形,各入住大学的搬迁工作基本就绪。2007年秋季各入住大学招收新生,在校生总数达到5万左右。此期大学城建设的重点是:在各大学入住之前,确立大学城新的办学体制、融资投入体制,形成大学城统一管理的共同架构,理顺政府、大学城和各大学以及各大学之间四者三个层次的关系。大学城功能的发挥主要表现在体制创新的示范功能,一定程度上的推进高等教育大众化功能、国际化功能和为我省经济社会发展培养所需专业人才的经济功能。建设的形式和途径是"内外兼修,以外为主"。

(2)成熟期

2008—2010年,各入住大学的教学与科研在大学城共同管理体制和机制的框架内正常运转,在校生总人数达到大学城总招生规模人数的约80%,即16万人,其中研究生要占在校生总数的10%,即1.6万人。此期大学城建设的重点是:各入住大学的内部管理体制创新;各入住大学之间的关系理顺,确立共享模式,实现各种教育资源的优化配置和共享。产学研一体化体制形成,大学城、科学园和高新技术产业开发区的合作模式基本确立。

此期,大学城推进高等教育大众化的教书育人功能全面发挥;办学体制和管理体制的创新示范功能和国际化功能进一步强化;科学功能和经济功能初现;文化功能和生态功能发挥的基础初步建立。建设的形式和途径仍然是"内外兼修",但以"练内功"为主。

(3)辐射期

2011年以后,大学城内各种体制和机制日臻完善,高效运转;大学城的人口规模达到规划总数量。在校生总数达到20万,层次结构趋于合理。大学城为社会服务的功能全面充分发挥,辐射区域拓展,辐射能力提高,文化中心、科学研究中心、生态环境示范基地、高科技产业科技开发与实验基地及其成果孵化基地的地位凸显。此期大学城建设的重点是:产学研一体化体系的完善,名校、名师、名牌专业、名牌学科、重点实验室和基地、博士点和博士后流动站等品牌的创立。建设的形式和途径是内联外引,在前期建设的基础上集中优势资源,重点突破。建设的形式和途径是更高层次的"内外兼修",以扩大外向型的辐射作用为主。

大学城建设的三个阶段在空间上呈现出从外到内又从内到外的态势,以全方位实现大学城的示范和带动效能。

2. 大学城建设的学校类别与专业布局结构目标

大学城的建设在学校类别和专业布局结构上应坚持以提高国民整体素质和满足我省经济社会发展对各级各类人才的需求为宗旨。

在学校类别布局结构上,要在大学城内新建1—2所高水平、高层次,以理工类专业为主的综合性大学。大学城整体的学校类别结构布局以综合性大学为主,以少量在全国相关领域能保持或冲刺领先地位的医药、财经、政法、艺术、体育等单科院校为辅。大学的类型第一期主要定位为一般教学型;第二期以教学—科研型为主,一般教学型为辅;第三期以教学—科研型为主,以科研型为辅。

专业布局要以我省国民经济和社会发展"十五"规划中关于大力发展信息技术、生物技术,光机电一体化和新材料等高新技术产业,壮大发展电子信息、电器机械及石油化工三大新兴支柱产业,运用高新技术改造提高纺织服装、食品饮料和建筑材料三大传统支柱专业,培育发展汽车、医药、造纸、环保等一批有潜力的产业的精神为指导,以确保我省支柱产业和高新技术产业发展为导向和己任,大力发展信息技术、生物技术、光机电一体化技术、计算机、电子、通信、家电、机械、汽车、石油化工、纺织、食品、建材、医药、造纸、环保等专业。围绕我省主导产业发展调整专业设置,重点发展工科,扶持发展农科,稳定提高理科、医科和文科,使高等教育更好地为我省现代化建设服务。压缩传统优势学科规模,使其向高、精、尖方向发展。减少社会需求量明显不足的长线专业,把有限的资源大部分投放到现代新兴学科、交叉学科和应用学科的建设上。进一步提高工科比例。适应广东全面提升产业结构、大力发展高新技术产业、壮大发展三大新兴支柱产业、改造三大传统产业、培养发展一批有潜力产业的需要,大力发展信息技术、生物技术、光机电一体化和新材料以及电子信息、电器机械和石油化工等新兴学科专业。

大学城建设进入第二期以后,城内各学科专业在校生人数的比重结构应如表1所示:

表1 大学城各学科专业在校生人数比重结构表

学科名称	基准年 2001(全省)	目标年 2010(大学城)
哲学	0.05	0.05
经济学	6.74	7.8
法学	5.02	5.5
教育学	5.24	6.5
文学	15.78	1.5
历史学	0.59	0.05
理学	11.07	12.3
工学	29.76	38.0
农学	2.79	2.8
医学	7.38	7.5
管理学	15.57	18.0

3.大学城建设的规模与层次结构目标

大学城建设中人才培养规模和层次结构目标的确立应以我省人才需求发展趋势为参照,定位在为我省经济社会建设提供高质量、高层次的人才支持和知识贡献上。在规模的扩张上应遵循教育发展自身的规律,超常规发展绝不能脱离我省高等教育发展的现实基础和大学城内各种教育资源配置的情况,走阶梯式扩张的道路。第一阶段规模为 5 万人左右;第二阶段发展到 16 万人;第三阶段达到规划总数 20 万人。

在层次结构的布局上,大学城的起点层次应定位在四年制本科。在 2005—2007 年的成型期,绝大部分招收本科生,占总量的 90%,计 4.5 万人;少量招收研究生,占总量的 10%,计 0.5 万人。在 2008—2010 年的成熟期,本科、硕士、博士三个办学层次结构初步形成。以本科为主,硕士研究生层次为辅,少量招收博士生。16 万在校生总人数中本科占 85%,计 13.6 万人;硕士研究生占 12%,计 1.92 万人;博士研究生占 3%,计 0.48 万人。自 2011 年起,本科、硕士、博士和博士后四个办学和人才培养的层次结构趋于合理。本科层次的规模扩张速度趋缓,发展层次上移,硕士、博士研究生规模继续扩大,博士后工作站入站人数明显增加。本科生、硕士研究生、博士研究生和博士后在校(站)生总人数的比重基本稳定在 150:38:10:2。

表 2　大学城建设的规模与层次结构目标　　　　（单位:万人）

层次	成型期		成熟期		辐射期	
	比重(%)	在校生数	比重(%)	在校生数	比重(%)	在校生数
本科	90	4.5	85	13.6	75	15
硕士	10	0.5	12	1.92	19	3.8
博士			3	0.48	5	1
博士后					1	0.2
合计总数	100	5	100	16	100	20

4. 大学城建设的投资结构和产权结构目标

大学城的建设,要在积极发展以政府兴办高等教育为主的同时,积极进行投资体制和产权所有制的改革和创新,改变国家包揽办学的局面,促进社会各界共同参与,鼓励社会力量兴办高等教育。积极探索合作办学、公有民办、民办公助、股份制等多种办学模式;积极尝试公办高等学校转制;积极鼓励金融机构、企业、科研院所和个人利用其资金、人才、知识、技术上的优势,以股份制等多种形式参与大学城建设。盘活和充分利用国有和社会教育资源,形成政府、社会、团体和个人共建共享大学城的新格局,逐步建立和完善适应我省多元化经济体制的投资和产权体制。

政府与大学城的产权关系由政府与大学城有关机构协商而定;大学城

与各入住大学的产权关系由大学城有关机构与各大学商定;各入住大学内部的产权关系由大学内部各投资方自行商定。

政府对大学城建设的投入应由大到小再由小到大,即:加大对前期大学城基础设施的投入,筑巢引凤;成型期和成熟期政府直接投入可相对减少,把融资权交给大学城及城内各入住高校;辐射期政府又应加大投资力度,重点投资名牌专业、名牌学科、重点实验室和基地、博士点和博士后工作站等品牌的建设;重点扶持1—2所名校向科研型大学转型;重点培养一批高精尖的名师、大师。

5.大学城的师资队伍建设目标

大学城建设的高层次、多功能定位对大学城的师资队伍建设提出了新的更高要求。特别是大学城科学和经济功能的充分发挥,加之我省现有新兴学科和应用学科教师的严重短缺,将使得大学城高等学校类别和学科与专业人才培养结构布局面临最大的困难和挑战。大学城和各高校要改革用人机制,引进高水平人才,特别是要注意培养和引进新兴学科和应用学科方面的高水平专业人才。同时,随着大学城规模的扩张和层次的提升,高等教育师资队伍整体、各校、各专业数量上要急剧增加,质量水平上亟待提高,学历、职称层次上急需提升。必须走引进与在职深造和提高、师范系统培养与广开师资来源渠道相结合的道路,分类适当提高师生比,才能建设一支适应大学城发展形势的师资队伍,保证大学城高等教育规模、质量、层次、水平、效益和效率的协调发展。

从整体数量看,师生比必须严格控制在1:18以内(2001年我省平均水平为1:19.2,且呈逐年上升趋势,已大大超出国际上认可的质量保障水平),按可比当量计算,成型期末2007年教师总数应达到3055人以上;成熟期末2010年教师总数应达到10488人以上;辐射期末教师总数应达到14222人以上。其中,具有研究生指导教师资格的高学历、高职称教师,按1(教师)×2(研究生)×3(学年数)公式计算,2007年末应达到833人以上;2010年末应达到4000人以上;辐射期应保持在8333人以上的水平。

▷▷ **5.2.2 "广州大学城"建设的准入标准**

根据大学城的定位和大学城建设的战略意义与要求,以及我省高等教育发展的现实需要和基础,大学城建设过程中宜设立最低准入标准。

1. 新建的 1—2 所高等学校必须是以本科为起点,以理工类为重点的教学—科研型、综合性大学。

2. 国内外、省内外其他高等学校入住大学城,如是名牌大学或学校类别和学科专业为我省急需的知名大学,不受地域限制。

3. 我省入住大学城的高等学校原则上限定于广州地区现有高等学校。

4. 广州地区现有高等学校中的本科院校或在近三年内有望升格为本科的专科高等学校可入住大学城。

5. 广州地区现有高等学校中的本科院校或在近三年内有望升格为本科的专科高等学校,如满足前面四项条件且又在第六项各表中排名靠前的,可考虑优先入住大学城。

6. 广州地区现有高等学校入住大学城的先后顺序以下列办学条件、学科基础等为参照依据。

▶▶ 5.3 "广州大学城"的投资体制、产权结构和运营机制

▷▷ 5.3.1 大学城的建构方式和投资体制

1. 大学城高校的建构方式

为真正促进体制的创新,尤其是既发挥政府的主导作用,又调动学校的积极性,可考虑采取如下方式,建设"广州大学城":

(1)新建一所高起点大学

可考虑在大学城内建立一所高起点、新体制的大学作为大学城近期建设的重点目标,其基本特征包括:

——在资本运作上,应借鉴企业化运营模式,如可由政府主导建立教育发展投资公司,以吸纳大型财团投资该新大学的建设;

——在内部领导上,应采取董事会领导下的校长负责制;

——在人事管理上,应采用真正意义上的人员聘任制。

这所新大学应成为大学城的龙头和骨干,并通过它体现出政府在高等教育上的人才培养、科技开发、文化建设以及社会服务等方面的重要意图。

(2)已有高校尽可能自愿入城

为寻求政府意图与高校利益的结合点,并有效地分散大学城建设的巨

大风险,应尽可能通过协议而非行政强制,使已有高校自主自愿地进入;同时,为保障大学城最低限度的办学水平,政府应设置最低限度的进入标准。在具体操作时,又有以下两种入城方式:

——已有高校整体(纵切)进入大学城办学;

——已有高校部分(横切)进入大学城办学。

但从明晰产权以及政府管理的角度看,应尽可能采取整体(纵切)进入的方式,解决已有高校入城问题。

上述新大学的建设,可与已有高校的进入同步展开。

2. 大学城建设的融资体制

为有效调动各方资源投向大学城建设,应尽可能采用国际和国内通行的行之有效的资本运营和融资模式,来筹措大学城建设所急需的资金。

要坚持投融资渠道的多元化以及融投资方式或手段的多样化。应鼓励和提倡社会各方面对"大学城"建设以各种方式的投入,确保政府对"大学城"公共基础设施的投入,坚持投入与产权、产权与收益和风险挂钩。同时,也要允许和支持"大学城"自身以及入城的各高等学校积极拓展融资渠道。

结合"大学城"建设的具体情况,其融投资渠道和手段在"大学城"建设的启动期、成熟期和辐射期应有所区别。

(1)启动期

由政府无偿提供土地的使用权,用作"大学城"建设的规划用地。入城各高校免费获得土地使用权。

政府用于建设"大学城"公共设施的资金,可以借用目前国际流行的项目融资方式 BOT(建设—经营—转让)或 TOT(转让—经营—转让)来筹集,并以此来吸引省内外、甚至国外的投资。政府可以利用其行政特许权,允许由各类私营公司或其他公司负责融资、建设和经营"大学城"项目,并在一定期限内从中获益,然后将所有权收回(BOT 模式);政府也可以自行投资兴建"大学城"公共设施,通过向相关出资方出售一定期限内的现金流量,转让"大学城"公共设施的经营权和收益权,从而获得建设新项目的建设资金(TOT 模式)。

入城高等学校自身前期基本建设的资金,可采用自己融资为主、政府适当补贴为辅的办法。要推广和采用商业贷款,政府应为符合入城条件的高等学校提供信誉担保。

（2）成熟期和辐射期

进入成熟期和辐射期,政府对"大学城"的投入应逐步减少,要充分发挥"大学城"自身的融资功能和各高等学校自身的"造血"功能。

政府对"大学城"建设后续资金的投入,主要表现为继续履行已经签订的特许协议,或用出售项目的现金流量开拓新的必要公共设施基本建设项目。

在不与政府融投资机制及其过程中利益分配原则相冲突的前提下,"大学城"自身可以建立相应的教育投资公司和各类服务公司,多渠道多方式筹集"大学城"建设的各种资金。

高等学校除了正常的学费收入,公立高等学校除了正常的财政性拨款以外,应主要通过为社会提供各种有偿服务、通过科研成果的转让和转化,以及通过募集各种捐赠,来解决发展过程中的资金需求,包括偿还商业贷款及其利息。

在大学城的公共基础设施中,土地可由政府提供,入城各高校免费或租赁使用;建筑及公共设施可由政府投资,各高校租赁使用;或由各高校自行筹资兴建;或由社会其他投资主体投资,学校租赁使用;或由政府、高校和社会等方面以其他融资方式筹集建设资金。

▷▷ **5.3.2 大学城的产权结构及治理机制**

1. 大学城的产权结构安排

为确立有效的利益分配和风险分担机制,有必要在一开始就明晰大学城内部的产权归属及其结构形态。就大学城内高校的不同建构形态而言,其产权结构的具体区别如下:

（1）新建大学的产权结构

相对较为单纯,可按现代企业的运作方式来建构,具体可按我国《公司法》所规定的不同公司形态来操作。

（2）整体进入高校的产权结构

可以存在两种安排方式:

——产权完全由进入学校单独拥有的一元化结构形态;

——由进入学校、政府与其他投资主体分别拥有的多元化产权结构。

（3）部分进入高校的产权结构

也可以两种方式存在：

——作为母校的一个"分教点"或分校（非独立法人实体），其产权完全属于母校掌控，在此意义上，部分进入的高校仅是一个"教学或研究实体"，其任务和法律地位相对较为明确；

——作为独立法人存在的二级学院，其产权既可形成由母校单独拥有的一元化结构，也可参照整体进入的第二种情况，形成多元化的产权结构形态。在后一种情况下，部分进入的高校的产权结构由其资本构成方式所决定，由此产生的权利和义务关系也就较为复杂化。

明晰产权的关键是，在明确大学城投资结构的基础上，评估大学城投资各方在大学城内各高校的投资份额，从而确立起大学城未来的受益—风险主体之间的权利和义务关系。

2. 大学城的产权治理机制

根据上述不同的产权结构形态，大学城内各高校的产权治理机制分别可采取以下形态：

（1）产权结构一元化的入城高校

——公立高校应遵循我国《高等教育法》的规定，采取"党委领导下的校长负责制"加以治理。在此体制下，高校党委主要负责政治领导和组织人事保障工作，校长则对高校的行政工作负全面责任；

——非公立高校应由投资主体依据办学要求，组建高校董事会，实行"董事会领导下的校长负责制"。该董事会的组成人员，除投资者外，还应有政府主管部门代表、教育专业人士以及社会贤达和热心教育的人士。

（2）产权结构多元化的入城高校

应依据投资份额，在确定产权结构的基础上成立高校董事会，以"董事会领导下的校长负责制"治理高校。在此体制下，高校董事会负责制定学校的发展战略、对涉及学校发展的重大问题进行决策以及聘任学校校长；校长则担负高校的日常行政管理工作并对董事会负责。在此情况下，高校董事会的组成、职责及其与校长的关系，可参照我国《公司法》中关于董事会和经理人员的相关条款确定。

（3）作为非独立法人的入城高校

应由其母校直接治理该分校。为具体行使产权，母校可在"大学城"设置"校区办公室"或其他类似机构。在此情况下,校区办公室不是一级决策机关,它仅是一种受母校委托而在一定范围内行使管理职权的派出单位。

▷▷ **5.3.3 大学城的管理架构与运营机制**

1. 大学城的共同管理架构

从纯粹的理论意义上看,根据大学城管理架构的权力强度,共包括5种可能的管理体制形态。其中,一类为极端形态,另一类为两极之间的过渡性形态:

(1)大学城管理架构的极端形态

——组织及其功能"弱到为零"的纯粹地域布局意义上的大学城;

——组织及其功能强到建制为市镇,并接受市政当局教育主管部门领导意义上的大学城。

(2)大学城管理架构的中间形态

——建制为政府委托或经法律、法规授权的行使某些行政管理性职权的"准行政机构"体制。这样的管理架构,具有公共管理的性质,承担政府委托或授权的特定行政管理职能。它可不作为独立的法人而存在,即可以现在通行的"大学城管理委员会"一类的名称,发挥自身的管理职能;

——建制为完全企业化的集团公司式的董事会体制。在此背景下,大学城本身就是一级法人实体,各进入学校只能作为大学城的二级法人实体或其分支机构而存在;

——建制为"民办非企业单位"的"学校行会"体制。根据我国现行法律法规,民办非企业单位具有"资本非国有"、"非营利性"和"服务于社会公益"等特征。作为"民办非企业单位","学校行会"可由进入大学城的各学校自愿组织而成,可作为一种"社团法人"而存在;

在上述3种中间形态当中,大学城管理架构发挥职能的强度,如以政府参与和控制大学城内各高校的程度为指标,则呈依次递增态势。

2. 大学城的运营机制演进

大学城的运营机制,主要涉及政府、大学城管理架构以及城内各高校之间的互动关系模式问题。由于在两种极端的管理架构之下,政府与学校之间的关系重又回归于传统的政校关系模式,所以,在不考虑两种极端模式的情况下,大学城的运营机制,可有以下3种不同选择:

（1）启动期：政府主导的"大学城管理委员会"模式

此一时期，由于"大学城"刚刚成型，入城各高校之间缺乏有效的整合机制，故应加大政府对"大学城"以及入城各高校的监管力度。为达此目的，最为适当的"大学城"运营模式是，设置准行政性的"大学城管理委员会"，以实现"大学城"内部的有效整合以及政府对"大学城"的有效监管职能。

在此模式下，"大学城管理委员会"应由以下人士组成：政府主管部门（包括教育、人事、财政和卫生等部门）的代表，"大学城"投资方的代表，入城各高校的代表，以及其他相关的社会知名人士。其中，政府主管部门在重大问题的决策上，应占主导位置。此时，作为政府委托或授权的"准行政机构"，"大学城管理委员会"与政府之间，将表现为一种直接的行政领导与被领导关系，即政府与"大学城管理委员会"之间，存在着一种明确的工作监督关系。而工作监督关系的实质是，政府对监督对象内部组织拥有种种的行政处置权。同时，"大学城"内的各高校亦应服从"大学城管理委员会"在相关职权范围内的行政性管理要求。

就此阶段的运营机制而言，重点是解决政府与"大学城管理委员会"的关系问题。为此，要遵循政府负责规划和领导、"大学城管理委员会"负责组织和实施、各入城大学积极配合具体操作的基本思路。应由政府主导，建立一个精干实效的"大学城管理委员会"。

（2）成熟期："大学城"主导的"大学城董事会"模式

此一时期，由于"大学城"已经初步形成规模，入城高校已经逐渐步入办学和发展正轨，经过磨合，"大学城"建设已取得一定经验，"大学城"内部亦形成一定的整合机制和"自组织能力"，所以，政府应考虑改变直接监管"大学城"运营的模式，以便更好地调动"大学城"及其各高校的自主性和积极性。为此，可设置"大学城董事会"，以接近企业化的运营机制，提高"大学城"运营的整体效率和效益。

在此体制下，"大学城董事会"的构成，主要应包括以下人员：政府方面的（包括教育、人事、财政和卫生等部门）代表，"大学城"基础设施投资方的代表，"大学城"内各高校的代表，以及其他的相关社会知名人士。"大学城董事会"的具体职能是：作为"大学城"内部事务管理的最高权力机关，对涉及"大学城"的所有重大问题进行决策。在重大问题上，董事会参与各方应采取"协商一致"的原则通过各项决议;在一般问题的表决上,则可考虑按参与董事会各方在"大学城"产权结构中所占份额,获取相应表决权的方式,进行投票表决。此时,"大学城"本身十分近似于一家大型的"大学集团公司",城内各高校皆以其"子公司"或"分公司"的身份,参与"大学城"内部事务的管理活动。这时,政府与"大学城董事会"之间,主要存在着一种"法律监督"关系,它主要通过政府对监督对象的相关决定和决议的知情权、建议修改权、终止权、发回重议、替代决定权,以及政府委派特派员处理特殊情况权等方式表现出来。在此情况下,政府对"大学城"内部事务的影响力,主要取决于其在"大学集团公司"中所占资产的份额大小。"大学城董事会"与城内各高校之间的关系,可参照《公司法》中关于母公司与子公司或总公司与分公司等方面的相关法律法规来确定。

此阶段重点要解决的问题是"大学城董事会"的权力安排以及董事会与各入城大学之间的关系。为此,要加强"大学城董事会"作为一个决策机构在"大学城"运营过程中的地位和权限。要逐步淡化政府在董事会中的主导作用和决定性影响,转而发挥政府的法律监督作用。

(3)辐射期:高校主导的"大学城协调委员会"模式

此一时期,"大学城"共同管理框架日益成熟,自组织能力不断提高;城内各高校经过管理体制和运营机制创新,已经发展成为面向社会和市场、能够独立运作和自我约束的办学实体;各高校之间关系进一步理顺,合作办学和资源共享模式已经确立。在此背景下,政府十分有必要更为放宽对"大学城"及其内部高校的行政性监控,把自身职能更多地转移到立法、规划、调研、评估和服务等宏观调控上来。为此,可设置"大学城高校协调委员会"作为一种"高校行会"性质的机构而存在。

在此体制下,"大学城协调委员会"应由下列人员组成:政府方面(包括教育、人事、财政和卫生等部门)代表,"大学城"内各高校的代表,以及其他相关的社会知名人士。就其职能而言,"大学城协调委员会"主要是一种"大学城"内部事务管理上的协调性机构而非最高权力机关,它主要发挥沟通协调信息交流的作用。在涉及各高校声誉和共同利益等方面的问题时,通过协商一致,制定出各高校共同遵守的行业标准和自律准则,并尽可能地采取一些非强制性的方式,敦促各高校遵守这些标准和准则。此时,政府对"大学城协调委员会"主要行使"法律监督"和"专业监督"两种职权。后者主要通过政府对监督对象的专业活动所拥有的获情权、命令权和直接干预权等方式来体现;而实施专业监督的前提是,承认政府可作为专业性的权威认定和主管机构而存在。在此模式下,"大学城"内各高校遵循"自愿原则"加入高校协调委员会。然后,在该会协调下,各高校面向社会和市场,独立自主地开展各项活动。

确立上述运营机制的根本目的在于,要变"大学城"内各高等学校的被动存在为主动存在,要使各入城高等学校共同构成为一个相对松散的利益集合体,并充分发挥其对社会进步的推动作用。在此情况下,政府对"大学城"的权限,就由启动期的领导监控和成熟期的参与决策,转向辐射期的提供服务和实施监督。为此,政府要充分尊重入城各高等学校的办学权利,充分听取"大学城协调委员会"的意见,发挥各高等学校的办学积极性。

总之,上述三个时期中,政府控制依次减弱,高校自主性逐渐加强。不论"大学城"的共同管理架构采取何种形态而存在,政府对"大学城"整体运营的法律监督都是绝对的。不过,专业监督和工作监督则是相对的,它们的实施,主要取决于监督对象的不同性质以及政府与监督对象之间的不同关系。

3. 大学城的资源共享模式

"大学城"建设的初衷,必然包含着入城各高校资源共享的强烈诉求。就"大学城"各高校资源共享模式的建构而言,至少应包括以下方面的内容:

(1)硬件共享机制

在一些硬件方面,诸如公共用地、公共建筑及其他基础设施等,经由一种周密规划、合理布局的"大学城"建筑方案的安排,基本上就可以达成此目标,从而形成一种"大学城"内各高校之间的硬件共享机制。当然,这一共享机制的前提是:这些可被共享的硬件产权是明晰的。

(2)软件共享机制

在硬件共享的前提下,除"大学城"文化(大校园文化)较为容易共享外,如欲建立人力资源、教学资源以及科研开发等软件上的资源共享机制,则应首先在大学城内部建构新的人事分配制度和教学管理体制,并尽可能理顺城内不同层次和类型的高校之间的相互衔接关系:

——打破人才的部门所有制和单一高校所有制,实现真正的教工聘任制以及相应的劳动分配制度。根据"按需设岗、公开招聘、平等竞争、择优聘任、严格考核、合约管理"的原则,建立新的高校人员任用机制。同一高校的不同单位甚至不同高校之间,可以根据需要共同聘任一位教工。这是解决人力资源共享问题的必由之路。

——改革现行教学管理体制,在宏观调控的前提下,建立同一层级的不同高校之间的学分互认制度。这一制度的建立,必将促进"大学城"内各高校之间的教学资源的共享进程。此外,还应尽可能理顺不同层级高校之间的关系,并在其间建构从低层级高校通向高层级高校的衔接机制,从而避免人力资源和教学资源的不必要浪费。

在此,明确的利益诉求,是"大学城"建立资源共享机制的动力源泉。由此,明晰的产权结构及其有效治理方式,就成为"大学城"共享机制能够成立的前提条件。

4."大学城"的行政管辖关系

当现有高校以不同方式进入"大学城"时,"大学城"内各高校与"大学城"属地政府之间,就会出现以下两类不同的行政管辖关系:

(1)属地管辖关系

本行政区域内的现有高校,无论是整体进入还是部分进入"大学城",入城高校无论是独立法人还是非独立法人,皆属于本地政府主管部门所管辖。此时,政府可按照"属地管辖"原则,开展对"大学城"内高校的相关管理活动。

(2)跨地管辖关系

当异地现有高校或其他办学主体跨越现有行政区域进入"大学城"办学,尤其是当异地高校以非独立法人形式在"大学城"内开办分校时,即会产生对"大学城"内分校跨行政区域管辖的问题。这是因为,此时对"大学城"内分校的管理,主要是以"母校管理"的方式实现的;而母校管理的实质,即是母校所属政府的"跨行政区域管辖",这种情况是与我国现行的一般行政管辖原则相悖的。

为解决"属地管辖"与"跨地管辖"的冲突,建议进入"大学城"各高校应尽可能按照成立"独立法人"的模式来运作。

第**6**章

广东省大中小学可持续
发展教育研究报告

可持续发展观念的形成,是人类在正确认识自身数千年历史经验教训的基础上,特别是通过对工业革命以来所走过的道路的反思,进行自我教育的结果。实施可持续发展是中国政府1992年做出的发展战略。党的十六大《报告》提出我国21世纪前二十年经济建设和改革的主要任务是:加快建设现代化,保持国民经济持续快速健康发展,不断提高人民生活水平,全面建设小康社会。为完成这项任务,《报告》指出应从8个方面入手,其中走新型工业化道路、大力实施科教兴国战略和可持续发展战略列在了第一条。新型工业化道路的提出,显示了党和政府实现我国经济和社会长期可持续发展的坚定信心,是关系到中华民族生存和发展的长远大计。从某种程度上来讲,新型工业化道路就是要走可持续发展之路,是能够增强可持续发展能力的工业化道路。因此,大力实施可持续发展战略是走新型工业化道路的根本要求和保证。而要转变发展模式和思路,实施可持续发展战略,把经济社会发展引向可持续发展的方向,将是一个相当艰难的过程,绝非一蹴而就的事。当前,首先要做的就是要大力加强可持续发展的教育,提高人们实施可持续发展战略的自觉性和主动性。

教育是实施可持续发展战略的关键。学校教育是教育的主阵地,因此在学校教育中贯彻可持续发展战略具有重要意义。在大中小学开展以环境教育为基础的可持续发展教育,是贯彻执行中国计划生育和环境保护这两项基本国策以及实施可持续发展战略的基础性工程,是关系中华民族生死存亡的百年大计,是一项综合性的、全民性的、长期的战略工作,不仅具有重要的现实意义,而且具有深远的历史影响。

广东省作为全国最早实行改革开放的地区之一,一方面,经济和社会发展取得了举世瞩目的成就;但另一方面,其工业化和经济的快速发展也使得整个社会的可持续发展面临着挑战。因此,在广东省贯彻和落实可持续发展教育就具有极其现实和重要的意义。受广东省环保局委托,由华南师范大学和广东省社会科学院及相关单位研究人员组成的"广东省大中小学校可持续发展教育"课题组对广东省大中小学校的可持续发展教育状况展开了一系列调查研究。

►► 6.1 可持续发展理论及其在中国的实践

自西方文艺复兴和启蒙运动以来,科学技术进步和工业化促进了经济迅速增长,人类通过市场经济以及与之对应的人道主义实现了经济社会的巨大进步。可以说,整个 18、19 世纪,人类对科学技术、工业化、市场经济等寄予了无限的厚望,对人类的未来和发展充满了美好的憧憬。但是,在 20世纪百年历史中,随着科学技术突飞猛进的发展,工业化和资本主义在全球的扩张,人口膨胀、环境污染、生态失衡、资源枯竭、贫穷、核战争等一系列"全球问题"也随之而来,并越演越烈。人类面临着"要么共同生存,要么共同毁灭"的严重困境。可持续发展正是人类在经受这些"全球性问题"的危机和压力下,对以往社会发展历史进行痛苦反思后提出的一种全新的发展思想和发展观,是 21 世纪全人类普遍关注的议程。

▷▷ 6.1.1 可持续发展思想的形成

1. 可持续发展——一种朴素思想

可持续发展作为一种全新的、科学的思想和理念虽然只有短短几十年的历史,但作为一种朴素的可持续发展观却历史久远。早在远古时期,中国就有了多种草种树、保护好山林树木、为子孙后代造福、对自然资源要多加爱护、切不可无止境地索取等朴素的可持续发展思想。春秋战国时期已有保护鸟兽鱼鳖以利"永续利用"的思想,以及封山育林定期开禁的法令。例如,《逸周书·大聚篇》记有大禹所说的一段话:"早春三月,山林不登斧,以成草木之长。夏三月,川泽不入网罟,以成鱼鳖之长。"《荀子·王制篇》有这样的记载:"斩伐养长不失其时,故山林不童而百姓有余材也。"而孟子则批评过"竭泽而渔"的做法。齐国国相管仲指责有的君主缺乏头脑,把山林砍光,造成水源干涸,百姓深受其害,认为"为人君而不能谨守其山林川泽菹泽草莱,不可为天下王"。后来的荀况发扬光大了管仲的思想,把保护环境、保护资源作为治国安民之策。可以说,在古代东方的文化传统中已隐含着朴素而深刻的生态智慧和可持续发展思想。

虽然古代的西方思想家未对生态和可持续发展等问题做过系统论述,但许多著名的思想家如亚里士多德等对这些问题也有不同程度的思考和论证。到了近代,西方不少学者开始关注环境和生态问题。1713年,德国的卡洛维茨提出了森林永续利用理论,1867年哈根提出了森林多效永续经营理论。这两个理论认为木材采伐量不能超过生长量,实际上就是关于木材采伐单一指标的可持续发展思想。18世纪法国大科学家布丰被认为是第一个直接研究人类经济活动对自然环境作用的西方学者。1886年,德国生物学家海克尔创立了生态学,使与可持续发展有关的生态学获得了实质性进展。马尔萨斯在1789年所著的《人口论》中则对人口与资源的关系做了明确的表述,书中写道:"人口和其他物质一样,具有一种迅速繁殖的倾向,这种倾向受到自然环境的限制。"该书的主要论点就是,人口增长速度高于自然资源的增长速度,或迟或早人口数量将超过自然资源所能承受的水平,由此引起饥饿和死亡。而达尔文1859年发表的《物种起源》所论述的生物与环境的关系,与马尔萨斯的观点基本一致。另外,19世纪恩格斯对英国当时的环境状况,如泰晤士河的污染,曾经有过专门的描述。

不过,总的来讲,在工业革命之前,由于能力的限制,人类尚不足以对环境造成大规模的破坏,人类本身尚可以持续生存下去。因此,近代及其以前,人类对可持续发展的认识本身是朴素的、模糊的和肤浅的,可持续发展本身也不是一个紧迫的问题。

2. 可持续发展——一个明确的理念

自从工业革命以来,西方发达国家依靠科学技术的进步和工业化、市场经济、资本主义而促使经济迅速增长,整个社会也率先走上了现代化道路。西方发达国家的成功经验向落后国家展示了一条通向国富民强的现代化之路:即工业化是一个国家或地区经济活力的中心内容,经济增长是一个国家或地区经济发展的"第一"标志,国民生产总值(GDP)的增长是衡量一个国家或地区经济发展的重要标尺,追求经济持续增长成为一个国家或地区经济活动的中心任务。在这种发展观的指引下,出现了世界各国的经济"增长热",整个世界的物质财富有了极大丰富和增长,但严重的环境问题却也随之而来,威胁着人类的生存和发展。人们在经济增长、城市化、人口、资源等所形成的环境压力下,开始对"增长等于发展"的模式产生怀疑并展开讨论。作为一种明确理念的可持续发展观,正是在这种时代背景下酝酿和形成的。在可持续发展思想的形成过程中,下列事件、研究和会议起到了关键性的作用,对于可持续发展思想的最终形成具有不可磨灭的贡献。

(1)20世纪50、60年代的公害事件。20世纪50、60年代,随着经济的增长,环境问题日趋严重,在西方国家先后出现了伦敦烟雾、洛杉矶光化学烟雾、四日市哮喘病、熊本水俣病等一系列公害事件,给人类敲响了一记记警钟。公害事件不仅唤起了受害者奋起抗争,一些有良知、有远见的学者也从不同角度撰文论述盲目地发展经济、开发自然将会造成毁灭性影响,呼吁改变以自然环境为代价的经济增长模式。

(2)先觉者的呼声——《寂静的春天》。1962年,美国海洋生物学家卡逊的著作《寂静的春天》问世,卡逊在该书中以翔实的资料列举了工业革命以来,化学药品特别是杀虫剂的使用对自然界的生态平衡所产生的破坏性影响,并进一步指出,"大自然在反抗",人类在冒着极大的风险来改造自然,想把它变得合乎心意,但最终的结果却适得其反。《寂静的春天》向人类发出了警告,要正视由于人类生产活动而导致的严重后果,强调了人与自然之间必须建立起"合作的协调"关系。不过,由于当时世界经济的繁荣掩盖了问题的严重性,《寂静的春天》及其作者一度备受攻击和诋毁。

(3)有力的警告——《增长的极限》。20世纪60、70年代,随着"公害"的显现和加剧以及能源危机的冲击,几乎在全球范围内开始了关于"增长"的讨论。《增长的极限》就是在这种背景下出现的,它是罗马俱乐部于1972年发表的第一份全球问题报告。该书的立论点是地球资源的有限性,认为如果按照当时人口和经济需求的模式增长下去将导致地球资源耗竭、生态破坏和环境污染。可以说,该报告指出的地球潜伏着危机和对发展面临的困难的警告,给人类开出了一副清醒剂。全球由此引发了一场关于"发展是否有极限"、"是停止增长还是继续发展"、"人类发展是否可维持"的激烈争论。

(4)第一座里程碑——斯德哥尔摩会议。1972年6月5—14日,联合国人类环境会议于瑞典首都斯德哥尔摩召开。回顾可持续发展思想形成的历程,这次会议具有重要意义。这次会议的成果主要体现在两个文件中,其一是大会秘书长委托完成的非正式报告《只有一个地球》,其二是大会通过的《联合国人类环境宣言》。此外,会议确定每年的6月5日为世界环境日。《只有一个地球》在前言中指出,"当前大多数的环境问题,都是来自于人类对生态系统的错误行动","我们把征服世界看做是人类的进步,这就意味着常常因为我们的错误认识而破坏了自然界",并警告说,"人类生活的两个世界——他们继承的生物圈和他们创造的技术圈——业已失去平衡,正处于深刻的矛盾中"。该报告明确提出需要重新建立地球上的秩序,即要求爱护共同享有的生物圈,学会在技术圈中共存,制定人类生存的战略。而这次大会通过的《联合国人类环境宣言》,标志着与会各国已经在"保护和改善人类环境"方面取得了"共同的看法",制定了"共同的原则"。这是人类对环境问题认识的转折点,也是可持续发展思想形成的第一座里程碑。

(5)可持续发展理论的正式提出及被迅速认同。应该说,以上这些研究、报告、会议都或多或少涉及了可持续发展思想,为可持续发展理论的最终提出奠定了基础,但可持续发展作为一种明确的概念,最早是世界自然保护联盟(IUCN)、联合国环境规划署(UNEP)和世界自然基金会在1980年共同发表的《世界自然保护战略:为了持续发展的生存资源保护》中提出并予以系统阐述的。该研究向世界发出呼吁:"必须研究自然的、社会的、生态的、经济的以及利用自然资源过程中的基本关系,确保全球持续发展。"虽然1980年可持续发展作为一种明确概念被提了出来,引起了人们的关注,之后,也有不少环境学和经济学的文献不断使用这个概念,但并没有在全世界获得广泛影响。真正把可持续发展概念提到国际议程并强调它对发展中国家环境问题的适用性,从而使这一概念在全世界得到普及的,则是1987年"联合国世界环境与发展委员会"(WCED)发表的《我们共同的未来》,该报告又叫布伦特兰报告。1983年12月,联合国成立了以挪威前首相布伦特兰夫人为主席的"联合国世界环境与发展委员会",该委员会的宗旨在于：为持续的发展提出长期的环境战略，把对环境的关注转化成南北双方的更大合作，找到国际社会更有效地保护环境的途径。经过 5 年细致的实地调查研究，该委员会 1987 年 4 月出版了其最终报告《我们共同的未来》，报告首次采纳了"可持续性"和"可持续发展"的概念，把环境与发展紧密地结合在了一起。报告指出，需要一种全新的发展道路，在这条道路上，持续的发展不仅仅能够在某一时期在某些地区实现，而是要在整个星球上延续到遥远的未来。这种全新的发展道路，就是"可持续发展"。该报告还首次给出了可持续发展的定义。1991 年，国际自然联合会等三家机构又联合推出了一份题为《关心地球：一项持续生存的战略》的报告，该报告从保护环境和环境与发展之间关系的角度，对建立可持续发展的社会的主要原则和行动做了详细的分析与论述。

　　（6）第二座里程碑——里约热内卢会议和《21 世纪议程》。1992 年 6 月 3—14 日，在巴西的里约热内卢召开了"联合国环境与发展大会"，这是有史以来规模最大的一次国际会议，170 多个国家的代表团参加了这次会议。这次会议取得了重大成果，通过了《21 世纪议程》、《里约宣言》和《关于森林问题的框架声明》三个纲领性文件，签署了《生物多样性公约》和《气候变化框架公约》。可持续发展是这次会议的中心议题，《里约宣言》提出了致力于可持续发展的 27 条原则。通过会议，国际社会就环境与发展密不可分、为生存必须结成"新的全球伙伴关系"等问题达成共识，接受了体现可持续发展思想的重要纲领，即《里约宣言》和《21 世纪议程》。如果说，在 1987 年，可持续发展主要是专家学者们的共识，那么，在 1992 年，它就已成为绝大多数国家政府首脑的共识。如果说，1987 年发表的《我们共同的未来》标志着可持续发展理论的提出，它是一个带有相当程度的哲理性、伦理性的认识纲领，那么，1992 年制定的《21 世纪议程》则是一个把可持续发展理论付诸实践的全球性行动计划，是 21 世纪可持续发展的全球性蓝图。

　　里约会议后，国际上又相继召开了一系列与可持续发展相关的重要会议，如 1994 年在开罗召开的世界人口与发展大会，它的主题是"人口、持续的经济增长和可持续发展"，会议明确提出了"可持续发展问题的中心是人"，1995 年在哥本哈根召开的世界社会发展首脑会议以及在北京召开的世界妇女大会上，强调可持续发展对人类的重要性，1996 年在伊斯坦布尔召开的世界人类住区和在罗马召开的世界粮食会议上，分别讨论了人类住区和世界粮食的可持续发展问题;1997年6月在纽约召开的可持续发展特别会议上,审议了里约会议后5年以来各国贯彻实施可持续发展战略的情况和存在的问题,提出了今后的发展目标及行动措施。为了纪念里约环境与发展会议召开10周年,2002年在南非召开的《可持续发展世界首脑会议》回顾了《21世纪议程》的执行情况、取得的进展和存在的问题,并制定了一项新的可持续发展行动计划——《可持续发展世界首脑会议实施计划》。

总之,现代可持续发展思想的提出是源于人们对环境问题的逐步认识和热切关注,是人类对工业文明以来所走过的道路反思的结果。其产生背景是人类赖以生存和发展的环境与资源遭到越来越严重的破坏,是人类为克服一系列经济社会问题,特别是全球性的环境污染和广泛的生态破坏以及它们三者之间关系失衡所做出的理性抉择,是人类发展思想史上的一个划时代的里程碑。可持续发展观念一经提出,就在全世界范围内广泛传播开来,是一种得到国际社会广泛认同的全新发展观念。目前,世界各国已经从可持续发展的意义、内涵和哲学的思辨中逐步解脱出来,从理论层面深入到可操作的具体实践之中,可持续发展成了指导全球和国家发展的基本指导方针和基本战略,可持续发展的思想和原则被迅速地编写和融入到各类具体发展规划之中,并落实到发展行动之中,成为诊断国家、区域发展是否协调、有序、健康的重要标准。

▷▷ **6.1.2 可持续发展的基本概念和理论内涵**

1. 可持续发展的基本概念

在任何理论体系中,概念都无一例外是最基本的要素。对概念严格而准确的定义,是构筑理论体系的必要条件。在可持续发展理论发展的过程中,曾经出现过几种不同的概念,其中比较有影响的是"持续发展"(Sustained Development)和"可持续发展"(Sustainable Development)。前一概念曾被我国和许多发展中国家使用,它强调必须以促进持续发展为前提,才能去谈论环境保护等问题。后者最初见诸20世纪80年代中期的一些发达国家的文章和文献中,其与前者的主要不同之处在于,它强调发展应首先考虑生态代价和环境代价,在环境与发展的取舍上偏重于环境保护。这一观点无疑代表了发达国家的基本立场。1992年在里约热内卢举行的"联合国环境与发展大会"上,发展中国家和发达国家曾为此概念的内涵进行了激烈的交锋,后磋商达成一个妥协意见,并同意请联合国环境署理事会对这一概念进行解释和说明,这也就是后来人们常常提到的可持续发展概念。

作为可持续发展理论中最核心的概念——"可持续发展"的提出,从1980年算起,至今也才20余年,由于提出的时间短,更由于它涉及的学科比较广泛,与其有联系的学科如环境经济学、生态学、发展经济学、人口学、社会学等学科都受到它的挑战,不同的学科从不同的角度对它进行解释,先后给出了几十个不同的定义。以张坤民为主编撰写的《可持续发展论》一书,精心挑选了一批最有影响的定义,并精细地将这些定义划分为可持续性内涵、可持续性定义、可持续发展定义等类别。即使细分到这种地步,仅在可持续发展定义类别下仍有11种定义之多。著名的国际环境与发展研究所主任约翰·霍姆博格则指出,"自1987年以来,各式各样的政治领导人都在谈论可持续发展,有关这个论题的文章大量出版,流行的定义达七十多个。"不过,在这众多的有关可持续发展概念的定义中,按其影响力、定义的角度,主要有如下几种:

(1)世界环境与发展委员会(WCED)的定义。在1987年世界环境与发展委员会发表的《我们共同的未来》报告中,对可持续发展的定义是:"既满足当代人的需求,又不对后代人满足其需求的能力构成危害的发展"。这是第一个正式对可持续发展概念做出的明确界定,这个定义也是目前流传最广、影响最大、引用最多的定义。这个定义鲜明地表达了两个基本观点:一是人类要发展,二是发展有限度,不能危及后代人的发展。

(2)1991年世界自然保护同盟(IUCN)、联合国环境规划署(UNEP)和世界野生生物基金会共同发表的《保护地球:可持续生存战略》,将可持续发展定义为:"在生存不超出维持生态系统承载能力的情况下,改善人类的生活品质。"该报告同时提出了人类可持续生存的9条基本原则,在这9条原则中,既强调了人类的生产方式与生活方式要与地球承载能力保持平衡,保护地球的生命力和生物多样性,同时,提出了人类可持续发展的价值观和130多个行动方案,着重论述了可持续发展的最终落脚点是人类社会,即改善人类的生活质量,创造美好的生活环境。

(3)1992年联合国环境与发展大会的《里约宣言》中对可持续发展的定义是:"人类应享有与自然和谐的方式过健康而富有成果的生活的权利,

并公平地满足今后世代在发展和环境方面的需要,求取发展的权利必须实现。"《里约宣言》还宣告了27条有关可持续发展的原则。

(4)世界银行在1992年《世界发展报告》中对可持续发展的定义是:建立在成本效益比较和审慎的经济分析基础上的发展和环境政策,加强环境保护,从而导致福利增加和可持续水平的提高。

(5)世界能源研究所(WRI)在1992年提出的可持续发展定义是:"可持续发展就是建立极少生产废料和污染物的工艺或技术系统。"

(6)从经济角度对可持续发展的定义。从经济方面对可持续发展的定义最初是由希克斯·林达尔提出的,其定义为:"在不损害后代人的利益时,从资产中可能得到的最大利益。"经济学家皮尔斯对可持续发展的定义是:"当发展能够保证当代人的福利增加时,也不会使后代人的福利减少。"而其他经济学家(穆拉辛格等人)对可持续发展的定义则是:"在保持能够从自然资源中不断得到服务的情况下,使经济增长的净利益最大化。"

(7)普朗克和哈克等社会学家和环境学家对可持续发展的定义则是:"为全世界而不是为少数人的特权而提供公平机会的经济增长,不进一步消耗世界自然资源的绝对量和涵容能力。"

(8)我国学者叶文虎等人对可持续发展的定义是:"不断提高人群生活质量和环境承载能力的、满足当代人需求又不损害子孙后代满足其需求能力的、满足一个地区或一个国家的人群需求又不损害别的地区或别的国家的人群满足其需求能力的发展。"

(9)我国学者刘培哲从系统科学角度提出的可持续发展定义是:能动地调控自然—经济—社会复合系统,使人类在不超越资源与环境承载力的条件下,达到生态安全、经济繁荣和生活质量不断提高的目的。

不同学者从不同学科角度对可持续发展概念定义的这种多样性反映出了可持续发展概念内涵的丰富,它是一个涉及经济、社会、文化、技术和自然环境的综合的动态的概念。随着人们对它的研究的深入,其深刻内涵将会进一步被发掘。当然,这也从另一个方面反映出可持续发展概念的不成熟,还需要在现有认识的基础上形成一个精确、科学、统一的可持续发展概念。当前,上述各种有关可持续发展概念的定义存在的一些主要问题有:后代指几代、人的需求如何定义、由哪些因素决定环境的涵容能力(承载力)、涵容能力如何随时间和空间而变化、如何定义过度开发、如何定义和测量自然资源总量、公平是由哪些部分构成、经济增长与发展之间的关系如何等。只有进一步解决了这些问题,在这些问题上取得统一的认识,一个科学、精确、高度概括的可持续发展概念定义才可能形成。

2. 可持续发展的理论内涵

从可持续发展思想的产生和形成历程来看,可持续发展最初是从环境和生态保护的角度提出的,但随着研究的深入,人们对可持续发展的认识也一步步扩大、丰富和加深,可持续发展的理论内涵也不断被拓展和丰富。尽管目前可持续发展理论还处在进一步发展和完善之中,有关可持续发展理论的内涵还没有最后定论,但以下的理论认识和原则是目前为大多数研究者所公认的。

第一,可持续发展是一种全新的发展观,是对工业革命以来的发展观的反思和否定。在人类社会发展的不同阶段,分别出现过不同的发展观。可持续发展观是人类在经历了与落后的科学技术和低下的生产力相适应的自然主宰论(这种发展观认为人类在自然力面前是无能为力的,只能听天由命,是自然的奴隶)、与工业革命和一系列科学技术进步所形成的人类战胜自然、改造自然能力大大增强相适应的人类至上伦(这种发展观与自然主宰论完全相反,过分夸大了人类的能力,认为可以随心所欲地摆布自然)以后,所形成的比较理性的发展观。具体来讲,可持续发展观要求抛弃那种片面强调经济的增长率,以牺牲自然资源和生态环境为代价来谋求暂时的经济增长,认为经济的发展就是社会的发展,忽视社会发展的协调性和持久性的传统发展方式;可持续发展追求的是一种人口、经济、社会、环境和资源的综合协调发展。在可持续发展目标模式下,经济的发展将以生态良性循环为基础,同资源环境的承载能力相适应,不再以环境污染、生态破坏和资源的巨大浪费为代价。

第二,可持续发展坚持环境与发展的统一。从理论角度看,可持续发展观的形成,可持续发展理论的提出,在很大程度上是由于日益恶化的环境对社会经济发展造成了巨大压力引起的,环境保护问题是可持续发展理论的一个重点。从实际角度看,社会经济发展与环境保护是一对既对立又统一的矛盾体。社会经济发展必然会产生环境生态问题,环境生态问题又会影响和制约社会经济发展。社会经济发展对环境生态的危害主要表现为:生产性消费会导致环境问题,生产过程中的排污会造成环境污染问题,生活消费过程中的废弃物会造成环境问题。但另一方面,经济社会的持续增长与发展,对于环境的良好管理具有很重要的意义,社会经济的发展有助于环境保护和生态平衡。

1992年联合国环境与发展大会的主题就是环境与发展一体化,近年来很多环境条约和其他国际环境法文件承认并要求各国实行环境与发展一体化原则。这一理论要求环境与经济和社会发展的协调统一,既不能以保护环境而否定发展,也不能以发展而牺牲环境。因此,可持续发展并不否定经济增长(尤其是欠发达国家的经济增长),坚持发展是可持续发展应有的主题。可以说,发展是人类共同和普遍具有的基本权利,也是人类运行的规律。任何国家、任何时期都应坚持发展。经济零增长论是没有依据的。发展是人类改善生活走向进步的过程,其主要目标是提高生活水平,提高教育水平、医疗卫生水平,以及提高社会的平等性,确保政治权利和公民权利,求得人类自身全面发展。在处理环境与发展二者关系的问题上,发展中国家与发达国家存在严重的分歧和矛盾,少数发达国家借环境保护为名,限制发展中国家的经济发展,维护旧的国际经济秩序。而发展中国家则认为他们面临的主要问题是贫穷与落后,消除贫穷是实现可持续发展的必不可少的前提条件,因而主张发展中国家应把发展和消除贫困放在首位。为此,在1992年的联合国环境与发展大会上曾展开过激烈的谈判争论,最后维护发展中国家在这方面的基本权利得到了《里约宣言》的确认。

不过,在可持续发展目标模式下,需要重新审视如何实现经济增长。要达到具有可持续发展意义的经济增长,需要审视使用能源和原料的方式,力求减少损失、杜绝浪费并尽可能不让废物进入环境,从而减少单位经济活动造成的环境压力。既然环境退化的原因存在于经济活动过程之中,其解决办法应该也只能从经济过程中寻找。目前急需解决的问题是研究经济上的扭曲和误区,并站在保护环境,特别是保持全部资本存量(这是可持续发展的必要条件)的立场上去纠正它们,使传统的经济增长模式逐步向可持续发展模式过渡。另外,在经济发展过程中,要将生态和环境保护作为一个重要和必要的组成部分来加以考虑,经济发展和社会进步必须考虑环境问题,必须保护环境,因为环境是有价的。

第三,可持续性原则。可持续性原则至少包括如下三方面的内容:(1)生态环境的可持续性。即它要求保护整个生命支撑系统和生态系统的完整性,使人类的发展保持在地球承载力之内,预防和控制环境破坏和污染,积极治理和恢复遭破坏和污染的环境。要做到生态环境的可持续性,关键一点就是对自然资源和环境的可持续利用,它是指以可持续的方式利用自然资源和环境,通过可持续利用对再生资源保护它的最佳再生能力,对不可再生资源尽力保存和以不使其耗尽为目标,以便使自然资源和环境保持其再生产的能力。自然资源和环境是人类生存与发展的基础和条件,离开了自然资源与环境,人类的生存与发展就无从谈起。因此,自然资源的永续利用和生态系统的可持续性的保持,是人类持续发展的首要条件。在这方面,可持续发展要求人们根据可持续性的条件调整自己的生活方式,在自然资源和生态可能的范围内确定自己的消耗标准,把人类活动的强度控制在生态环境的容量之内。因此,可持续利用的核心,就是通过对自然资源和生态环境利用这个"度"的把握,既保持社会发展获得最大效益,又保持自然资源和环境的再生和永续利用。为此,要求各国必须有度而不是无度或过度地利用自然资源和生态环境,要改变现行的生产和消费方式,推行适当的人口政策。总之,生态环境的可持续性理论的核心是指人类的经济和社会发展不能超越自然资源与环境的承载能力,这从一个侧面反映了可持续发展的限制性原则。(2)经济可持续性。可持续发展鼓励经济增长,它不仅重视增长数量,而且要求更重视质量,优化配置,节约资源,降低消耗,减少废物,提高效率,增加收益。(3)社会可持续性。可持续发展以改善和提高人类的生活质量为目的,积极促进社会公正、安全、文明、健康发展。

2000 年日本京都大学教授植田和弘对可持续性原则理论又有所发展,他指出,人类社会正在实现由废弃型社会向循环型社会的转变。在废弃型社会里,旧的经济关系与环境之间的矛盾造成了生态系统的破坏和环境污染等问题,并且人们在处理废弃物的过程中,也浪费了大量的资源。在循环型社会中,生产不仅意味着制造能够卖出的东西,而且必须在生产、流通、消费、废弃、再生这一系列环节中接受社会性评价和考验。基于这种循环的观点,人们必须加强技术革新和经济体制的变革,减少废弃物,利用废弃物这一再生资源,探索出人类社会发展与环境保护相适应的新经济体系。

第四,可持续发展的公平性原则。公平包括两重含义,即代际之间的公平和代内公平。

代际公平理论最初是由美国国际法学会副会长、华盛顿大学教授爱迪·B.维丝创立的。她以"行星托管"为立论,揭示出人类的每一代人都是对后代人的地球权益的托管人,应该实现各代人在开发、利用自然资源方面享有平等的权利。这里的"权利"不是指个人的权利,而是指集体的权利,是社会的整体权利。它体现在三个方面:一是星球上每一代人应该保持地球生态环境的质量,有义务以不比从前人手里接受下来更坏的状态将星球环境延续到下一代人,且享有前代人所享有的同样行星状态的质量的权利。二是星球上每一代人享有与他们的前代人相当的多样性权利,同时也应该为后代人续存自然和文化资源的多样性,以避免不适当地限制后代人在解决他们的问题和满足他们的价值目标时可得到的各种选择权利。三是星球上的每一代人应该对其成员提供平等地接触和使用前代人的遗产的权利,并为后代人保持这项接触和使用权。爱迪·B.维丝的代际公平理论揭示了保持地球生态环境质量的持续性与地球上各代人之间所享有权利和义务的一致性和依赖性的关系。

代内公平理论是指每代内的所有人,不论其国籍、种族、性别、经济发展水平和文化传统等方面有何差异,他们作为星球的一员,都有利用自然资源、享受良好环境的平等权利。从全球角度来看,坚持代内公平是实现全球社会可持续发展的必备条件。然而几百年来,特别是第二次世界大战以来,建立在不平等基础上的旧国际经济秩序并没有实现代内公平,反而加剧了代内的不公平。发达国家的富裕往往是建立在对发展中国家自然资源的侵吞和掠夺上;发达国家过多地消耗能源以及把大量污染工业和垃圾向发展中国家转移,破坏了发展中国家的生态环境。而发展中国家的艰难发展往往是被迫以牺牲一定的环境为代价的。建立在不平等基础上的代内不公平,不仅加剧了发达国家与发展中国家在经济上的差距,而且也把人类推到了环境危机的边缘。因此,要实现全球社会的可持续发展,就必须实现全球社会的代内公平,而实现全球社会的代内公平,其根本途径是建立国际经济新秩序和全新的全球伙伴关系。为此,在一些重要的国际性会议上,发展中国家进行了不懈斗争。1992年联合国环境与发展大会通过的《里约宣言》明确要求发达国家在追求可持续发展的国际努力中负起责任,强调发达国家承担向发展中国家提供援助和技术转让等责任。而从一个国家、一个地区、一个单位内部来讲,也存在着如何处理好代内公平的问题。

第五,可持续发展要求坚持共同性原则。由于世界各国的历史、文化、生产方式、生态环境、资源状况、发展水平等方面的差异,可持续发展的具体目标、政策和实施步骤不可能是惟一的。但是,地球是一个整体,人类居于一个地球,全人类是一个相互联系、相互依存的整体,资源、人口、生态环境相互制约,一个地方的生态环境恶化了,也将或迟或早波及其他地区。因此,可持续发展作为全球发展的总目标,必须采取全球共同的联合行动,需要"地球村"上所有居民的共同和一致参与。布伦特兰在《我们共同的未来》的报告前言中写道:"今天我们最紧迫的任务也许是要说服各国认识回到多边主义的必要性","进一步发展共同的认识和共同的责任感,这是这个分裂的世界十分需要的"。共同性原则同样反映在《里约宣言》之中:"致力于达成既尊重所有各方的利益,又保护全球环境与发展体系的国际协定,认识到我们的家园——地球的整体性和相互依存性"。总之,这条原则告诉我们,在实施可持续发展战略时,必须着眼于整体的长远利益,增强"共同体"意识,在人类与自然关系等重大问题上,必须采取全球性的共同联合行动,只有这样,可持续发展才能实现。

第六,可持续发展坚持发展的和谐性和协调性原则。可持续发展是自然—经济—社会"三位一体"复合系统的整体发展,是一种全面的社会进步和社会变革过程。在这个过程中,必须坚持人与人、人与社会、人与自然的和谐关系,建立起人口、经济、社会、环境与资源的协调发展。

▷▷ 6.1.3 中国可持续发展的实践

1. 中国环境与发展面临的问题

建国以来,中国的经济和社会发展很快,人民生活水平逐年提高。尤其是改革开放二十多年来,中国的经济一直在快速增长,国民生产总值年平均增长率达 9.3%,整个社会经济面貌发生了翻天覆地的变化,创造了人类发展史上的一项奇迹。但是,我们也必须看到,奇迹的背后也隐藏着巨大的忧患。首先,多年来我们实行的是以大量消耗资源、粗放经营为特征的传统发展战略,即靠大量投入、扩大规模增加生产,重数量和速度,轻质量和效益,重开发和利用,轻保持和恢复,可以说,我国的经济发展在一定程度上是靠牺牲环境为代价取得的。有人算过一笔账,按国民生产总值计算,我国综合能源消耗相当于日本的 5 倍,美国的 2.6 倍。其次,我国的基本国情是人口众多、资源短缺。目前我国不少资源的人均量大大低于世界平均水平,如耕地为世界人均占有量的 1/4,石油为 1/8,天然气为 1/20。而且近年来的消耗趋势又相当严峻,如淡水,目前有一百多个城市严重缺水,每年的经济产出损失高达一百多亿美元。发展的传统模式和国情的客观制约,这两个方面的因素使得中国同样面临着异常严峻的发展与环境形势。最突出的表现是:

(1)资源日益严重短缺,人均资源占有水平大大低于世界平均水平。我国的人均耕地面积不到世界平均水平的 1/3,位居世界第六十多位,在全世界 26 个人口超过 5000 万的国家中,居倒数第三位;我国森林覆盖率 13.9%,居世界第 120 位,人均森林和草原面积分别只有世界平均水平的 13% 和 32%;人均水资源和人均矿产资源分别仅有世界人均的 1/4 和 1/2。由于缺水,地下水被超量开采,一些地区地面沉降、河湖干涸;石油、天然气等战略性能源远远不能满足发展的需要,对国际市场的依赖性越来越大。

(2)环境污染严重。随着各地工业化和城市化的发展,生产和生活过程中所排放的烟气、污水、固体垃圾等有害有毒物质对环境已造成了严重的污染,污染物排放总量远远超过环境承受能力。据国际权威机构测定,世界上污染最严重的 10 个城市中我国占了 4 个,中国已经成为影响世界环境八大国之一,碳排放量居世界第二位,90% 以上城市噪声超标。另据资料显示:我国七大江河中有四条被严重污染;湖泊中有三分之二以上受到化学物的污染;工业固体废弃物和城市生活垃圾每年在 10 亿吨左右,其中危险废弃物有 1 千万吨;四大海中有 90% 的近岸水域受到油污和固体废弃物特别是氮、磷等有机物的重大污染,且呈日益加剧趋势。

(3)生态破坏。长期过量对森林的砍伐、草原的放牧、海洋生物的捕捞,已使我国的自然生态环境遭到了严重破坏:土壤荒漠化面积已经达到 263 万平方公里,并且还在不断扩大;水土流失面积已经达到 377 万平方公里,而且还在进一步扩大;黄河从 1972 年开始出现断流,1985 年以后更是年年断流,1997 年断流累计竟达 277 天,黄河流域旱灾连年出现,生态环境正在继续恶化;长江、珠江、松花江流域的洪灾次数不断增加;暴风雪、龙卷风、酸雨等肆虐增多;许多地区出现了"百年不遇"的自然灾害;大熊猫、东北虎、华南虎、褐马鸡、藏羚羊、扬子鳄、白鳍豚以及其他种类繁多的陆地和海洋珍稀动物濒临灭绝,生物多样性急剧递减。

2.中国可持续发展实践

中国政府很早以来就重视经济与社会以及环境之间的协调发展,并将可持续发展的要求付诸实际行动。早在 1972 年斯德哥尔摩人类环境会议的影响下,1973 年 8 月,国务院委托国家计委召开了第一次全国环境保护会议,制定了《关于保护和改善环境的若干规定》(试行),这一法规性文件是我国后来于 1979 年颁布的《中华人民共和国环境保护法(试行)》的雏形。《关于保护和改善环境的若干规定》(试行)确立了"全面规划,合理布局,综合利用,化害为利,依靠群众,大家动手,保护环境,造福人民"的环境保护方针,这正式标志着中国环境保护事业的起步。另外,从 20 世纪 70 年代开始,中国开始实施计划生育政策,控制人口增长。到了 20 世纪 80 年代,中国已经把实行计划生育和环境保护作为现代化建设的战略任务和必须长期坚持的基本国策。1984 年,我国还发起了全国性的植树造林运动。此外,中国从"六五"计划开始已将社会发展与经济发展并提,在制定国民经济发展计划的同时,也制定了包括人口、劳动、教育、科学、文化、卫生、体育、社会保障等内容的社会发展计划,"七五"计划则开始采用了国际通用的"国民生产总值"指标体系,"八五"计划中这种转变更为明显。

1992 年中国政府代表团出席了联合国环境与发展大会,签署了世界级的可持续发展纲领性文件——《21 世纪议程》,对人口、经济、社会、环境、资源的相互协调和可持续发展作出了庄严承诺。1992 年 9 月,我国代表团在《关于出席联合国环境与发展大会的情况及其对策的报告》中,提出了在社会主义市场经济新形势下,环境与经济协调发展的十大战略对策,强调要转变传统发展战略,走可持续发展的道路,把防治工业污染和进行城市环境综合整治作为环境保护工作的重点,强化政府在环境管理上的职能,更好地运用经济手段和法律手段保护环境。另外,联合国环境与发展大会后,中国政府为履行大会提出的任务,在世界银行和联合国开发署的支持下,先后完成了多项重大研究和方案。这些研究和方案主要包括:(1)中国环境保护战略研究;(2)中国环境保护行动计划(1991 年—2000 年);(3)中国 21 世纪议程;(4)中国保护生物多样性行动计划;(5)中国逐步淘汰消耗臭氧物质国家方案;(6)中国控制温室气体排放战略研究;(7)中国环境保护 21 世纪议程;(8)中国林业 21 世纪议程;(9)中国城市环境管理研究(污水和垃圾部分);(10)中国跨世纪绿色工程计划(1995年—2010年)。其中,《中国21世纪议程》是全球第一部国家级的《21世纪议程》。1992年7月,国务院环境保护委员会决定,由国家计委和国家科委牵头,52个部门和300余名专家共同参与编制《中国21世纪议程》。《中国21世纪议程》先后四易其稿,每一次改动都征求、集中了各部门的意见和建议,都代表着从政府角度对中国可持续发展工作的认识和行动方案的深化。1994年3月,国务院最终批准了《中国21世纪议程》。《中国21世纪议程》从我国的基本国情和发展战略出发,提出促进经济、社会、资源、环境以及人口、教育相互协调的、可持续发展的总体战略和政策、措施方案,确立了我国21世纪可持续发展的总体框架和基本对策,成为制定我国国民经济和社会发展中长期计划的一个指导性文件。

1996年3月,八届全国人大四次会议审议通过的《关于国民经济和社会发展"九五"计划和2010年远景目标纲要》,明确了要实行经济体制与经济增长方式两个根本性转变,把科教兴国和可持续发展作为两项基本战略,并提出"到2000年,力争使环境污染和生态破坏加剧的趋势得到基本控制,部分城市和地区的环境质量有所改善。到2010年,基本改变生态环境恶化的状况,城乡环境有比较明显的改善"。党的十五大报告重申:"在现代化建设中必须实施可持续发展战略,努力实现经济社会的全面协调发展和稳定持续发展。这是把建设有中国特色的社会主义事业全面推向21世纪的一个重大战略。""十五"计划提出"要高度重视人口、资源、生态和环境问题,抓紧解决好粮食、水、石油等战略资源问题,把贯彻可持续发展战略提高到一个新的水平"。党的"十六大"再次强调了"走新型工业化道路,大力实施科教兴国战略和可持续发展战略"。

总的来讲,在过去近十年中,中国已经将可持续发展摆在了十分重要的位置,中国对实施可持续发展战略是认真和积极的;但是,由于可持续发展本身的系统性、复杂性和长期性,中国实施可持续发展战略的任务还可谓任重而道远。当前,中国可持续发展面临着许多问题的挑战,这些问题主要有:环境问题,工业化模式问题,耕地问题,人口问题,粮食问题,湿地问题,水土流失问题,荒漠化问题,能源问题,温室气体排放问题,生物多样性问题,自然灾害问题,贫困问题,就业问题,住房问题等。要妥善解决和处理好这些问题和挑战,实现中国经济社会的可持续发展,还需要不断的努力和实践,将已经有的文件和方案付诸实施和行动。

　　3.发展与环境:广东面临的挑战

　　广东是我国最早进行改革开放的地区,先行一步的广东无疑在社会经济发展方面取得了巨大的成就,无论工业化还是城市化水平均已跃上新的台阶,总体经济实力和人民生活水平均居于全国前列,特别是珠江三角洲地区,业已发展成为世界性的制造业基地。广东的发展同样也付出了巨大的环境代价。尽管通过近年来的努力,环境污染和生态破坏的趋势基本得到了控制,部分城市和地区的环境质量有所改善,还创建了深圳、珠海、汕头、中山、惠州五个经济与环境协调发展的国家环境保护模范城市以及顺德伦教镇等31个省级生态示范村(镇、农场)。然而,必须正视的是,广东的资源短缺、环境污染、生态恶化问题依然突出,发展与环境的形势依然严峻。

　　从广东省环保部门对广东环境形势的分析报告可以看到,广东在环境方面存在的问题主要表现为:

　　(1)水污染问题突出,水质性与水源性缺水问题并存

　　由于污水排放量大大超出污水处理能力,2000年工业废水排放达标率计划为65%,城市生活污水处理率约为18%。一方面,大量污水的排放致使我省的水质状况日趋下降,全省跨市河流边界断面水质达标率不足一半,流经城市河段的水质恶化,饮用水源水质受到严重威胁,水质性缺水问题突出;另一方面,受到水资源时空分布不均和地形、植被、河流等自然地理条件的限制,粤北石灰岩地区和雷州半岛地表水源严重不足,水源性缺水严重

　　1999年的环境状况公报显示,全省59个江段中,水质属Ⅰ、Ⅱ、Ⅲ类的占49.2%,属Ⅳ、Ⅴ类的占44%,还有6.8%的江段水质劣于Ⅴ类。淡水河、小东江、枫江、练江、观澜河、珠江广州河段等的污染问题尤其突出。全省入海河口近海水域例行监测的6个市段均不符合海水二类标准,临海各市近岸海域的氮、磷污染严重,石油类多处出现超标,导致珠江口和粤东部分海域赤潮的范围和频率逐年增加。

　　(2)酸雨和城市机动车尾气污染严重

　　由于燃料消耗量的增加,废气中污染物排放量也不断增加,其中二氧化硫排放量2000年预计为90.47万吨,比1995年增加15.17万吨。珠江三

角洲地区酸雨频率仍居高不下。部分城市中以氮氧化物为特征的机动车尾气污染型大气污染仍较为突出,珠江三角洲的广州等城市出现超标,个别城市已出现了光化学烟雾的征兆。

(3)固体废弃物和噪声污染问题日渐突出

"九五"期间固体废弃物的产生量逐年增加,城市交通干线噪声普遍超标,城市功能区噪声等效声级平均值超标率近三分之一。

(4)生态系统依然脆弱

自然保护区的类型和区域分布发展很不平衡。由于森林质量较差,林种、树种结构不合理,森林对保持水土、涵养水源、防风固沙、净化空气、保护生物多样性等的生态效能较低。

大量工业废水和生活污水排入江河,农业灌溉用水遭受严重污染。农业生产中的农药残留、化肥流失造成的面源污染,畜禽养殖废弃物造成的有机污染及农用地膜造成的白色污染日趋突出,农田污染日趋严重,农业生态环境明显退化。

水土流失未从根本上得到有效控制。由于无序开采、随意毁林的现象比较普遍,植被遭受破坏,使大面积泥石层裸露,水土流失严重。根据遥感调查统计,1999年底,全省共有水土流失面积14217.47平方公里,占全省陆地面积的比例高达8%。水土流失特别是人为土壤侵蚀在经济发展区不断增加,每年治理的水土流失面积约被新增水土流失面积抵消一半。

近海生态环境不断恶化。沿岸海域尤其是河口区污染日益严重,污染范围不断扩大,红树林、珊瑚礁及河口湿地生态系统遭受严重破坏,局部海域功能加速退化,沿岸海域和河口区的海洋生物数量锐减,赤潮频发,近海海洋渔业资源严重衰退。

生物多样性受到严重破坏。由于野生动植物赖以生存繁衍的栖息地生态环境受到破坏,加之乱捕滥猎,乱采滥伐,目前我省有15%—20%的野生动植物的生存受到威胁,高于世界10%—15%的水平。

对自然生态系统的破坏导致抗灾能力降低,洪涝、干旱、赤潮等灾害频繁发生。据统计,全省较大的洪涝灾害每十年就出现一次,严重的洪涝灾害每二十年出现一次,而且每年的成灾强度、影响范围、成灾比例及由此造成的经济损失呈上升趋势。资源短缺、环境污染和生态破坏已严重地制约着广东的社会经济发展。

▶▶ **6.2 教育与可持续发展的关系**

▷▷ **6.2.1 环境教育：基本历程的回顾**

　　基于环境恶化已经严重地威胁到人类的生存和发展，国际社会在 20 世纪 70 年代开始对此做出了积极的反应。近三十年来，环境与发展成为世界普遍关注的重大问题，各国政府和非政府组织与机构纷纷呼吁并采取各种措施（包括法律的、经济的、教育的）来努力保护自然生态环境，试图重建人类社会与自然的和谐关系。回顾全球环境教育的历程，无疑有助于我们全面认识环境教育的实质，并理解从环境教育向可持续发展教育的转变，为我们进一步构建广东区域性的可持续发展教育框架提供思路和启示。

　　全球的环境教育进程从时间上可以划分为起步、扩展和转折三个阶段。

　　1. 第一阶段：起步（1949—1971）

　　20 世纪 40 年代以来，随着世界技术革命和工业革命的推进，人类生活的环境发生了历史巨变：一是人类开发和利用自然的能力得到极大提高，社会生产力水平的进步使人类创造的社会物质财富超过了以往历史的总和；二是全球人口的巨额增长既给社会增加了丰富的劳动力资源，同时也给地球有限的自然资源形成了巨大的压力；三是随着经济规模的不断扩大，人类对自然资源的掠夺式开发和利用，大量无节制的污染物排放，对陆地和海洋生物的肆意捕杀，导致了资源短缺、环境污染和生态恶化。

　　在人地关系日益紧张、人类与自然的关系不断恶化的背景下，社会有识之士开始反思人类活动与自然环境的关系，强调必须合理地开发利用自然资源和有效地保护环境，才能减少环境破坏给人类生存带来的危害。于是，越来越多的人认识到，要有效地利用自然资源和保护环境，一方面要通过政府和民间采取各种治理的措施，另一方面，更重要的是要通过大力发展环境教育，改变人们的观念，提高公众的环境保护意识，同时进一步培养大量的各种环保专业人才。1948 年，国际自然和自然资源保护联合会（IUCN）在巴黎会议上首次使用"环境教育"一词。以 1949 年国际自然和自然资源保护协会成立组织协调国际环境教育工作的专门教育委员会为标志，世界性的环境教育工作正式起步。随后,一些国家或民间也纷纷建立了环境保护团体和组织,专门开展环境保护和环境教育方面的工作。

1965年,德国在基尔召开教育大会,会议在对环境教育进行专门讨论的基础上提出了环境教育理论的构想。

1970年,英国环境教育协会成立,其确定的目标是:推动环境教育理论和实践的发展;宣传环境教育观念并促进在各教育领域的应用;监控环境教育的过程并评估其效果。

1970年,美国颁布了《环境教育法》,它促成了美国各州环境教育计划的制定和推行。

1970年,国际自然和自然资源保护协会在美国内华达州会议上正式对"环境教育"给出了确切定义:"环境教育是一个认识价值和澄清观念的过程,这些价值和观念是为了培养、认识和评价人与其文化环境、生态环境之间相互关系所必需的技能与态度;环境教育还促使人们对与环境质量相关的问题做出决策,并形成与环境质量相关的人类行为准则。"

1971年,美国又成立了指导全美环境教育工作的国家环境教育协会(NAEE)。

总体来看,这个时期的环境教育工作仍处于起步阶段。环境教育的内容主要局限于(1)自然教育:了解动植物以及维系它们生存的自然生态系统;(2)野外考察学习:有组织地基于地理学或生物学目的的野外实践活动,通过亲历自然,增强对环境的感性认识;(3)资源保护教育:进行资源保护的教学活动等方面。除了一些发达国家开始重视并推广环境教育工作外,绝大多数的发展中国家尚未将环境教育提上议事日程。

2. 第二阶段:扩展(1972—1991)

1972年6月,第一届"联合国人类环境大会"在瑞典首都斯德哥尔摩召开。本次会议探讨了当代环境问题,明确提出了保护全球环境的战略,通过了著名的《联合国人类环境宣言》和保护全球环境的《行动计划》,得到了国际社会的广泛响应,标志着全球环境教育进入了扩展阶段。

"联合国人类环境大会"的重要意义在于,它强调了环境教育的重要性:"只有一个地球","为了这一代和将来的世世代代而保护和改善环境,已成为人类一个紧迫目标","不仅对成年人而且对年轻一代要在环境问题上进行教育……给予弱势群体以应有的关注,是十分必要的";明确了环境教育的对象:"环境教育是一门跨学科课程,涉及校内外各级教育,对象为全体大众,尤其是普通市民……以便使人们能根据所受的教育,采取简单的步骤来管理和控制自己的环境";提出了环境教育国际合作的必要性:"联合国体系里的组织,特别是联合国教科文组织,以及其他有关国际组织应当采取必要的行动,建立一个国际性的环境教育规划署"。

为了对全球环境教育进行科学的规划和指导,以及加强环境教育的国际合作,1975 年成立了国际环境教育规划署(IEEP)。同年 10 月,国际环境教育规划署(IEEP)和联合国教科文组织(UNESCO)在南斯拉夫首都贝尔格莱德共同主办了国际环境教育研讨会,会议形成并通过了第一个有关环境教育的国际声明——《贝尔格莱德宪章——环境教育的全球框架》,促成了第一份环境教育的国际期刊——《连接》(CONNECT)的发行。

贝尔格莱德会议的最重要贡献是明确了环境教育的目的,提出了环境教育的基本框架:要建立新的发展观和世界经济秩序,关键在于教育过程和教育系统的改革,这将十分需要学生与教师之间、学校与社会之间、教育系统与全社会之间建立一种新型的和卓有成效的相互关系。

此后,欧洲、北美、亚洲、非洲、拉丁美洲的许多国家根据国际环境教育规划署提出各国必须依据本国特定的社会经济条件规划环境教育的方针要求,相继召开了一系列的地区性环境教育会议,对本地区的环境教育进行科学规划。

1977 年 10 月,关于环境教育的第一次政府间国际大会在前苏联格鲁吉亚的第比利斯召开,联合国 66 个成员国的政府代表团以及一些非政府组织代表出席了会议。大会按照贝尔格莱德会议所确立的原则和目标,在为环境教育如何融入正规和非正规教育系统提出建议的基础上,形成了更为具体的总结报告——《第比利斯环境教育大会宣言》和大会的两项建议(1号建议和 2 号建议)。

第比利斯大会宣言和两项建议深刻阐明了环境教育的目标、原则和方法:

环境教育的目标:进一步认识到并关注城乡地区在经济、社会、政治、生态方面存在的相互依赖关系;为每一个人提供机会以获取保护和改善环境的知识、价值观、态度、责任感和技能;创造个人、群体和整个社会环境行为的新模式。

环境教育的原则和方法:是一个终生学习的过程;在自然和应用中,是跨学科的整体性的;总体上是一种方法而不是一门学科;关注人类与自然系统的相互关系和关联性;从社会、政治、经济、技术、道德、美学和精神的各个侧面全面、整体地看待环境;鼓励在学习体验中的参与;强调主动负责;利用广泛的教学技术,注重实践活动和亲身体验;空间上关注从地方到全球的各级空间尺度,时间上关注从过去、现在到未来的各种时间尺度;学习的情境与机构在组织和结构上作为一个整体来支持环境教育;培养学生的感知、意识、认识、批判性思维能力、思考和解决问题的技能;鼓励并培养净化价值观念和对环境价值判断的能力;关注环境伦理的建设。

本次会议是环境教育发展史上的一个重要里程碑,大会宣言和建议及以此为基础的一系列出版物,为日后许多国家环境教育的发展提供了基本蓝图和框架,它将环境教育推向了新高潮,自此之后,环境教育在世界各国迅速展开。

20世纪80年代是环境教育继续拓展并进一步巩固的时期。1987年,联合国教科文组织和国际环境教育规划署在莫斯科联合主办了"纪念第比利斯环境教育大会10周年"大会,会议对十年来的国际环境教育工作进行了总结,并对今后的环境教育进行了规划。

1987年,世界环境与发展委员会(WCED)审议通过了由前挪威首相布伦特兰主持完成的报告——《我们共同的未来》(通称《布伦特兰报告》),该报告明确地提出了"可持续发展"概念,认为"可持续发展是既满足当代人需求、又不对后代人满足其需要的能力构成危害的发展"。强调了教育是调和环境与发展之间关系的最重要手段,认为:"我们所呼吁的人类对环境态度的转变有赖于在教育方面、公众讨论及公众参与方面开展的大规模运动。"开始将环境教育置于可持续发展的高度去认识。

1988年5月,欧共体在一个部长会议上通过了一项决议案,规定"环境教育必须是欧共体国家每个公民教育中必不可少的重要组成部分"。提出了环境教育必须遵循的原则:环境是人类共同的遗产;维持、保护并改善环境质量是人类共同的责任,也是对保护人类健康、维护生态平衡的贡献;有必要谨慎而理性地利用自然资源;个人,尤其作为消费者应采取保护环境的行动。要求欧共体成员国"在教育的所有领域推进环境教育……设置课程时应考虑到环境教育的宗旨……采取适当措施,在职前和在职教师的学习与培训中培养教师有关环境方面的知识"。这一决议敦促了欧共体国家纷纷将环境教育作为跨学科的内容编入国家课程。

总体看来,这一阶段的环境教育已从早期比较直观的自然和资源保护内容方面,转向了更加深层的环境意识、知识、态度、技能和参与方面。既重视从全球视角看待环境问题,也强调环境教育要与各国特定的条件尤其是社区环境问题紧密结合起来进行。

3. 第三阶段:转折(1992—　)

1992年6月,在巴西里约热内卢举行的联合国环境与发展大会把解决全球环境与发展问题推向新的高潮。本次会议堪称盛况空前,一百七十多个国家、七十多个国际组织派出了代表团,其中有120位国家元首和政府首脑亲临大会并讲话。大会通过了《里约热内卢宣言》(又称《地球宪章》,包括27条可持续性原则)和《21世纪议程》(确定21世纪可持续发展的39项战略行动计划),前者为可持续的未来绘制了蓝图,后者则为其解释提供了指南。还签署了第一个防治地球变暖的国际公约——《气候变化公约》;第一个制止地球生物濒危和灭绝的国际公约——《生物多样性公约》;关于森林的可持续性管理原则的非法律性条约——《关于森林问题的原则声明》。大会的另一项重要决议是提出应将环境与发展教育作为重要内容纳入正规和非正规教育之中。这次大会是人类发展与环境教育历史上影响深远的一次盛会,是继1972年斯德哥尔摩会议后,人类认识环境与发展关系的质的飞跃和又一座里程碑。

《21世纪议程》所奠定的可持续发展战略,为人们从可持续发展的战略高度认识环境教育,进而为可持续发展教育,提供了全新的思维和系统论的框架,标志着环境教育向更高层次和更宽泛视野的可持续发展教育的转变。

4. 环境教育:中国(广东)进程

中国的环境教育起步于20世纪70年代初期,广东与此基本同步。与国际环境教育发展的阶段相应,大致也经历了上述的三个演变阶段。中国的环境教育发展进程体现出的一个重要特点是:环境教育先专业后普通再全面扩展。

1973年,第一次全国环境保护会议在北京召开,会上提出了进行环境教育的设想,它标志着我国环境教育的开端。此后,环境教育在全国的一些高等院校迅速展开。

1973年—1978年间,北京大学、清华大学、北京理工大学、中山大学、同济大学等高校的一些院系率先设立了环境研究课程,着手培养环境保护领域的专业人才。随后,更多的大学院系纷纷设立专门的环境工程科目,还有一些院校则成立了环境科学系,试图通过多学科的交叉与融合,将专业知识应用于环境问题的研究,培养环境问题研究的高级专门人才,提高解决环境问题的专业能力。到1978年,全国有67所工科院校开设了环境工程专业。目前为止,全国已有1/3以上、包括理工、农林、地质、医药、师范类在内的高等院校开设了环保专业,一百多个院系所招收环境科学专业的硕士研究生,四十多个院系所招收环境科学专业的博士研究生。普通环境教育(又称大学绿色教育)则从20世纪80年代末开始在高等院校广泛开展,大多数院校为了提高大学生的环境意识,培养环境保护的观念,在众多的院系增设了环境教育方面的选修课程或讲座,还有一些院系则将环境教育融入到基础课程之中,如各高校的化学专业普遍开设了环境化学、污染化学、环保化工等课程;地理学专业普遍开设了自然保护、资源保护等课程;生物学专业普遍开设了生态环境、污染与生物等课程;政治专业开设了环境管理、环境法学等课程;农学专业开设了生态农业等课程;文学专业开设了环境文学、环境科普写作等课程。

在广东,继中山大学首开有关环境方面的专业和课程之后,华南理工大学、广东工业大学、华南农业大学、华南师范大学、湛江海洋学院、雷州师专等高校也在相关的院系或专业增设了有关环境科学的专业或环境保护问题的课程。

与大学相比,我国中小学开展环境教育的时间则较晚。1978年,在中共中央批准的《环境保护工作汇报要点》的通知中首次明文提道:"普通中学和小学也要增加环境保护的教学内容。"1979年,中国环境科学学会环境教育委员会召开了关于基础教育中的环境教育的专题会议,建议将环境教育纳入小学和初中阶段的教育活动中。会后随即选择了一些城市的学校进行普及环境科学知识教育的试点。

经过几年的试点之后,并在1983年我国政府宣布把环境保护作为一项基本国策的政策导引下,国家环境保护局和国家教育委员会于1985年在辽宁会议正式部署了如何将环境教育纳入中小学教学计划中。在人民教育出版社编写出版的小学自然、中学地理、化学等教材中,开始写进有关环境保护的内容。1990 年,国家教委颁布了《对现行普通高中教学计划的调整意见》,要求普通高中开设环境保护选修课,决定自 1991 年 8 月起,环境教育必须在高中一年级作为选修课或课外活动而开设。1991 年,国家教委制定的《中小学加强中国近现代史及国情教育的总体纲要》中,要求在地理课中加强人口、资源和环境的国情教育。1992 年,国家教委又颁布了义务教育各学科教学大纲,有关环境教育的内容和要求被明确而具体地写入教学计划和教学大纲中,要求从 1993 年起,环境教育必须在所有基础教育阶段作为常设科目。为适应中学环境教育的需要,人民教育出版社于 1994 年编写出版了高级中学选修课教材《环境保护》。这样,环境教育在经过 20 世纪 80 年代的试点和局部地区的推行之后,到 90 年代已全面地在正规教育的各个阶段扩展开来。

在具体的教学方式和方法方面,九年制义务教育阶段的环境教育主要是被融入自然、地理、化学、生物、语文、政治等各学科的教学之中,其中《自然》课是环境教育的核心科目。高中阶段环境教育的重点是通过专门编写的《环境保护》等教材,给学生较为系统地讲授环境知识,培养学生的一般环境意识,帮助他们树立正确的环境价值观和态度。此外,课外活动、兴趣小组等也是中小学进行环境教育的重要方式,通过到具体的环境中,如污染的水域和工厂、动植物园等实地进行参观和考察,增强学生对环境问题的感性认识,寓环境教育于直观、生动的课外活动中。

广东省中小学阶段的环境教育基本上也是按照国家的有关规定和要求进行的。自环境教育的重要性被强调以后,各级教育行政部门和学校对此均有重视,但实际的执行情况和效果却不尽相同(见后面的实证分析部分)。为了激励和促进环境教育的开展,广东省政府有关部门还在各级各类学校进行了"绿色学校"的评选活动,这在一定程度上激发了学校和师生的环境意识。

1992 年以后,根据联合国环境与发展大会的基本精神,中国先后编制了《中国 21 世纪议程》(即《中国 21 世纪人口、环境与发展白皮书》)和通过了《中共中央关于制定国民经济和社会发展"九五"计划和 2010 年远景目标的建议》。前者提出了中国人口、经济、社会、资源、环境保护等相结合的可持续发展战略、政策和行动框架;后者强调:"加强环境、生态、资源保护。坚持经济建设、城乡建设与环境建设同步规划、同步实施、同步发展。所有建设项目都要有环境保护规划和要求,特别要加强工业污染控制和治理。搞好环境保护宣传教育,增强全民的环保意识。"至此,中国已非常明确地将计划生育和环境保护作为基本国策,并把实现可持续发展作为一项重大战略。整个环境教育的进程开始纳入正规化和程序化轨道。

1998年,环境、人口与可持续发展项目作为联合国教科文组织的跨学科项目,进入中国基础教育领域,由中国联合国教科文组织全国委员会组织实施,已在北京、上海、广州、河北、湖南、辽宁等省市进行了多年实验。此项目旨在通过全社会的努力,把可持续发展与环境、人口教育联系起来,动员广大青少年和全社会成员积极参与,以改善人类的生存环境,实现社会的可持续发展。项目开展以来,众多学校努力探索有利于实现社会可持续发展的新型教育教学模式,并在学校课程中渗透环境、人口健康和可持续发展教育的内容。

▷▷ **6.2.2 可持续发展的能力建设:从系统的发展观认识可持续发展教育**

1. 从环境教育到可持续发展教育的递进逻辑

自1992年联合国在里约召开的环境与发展大会后,由《里约宣言》和《21世纪议程》所倡导的可持续发展观引导了环境教育向可持续发展教育的转变。同样作为一种意识、观念和行动,环境教育与可持续发展教育之间存在着层次递进的关系。

(1)早期的环境教育是人类中心主义的浅层环境意识与生态伦理的教育活动

人类中心主义的浅层环境意识与生态伦理是早期环境运动中的一种主流意识。在价值观上,它秉承了传统人类中心主义。认为只有人才具有自身的内在价值,自然存在物的价值只是人的主观情感投射的产物,只有在它们满足人的某种需要或兴趣的意义上才是有价值的。强调只有人才具有道德关怀的资格,人对自然物不负有直接的道德责任和义务。因而,人类保护环境实质上就是为了保护人类自己,人类利益是环境保护的最终目的与归宿。这种人类中心主义的环境保护意识在理论上是"强人类中心主义"的,尽管后来出现了修正后的"弱人类中心主义",但在实践上往往导致一种狭隘的"个人中心主义"或"群体中心主义"。即各国各地区的人们只以自己的局部利益作为环境保护的价值依据,甚至不惜以损害其他地区的利益为代价来保证自己的环境质量。例如,某些发达国家为了保护和改善自己的环境,以各种名义公开或隐蔽地向欠发达地区转移"污染产业"或"生态垃圾";而有些欠发达国家则以牺牲环境为代价来换取经济增长,结果造成贫困的恶性循环。因此,也有人称这种环保意识为"环境改良主义"或"浅层"的环境意识,揭示了这种环境意识的不深刻性和不彻底性。然而,在一定的层面和特定时期,这种环保意识也的确起过积极的作用。它促使政府发展和完善科学技术,促使政府建立和完善有关环保的制度、政策、法规等措施,在一定的程度上对改善人类的生存环境和生存质量,并为环保运动与理论研究的深化提供了最初的基础。

(2)后期的环境教育是生态中心主义的深层环保意识和生态伦理的教育活动

生态中心主义的深层环保意识和生态伦理是国际环境运动中颇具后现代意蕴的观念。它认为人类的环境、自然存在物是一个有机的整体,生物共同体和生态系统具有自己的内在价值或系统价值。人类不应该只是依据自己的价值来判断它们的价值;指出生态危机的根源就在于人类自身,在于人类的价值观念和生存方式;主张人类保护自然的行为判据应该是"生物共同体的完整、稳定和美丽";是与大自然融为一体的"自我实现";是生命、创造性、生物共同体的价值。它要求人类尊重生命、尊重自然的价值,对自然负起一种道德的责任与义务;要求人类保护濒危动植物,维护生态整体平衡;适度消费再生利用自然资源;人类应与自然和谐共生,建设一个生态平衡的社会。可见,生态中心主义为人类的环境保护提供了一种独特的视角和道德依据;表达了一种对自然价值的深层关注和认同,是对人与自然关系理想境界的设定。正是由于生态中心主义的这种理想性,在实践的层面,有些观点和主张就不免偏激。例如,"减少污染优先于经济增长"的观点就遭到发展中国家的反对;而"要求高度发达国家生活标准大幅下降"的主张则难以为发达国家所接受。因此,有人把这种深层环境意识称为"激进的环境主义"。其理论也有待进一步的完善和修正,以具有更大的可操作性。两种观念倾向的形成均是人类社会发展到一定阶段时人类的意识对客观现实作出的反映,是处于不同发展阶段的不同地区的人们面对不同的现实作出的不同反映。

（3）以可持续发展的意识、能力和生态伦理为中心的可持续发展教育

可持续发展理念所蕴涵的价值观可以说是人类中心主义的，它不否定人类理性的优越和价值的独特，不否定人类发展的终极眷注仍是人类的价值与意义。但在其价值诉求中的人类却是"类"意义上的人类。因而，它强调的是以人类整体和长远利益为中心，凸显了全球利益的共同性和人类同舟共济的现实性。公平与和谐是可持续发展的终极价值目标，表现在时间上就是要保证人类种族的延续和生态文明的进化；在空间上则是要促进社会、经济、生态环境的协调发展，提高人的生活质量。在实践上，可持续发展主张在扩大人类自身福利的同时并不能以牺牲生态环境为代价，力求在发展中尽可能地减少环境破坏，尽可能多地恢复已破坏了的环境，为后代留下发展的空间和机会。使人类"享有以与自然和谐的方式过健康而富有生产成果的生活的权利，并公平地满足今世和后代在发展与环境方面的需要"。在可持续发展的思想中，既肯定人类的价值，又包容了生态中心主义的某些价值观，在理念和实践中力求达到一种融合。可持续发展的环境意识和观念以其巨大的包容性和可操作性为国际社会所普遍接受，成为人类发展和环境保护的共同纲领。

由此可见，可持续发展教育与环境教育既有联系也有区别，但可持续发展教育无论在内涵还是外延方面均远远地超出了环境教育的范畴。可持续发展教育比环境教育更深刻、更广泛，它不仅要求人们应该积极参加实施可持续发展战略的行动，更重要的是要求人们改变自己传统的发展意识和观念，建立可持续发展的世界观，进而通过所形成的可持续发展能力和符合可持续发展的方法去改变人类的生产和生活方式。

2. 可持续发展中的教育定位

可持续发展教育的目的在于使人们充分地认识到地球上生命之间的相互依存关系，认识到人类自身的行为在现在和将来对资源、对当地社区、对全球以及对整个生态环境所造成的影响，进而形成人们的可持续发展意识、态度和价值观，培养人们有效地参与社区、国家及全球的政治、经济、社会、文化、技术和环境等可持续发展的能力，实现当代与代际公平。

实施可持续发展战略是人类伟大而艰巨的历史选择，是人类生存方式的巨大转型，更是人类价值观、道德观、人生观、自然观的一次震撼和变革。而要有效地实现这一战略，正如《21世纪议程》所指出的："教育是促进可

持续发展和提高人们解决环境和发展问题的能力的关键。"教育是可持续发展能力建设的重要途径和方式。

可持续发展教育,就是将可持续发展的意识、观念和技能,特别是生态文明意识——一种新的可持续发展文明形态——融入正规和非正规教育的各要素之中,内蕴于素质教育之中,使之成为学生的基础知识结构和综合素质的重要组成部分,成为现代和未来社会的一种积极意识和主导价值;培养具有可持续发展思想和生态环境意识的高素质人才,将可持续发展教育作为终身教育贯穿于每个人的生命周期之中。

可持续发展倡导的是以人类整体和长远利益为中心的公正的社会,追求的是人与自然和谐的生存境界。可持续发展中的教育定位,实际上就是关于教育对于可持续发展的重要作用的认识。包括《布伦特兰报告》、《保护地球》、《21世纪议程》、《世界儿童状况》、《国际人口与发展大会行动纲领》等在内的许多重要的国际性文献,业已对此做出过明晰的界定。

——《布伦特兰报告》:"人力资源开发要求知识和技能来帮助人们提高他们的经济业绩;可持续发展要求对环境和发展所持的价值观和态度的改变——真正地改变;针对社会与各行业的工作,教育也应当被调整来使人们能够更有能力去对付过度拥挤的过大的人口密度,能够更好地提高社会承载能力。""许多人对环境进程和发展的认识理解还基于传统信仰和常规教育所提供的信息。一些人对于改进传统生产实践和更好的保护自然资源的方法仍然知之甚少。因此,教育应提供综合知识,甚至包括超越社会科学、自然科学和人文学科界限的知识。由此才可能培养人们在人类和自然资源之间及发展与环境之间相互作用方面的洞察力。""环境教育应当包含在学校各种程度正规教育课程中并涉及各个学科,目的是培养对环境的责任感并教育学生如何监督、保护和改善环境。"

——《保护地球》:"儿童和成人应当接受知识和价值观的教育使他们以可持续发展的方式生活。这要求环境教育要和社会教育结合在一起。前者帮助人们认识自然世界,并且和谐地与之生活在一起。后者给予人类行为以理解,给予文化多样性以欣赏。"

——《21世纪议程》:"教育、增强公众意识和培训实际上同所有领域都有联系,尤其同那些满足基本需要、能力建设、数据和信息、科学等领域以及主要团体的作用的关系密切。""应该将教育(包括正规教育)、公众意识和培训确认为人类和社会据此能够最充分地发挥其潜力的一种过程。教育对于促进可持续发展和提高人们解决环境和发展问题的能力极为重要。尽管基础教育是解决环境和发展教育的基础，但需要把环境和发展教育具体化为学习的必要组成部分。正规教育和非正规教育对于改变人们的态度是必不可少的，这样他们才有能力去评估并解决他们所关心的可持续发展问题。同样重要的是，要培养与可持续发展相一致的环境意识和道德意识、价值观和态度以及技能和行为，并实现公众对决策的有效参与。为了富有成效，环境和发展教育应该涉及物理或生物的和社会—经济环境以及人的（可包括精神的）发展的各种原动力，应被纳入所有学科，并应利用正规和非正规方法以及有效的通信手段。"

——《世界儿童状况》："（要实现环境与发展的可持续性）这一切都有赖于教育。除非实现基本教育目标，否则广大人民就失去了知识、选择和机会，就无法为自己未来做出合理的选择，就无法为未来发生的各种变化做好准备。"

——《国际人口与发展大会行动纲领》："教育是可持续发展的一个关键因素：它既是福利的组成部分，同时通过与人口及经济和社会诸因素的相互联系又成为福利发展的一个因素。教育还是使个人获取知识的一种手段，这是任何人希望应付复杂世界的前提条件。减少出生率、发病率和死亡率，赋予妇女以权利，提高工作人口的素质并促进真正的民主，主要依赖教育进步的支持……"。"有效的信息、教育和交流是可持续人类发展的先决条件，并为人们态度和行为的改变做好了准备。"

——《中国21世纪议程》："发展教育是走向可持续发展的根本大计。""加强对受教育者的可持续发展思想的灌输，……将可持续发展思想贯穿于从初等到高等的整个教育过程中。"

之所以教育能够成为可持续发展能力建设的重要内容和方式，正是因为教育可以传播、形成和创造与可持续发展有关的观念、态度、价值、知识，教育系统可以进行有关可持续发展的研究工作，培养将来直接从事可持续工作的专门人才，从而促进人口、经济、社会和环境相互协调的整体的发展。因此，我们可以从上述有关教育对可持续发展的作用的认识中，进一步明确地对可持续发展教育进行定位：

（1）可持续发展教育是一种具有基础性和前瞻性的未来教育理念。其任务就是要在全人类中培养一种意识和全球公民的实践。它需要放在宽广的文化视界和全球发展的背景下来把握,需要一种整体和动态的思维来领悟。

(2)可持续发展教育是一种以人为本的教育。它将引导学生关注和思考一种符合人性的生存方式,重塑人在自然中的完美形象,寻求人的价值与自然统一的尺度。它将帮助学生进行系统的、长远的、整体的、可能的、创造性的思考和价值分析、道德理性分析。

(3)可持续发展教育是一种素质教育。它不仅要使学生具有可持续发展方面的知识,而且更重要的是具有一种生态环境的素质,从思维方式到日常行为都能够自觉地表现出环境与发展的意识和责任,进而使所有的人成为有知识、有能力、有经验的参与者。

▷▷ 6.2.3 面向可持续发展的教育:范式与边界

面向可持续发展的教育无疑包含着两个层面的内容:一是可持续发展的教育,这是从人类社会、自然以及人与自然之间关系的整体系统框架中,着重教育对形成可持续发展的价值观、知识和技能的作用与范式的认识;二是教育的可持续发展,这是就教育自身作为一个子系统,如何在变革中使其发展具有可持续性,即如何构建起与可持续发展观相适应的教育结构与范式。

1. 可持续发展的教育

(1)生态世界观与教育生态范式

长期以来,教育主流认识论范式是基于原子论世界观而界定的。这种世界观认为:人类不属于自然界,人类拥有为了满足自己的目标来操纵自然的道德权利。传统教育范式主要建立在对现实、自然和人化自然的认识的基础上,因而忽视了生态、人文和精神的价值。显然,这种过分功利的价值观无法适应可持续发展的恢弘价值目标,也难于在其基础上构建起蕴涵着对人类自身、对自然以及对人与自然之间价值关系进行深层思考与追问的可持续发展教育范式。

为了全面推进可持续发展的能力建设,必须实现传统教育范式的转变,在一种新的世界观——生态世界观的基础上,重构出与可持续发展相适应的教育生态范式。这种新的世界观是有关内在价值复苏和知识价值重构的生态哲学。它具有知觉基础再定位特性,其中自然界呈现出与人类世界相同的价值:它是具有生命导向的;对人类价值、对自然和全球承担责任的;是关注智慧的,具有生态意识的;是默认超自然现象以及关注社会安康和个人责任的(Robottom, I. And Hart, P., 1993)。

与可持续发展相适应的教育生态范式在本质上是一种教育的社会批判方法,它可以促进有关环境问题的独立批判性思维和创造性思维的培养。它使所有参与人都必须具有下列三方面的知识:命题知识(了解有关思想、提议和理论);实践知识(有关技能知识);经验知识(了解暗含的、直觉的和全面的)(Robottom, I. And Hart, P., 1993)。

这种可持续发展教育范式的价值目标包含以下几个方面:

①人类自我在空间维的扩展与超越:代内公平

代内公平是可持续发展的一个基本价值目标。它不仅要求人类生存权利的平等,人类基本需求和欲望满足的合理性,而且重视人类使用、分配、保护自然资源的权利与公平性。这种目标体现的是对人的生命目的与意义的追问和关切,是对超越种族与地域的人的现实关怀,是一种强烈的人道主义精神。教育正是实现平等的重要手段。

②人类自我在时间维的延续与超越:代际公平

代际公平的提出主要源于人类发展与环境、资源保护之间的矛盾的尖锐化,特别是眼前利益与环境保护的矛盾。代际公平是可持续发展将人与人之间和谐的价值目标在时间维上的延伸与定位。它既是当代人发展实践的伦理要求,更体现了人类的一种终极关怀,是人类理性力图超越自身的有限性,在时间维上对自我的延伸和对人的意义与价值的探寻。"既能满足当代人的发展又不损害后代人获得发展的能力",已成为目前社会认同的伦理准则,也是当代人文社会科学所应给予重视的重要课题。

③人类自我向本原的复归与超越:人与自然和谐

自然具有内在价值,生态系统具有自身的价值——一种超越了工具价值和内在价值的系统价值。因而生态伦理学把人类道德关怀的对象拓展至整个自然界,认为人类对自然,对生态系统,对所有具有价值的自维生系统的完整、稳定、和谐负有道德责任和义务。人是地球上唯一的道德代理人,更应该是完美的道德监督者,不应只把道德用作维护人这种生命形式的生存工具,而应把它用来维护所有完美的生命形式。自然对人来说不仅是一种工具性的存在,而且是一种始源性和本然性的规定。因此,可持续发展要达到人与自然和谐的目标,享有以与自然和谐的方式过健康而富有生产成果的生活的权利,就必须超越"工具自然"的观念,认同并尊重自然的自身价值,自觉追寻自我之本根,超越人类之理性。

在可持续发展的价值观中,并不否定人类理性的优越和价值的独特,也不否定人类发展的终极眷注仍是人类自身的价值与意义。在可持续发展的生存境界中,生态持续是基础,经济持续是条件,社会持续是目的。在可持续发展的开放社会中,"它力求实现不断的创造,……开放社会源于人的本能和理智的真正融合并已超越它们。"(李文阁、王金宝,1998)因此,作为可持续发展的教育,其范式与边界需要进行重大的拓展,而非仅仅停留在现有教育系统中增添少许的环境教育内容。

环境与发展问题在总体上看也是社会体系的象征。要了解环境与发展问题,需要对基本的社会、经济与价值观进行学习和研究,确保人类能够充分认识到与其所生存的世界之间的复杂关系,并对这种关系所带来的影响有较为充分的意识。可持续发展教育的核心就是要用教育去挑战甚至改变社会的态度和价值观,以及社会经济制度及其运行方式,促进一系列观念体系的建立,培养每一个人参与他们现在和将来栖息的世界的改造活动的洞察力和技能。

(2)中国可持续发展教育的基本范式

对可持续发展教育范式的一般界定并不妨碍可持续发展教育在实践中的具体性和针对性。对于不同的国家和地区,可持续发展教育必须与各自的具体情况相结合,通过教育培养公众的可持续发展意识,建立区域人口、资源、环境与社会经济发展的协调观。这也是多个国际性文件所强调的。就中国这样的发展中人口大国而言,可持续发展教育的基本范式主要是:

①可持续发展教育的基础:人口教育

人口膨胀是 21 世纪发展中的一大难题。据预测,如果不能采取有效的措施控制人口的快速增长,那么,按现在的人口增长速度发展,到 21 世纪末,世界人口将增加到 300 亿人。由于地球空间和资源的有限性,人口过快增长,只能给人类的生存带来环境与发展的更大压力:人均资源进一步减少,贫富两极分化加剧,城市拥挤,失业困扰,水源紧张,环境污染,生态恶化等,将严重地影响着人类的生存与发展。目前,我国是世界上人口最多的国家,占全世界总人口约1/4,人口增长速度远远超过我国经济发展的速度,使我国处于人口负荷过重的临界状态。这不仅增加了对社会、资源、环境的压力,而且直接影响到人均经济总量的增长和人民生活水平的提高。为此,要通过加强人口教育,树立正确的人口观念,明确把计划生育作为我国基本国策的深远意义,使人们自觉认识人口增长要与经济、社会、环境及资源相协调,并最终付诸行动,努力控制人口数量的增长。

②**可持续发展教育的核心:资源教育**

资源是人类从地球获得并用于生产与生活的物质和能量,是人类文明与社会进步的物质基础和保障。然而,由于地球资源数量的有限性,急剧增加的人口和经济活动规模的扩大,导致人类对资源的需求量不断增加,使人均资源量出现不断递减的趋势。与此同时,人类对资源的盲目和无节制的开发与利用,又造成了资源的严重浪费和破坏,致使大量的资源短缺并衍生了生态环境的恶化。鉴于此,如何合理利用、开发和保护资源已成为当今世界各国面临的严峻课题。为了使资源的开发和利用具有可持续性,使其既能满足代内又能满足代际间生存与发展的需要,资源教育无疑应该成为可持续发展教育的核心范式。通过教育,可以使学生了解世界资源总量和结构现状及其利用趋势,增强对合理开发利用和保护资源的重要性和必要性的认识,理解和贯彻执行资源保护的有关政策法令,并努力参与到珍惜和保护有限自然资源的行动中。

③ **可持续发展教育的重点:环境教育**

环境与发展已成为当今世界各国共同关心的主题。环境问题主要源于人类对自然资源和生态环境的不合理利用和破坏。人类应享有以与自然相和谐的方式过健康而富有生产成果的生活权利,并公平地满足今后世代在发展与环境方面的需要。不断恶化的环境状况,警示人类必须反思自己的思维方式、生产方式、生活方式。

以可持续发展为主题的环境教育,其目的在于使人们认识到地球上生命之间的相互依存关系,认识到人类自身的活动与决策在现在和将来对资源、对当地社区、对全球以及对整个环境所造成的影响。进行环境教育可以提高人们的环境意识,科学地认识和理解环境的复杂结构,并充分认识现代世界中经济、政治、文化、生态的相互依存关系;培养人们保护环境的意识、态度和价值观,使他们有效地参与当地社区、国家及全球的环境保护活动,使人们能够把经济发展与环境保护决策结合起来。对大中小学生进行环境和可持续发展教育,培养他们的环境意识和可持续发展的观念,这是提高全民族环境意识的基础,也是可持续发展教育的重点工作,它关系到一个社区、一个国家,乃至全球发展最终是否能够真正走向可持续发展的道路。

④可持续发展教育的关键:科技教育

科学技术是一个国家生产力水平和综合国力的决定性因素,是推动一个民族、一个国家向前发展的重要力量。著名经济学家熊彼特的创新理论全面地揭示了技术创新在经济增长和发展中的重要作用;新古典经济增长理论也明确强调,如果没有技术进步,人均收入的增长是不可能持续的;现代内生增长理论则进一步指出,经济增长的主要决定因素是人力资本(包括知识和技术)而不是物质资本的积累,人力资本的差别是导致不同国家和地区人均收入水平悬殊的主要原因。与其说是因为"物质差距",不如说是因为"意识差距",使得贫穷国家和地区赶不上富裕国家和地区(罗默,1993)。技术进步是有目的的 R&D 活动的结果,对技术和人力资本形成的投入可以持久地促进 GDP 和人均收入的增长。

科学技术的进步同样是提高资源利用效率和环境保护技能的关键。从当今世界各国对资源的开发利用和环境保护的进程来看,发达国家因其拥有先进的科学技术,对资源的利用效率相对较高,对环境的污染也相对较少,即使在处理和保护环境的能力方面,也要高于落后国家。相比较而言,大多数发展中国家因为科技落后,一方面,无论是资源利用效率还是由此对环境造成的污染和破坏,都存在着极其严峻的问题;另一方面,正是科技的落后,往往又使其无力有效地处理环境问题。如此一来,大多数发展中国家陷入了科技与经济、环境与发展的恶性循环之中。

因此,要实现可持续发展,科技进步是关键力量。而要提高科学技术水平,教育是基础,是可持续发展教育的关键部分。通过教育可以强化全民族的科技意识,提高全民的可持续发展参与能力,为可持续发展提供保障。

⑤可持续发展教育的应用:区域发展协调观教育

由于每一个人都是客观地生存于特定的时空中的,可持续发展并不是笼统空泛的,而是实实在在地表现于具体的区域。特别是各个区域在社会经济活动时间、空间的不同,人口、资源、环境与社会经济发展过程也受着不同的约束,如何协调其内在联系,实现区域内人流、物质流、能量流、信息流等在时间和空间上的合理分配,这是可持续发展的具体表现所在。可持续发展首先就是这种具体区域内的人口、资源、环境与社会经济发展的协调。基于各个区域在人口、资源、环境等方面客观地存在着外溢效应,一个区域的生态环境恶化必然也会影响到相邻区域的发展,作为可持续发展教育的具体应用,通过教育培养公众的可持续发展意识,建立区域人口、资源、环境与社会经济发展的协调观,理解区域人口、资源、环境与社会经济发展的协调发展,这是可持续发展教育的具体化和落脚点。因此,区域发展协调观教育理应成为可持续发展教育的题中之义。

2. 教育的可持续发展

教育是可持续发展能力建设的关键。而教育自身是否具有发展的可持续性,必然会影响到教育能否肩负起可持续发展能力建设的重任。因此,在可持续发展观引导下,从教育观念转变、教育内容更新、教育模式变革等方面建立起与可持续发展相适应的教育体系,实现大学、中学和小学的可持续发展已刻不容缓。

不同的发展观衍生出不同的教育价值观。教育的可持续发展,就是要将可持续发展的思想和观念全方位地融入到教育发展的各要素中。教育具有社会、经济、政治、文化等多种价值。教育发展要具有可持续性,就必须转变片面强调教育单纯为经济发展服务的工具性、功利性和实用性的价值观,使教育的工具价值与人文价值并重。既要重视培养学生形成现代社会所必需的基本知识和基本技能,又要重视学生个性的发展;既要强调科学精神,又要培养人文精神;既要发展学生强健的体魄,又要培养学生完美高尚的人格。从而实现学生全面、和谐的发展,使其真正成为推进经济、社会、人与自然和谐发展的重要主体。

大学的可持续发展主要体现为:

——建立多元化的办学体制;

——协调发展的层类结构;

——科学与人文的教学内容和课程结构;

——体现创新教育的人才培养模式;

——有效的投入产出结构;

——推进绿色校园建设。

中小学的可持续发展主要体现为：

——多元化的办学体制；

——应试教育转向素质教育；

——师资水平的不断提高；

——教学模式的转变；

——推进绿色校园建设。

▶▶ 6.3 广东大中小学可持续发展教育现状的总体评价

"广东省大中小学校可持续发展教育"课题组于 2002 年 9—10 月间对广东省大中小学校可持续发展教育的现状进行了一次抽样调查。调查的目的是了解目前广东省大中小学校在可持续发展教育方面的情况，为进一步促进和提高全省大中小学校的可持续发展教育提供科学依据。经过严格的抽样，本次调查选择了广州、韶关、肇庆三市作为调查点，共调查了 5 所小学、5 所中学和 3 所大学。发放学生问卷 1520 份，回收有效问卷 1427 份，有效回收率为 93.9%；教师问卷发放 600 份，回收有效问卷 555 份，有效回收率为 92.5%。

通过对广东 13 所大中小学的问卷调查，我们初步了解了广东大中小学在开展可持续发展教育方面的基本现状和目前存在的主要问题。概括起来，可以得出以下基本结论：

1. 大中小学生可持续发展观念、知识现状评价

从对大中小学生可持续发展教育的问卷调查结果来看，大中小学生在不同程度上已经初步形成了可持续发展的意识，这主要表现在掌握了关于可持续发展的基础知识，初步形成了对可持续发展教育的正确认识和形成了符合可持续发展要求的行为方式。

从对可持续发展基础知识的掌握来看，小学生已经掌握了关于环境保护的基础性常识，了解了关于野生动物保护、生态保护的科学知识，能够分辨哪些行为是保护环境的行为，哪些是破坏环境的行为，知道破坏环境会危及人类健康发展，一部分小学生能够理解环境不好、我们人类也会生活不好的道理。在中学生中，大多数同学知道《21 世纪议程》和绿色和平组织，

但是知道罗马俱乐部、《京都议定书》、布伦特兰和《中国21世纪议程》的同学为数甚少,这说明中学生对可持续发展的知识性了解还很不深入,对国家有关环境保护的法律法规的了解多数中学生只是知道一点,这些都不利于形成正确的可持续发展观。对比中小学生关于环境保护知识的掌握程度可以看出,中学生关于环保的知识面比小学生要宽,但是,如果按照中学生应该掌握的程度来看,中学生对可持续发展知识的掌握程度并不理想。相比之下,大学生做出正确选择的比例并不比中学生高,但是排除错误的比例明显比中小学生高。另外,也可以看出,中学生在对环保知识的掌握方面接近大学生。

例如,大中小学生对五种濒危野生动物的选择,多数学生选择大熊猫和华南虎为濒危野生动物,而不认为麻雀和青蛙也是濒危野生动物。对大中小学生而言,其选择差异度并不大,见图1。

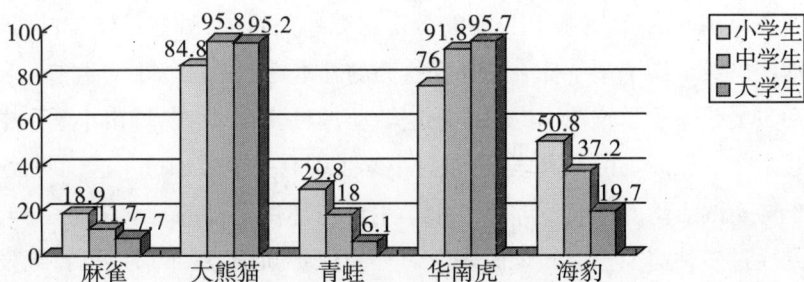

图1 大中小学生对濒危野生动物的选择

从中学生与大学生关于可持续发展知识掌握的程度比较来看,大学生对可持续发展的了解和思考已经有了一些深度,但其知识面并不比中学生宽。以对可持续发展的重要国际组织和重要决议的了解为例,大学生除了对《京都议定书》知道的比率比中学生多以外,其他的知识掌握程度均未超过中学生。可见大学生对环保关注的兴趣并不比中学生浓厚。

从所形成的观念来看,小学生所初步形成的环保意识基本上是符合小学生的认知和道德发展水平的,他们对环境保护的认识比较直观、具体;能够理解保护环境的意义和破坏环境会造成的严重后果。城乡小学生在关于环保的基础知识方面差别不明显,但是从行为判断中显示出来的观念和习惯还是有较大差距,城市小学生能够对环保行为进行严格界定的比率相对比农村小学生多一些,看来农村小学生对于哪些是属于破坏环境的行为的判断标准还比较模糊。中学生已经形成了正确的环境观和资源观,能够正确认识保护环境的意义和责任,能够思考人口、资源、环境与经济发展的关系,能够认识到过度砍伐、捕杀,以及工业污染会造成的严重后果。这表明,中学生在中学阶段已经奠定了形成可持续发展意识的基础。调查显示,大学生对可持续发展问题的认识已经比较深入、全面,大多数大学生不仅能够理解可持续发展的意义,而且能够正确理解可持续发展的真正内涵,并且了解国家关于生态环境保护的法律法规。这说明,大学生已经形成了较为成熟的可持续发展观。

2. 大中小学生可持续发展行为实践评价

从学生参与可持续发展的行动和实践来看,大中小学生参与的方式不同,道德行为的发展水平显示出层次性的差异。小学生的环保行为仅仅停留在一方面表现出对自我行为的约束,如不乱摘、不乱丢、不乱踩,另一方面表现在对别人的行为判断上,能够分辨出哪些是对的,哪些是错误的,这说明他们已经掌握了关于什么是环保行为的基本判断标准。小学生参与环保活动主要是限于学校范围的兴趣小组活动,但是调查发现,城市小学生中参加过学校环保活动的不到三成,农村小学生中有一半参加过。这说明,小学生参与实践活动的机会不够多。中学生参与环保活动的行动多种多样,主要是通过多种途径扩展知识面来学习环境保护知识,逐步形成可持续发展的意识,通过讨论和思考环境问题,设想一些问题的解决方案来提高对可持续发展问题的投入兴趣,通过参与环保志愿者活动进行实践体验,把保护环境转变为自觉自愿的行动。中学生参与可持续发展的行动对他们形成可持续发展观起着极其关键的作用,因为参与活动本身既是培养中学生形成自主意识的过程,同时也是培养中学生社会责任感的过程。通过这个过程,中学生会逐渐形成对社会、对世界的整体价值观,这种价值观会伴随他们在步入社会以后,在分析资源、环境与经济社会发展等问题时成为一种思考视角和出发点,使他们在思考有关问题的时候能够有一种可持续发展的意识。但调查发现,无论城市还是农村中学生参加过环保志愿者活动的仅仅过半,这是很不理想的。与中学生相比,大学生参与可持续发展的行动更多地表现在自身利益的选择和价值选择方面,表现在对资源、环境问题的关心、思考和宣传的积极性和主动性方面。但是,调查结果并不乐观。例如,对于家庭附近的环境污染现象,仅有不到六成的大学生选择了主动报告有关部门,有三成的大学生选择了等着政府治理,还有14%的大学生选择了等着别人去报告。也就是说,将近一半的大学生采取了被动观望的态度,这可以看出大学生的社会责任感不够。在尝试思考垃圾回收和治理水污染方面,大学生经常思考的占21.1%,有过几次思考的占60.7%,而中学生中经常思考的占31.0%,有过几次思考的占55.7%。可见,大学生在思考可持续发展问题的积极性上不如中学生。大学生参加过环保志愿者活动的比例为44.5%,而中学生为52.0%。这表明,大学生在参与可持续发展行动方面不如中学生主动、积极,这需要加以相应的引导和激励。

3. 大中小学校可持续发展教育现状评价

通过对大中小学可持续发展教育在课程设置、活动计划、宣传方式和现有条件等方面的调查发现,广东大中小学校在开展可持续发展教育方面缺乏系统性、规范性。

从学校课堂教育方面看,以课程设置为例,城市小学专门开设环境教育课的占40.8%,在其他课中上的占38.8%,农村小学专门开设环境教育课的占24.5%,在其他课中上的占54.2%;城市中学专门开设环境教育课的占21.2%,在其他课中上的占47.2%,农村中学专门开设环境教育课的占20.5%,在其他课中上的占37.2%;大学专门开设可持续发展教育课的占35.1%,在其他课中上的占32.4%。可以看出,可持续发展教育在大中小学中还没有形成系统性和规范性,对课程设置没有统一的规范,也没有规范的评价体系,这样不利于可持续发展教育的长期发展。这是值得教育管理部门探索的课题。

从学校进行可持续发展的教育宣传活动和实践活动来看,大中小学对环境教育和可持续发展教育都进行了各种不同形式的宣传,这是值得肯定的,但是在开展实践活动方面都比较欠缺。在被调查的5所小学中,仅有2所小学中的20.8%和17.1%的小学生回答学校带他们参观过污染的河流或垃圾处理厂。在被调查的5所中学中,分别有3所中学中22.4%、16.7%和20.8%的中学生回答参观过污染的河流或垃圾处理厂。从学校进行可持续发展教育的组织建设来看,在5所小学中的3所小学,分别有57.7%、48.8%和42.9%的小学生回答有环境保护组织,如绿色小分队等。在5所中学中仅有一所中学50.6%的中学生回答学校有环境保护组织。在3所大学中,有一所大学超过一半的大学生回答学校有环保组织,另外两所大学也分别有 33.7% 和 39.8% 的大学生回答有绿色行动组织等。可以看出,中小学生的环保实践活动很少,大中小学中虽然都有一些不同名称的环保组织,但是开展活动也并不太多,这是值得引起重视的。实践活动和环保组织对于培养学生热爱自然、热爱环境保护事业的兴趣,培养学生的动手能力和社会责任感,都是非常好的第二课堂教育形式,它可以通过学生的亲身体验来深化课堂教育的效果,对于学生可持续发展观的形成和发展有着特别重要的意义,忽视不得。

从学校进行可持续发展教育的现有条件来看,中小学教师对学校现有条件的评价基本上是一致的,排在第一位的是活动计划,排在第二位的是领导重视,居第三位的是课程设置,第四位的是一套好的教材,第五位的是教学设备,第六位的是教学评价,见图 2。

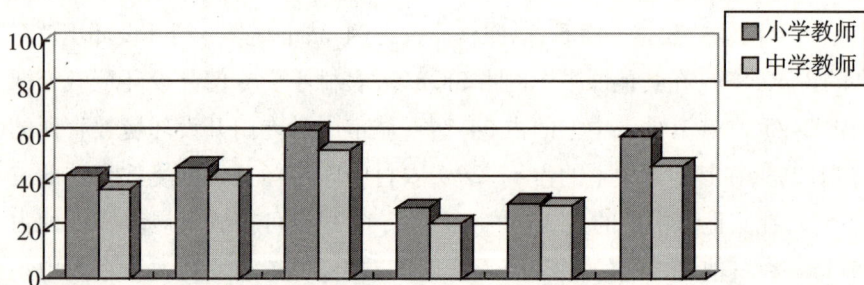

图 2　中小学教师对学校现有条件的评价

这说明,中小学教师在学校现有的条件中,对学校的活动计划和领导重视程度是比较满意的,对课程设置和教材是基本满意的,对教学设备和教学评价是不满意的。

为了解大中小学教师对进行可持续发展教育应该具备的条件的评价,本次调查又设计了对教材、课程设置、活动计划、教学评价、教学设备和领导重视六个方面的重要性评价,按照最重要的得 5 分、最不重要的得 1 分进行赋值计算。结果表明,在小学教师中得分最高的,即认为最重要的是领导重视,排在第二位的是好的教材,第三位是课程设置,第四位是活动计划,第五位是教学设备,第六位是教学评价。在中学教师中,重要程度排在第一位的是活动计划,第二位是领导重视,第三位是一套好的教材,第四位是教学设备,第五位是课程设置,第六位是教学评价。在大学教师中,重要程度排在第一位的是领导重视,第二位是活动计划,第三位是课程设置,第四位是好的教材,第五位是教学设备,第六位是教学评价,见图3。

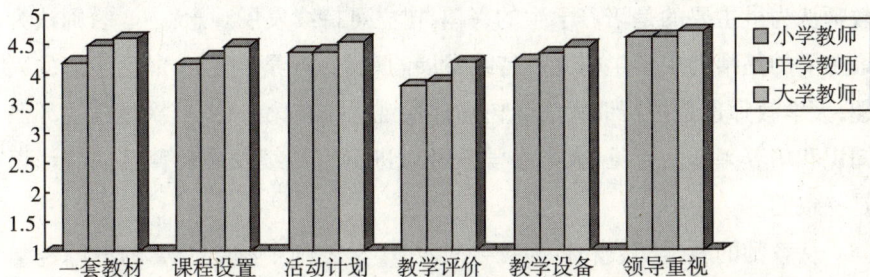

图3 大中小学教师对学校进行可持续发展教育各项条件重要性评价

可以看出,大中小学教师普遍认为领导重视和活动计划是最重要的条件,把课程设置、教材和设备看做是次要因素,而对教学评价的重要性评价最低。这与中小学教师对现有条件的评价结果基本上是一致的。这说明,进行可持续发展教育,首先要从领导重视开始,计划先行,然后教材、课程设置和教学设备等条件跟上去了,才能通过规范的评价体系使可持续发展教育长期坚持下去。这也说明,广东大中小学开展可持续发展教育要在各种软硬条件方面进行改进和完善。

4. 对大中小学教师落实可持续发展教育现状的评价

教师肩负着为学生传授科学知识、传授真理的责任,又要负责对学生进行行为督导,通过与学生的直接交往过程,指导和帮助学生形成正确的可持续发展观。在教师传道授业解惑的过程中,其自身对可持续发展的理解、对可持续发展教育的重视程度,以及教师自身的行为习惯和表率作用,都对学生可持续发展观的形成产生着重要的影响,它既影响着学生形成环境观、资源观的正确方向,又影响着学生认知和道德行为的发展水平。

从教师对可持续发展概念的理解来看,在小学教师中能够理解可持续发展概念的占37.8%,在中学教师中占56.5%,在大学教师中占73.5%。关于对学生进行可持续发展教育的必要性,小学教师中有82.4%的人认为很重要,中学教师中有83.0%的人认为很重要,大学教师中有95.7%的人认为很重要。这说明,教师对可持续发展概念的理解和对进行可持续发展教育必要性的认识与教师的受教育程度有关。关于进行可持续发展教育的责任问题,在小学教师中有 94.1% 认为是每一个教师的责任,这个比例在中学教师中占 92.2%,而在大学教师中占 88.5%。可见,小学教师在进行可持续发展教育方面责任感最强。对于进行可持续发展教育的目的,小学教师认为最主要的是培养学生的兴趣,树立可持续发展观念;中学教师认为最主要的是帮助中学生树立可持续发展的观念,培养学生对环境、生态的兴趣;大学教师也是把帮助大学生树立环保观念排在第一位,其次是学习环保知识和培养兴趣。可见,大中小学教师对进行可持续发展教育目的的认识是一致的。

从教师的教学实践和行为督导来看,小学教师中有 54.5% 的教师经常向学生讲一些环保和生态知识,这一比例在中学教师中占 26.1%,在大学教师中占 14.1%。大多数教师只是偶尔讲过,其中,在小学教师中占 45.5%,在中学教师中占 70.8%,在大学教师中占 73.0%。可见大中学校教师在对学生进行可持续发展教育的知识传授方面做得相当不够,这值得引起重视。从与学生讨论环境或可持续发展问题来看,在中学教师中有 16.5% 的老师经常有,72.2% 的有过几次,在大学教师中有 17.0% 的教师经常有,63.1% 的教师回答有过几次。从对学生的行为督导来看,77.4% 的小学教师能够经常提醒学生要保护环境,这一比例在中学教师中占 48.3%。可见小学教师责任心最强。从激励机制来看,52.6% 的小学教师经常表扬在环保方面表现好的学生,在中学教师中经常表扬的占 21.1%,71.4% 的教师只是偶尔表扬。

从教师自身行为来看,经常思考可持续发展问题的小学教师占 20.6%,在中学教师中占 21.5%,在大学教师中占 28.9%,大多数教师都是偶尔思考。从参加环保志愿者活动来看,在小学教师中,有 31.6% 的教师表示每次都会参加,67.9% 的教师表示有时间就参加。在中学教师中,有 17.1% 的教师表示每次都会参加,81.1% 的教师表示有时间就参加。在大学教师中,有 6.7% 的教师表示每次都会参加,91.6% 的教师表示有时间就参加。关于食用野生动物,大中小学教师中均有近一半教师表示从未食用,一半教师表示吃过几次。关于征收垃圾处理费,在小学教师中表示同意的占 37.8%,在中学教师中占 39.2%,在大学教师中占 54.8%。从教师自身的实际行动可以看出,教师在进行可持续发展教育过程中的积极性、主动性不高,有待于从各方面进一步调动。

5. 家庭可持续发展教育的支持条件有待进一步提高

从调查结果可以看出,大多数中小学生的家长都比较重视对学生进行环境保护的教育,能够以身作则,以自己的行为为中小学生树立良好的榜样,及时督导学生的行为。其中,城市中小学生的家长在这些问题的认识和行为督导方面都要好过农村家长,城市家庭的教育条件也明显地好过农村家庭。调查还表明,大多数大学生家长能够在家庭环保教育方面起到模范带头作用,并且积极支持大学生参加各种环保志愿者活动。但是,也有超过三分之一的家长认为他们与大学生讨论关于可持续发展的问题,或则是知识跟不上,或则是理解不了可持续发展的内涵。所以,家庭进行可持续发展教育与家长的素质有关。

总而言之,通过这次对广东大中小学可持续发展教育的抽样调查,可以看出广东大中小学在开展可持续发展教育方面取得了初步的成效,大中小学学生和教师对可持续发展都有了一定程度的认识,学生初步形成了环境保护意识和可持续发展观,学校领导和教师都能够认识到进行可持续发展教育的重要性。但是,目前学校开展可持续发展教育面临的最主要问题是缺乏系统性和规范性,缺乏长期的规划和具体可操作的计划,以及相应的评价体系,这样对开展可持续发展教育的长期性和经常性不利。

▶▶ **6.4 可持续发展教育的若干问题及对策建议**

自从20世纪90年代初我国政府将可持续发展作为社会主义现代化建设的重要战略提出来以后,可持续发展教育就日益成为人们关心的问题。国际国内社会一致认为,教育是实施可持续发展战略的必要支柱。《21世纪议程》指出:"教育是促进可持续发展和提高人们解决环境与发展问题的能力的关键。"《中国21世纪议程》更是明确指出:"发展教育是走向可持续发展的根本大计","加强对受教育者的可持续发展思想的灌输,……将可持续思想贯穿于从初等至高等的整个教育过程中"。在开展可持续发展教育的过程中,大中小学校肩负着神圣的使命,是可持续发展教育的主渠道。

▷▷ **6.4.1 开展可持续发展教育的若干问题**

1.可持续发展的教育价值观

经济、社会的可持续发展需要教育改革与发展,而教育改革与发展首先要端正教育思想,更新教育价值观。面向可持续发展的教育工作者必须转变传统的教育观念,树立与可持续发展精神相一致的教育价值观。因为这种教育价值观在教师对学生的教育态度、教育方式等方面,进而通过教师具体的教育行为转化为对学生发展的影响。因此,教育工作者必须有意识地转变教育思想,树立与可持续发展相适应的教育价值观,并以此为理性支点,指导自己的全部教育活动。可以说,从可持续发展战略的高度端正教育思想,更新教育价值观念,是大中小学校贯彻和落实可持续发展教育的重要保证。具体来讲,树立与可持续发展相适应的教育价值观必须实现如下三方面转变。

首先要求把"升学谋职"教育价值观转变为"人的自由全面发展"教育价值观。在传统上,教育具有三大社会功能,即传承文化的工具(知识传递功能),社会个体的社会化(社会化功能),帮助社会对个人进行筛选和安置(选择功能)。但是,进入近现代社会、尤其是工业革命及资本主义兴起以来,教育成了经济增长和就业的手段。在这种情况下,教育的选择功能得到畸形发展。因此,长期以来,社会上对教育普遍存在着一种实用主义的价值观念,其核心就是把教育看成是"升学谋职"的手段,并成为近年来教育产业化的理论依据。这种教育价值观一方面使学校往往基于狭隘的功利目的(实用和实际的目的),片面强调知识和技能的传授与训练,忽视对学生全面素质的培养与提高;另一方面也使得学生以一种纯粹功利的态度来对待学习,不追求自身素质结构的优化,仅仅为"升学谋职"而学。我国教育("应试教育")中存在的弊端及其造成的学生"学历"与"学力"的游移,究其根源就在于教育价值观的失当。而可持续发展战略对教育的挑战集中到一点,就是要求教育要培养出具有现代化素质的自由而全面发展的人。而要达此目标,教育从价值观念到实践必须实现一个根本转变,要从单向度的"升学谋职"教育价值观向"人的自由全面发展"教育价值观转变,从"功利教育"向"素质教育"转变。

其次,把科学主义教育价值观转变为科学主义和人文主义相结合的教

第 6 章　广东省大中小学可持续发展教育研究报告

育价值观。从历史发展的角度来看,教育价值观经历了从人文主义教育价值观到科学主义教育价值观的转变。古代教育是以人文教育为主体的,突出人文学科的教化功能,注重培养身心全面发展的理想人格。可是自近代开始,随着工业革命的发生,"人是自然界的主宰"的主张占据统治地位。培根认为,人的知识和力量是合二为一的,由知识所赋予人类的力量将是无所不能的。笛卡儿认为,借助科学,"我们就可以使自己成为自然界的主人和统治者"。这些主张促进了科学的进步,同时也使人们陷入了盲目的乐观和自信。反映到教育领域,科学主义教育价值观越来越占据主导地位,以致科学教育显要提升,人文教育逐步削弱,教育不再注意引导人去思考人生的目的、意义、价值,去追求人的完善和健全。这种教育价值观导致了社会主体的人的价值理性的弱化,工具理性的扩张。其造成的社会后果就是科技的滥用或使用不当而导致环境污染、生态失衡、资源枯竭、能源短缺、气候异常等问题,直接威胁人类赖以生存和发展的物质基础。另外,科技的发展不断削弱人类的道德和文化价值观念,引起人类精神和道德的危机,造成人类物质与精神的失衡。而可持续发展则要求人类一方面要获得科技的进步和物质的丰富,另一方面又要获得道德的完善,价值的实现,精神的昂扬,情感的丰富,人格的完美。这两个方面相互联系,相辅相成。因此,面向可持续发展的教育必须坚持一个完整的教育价值观,实现价值理性和工具理性的有机整合。

其三,要把人类中心主义教育价值观转变为生态人文主义教育价值观。一切以人类的利益和价值为中心,以人为根本尺度去评价和安排整个世界,是人类中心主义价值观的核心内容。在这种价值观的指导下,人类不顾及对自己的行为后果负责,也不考虑行为后果的未来影响和对"他者"的影响,从而使经济和社会发展遭遇了深刻危机。面向经济、社会可持续发展的教育必须扬弃和超越人类中心主义教育价值观,确立生态人文主义教育价值观,从而实现人类自身价值与自然界价值相统一,人类生存发展权利与自然界生存发展权利相统一,使人类在更高层次上复归于自然,融入自然,实现人与自然的和谐发展。

2. 可持续发展教育的基本原则

在开展可持续发展教育的过程中,遵循一定的原则是必要的。这些原则既规范着教师的教,也指导着学生的学,应贯穿于教学过程的各个方面和始终。

（1）**启发性原则**。可持续发展教育强调学生作为学习主体的地位，注意营造民主开放的氛围，注意调动学生学习的主动性，引导他们独立思考、积极探索、生动活泼的学习，自觉地掌握可持续发展教育所需要的知识、技能、态度等。如果教师能考虑学生的兴趣、爱好、需求等，因人因时采取启发式教学，学生就可以将可持续发展的意识和行为持续于学校之外，持续于终生，不再视之为仅是一种义务或责任，而成为一种习惯。

（2）**参与性原则**。参与性原则要求教师促使每个学生通过其个人体验去学习，通过实地考察等活动形式获取有关可持续发展方面的第一手资料。参与性原则试图让学生更多地关注周围社区、关注周围环境。它能促使学生在参与过程中对可持续发展所涉及的政治、经济、社会、生态等方面的问题有亲身的体会，增加感性认识；同时也能使学生感到实施可持续发展战略的迫切性和必要性，从而使学生从理论与实际的联系上去理解有关可持续发展的各种知识，注意运用这些知识去分析问题和解决问题，达到学以致用。

（3）**渗透性原则**。可持续发展战略涉及社会、政治、经济、文化、生态等各方面，不是单一领域可以解决的，需要全社会的共同努力。可持续发展教育具有综合性和跨学科性，因此，它需要全体教师的共同努力，使可持续发展成为贯穿于各学科的一条"红线"。渗透性原则要求教师从本学科的实际出发，通过各种各样的教学活动，将可持续发展的思想渗透其中，并且注意与其他学科及校园环境、校园文化活动、社区环境等的协调、配合，形成可持续发展教育的合力。既让学生在课堂上获得可持续发展的知识、技能、态度等，同时也要在课堂之外巩固和发展这些成果，使可持续发展教育的目标得以实现。

（4）**批判性原则**。批判性原则鼓励学生重新审视自己、自己的过去和未来，对现有的生产方式和生活方式进行批判性思考，认识环境与发展问题的本质和深层次原因。注意培养学生认识社会、适应社会和改良社会的能力。

3. 可持续发展教育的教学方式

一种教育理念是需要通过与其对应的教学方式才能得以贯彻的。面向可持续发展的教育，首先要保证学生能在多样化的学习情境中得到丰富的体验,这对于使学生逐渐形成关于可持续发展的认识并做出正确的决策是非常重要的。另外,为了适应学生的个体需要、能力和兴趣的要求,使用多种教学方式方法也是必要的。根据国内外可持续发展教育的实践,以下一些教学方式方法是可持续发展教育所提倡并经常采用的,它们可以促进与可持续发展教育相关的技能水平及个人素质的提高。

(1)**参与式学习**。参与式学习要求学生参加到整个学习过程中,自己设定学习目标,设计和组织实施学习计划,评价自己的学习成就。鼓励学生对自己的学习负责,有助于培养他们思考和行动的能力。无论是在校内还是校外,在涉及环境问题的情境中,学生都会应用到这种能力。

(2)**合作式学习**。鼓励学生一起工作去达到一定的目标,建立良好的人际关系,集体做出决策,对培养他们对环境的个人和集体责任感是重要的。

(3)**探究式学习**。可持续发展教育应当提供条件鼓励学生通过探究和调查,找出、分析、解释和评价关于环境与发展的信息。学习过程应当激发学生思考可持续发展问题,鼓励他们寻求问题的答案或设计自己的解决方案。

(4)**提供采取行动解决问题的机会**。关心和改善环境的实践是培养年轻人可持续发展意识和行为动机的有效方式。要根据真实问题,提出解决方案。比如,解决当地的一条河流的污染问题及当地房屋建设的影响问题,能够帮助学生澄清他们自己的观点并探索不同的见解,这是培养学生关心环境的意识和自觉性的有效途径。

(5)**户外教学**。户外教学是可持续发展教育普遍实施的教学方法。户外教学也就是在环境中教学,让学生有机会接触自然环境,观察自然,感受自然,欣赏自然。户外教学是要让学生观察、研究和思考各种可持续发展问题,增强学生的可持续发展意识;同时让学生在直接的体验和实践中获取第一手的资料,并进而探索和研究解决问题的办法,使可持续发展教育贯穿于提出问题和解决问题的全过程之中。参与学校所在地社区的活动是户外教学中的重要一环。参与当地社区的活动使学生有机会与那些在现实中直接处理和环境有关问题的人员发生接触,并且从他们处理问题的技巧、经验、态度和对问题的了解中学到许多学校里面学不到的东西。

(6)**提供讨论不同见解和信仰的机会**。应该让学生有机会讨论他们关于可持续发展问题的见解和信仰,调查有争议的问题更能增强他们的可持续发展意识,并鼓励他们去辨别自己的见解,探索不同的观点。讨论可以由照片、模拟游戏、竞赛、戏剧以及媒体发布的最近的信息的运用来引发。为了鼓励开放性和不同的见解,也可以分成小组的形式。

（7）**提供给学生进一步学习的资料**。应该让学生能够接触广泛的教学资源和材料,让他们了解本地的可持续发展问题,激发他们对这些问题的兴趣。学习材料可以是录像、照片、书籍等。

（8）**开展丰富多彩的活动教育**。活动育人是每个教育工作者都深知的教育方法。活动教学能为学生提供更广阔的活动领域、更多的人际交往机会、更大的自主权,更能培养学生与学生之间的合作关系,更能体现学生的主体地位,是开展可持续发展教育的一种非常有效的教育方式。要把开展丰富多彩的活动教育作为强化学生可持续发展意识与主体自觉参与可持续发展教育的最佳途径。活动教育主要有如下几方面形式:一是参观考察活动,即组织学生参观植物园、科技馆、博物馆、垃圾处理厂、污水处理厂等,以及利用寒暑假组织各种绿色夏令营活动;二是开展可持续发展宣传教育活动,每年的植树节、世界水日、地球日、环境日、爱鸟日、世界粮食日、世界湿地日、生物多样性国际日、保护臭氧层国际日、人口日等都是可以充分利用来开展有关可持续发展宣传教育活动的机会;三是可以开展各种有关可持续发展的社会调查活动;另外还可以组织各种有关的比赛、签名活动、读书看报学习活动以及配合学校团、队、班级开展主题班队活动。

4. 可持续发展教育的课程设置模式

可持续发展教育是在环境教育的基础上重新定向适应可持续发展的要求而出现的,它从实现可持续发展的战略高度上重新提出目标、内容和方法,因此比环境教育要更广泛和深刻。目前国内外可持续发展教育的课程设置模式大概有如下几种:

（1）**独立设课模式**。所谓独立设课模式,就是从小学到大学,选取各学科内容中与可持续发展教育有关的内容组合在一起,发展成为一门独立的课程。采用独立设课模式进行可持续发展教育,其优点是可以较为集中地探索可持续发展问题,涉及广泛,讨论深入,比较容易有效地达到教育目标。

（2）**渗透结合模式**。所谓渗透结合模式,就是将适当的可持续发展主题或成分(包括概念、态度与技能)融入现行的各门课程之中,通过各门学科的教学,达到可持续发展教育的目的和目标。

（3）**跨学科课程模式**。跨学科教学模式是渗透结合模式发展的产物,也是结合上述两种模式而形成的新的可持续发展教育形式。即在大中小学校教育中设立跨学科的可持续发展教育专题,制定专门的教育目的和教学要求,但并不单独设课,而是由多种学科相互合作、共同完成的教育过程。在学校教育中,它是独立开放的专题,但又以有组织的各学科合作、多学科教学形式出现。它可以防止各学科分别制订教学大纲进行可持续发展教育而相互不联系的局面出现。

（4）**综合模式**。以上三种模式各具特点,也各有利弊。因此,可根据不同情况在大中小学教育的不同阶段采用不同的教学模式。

总之,可持续发展教育的课程设置模式既要有一定的统一性,又要有灵活性,各级各类学校可根据不同年龄学生的认识水平和心理水平,以及当地社区的特点和学生的兴趣爱好,灵活多样地开设各种不同的课程模式。

5. 可持续发展教育的激励机制

各级各类学校在开展可持续发展教育的过程中,要积极鼓励和支持学生成立各种有关可持续发展的社团组织,充分利用社团组织来促进和推动可持续发展教育。除了要充分发挥现有的少先队、共青团组织的作用外,还要鼓励和支持学生成立各种环保组织、志愿者活动组织以及各种兴趣爱好小组等。通过这些学生社团组织,不仅可以调动起学生学习、思考和解决有关可持续发展问题的兴趣,培养他们的可持续发展意识,凸显出学生的主体意识和主体地位,使广大学生由"要我参加"变为"我要参加",而且还可以增强学生的集体观念、意识和凝聚力,使学生以高度的主人翁精神参与到各种社团活动中来,提高可持续发展教育的实效性。

在积极鼓励学生成立各种有关可持续发展的社团组织的同时,还必须建立和完善各种评价和激励机制。每个人都希望别人给自己以恰当的评价,青少年学生尤其如此,在他们取得成绩、获得成功或做出了有关可持续发展的正确行为选择时,教师和学校应抓住时机给予恰当的评价和激励。此时的评价和激励会使学生增强自信心、提高自觉性,唤醒学生参与可持续发展的主体意识。因此,有必要建立起类似于"三好学生"、"优秀学生干部"、"优秀共青团员"这样的评价和激励机制来促进学校可持续发展教育的开展。各级各类学校要积极探索建立诸如"环保小卫士"、"环保小天使"、"环保先进集体"等评价和表彰机制。

▷▷ 6.4.2 开展可持续发展教育的若干对策建议

《21世纪议程》提出:"从小学学龄到成年都接受环境与发展的教育"。中国开展可持续发展教育还处在探索之中。针对广东省目前大中小学开展可持续发展教育的现状,结合国家对开展可持续发展教育的有关要求,在参考和借鉴国外开展可持续发展教育经验的基础上,本文提出以下若干对策性的建议。

由于大学与中小学在教育模式、管理方式等方面不尽相同,大学生与中小学生在知识背景、认知方式、学习方式、行为方式、社会参与程度和影响程度等方面也具有差异,因此,大学的可持续发展教育与中小学的可持续发展教育既有联系,又有区别。一般来讲,小学的可持续发展教育较注重感性认识。小学生主要是通过观看形象的图片和录像,以及参与生动的表演,或室外游戏等活动来认知社会和环境,并在有限的范围内参与社会活动。中学生的可持续发展教育主要是通过对环境、生态、人口、生物多样性等问题的演示,来讨论一些具体的社会教育活动,理解和认知社会和环境,同时适度参与社会活动。大学生可持续发展教育则突出可持续发展知识的系统性和科学性,关注可持续发展的文化意蕴,使大学生在理性的层面上了解当今全球生态环境问题产生的背景,文化观念层面的根源以及解决问题的可能途径。由于大学生的认知、思维和行为方式与成人基本一致,其可持续发展的观念和态度在相当程度上影响着整个社会的可持续发展观,他们对社会活动在现实和未来的参与,也对可持续发展的开展具有重要影响。

鉴于大学与中小学在教育对象、教育性质、教育管理等方面的不同,我们对大学和中小学开展可持续发展教育的对策分别进行论述。

1. 中小学开展可持续发展教育的若干对策

在中小学开展以环境教育为基础的可持续发展教育,是国家实施可持续发展战略的重要组成部分,是落实《21世纪议程》提出的"从小学学龄到成年都接受环境与发展的教育"的重要一环。经过多年的努力,广东省中小学可持续发展教育取得了初步的成效,得到了政府、学校领导和教师的基本认同,从教材内容、课程计划和教学大纲中的说明等方面看,以环境教育为基础的可持续发展教育已初步普及,基本涵盖了从小学一年级至高中毕业的各个年级。但从本次调查的结果来看,无论是教师,还是学生,对于可持续发展的一些基本概念和认识并不全面,这表明学校开展可持续发展教育活动还远远没有得到普遍落实,可持续发展教育的开展整体尚处于起步和探索阶段。如何使中小学可持续发展教育真正开展起来,并真正把可持续发展教育融入目前的基础教育体系之中,使之与素质教育结合起来,这既是很重要的理论问题,也是很紧迫的现实需要。对此,我们提出以下几点建议:

(1)进一步提高对中小学开展可持续发展教育的意义和作用的认识

影响中小学可持续发展教育普遍开展的重要原因之一,是有关方面对中小学在可持续发展教育中的重要地位和作用认识不足。主要表现为以下两个方面。一是对可持续发展本身缺乏足够的认识。可持续发展是一个全新的概念,其提出的时间不长,学术界对于可持续发展的理论体系目前仍存在较多争议。在此背景下,许多人往往简单地把可持续发展理解为控制人口、保护环境、维护生态平衡,而对于可持续发展产生的背景、人地关系的演变与可持续发展的关系、公平持续的协调发展观、教育与可持续发展的关系等缺乏深入的理解。从本次调查的结果看,中小学教师对于可持续发展的概念和内涵、可持续发展与经济和社会发展的关系等的理解是不全面的。这从一个侧面反映出可持续发展教育的组织者和具体教育者对可持续发展本身缺乏足够的认识。二是对可持续发展教育存在认识的误区。对于可持续发展教育,目前存在的误区主要表现为:可持续发展教育是教育内容的一项简单附加,与传统教育内容没有必然的联系,开展可持续发展教育会增加学生的负担;可持续发展教育就是环境教育加上人口教育;学校开展可持续发展教育就是建设"绿色学校";等等。这些片面认识是导致可持续发展教育与传统教育的隔离、把可持续发展教育简单化和形式化的主要原因。

受上述因素影响,在对待环境教育和可持续发展教育工作方面,有关的部门和组织者往往缺乏足够的长远眼光,不够重视长期性和基础性的工作,把大量的精力和资源花费在表面性和短期性的工作上面。由于教育部门和中小学教育工作者对自身从事可持续发展教育的责任与义务缺乏应有的认识,虽然新闻媒体、环保部门等方面做着大量的舆论、宣传和教育工作,而绝大多数中小学却置身事外,形成"外热内冷"的奇特现象。

为此,要搞好中小学可持续发展教育,首先是各级决策者、中小学校长和教师在思想上要进一步认清中小学可持续发展教育在基础教育中的地位和作用,真正明确在中小学开展可持续发展教育的必要性和重要性,才能重视可持续发展教育,把可持续发展教育落实到教学日程中去。提高认识,具体说来就是要让有关的教育组织者明确在中小学开展可持续发展教育是当代物质文明和精神文明建设的需要,具体体现了全面贯彻国家教育方针的要求,并为中小学教育注入了极具活力的、新鲜的教学内容。要明确在中小学阶段,不仅是提高全民族素质、为培养各方面的人才奠定基础的关键时期,同时也是实施可持续发展教育、提高受教育者具备可持续发展意识和塑造可持续发展行为的关键阶段。要明确进行可持续发展教育,其核心是培养能与环境和谐相处的人,使学生逐步具有可持续发展意识,并在今后的工作、生活中能保持对自然的敏感性,能关爱动物,爱护地球;自觉履行公民责任。要使广大教育工作者懂得,随着九年义务教育的普及,中小学教育的社会作用会越发显著。抓好了中小学的可持续发展教育,等于在很大程度上保证了未来的全民可持续发展教育。而且,儿童、青少年在其成长过程中,也在对与可持续发展有关领域发生多方面的影响,其可持续发展意识的形成和不断发展,本身就是可持续发展的巨大推动力量。

(2)重视中小学可持续发展教育的组织和协调工作

可持续发展战略涉及社会、政治、经济、文化、生态等各个方面,不是单一领域可以解决的,需要全社会的共同努力。可持续发展教育具有内容的复杂性、综合性和跨学科性,教育途径和手段的多样性,管理的跨部门性以及任务的长期性。目前,与可持续发展教育内容相关的政府部门包括教育、宣传、环境保护、计划生育、国土资源、海洋环境、科技、农业、林业和旅游等十多个部门。其中,教育部门具体承担着中小学可持续发展教育的工作。同时,可持续发展教育的开展需要组织学生进行课外活动、参观以及野外实习等活动,这涉及需要利用各级政府及部门、社区、企事业单位以及其他社会组织所拥有的可持续发展教育资源。此外,像绿色学校的评定等活动的开展,需要环境保护等部门的介入。因此,重视和搞好可持续发展教育的组织和协调工作对于中小学可持续发展教育的顺利开展具有重要意义。但目前中小学可持续发展教育在组织、管理方面存在着责任不明确的问题。多年来,环保、林业、海洋等一些职能和少数志愿者为可持续发展教育四处奔走呼号,而具体承担这一任务的教育部门的反应则相对迟缓。因此,政府有关部门应从社会公共利益和人类未来利益出发,把中小学可持续发展教育纳入国家和地方教育体系之中,使之成为各级教育行政部门及中小学的重要职责,使中小学的可持续发展教育由目前主要以个体自发行为为主转变为以政府行为为主。建议广东省由教育部门牵头,并会同宣传、环境保护、计划生育、国土资源、海洋环境、科技、农业、林业和旅游等政府部门共同成立一个专门的协调机构,名称可定为"广东省中小学可持续发展教育协调办公室",办公室可设在教育部门,负责日常工作的开展。该机构成立后,应专门协调和组织辖区内中小学的可持续发展教育工作,如可持续发展教育的评定、绿色学校的评定、教育基地的设立和批准等,并逐步开展可持续发展教育的社区资源研究、可持续发展教育信息收集等服务工作。

(3)尽快制订《广东省中小学可持续发展教育试行规定》

目前广东省中小学可持续发展教育普及程度不高的一个重要原因,在于缺乏一个用来指导和规范中小学可持续发展教育的专门条例性规定。虽然国家的中小学可持续发展教育条例尚未出台,但广东省作为改革开放先行一步的经济大省,发展经济与保护环境的矛盾尤为突出,现在又担负着率先基本实现现代化的重任,可持续发展的问题尤其令人关注,可持续发展教育也应该走在全国的前面。因此,我们建议由教育、环境保护等部门就中小学可持续发展教育的方针、目标、原则、任务、内容、教材、教学要点、师资培训、教学资源建设、管理机构及职责、经费和人员、表彰和奖励内容等进行研究,并着手制订《广东省中小学可持续发展教育试行规定》。该规定可由教育部门和环保部门联合批准颁布。具体的管理事务可由"广东省中小学可持续发展教育协调办公室"负责,经费在原有渠道上解决。待试行规定逐步成熟后,再择机颁布正式的《广东省中小学可持续发展教育若干规定》,使中小学可持续发展教育逐步走上规范化和法制化的轨道。

(4)加强中小学可持续发展教育的载体建设

中小学可持续发展教育的顺利开展,除了有规可循、领导重视外,还必须加强有关的载体建设。可持续发展教育的载体包括课程设置、教材(课本、音像制品、教学参考书、挂图、地图等)、资料(如课外书籍、参考资料、有关的信息等)、设备(幻灯机、投影仪、音像设备、电脑及其辅助教学软件、多媒体、环境质量监测仪器和设备等)、校外教育基地(如青少年活动中心、植物园、博物馆、海洋馆等)。从某种程度上看,绿色学校的建设也是载体建设的一部分。

目前,广东省新的教学大纲中将中小学原来涉及实验、自然、环境教育、国防教育、科技教育等内容的教学单独开设了一门"综合实践课",并在课时上做出了具体规定,这为可持续发展教育的开展在课时和教材上提供了保证。关于载体建设,我们提出以下几点建议:

①开展中小学可持续发展教育的信息收集和研究工作,并着手建立"广东省中小学可持续发展教育网"。如果条件不具备,可先建立"广东省可持续发展教育网"。网站可单独设立,也可附设在广东省环保信息网或教育网站上。

②把新编的中小学《综合实践课》教材作为中小学可持续发展教育的专门教材进行开发研究,按照人民教育出版社出版的《环境教育与小学各学科教育》的体例,组织力量编写出"可持续发展教育与中小学综合实践课教育"的教师教学参考读物。把人民教育出版社出版的《环境教育与小学各学科教育》和《可持续发展教育教师培训手册》作为中小学教师进行可持续发展教育的辅导教材。在条件具备时,可组织本省的可持续发展和教育研究工作者编写适合于广东省情的《可持续发展教育与小学各学科教育》、《可持续发展教育与中学各学科教育》、《可持续发展教育小学教师手册》、《可持续发展教育中学教师手册》等教辅读物。

③开展广东省可持续发展教育社区资源的研究、开发和利用工作。可先开展"广东省可持续发展教育社区资源"的专项研究,对分布在广东全省各级政府及部门、社区、企事业单位以及其他社会组织所拥有的可持续发展教育社区资源进行一次全面的调查,并编印或出版《广东省可持续发展教育社区资源》资料,供有关的研究者和教学工作者参考。各地、市、县可参照全省的情况对本地区的可持续发展教育社区资源进行开发和利用。

④各地、各级环保、科技和教育部门组织和动员有关的研究、监测和实验部门,把淘汰、更新和闲置的仪器和设备无偿调拨给当地中小学或青少年科技活动中心使用,为学校开展可持续发展教育课外实践活动提供物质和技术保障。

⑤在目前中小学国防教育基地、生态示范中心、科技示范点、环境教育基地的基础上,开展中小学可持续发展教育基地的评选和挂牌活动,将一些著名的自然保护区、植物园、野生动物园、海洋馆、环保优秀企业、获得

ISO14000 认证的优秀企业、优秀的绿色学校等建设为中小学可持续发展教育基地。

(5)重视可持续发展教育的师资队伍建设

要实现可持续发展教育的目标,教师队伍的建设尤为重要。从世界各国的经验看,随着中小学可持续发展教育的发展,各国都很重视可持续发展教育的师资建设和培训工作。事实上,学生可持续发展知识的获取、意识的培养、观念的形成、行为的塑造等都离不开教师的教育和引导。如果教师本身不具备有关的可持续发展知识,缺乏有关的意识和行为规范,不懂得有关的教育教学方法,教师"以其昏昏",是肯定不能让学生"昭昭"的。因此,在提高教师可持续发展认识的同时,各中小学校要把培养专兼职可持续发展教育师资,作为近阶段的主要任务来抓。

师资队伍建设主要包括教育人才引进和培训两大类。前者为职前培养,后者为职后培训。对于前者而言,除了积极引进有关的教育人才外,更重要的是在各级师范院校以及其他各类院校普遍开设环境教育或可持续发展公共课程,这既对大中专学生进行了普遍的可持续发展教育,同时又为今后准备从事中小学教育的师资储备了智力资源,为未来的教师队伍以及其他各方面人士普遍具有良好的可持续发展意识和从事可持续发展教育的所需知识和技能奠定了基础。

在职教师的职后培训,是师资队伍建设的重点。组织培训时应注意以下几点:

①**明确培训目标**。通过培训应达到使一大批中小学教师能了解可持续发展教育产生的必然性和重要性,明确可持续发展教育的目标,认识其原则,掌握可持续发展的基本知识、基本理念和一些先进教学方法,理解我国现行课程及教材与可持续发展教育目标的联系,进而明确在各学科教学中渗透可持续发展教育的必要性和可能性,为言传身教打下坚实的思想基础和理论基础。

②**确立重点培训对象**。可持续发展教育涉及许多学科领域的知识,如自然科学、历史、地理、经济、政治、社会学、心理学、法律、工程学、消费者教育等。每个学科领域都有其特有的研究对象、专业术语、理论框架和研究方法。因此,不同的学科领域可以从不同角度对可持续发展教育做出贡献,不同学科领域可以通过不同的教学形式传授有关可持续发展的知识。例如,

一些科目直接为可持续发展教育提供知识基础,一些科目主要研究人们对环境和发展的态度和价值观,一些科目训练学生掌握和运用可持续发展所需要的技能,还有些科目则在知识、技能、态度和价值观四个方面均对学生产生影响。所以,原则上所有中小学教师都应作为培训的对象。在我省目前的课程方案中,中小学课程包括学科和活动两部分;其中,小学阶段开设的学科课程主要是思想品德、语文、数学、自然、英语、体育、音乐、美术、信息技术、综合实践十一科,初中阶段开设的学科课程主要是思想政治、语文、数学、英语、历史、地理、物理、化学、生物、体育、音乐、美术、信息技术、综合实践十四科。这些学科从不同角度与可持续发展教育的不同目标相联系。但鉴于目前可持续发展教育师资队伍的现实,我们认为,在时间和人员安排上,小学执教《综合实践课》、《自然》、《思想品德》、《语文》、《英语》等课,中学执教《综合实践课》、《思想政治》、《物理》、《化学》、《生物》、《地理》、《语文》、《英语》等课的教师应首先作为重点对象予以培训。

③**明确培训内容**。关于可持续发展教育的师资培训内容目前并没有一个明确的标准,一般来看,培训内容应包括可持续发展和可持续发展教育的基本知识,主要的教学方法(即"怎么教"、"教什么"和如何渗透等)、教学评价的内容和方法等。

④**明确培训的渠道**。师资培养工作是一项专业性(教学内容)和艺术性(教学方法)很强的工作,应当由高等师范院校和中等师范院校来具体承担。每年寒暑假,教育行政主管部门应有计划地安排中小学教师参加可持续发展教育知识培训,对合格者颁发结业证。应坚持培训效果与实绩考核挂钩,与个人晋级、评优、职称评定等工作结合起来,以增强培训的实际效果。

(6)建立可持续发展教育评价指标体系,开展可持续发展教育过程和效果的评估工作

原则上,对学校可持续发展教育进行评估,应当依据和围绕中小学可持续发展教育的目的和目标进行。"十年育树,百年育人",由于教育的效果评估和影响评价反映的是教育的长期积累过程,因此还应当明确,对可持续发展教育的评估,要既重视结果,但更多地应注重过程,强调学生和老师参与。国内一些省市的评价体系,如上海市的中小学环境教育特色学校评价指标体系可供参考。我们建议有关部门应加强中小学可持续发展教育的量

化管理和评估工作,尽快拟定出一个科学、简化的中小学可持续发展教育指标考核办法,对学校的可持续发展教育工作进行评估,以发现问题,总结经验,树立典型,鼓励和鞭策各级学校深入开展可持续发展教育工作。

(7)大力开展绿色学校的创建工作

"绿色学校"是20世纪90年代后随着可持续发展思想在全球的传播而发展起来的,其特点是注重学校环境教育的全面管理和全方位发展,从而改变了过去学校环境教育以课程和活动课为主的较为单一的形式。绿色学校从本质上讲,是学校以面向可持续发展的环境教育的思想为指导,不断完善自我管理、改进教育手段、降低教育投入、提高办学效率和效益的过程,从而也是学校不断解决自身可持续发展问题的过程。可以说,"绿色学校"的建设是面向可持续发展提出的新教育观和新教育模式,它促进了学校的素质教育和学生的全面发展。绿色学校的本质特征,就是在学校建设中体现可持续发展教育的理念。因此,绿色学校可以说就是可持续发展教育的学校。

创建绿色学校,绝不是像种花、种草、栽树那么简单,甚至也不是像开设一门课程、改变课程计划那么简单,它关系到节省资源、减少污染、实施开放的管理、强调分享的观念、营造和谐的人际环境和尊重多样化的文化和价值取向等更重要的方面。因此,绿色学校的建设,要求对学校从整体上、根本上进行系统的改造。目前,我省绿色学校建设面临的主要问题是陈旧观念的束缚,应试升学的压力,经费设施的匮乏,教师素质的欠缺。针对这些问题,今后应在转变教育观念和教育模式、转变管理模式、加强课程开发和教材建设、建设高质量的师资队伍、加强社会和媒体的关注等方面予以更多考虑。

(8)积极开发和利用社会教育资源,形成可持续发展教育的社会支持网络

可持续发展教育的一个重要特点就是教育的开放性,学校并不是开展可持续发展教育的唯一场所。可持续发展教育的一个重要环节就是"在环境中教育",给受教育者提供丰富的接触现实和环境的机会,亲身体验教育的过程,完成教育的目标和任务。"在环境中教育"要求给学生创造多样性与复杂化的环境,使学生在这种环境中亲身感知、认识、体验、理解可持续发展问题,培养可持续发展意识,构建可持续发展理念,并积极主动地参与解

决可持续发展问题的行动。因此,在开展可持续发展教育的过程中,各级各类学校必须对本地社区、政府部门、企事业单位及其他组织所拥有的有关可持续发展教育资源加以充分开发和利用。

另外,从广义角度上讲,可持续发展教育包括了学校教育、社区教育和家庭教育,或者说可持续发展教育必须要充分渗透到学校教育、社区教育和家庭教育之中,以此共同构成全面的可持续发展教育。可以说,学校正规的可持续发展教育的实效性如何,在很大程度上有赖于社区教育和家庭教育等非正规教育的有力支持。因此,各级各类学校在开展可持续发展教育的过程中,要积极探索建立学校—社区—家庭的教育网络,让学生在学校课堂里学到有关可持续发展的知识、技能,在校外、社区的具体实践中自然地形成良好的可持续发展意识和观念,以身作则,为人垂范。只有建立全方位、多通道、立体式的可持续发展教育网络,才能通过"在环境中的教育",将"关于环境的教育"落实到"为了环境的教育"上。

2.大学可持续发展教育的若干对策建议

科技和教育是可持续发展战略的重要支撑,只有依靠科学技术进步,才能在促进经济增长的同时,做到充分利用自然资源、减少环境污染和改善生态环境。可持续发展教育不但涉及生态环境、社会、经济、资源等学科的新综合和新发展,而且涉及对科技发展和应用方向的理解和把握。高等院校作为培养各类高层次人才的重要基地,在宣传、普及、贯彻环境保护以及可持续发展思想和战略中是一块重要的园地。因此,开展大学可持续发展教育既是可持续发展理论与实践的要求,也是高等教育适应时代发展的一种新理念。针对广东省大学可持续发展教育的现状以及国外大学可持续发展教育的发展趋势,我们提出如下建议:

(1)进一步明确大学可持续发展教育的目的、地位和意义

首先,应明确大学的可持续发展教育,就是将可持续发展的思想和观念,特别是环境保护的意识融入高等教育的各要素之中,内蕴于素质教育之中,使之成为大学生的基础知识结构和综合素质的重要组成部分。大学实施可持续发展教育的目的之一就是要培养具有可持续发展思想和环境保护意识的高素质复合型人才,使他们成为环境保护和实施可持续发展战略的骨干和核心力量。

其次,应把开展大学可持续发展教育作为实施全面素质教育的重要内

容。大学生的素质教育是一项复杂的系统工程,涉及方方面面,而培养大学生的可持续发展意识则是素质教育的一种具体表现。如果大学生在学校没有受到应有的可持续发展教育,不能形成正确的可持续发展观念以及对环境和自然友好的态度和行为方式,待他们走上工作岗位后,很可能会受传统思维习惯和行为方式的影响,仍然沿袭以牺牲生态环境来换取经济发展的思想方法和工作方式。

第三,应明确实施可持续发展教育是高等院校21世纪教学内容和课程体系改革的组成部分。目前,传统的非持续性的发展模式,不仅体现在社会生产方面,在高等学校的教学和科研中也普遍存在。具体表现为:高等教育某种程度上呈现出较强的功利性,片面强调追求经济效益的重要性,客观上忽视了自然和环境的价值;高等教育体制不合理,文、理、工分家,单科院校林立,专业设置过细,导致学生的素质与社会的要求日益脱节,并成为制约高教可持续发展的重要"瓶颈";三是教学内容严重滞后,不利于受教育者的可持续发展。从我们的调查结果看,大学生对于可持续发展的理解仍具有相当的片面性,诸如"人定胜天"、"改造自然"等思想观念在许多教育管理者、教师和学生中仍普遍存在。因此,开展大学可持续发展教育,不仅可使学生具有可持续发展方面的知识,而且更重要的是能提高受教育者的可持续发展意识,使他们具有爱护环境的素质,特别是爱护自然和环境的道德素养,使学生从思维方式到日常行为都能自觉表现出可持续发展的意识和责任。同时,在高校中进行可持续发展教育,不仅体现了现代科学和教育相互交叉、相互渗透的发展趋势,更体现了现代教育实践中可持续发展的指导思想。

(2)按照可持续发展的教育理念来构建合理的课程体系

目前我国高校的传统课程设置具有刻板、僵化的特点,很难随社会变化做出反应并进行灵活的自我调整。这种缺少灵活性的课程体系,本身就是缺少可持续发展意识的产物。为了适应可持续发展教育的要求,在大学专业设置上,要转变过去那种严格的、细而窄的专业"条块分割"观念。在课程内容安排上,应该拓宽专业基础课的内涵,注重专业交叉,加强文理渗透。可适当设置一些相邻专业的课程,特别是一些综合性公共课程。如《可持续发展理论》、《社会发展理论》、《环境与社会》、《科学技术与社会发展》等。这些课程可采取选修、专题讲座等形式,甚至作为必修课。目前欧美许多大学,不论何专业都将环境教育课程作为必修课程。我国清华大学也开设了"环境保护与可持续发展"的公共基础课与选修课,同时开设了相关的如全球气候变化问题、工业污染问题、人口问题和社会发展等方面的专题讲座,将可持续发展教育渗透到整个大学教育之中,使学生获得相应的知识、技能。清华大学的做法值得广东的大学借鉴。

此外,还应当结合各专业开设有关可持续发展知识的选修课,如对理工科学生,可开设环境污染治理、清洁生产、环境评价、环境规划等方面的选修课;对农林专业类的学生,可开设农业生态环境保护、荒漠化治理、绿色产品、无公害农业等方面的选修课;对文科财经、政法类学生,可开设环境管理学、环境经济学、环境法学等方面的选修课。对化学专业的学生开设环境化学、环保化工、污染化学等选修课;对生物专业的学生开设污染与生态、环境卫生等选修课;地理专业的学生开设自然保护、资源保护等选修课;为中文专业的学生开设环境文学、环境科普写作等选修课。总之,应根据不同专业学生的特点,讲授相关的环境保护的实用性专业知识,同时要注意既不要与学生所学专业重复,又要使学生获得有关的知识和技能。

(3)将可持续发展教育贯穿到各学科的教学活动中

可持续发展包括经济、社会和自然三大系统,具体领域涉及保护环境、维护生物多样性、保持生态平衡、资源开发和合理利用、资源配置优化、经济发展、人口控制和素质提高、社会公平等。实施可持续发展的基本要求是实现社会和经济发展在代际和代内的公平,实现人与自然关系和人与人关系的和谐协调。因此,在思想层面上,它是一种新的关注公平、效率和发展的观念,是一种寻求和谐的新的生态文明。大学生可持续发展意识的形成、观念的塑造、行为的培养等绝非单科教育所能完成的,需要各个学科教师从不同角度和层面进行教育和引导。可持续发展的这一特性和要求,决定了任何专业教育都不可能是单纯的专业技术知识的传授,它必须放到整个社会系统中结合多方面因素来思考,特别是结合资源、环境、人口等因素来进行综合的渗透式教育。它要求高等教育工作者要更新教学内容,以适应时代的不断发展,使各门学科的教育都能染上绿色,体现可持续发展的意识。

(4)创造可持续发展的校园文化,培育和支持校园"绿色社团"的成长

校园的绿色环境氛围和人文氛围,本身对大学生就是一种示范,一种教化,一种潜移默化,它具有单纯的说教所不可替代的作用。各高校应通过开

展多种形式的第二课堂活动,建造一批具有特色的人文景点与自然景点,把大学的校园建成一个可持续发展的社区,一个环境无害化技术和清洁技术应用示范区,一个精心规划的生态园林景观区,使校园中处处弥漫着健康向上、充满活力、富于创新、富有民族特色的文化风尚,使学生在这种氛围中受到良好的可持续发展熏陶和教育。

校园"绿色社团"是连接课堂和社会的桥梁和载体。一方面,校园"绿色社团"属于"公众参与"的一部分,对于社会可持续发展运动的开展具有重要的推动作用;另一方面,大学生通过参与"绿色社团"的活动,在辩论、墙报、调查、设计等活动中可以巩固所学的知识,逐步形成有关的意识,塑造对自然和环境友善的态度和行为方式,提高社会责任感和参与感。大学的领导和教师应积极鼓励和引导学生创立、参加有关的大学校园"绿色社团"。在条件具备的情况下,学校还应给予一定的资金支持。

(5)积极开展国际国内的交流与合作

国外特别是发达国家的高等可持续发展教育起步较早,其专业设置、课程体系、授课内容与方式已较为成熟,有许多宝贵的经验值得我们学习借鉴。国内的一些大学近年来在可持续发展教育方面也积累了许多成功的经验,许多做法可以直接移植过来加以运用。此外,要加强人员的交流,以开阔视野,汲取经验,促进我省大学可持续发展教育的开展。

本章主要参考文献

1. [英]H. 约翰、S. 斯蒂芬:《可持续发展教育》,王民等译,中国轻工业出版社2002年版。

2. [英]J. 帕尔默:《21世纪的环境教育——理论、实践、进展与前景》,田青、刘丰译,中国轻工业出版社2002年版。

3. 艾沃·F.古德森:《环境教育的诞生》,贺小星、仲鑫译,华东师范大学出版社2001年版。

4. 徐辉、祝怀新:《国际环境教育的理论与实践》,人民教育出版社1996年版。

5. 赵中建:《教育的使命——面向21世纪的教育宣言和行动纲领》,教育科学出版社1996年版。

6. 王存志:"在中小学进行环境教育与可持续发展教育",载《课程·教材·教法》1999 年第 9 期。

7. 姚君、赵野:"加强公众环境意识教育",载《洛阳大学学报》2001 年第 4 期。

8. 潘懋元:"可持续发展的高等教育改革",载《辽宁高等教育研究》1997 年第 4 期。

9. 封尊琪:"可持续发展下区域教育模式的建构",载《中国人口·资源与环境》1999 年第 4 期。

10. 范国睿:"可持续发展战略与教育改革",载《华东师范大学学报》(教育科学版)1998 年第 1 期。

11. 李化树:"论高等教育的可持续发展",载《教育研究》1998 年第 5 期。

12. 申玉铭:"面向 21 世纪可持续发展教育的基本思路",载《中国人口·资源与环境》1998 年第 3 期。

13. 国家计划委员会、国家科学技术委员会:《中国 21 世纪议程》,中国环境科学出版社 1994 年版。

14. 汪晔君:"增强环境意识,实施可持续发展教育",载《辽宁行政学院学报》2002 年第 3 期。

15. 范冬萍:"大学绿色教育与可持续发展",载《现代教育论丛》2000 年第 6 期。

16. 范冬萍:"可持续发展的价值目标",载《自然辩证法通讯》2000 年第 6 期。

17. 范冬萍:"可持续发展目标的系统分析",载《系统辩证学学报》2001 年第 2 期。

18. 毕超、谷秉忠:"中外中小学环境教育的比较研究",载《北京教育学院学报》1998 年第 1 期。

19. 姜象鲤:"中国基础环境教育发展对策",载《广州师院学报》(社会科学版)1998 年第 1 期。

20. 北京师范大学环境教育中心、华东师范大学环境教育中心、西南师范大学环境教育中心:《可持续发展教育教师培训手册》,北京师范大学出版社 1999 年版。

21. 香港课程发展审议会编订:《学校环境教育指引》,香港教育署印行,1999 年。

22. 香港特别行政区政府教育署课程发展处编印:《可持续发展教育——小学环境教育教师手册》,2002 年。

23. 许嘉琳、王红旗等:《面向可持续发展的中学环境教育》,北京师范大学出版社 1996 年版。

24. 威尔克、佩顿、亨格福德:《环境教育师资培训策略》,赵学漱、张京凯译,中国环境科学出版社 1991 年版。

25. 韩明:"大学绿色教育:从理念到行动",载《广州大学学报》(社会科学版)2002 年第 5 期。

26. 高伟云:"浅论高等院校的绿色教育",载《浙江师范大学学报》(社会科学版)2002 年第 1 期。

27. 赵丽娟、常瑛:"普及环境教育与高校在可持续发展中的角色定位",载《石油教育》2000 年第 1 期。

28. 孙萍、刘钊:"大学绿色教育的现状与对策",载《中国高教研究》2000 年第 11 期。

29. 孙志东:"对高等学校环境教育的探讨",载《前沿》2002 年第 4 期。

第 **7** 章
广东科学中心概念设计

序　言

　　地处中国南隅边陲的广东,曾由于毗邻港澳而被划为边防前线,因而在计划经济时代里,广东的经济和社会发展长期受到影响,是改革开放的大潮将沉睡的南粤大地唤醒。二十多年来,广东以难以令人置信的经济和社会发展速度,创造了一个社会经济发展的神话,成就了世界经济发展史上的又一个奇迹。跨入 21 世纪的广东,面对着国内经济全面同国际市场对接所带来的机遇和挑战,必须重新调整经济和社会发展布局,以实现广东的可持续发展——第二次历史大跨越。在新世纪里,广东经济第二次创业战略的重点是要实现广东经济增长方式由投资拉动到技术进步拉动的转变,就是要使科技成为名副其实的"第一生产力"。

　　在广东,使科学技术成为第一生产力的关键,是扎扎实实地落实"科教兴粤"战略。这不仅需要我们切实抓好基础教育,大力发展高等教育,而一个更重要的方面,则是提高普通公民的素质,尤其是科学素养。人的科学素养首先是指树立科学的世界观、人生观和生活观,即是确立科学信念,相信科学知识为我们提供的世界图景,并用科学世界观来反对愚昧迷信。其次,人的科学素养还指拥有丰富的现代科学知识,并能够在科学知识的指导下,过一种健康文明的现代生活。科学知识的普及工作,是提高公众科学素养的必要手段,进而也是我们加快经济发展步伐、建设现代化文明社会的必要手段。

经济发达国家十分注重他们的科学教育和科学传播工作,特别是利用科学馆为基地来向公众传播科学思想,普及科学知识,从而帮助公众理解科学,树立科学信念,建立科学的人生观和生活观,以提高整个社会的公民素质,进而提高整个社会的文明程度。这是一条十分成功和值得借鉴的经验。在美国,各级各类的科学中心、科学馆遍布所有大中城市,全国每年有 5000 万人次的参观者到科学馆去接受科学知识的熏陶和教育,现每年仍有 2—5 座新建成的科学馆投入使用;作为经济发展后起之秀的日本,从 20 世纪 60 年代开始大力发展科学中心教育,到 1995 年全国已建成的科学中心、科学馆有七十余座,年接待参观者达两千多万人次;在经济发达国家,平均 80 万人口就拥有一座科学馆,其中欧洲的法国、德国、英国、芬兰等国家,都建有世界著名的科学中心或科学馆。

我国政府和社会各界早在 20 世纪 50 年代末,就开始关注世界各国兴起的科学馆建设动向,并计划建设我们自己的科学馆。无奈受资金等因素的制约,一直未能遂愿。改革开放后,国家的经济和社会发展取得了举世瞩目的成就,各大城市也将兴建科学馆的工作摆上了议事日程。1985 年中国科技馆在北京动工兴建,1988 年一期工程完工交付使用,接着又兴建了二期工程,于 2000 年 5 月投入使用;继中国科技馆之后,国内先后建成了天津、江苏、沈阳、山西、黑龙江、郑州、安徽、河北、上海等十几座具有一定规模和水平的科学馆。在建设规模方面,以上海科技馆为最大,其建筑场馆面积达 9.8 万平方米,这在全世界也属较大的,总投资为 17.55 亿元,其设施达到国际先进水平。

得改革风气之先,在中国的改革开放事业中"先行一步"的广东,在科技馆的兴建方面也不落后。早在 20 世纪 80 年代,广州市就开始筹建自己的科学馆,只是由于协调统筹的原因而未能够及时兴建。自中共十四届六中全会提出"大城市应重点建设图书馆、博物馆,有条件的还应建科学中心"的工作任务后,省政府不失时机地决定在广州兴建"国内领先,国际一流"水平的现代化科学中心。最近,卢瑞华省长在省科协第五届代表大会上又郑重地对全省的科技界宣布:"省委、省政府已下了决心,正在筹划兴建现代化的科学中心。把自然科学、社会科学和科普工作都容纳进去,成为一个大型的科学综合活动场地。"在省筹建广东科学中心的带动下,全省各地掀起了兴建科普教育基地的热潮,深圳、中山、东莞、佛山、肇庆、梅州等地已经先后建成了自己的科学馆，汕头、湛江、茂名等地也已经批准兴建科学馆的立项。这是广东经济和社会发展达到一定水平的必然要求。

规划在广州小谷围大学城旁兴建的广东科学中心，占地面积约45万平方米，首期工程计划兴建场馆建筑面积11.5万平方米，预算投资近19亿元人民币，堪称巨额投资项目，是广东省及广州市公共工程投资的百年大计。要充分实现该工程投资的社会效益，做好工程的前期策划工作尤为重要。只有做出"国际一流"的前期策划，才有可能建成"国际一流"的广东科学中心。本课题所进行的"广东科学中心概念设计"的研究工作，就是前期策划工作中最核心、最关键的一个部分。

所谓"概念设计"，就是关于一个项目的主题思想设计。项目设计大致可以分成两类，第一类是有主题思想的设计，另一类是没有主题思想的设计。普通建筑设计大多是没有主题思想的，这些设计也往往是因为没有思想而沦为平庸作品；但一个建筑精品必然是一个具有深邃独到的主题理念，并且通过天才的创意把这种理念完美表达出来的杰作。广东科学中心要达到它"国际一流，国内领先"的水平，就应该是一个精品，并且应该从概念设计入手来贯彻这种精品意识。没有完美主题理念的项目是不配称精品的。概念设计就是要为广东科学中心设计出较为完美的主题思想，并且通过简洁明快的逻辑演绎在展馆设置和展品布展设计中体现主题，使整个科学中心从内容到形式浑然一体地实现完美统一。

▶▶ 7.1 建设宗旨与目标

▷▷ 7.1.1 建设宗旨

广东科学中心建设的宗旨是：普及科学知识，弘扬科学精神，传播科学思想和科学方法；在走进科学中理解科学，在传播科学中启迪人生智慧。

围绕以上宗旨，广东科学中心将实现以下两个要求：

1. 成为科学教育的一个重要阵地

科学中心是一个面向社会大众的重要的科学教育基地。科学中心将以其独特的互动式和参与性的科学教育模式，先进的科学展示手段和表达方式,良好的科学传播效果,成为提高全体公民的科学素养、进行公民科学教育的重要场所,成为"科教兴粤"战略得以实施的重要举措。

2. 成为启迪科学精神和人生智慧的殿堂

"科学传播"理念的一个独到之处就是要求在传播科技知识的同时,必须关注对科学过程、科学思想和方法的传播,强调对科学精神的弘扬,对科学本性及其社会影响的认识和理解。科学中心作为传播科学、公众理解科学的重要场所,将通过各种精选的展品,特别是对各种科学发现过程的具体生动展示,让观众不仅能了解和学习基本的科学知识,而且能领悟和认识科学探索的过程,包括科学家在科学发现过程中所经受的种种曲折和磨难,感受科学家们在追求科学真理的过程中所具有的那种实事求是、开拓创新、坚忍不拔的科学精神。因此,科学中心将使观众在浓厚的科学氛围中,在对科学知识和科学精神的体悟中,陶冶情操,启迪人生智慧。

▷▷ **7.1.2 目标定位**

1. "国内领先,国际一流"的科普教育场馆

广东科学中心的建设具有以下几方面的优势:①建设规模和水平的优势——广东科学中心在投资规模和建设水平上均位列世界前列;②区位优势——地处作为南中国的经济、文化中心的广州,对国内参观者及海外华侨、外国游客均具有吸引力;③人才资源和学术交流条件的优势——珠江三角洲是当今中国人才集聚地之一,充足的人才资源为把广东科学中心建设成"国际一流"的科普教育场所创造了条件;④社会经济和社会发展水平的优势——广东和广州是当今中国经济最发达的地区之一,强大的经济实力为建设"国际一流"的科学中心提供了坚强的财力物力保障。因此,完全有条件把广东科学中心建设成为在国内领先并在国际上能够与世界最著名科学中心和科技馆齐名的一流科普教育场馆。

2. 展示岭南文化特色、标识广东新形象的场所

广东科学中心还将展示传统中国文化特有魅力和岭南文化独特意蕴;成为汇集岭南科学精华、展示广东科技文明成就的大型场所。广东高新技术产品产值和技术成果交易额均居全国首位,科技对经济的贡献率高达45%,企业专利申请占全国20%以上。广东科学中心将会对这些成就加以展示和反映。

3. 一流的科普教育学术活动场所

科学教育是一门新兴的学科,需要加强学术研究和学术交流。随着上海、广东和北京中国科技新馆相继建成和交付使用,我国的科普教育研究也必然进入一个新阶段。为了与"国内领先,国际一流"科普教育场馆的硬件设施相配套,广东在科普教育研究方面,也应该走在全国前列,实现把广东科学中心建设成能够与北京、上海鼎足而立的全国最重要的科普教育研究基地和科普学术交流中心的目标。同时还应当将广东科学中心建成广东省的科普教育活动的组织中枢,以及广东主要、全国重要的科普人才培训基地。

4. 广东乃至全国的科普旅游目的地

科普旅游已经成为当今中国旅游,尤其是以满足青少年旅游需求为特色的假日旅游的新时尚。近年来,上海和北京在旅游黄金周和暑期所接待的以接受科普教育为目的的青少年旅游者,正逐年大幅上升。广东科学中心建成后,完全可以和上海科技馆、北京中国科技馆呈三足鼎立之势,成为全国科普旅游的新目的地。

▷▷ **7.1.3 社会意义**

1. 为广东经济和社会实现可持续发展搭建新的平台

在过去的二十多年里,广东人民发扬锐意进取、艰苦奋斗、奋发有为、敢为天下先的精神,克服重重困难,顶住重重压力,审时度势,抓住机遇,取得了经济建设和社会发展的巨大成就。但同时也必须清醒地认识到,广东的这次发展机遇是由许多发展因素的机缘整合,才成就了过去二十多年的辉煌。面对中国入世后经济全球化对国内市场的冲击,新世纪的广东已经不再具有过去那种得天独厚的经济发展资源,单纯依靠引进外资的投资扩张来拉动经济增长的时代,可以说是一去不复返了。广东经济要想实现可持续发展,必须把增长方式转变到依靠科技进步的新轨道上来。但依靠科技进步拉动经济增长,有赖于整个社会公众科学素养的提高和整个社会整体科技实力和水平的提高。因此,广东科学中心的建设将是广东解决科普教育基础设施不足的一个大的举措,它的建成使用将极大地推动广东科教事业的发展,从而为广东公众科学素养和社会整体科技实力的提高做出贡献,进而为实现广东经济和社会的可持续发展提供一个新的平台。

2. 使"科教兴粤"战略进一步得到落实

自广东实施"科教兴粤"战略以来，广东教育的基础设施得到了极大的改善，不仅中小学的校舍、基本实验设施、运动设施得到大规模的翻新、扩建和新建，高等学校的教学条件也得到了极大改善。然而，广东科学事业的基础设施水平的改善，却远未达到和广东经济与社会发展相适应的程度，这更与广东"率先实现现代化"的社会发展目标不相适应。高档次、高规格、高水平的广东科学中心的兴建，可以使广东科学教育事业的基础设施水平得到较大提高，为广东"科教兴粤"战略的进一步实施创造出更好的条件。

3. 为广东的"文化大省建设"注入新的活力

地处祖国南大门的广东在中国近现代历史上有其独特的地位以及得天独厚的历史和地理条件，使其形成一种"得改革开放风气之先"的独特文化传统，这种传统又由于广东地理上毗邻港澳台地区及东南亚诸国，省内有上千万同胞侨居海外而得以强化。岭南文化在一定意义上可以说就是指这种对西方文化和文明有一种独特亲和力的文化，它善于吸取西方文化的长处，并以一种博大的包容精神将外来文明的优秀精华融入自己的文明中。广东省不失时机地提出"建设文化大省"任务，就是要弘扬岭南文化的"开放包容，兼收并蓄"的精神。兴建大型科学中心，将科技文明精华荟萃其中，这是弘扬岭南文化精神的新举措，也必将为广东的文化建设注入一种新的活力。

4. 是提高广州市民乃至全省人民科学素质的新举措

广东经济要想实现可持续发展，必须把增长方式转变到依靠科技进步的新轨道上来。但依靠科技进步拉动经济增长，有赖于整个社会公众科学素养的提高和整个社会整体科技实力和水平的提高。广州市民乃至广东全省人民的科学素质，与"依靠科学进步来实现经济的可持续发展"的新要求可以说是十分不相适应的。广州市民的科学素养不仅落后于北京、上海，甚至也落后于武汉、西安、南京等国内的其他大城市；广东全省人口的科学素养在全国的排名只能够居于中游。广东科学中心的建设将是广东解决科普教育基础设施不足的一个大的举措，对推动广东科教事业的发展，改善广州市民和广东人民的科学素养将会做出贡献。

5. 为广州市民增添一个享受高品位休闲娱乐文化的新场所

广州是南中国的文化中心，一直享有"吃在广州"、"购物在广州"和"玩在广州"的美誉，休闲娱乐文化是广州文化的重要特色之一。具有国际一流水准的广东科学中心的建设,将为广州的休闲娱乐文化增添一处高品位的场所,科普旅游将会成为广州旅游的新亮点,广东人民也可以多一处享受高品位文化休闲的新去处。

6.为广州城市建设增添新的景观

中国乃至世界的名城广州是一座具有两千多年历史的文化名城,在她历史的绝大部分时间里,广州一直是南中国乃至整个东南亚地区独领风骚的政治、经济、文化中心。1978年后改革开放时代的到来,使广州的城市建设迎来了一个发展的黄金时期,纵横交错的路网,鳞次栉比的高楼,在重塑着广州城市的新形象。但广州在迈向国际化城市和国际名城的进程中,也遇到了不少困难,尤其在城市建设方面,一直存在一些不太令人满意的地方。但近些年,广州市的城市建设已经驶上飞速发展的快车道,城市面貌正以日新月异的速度在发生着变化。投资达19亿元巨资兴建的广东科学中心,将会成为继广州奥林匹克中心、广州新会展中心、广州新白云机场之后的又一标志性建筑,成为广州的一道新的靓丽风景。

▶▶ 7.2 核心理念与主题

▷▷ 7.2.1 核心理念

我们认为,广东科学中心设计的核心理念应该是:以人为本,传播科学,和谐共进。

1.以人为本,提高公众的科学素养

一个国家的国际竞争力主要表现在经济竞争力和科技竞争力两个方面,而通常经济竞争力又是受科技竞争力制约的。我国的科技竞争力与发达国家的差距比经济竞争力的差距要大得多,这主要是因为我国公众整体科学文化素质仍处于较低的水平,或者说是由于我国公众的整体科学素养较低。

所谓科学素养(Scientific Literacy)主要指社会公众所应具备的最基本的对科学技术的理解能力,它主要包括:①对一般科学术语和概念的认识和理解的能力;②对科学研究过程中的基本思考和推理的认识和理解的能力;③对科学技术对个人和社会的影响所具有的基本了解,以及对包含科学技术内容的公共政策议题的理解和评价。国际公众科学素养促进中心主任、美国芝加哥科学院副院长米勒（Jon D. Miller）教授成功地解决了公众科学素养的评价问题，形成了公众科学素养调查的米勒标准。

我国自20世纪90年代开始，也引入米勒标准进行公众科学素养调查，我国公众具有基本科学素养的比例1996年为0.3%，到2001年为1.4%，2003年则为1.98%；而美国1985年为5%，1990年为6.9%，到2000年则达到17%；欧共体12国1990年的比例为4.4%，1992年为5%。这便是我们与发达国家的差距所在。为了尽快缩小这种差距，我们必须从科普教育工作抓起，大力开展科学普及和科学传播工作。以人为本，以提高公共的科学素养为宗旨，让人们在接触科学、感受科学、理解科学中启迪人生智慧，提高科学文化水平。

2. 传播科学，顺应国际科学教育趋势

当今的世界正处在一场科学教育的革命之中，这场革命的显著特点是：①从教育目的看，新的科学教育主要以提高全体公民的科学素养，培养促进社会发展的合格公民为目的的，这与传统只将科学教育看作一种科学文化的普及手段相比无疑是具有革命性的；②从教育内容看，传统科学教育的重点是科学知识的传授，而新的科学教育观则把科学知识、科学方法、科学思想和科学精神看成一个整体，并在科学教育过程中重视对公众创新能力的培养、科学的生活态度的培养，即重视对人生智慧的培养；③从教育手段看，传统科学教育观特别重视教育主体（教师）的作用，依靠教育主体对教育客体进行科学知识的传授；而新的科学教育观打破教育主客体之间的分割，特别强调利用现代传媒技术来实现对科学技术的传播，这种传播可以使公众在与科学教育展品的互动和娱乐中来了解科学知识，接受科学熏陶，启迪生活智慧。也是在此意义上，我们说传播科学是国际科学教育发展的大趋势，而以科学中心为载体的科普教育基地的建设，正是我们顺应这种国际科学教育大趋势的新举措。

3. 和谐共进，反映"科学发展观"本质要求

科学发展观是一种以发展为前提，以关爱和保护自然为基础，以社会进步为目标，以科技发展为动力的协调可持续的发展观。这种发展观强调人与自然的和谐共生关系，强调自然是人类赖以栖息和休养生息的家园；因此，人类的经济发展和社会进步必须与自然生态的改善同步进行，只有那种能够与自然改善同步的发展和进步，才能够成为真正意义上的进步。这种

进步包含了人与自然相协调、科技进步与社会发展相协调、科学进步与技术发展相协调的因素,并且以人与自然的协调为最根本特征。

▷▷ 7.2.2 主题定位

1. 主题思想及其内涵

广东科学中心展示内容规划的主题思想为:"自然,人类,科学,文明"。

人类是自然的产物,探索和认识自然是人类的天性;人类认识自然产生科学;人类对科学的应用产生技术;技术的发展推动人类进步,并为人类积累文明的成果。在"自然,人类,科学,文明"的主题中,以人类为出发点可以演绎地包含人与文明、人与科学、人与自然三对关系。

(1)人与文明:以人为本

人类在科技进步推动下的文明发展,必须坚持以人为本的前提。科技进步和社会文明发展的过程,在某种程度上可以说是科学精神与人文精神相互交融,充满人文关怀的过程。以人为本不仅是对人的生命的珍惜和关爱,更是对人的价值和尊严的尊重,对人的全面发展的追求。

(2)人与科学:传播科学

科学是人类共有的精神财富。传播科学就是要让社会的全体公民都能分享这份精神财富,使科学影响公众的基本生活方式。包括:①使科学知识,譬如力的知识、电的知识、无线通讯的知识、电脑和电器使用的知识、化学的知识、医学的知识、生命与健康的知识等成为指导人们日常生活的常识。②使科学探索精神成为指导人们日常生活行为的准则,那种追求科学探索目标的专一,那种遇到困难而百折不挠的勇气,那种为追求真理而勇于献身的精神,都应该成为塑造公众基本人格的精神动力。③使科学态度,即尊重客观事实、实事求是、服从真理、修正错误的态度,成为公众生活的基本态度。

(3)人与自然:和谐共进

和谐共进的含义包括:①人与自然的关系本质上不是一种征服与被征服和奴役与被奴役的关系,而是一种休戚与共的相互依存关系。应强调人在对待自然的态度上,要改变那种把自然当作敌对的征服对象的观念。②人类对自然的开发利用必须以适度为原则,不可为了眼前利益而牺牲长远利益,不可由于过度开发利用而造成对自然生态平衡的破坏,人类应该选择一条与自然界和谐共生的可持续发展之路。③和谐共进也指人类进步的自身协调,包括不同地区、国家、民族在经济和社会发展方面的相互协调;科技发展与社会进步之间的相互协调;物质文明进步与精神文明发展的相互协调;人们的物质生活改善与道德修养提高的相互协调等。

▶▶ 7.3 内容规划原则与评价

▷▷ 7.3.1 内容规划依据

1.以先进的科学教育理论为指导

(1)先进的科普教育理念

科学传播是国际科学教育的一种崭新理念。它特别强调社会的全体公民是科学教育的主体,科学教育应把公众看成是一个主动的学习主体。因此,在科学中心的设计理念中,公众将处于一个核心主体的地位,无论是展品的设计和选择,环境的布置和设计,还是管理机制的建立,都应该以人为本,以公众这个学习主体为根本,营造一个适宜的氛围,使公众易于接触科学,乐于了解科学,主动理解科学。与不同的科普教育理念相适应的科技场馆建设经历了自然科学类博物馆、传统科技馆、现代科学中心三个主要阶段,广东科学中心将要表达的是这种最先进的科普教育理念。

(2)先进的展示设计理念

先进的展示设计理念的主要表现为:①以人为本,而不是"以物为主"。强调以观众及其需求为展示设计的首要出发点。②互动性与参与性。一方面,使科学传播者与公众之间能够进行交流和对话,对科学问题进行讨论和相互了解;另一方面,使公众参与到科学的活动和过程之中,亲身体会和了解科学知识的产生和创造过程,从而掌握科学知识,领会科学方法和科学精神。这种互动性可以使公众更加主动和更加深刻地了解科学。因此,在科学中心的展馆设计中既要具有浓厚的科学氛围,注重科学性,又要考虑科学知识的趣味性和科学过程的参与性,不仅能让观众"看科学",还要能让观众"听科学","做科学"。③寓教于乐,这一理念要求内容安排和展品设计要充分考虑其趣味性,让观众在娱乐中感受科学、理解科学、接受科学。

(3)先进的展品设计手段和方法

展品设计始终是受技术手段限制的,同时科学技术的发展又不断突破旧的技术手段的束缚,而产生出新的展品设计思路、技术和手段来。要实现"国内领先,国际一流"的目标,在展品展示方面必须反映当代展品设计新技术,达到世界先进的水平。

2.以广东科学中心的核心理念和主题为逻辑主线

"以人为本,传播科学,和谐共进"是广东科学中心建设的核心理念,"自然,人类,科学,文明"是广东科学中心的主题思想,主题板块的演绎应紧紧围绕着广东科学中心的核心理念和主题思想这条逻辑主线来展开,主题馆的设置应对广东科学中心的核心理念和主题思想具备强有力的支撑,并且具备延伸发展的能力。

▷▷ **7.3.2 内容规划原则**

1.展示内容选择

(1)精选经典

科普教育的一项重要任务是将经典科学变成通俗易懂、大众便于接受的常识,但被称为经典的科学知识由于内容太多,必须考虑所选择内容的代表性,即考虑所谓"经典性"问题。所以对经典科学知识的展示必须要进行精选,在体现科学世界观整体性的前提下把握好展示内容的经典性。

(2)突出前沿

前沿科学反映了当今科学发展的最新成就,是展示内容选择的重点。对科学新思想和技术新成就的介绍要在立足于"新",突出前沿领域的新成就,尽可能把最新的科学思想,最新的技术发明,以及对当代生活的最新影响及时准确地介绍给公众。

(3)厚今薄古

当然,突出前沿并不意味着忽视对古代科技内容的反映和介绍,尤其对中国古代科技文明的成就,必须选择恰当的内容予以展示。但整个展示内容的选择必须遵循"厚今薄古"的原则,即以介绍当代科技的新成就为主,辅以对古代科学史上的著名发现案例以及科技成就的展示。

2.展示方式选择

(1)学科式与主题式相互兼顾

学科分类式展示实际上是对近代以来西方百科全书式的科学教育模式的一种反映,它强调的是一种分门别类的学习方式和经验性的方法。这种科学教育模式对于科学发展的初期以及对于较清晰地了解各学科的基本知识具有一定的优势。但随着科学的纵深发展和综合性发展,这种科学教育模式显露出其局限性。在科学中心的展示设计中较难体现一个总的主题理念,而且展示时常常显得内容繁杂,单一而缺少生动趣味性。因此,一种"主题综合式设计模式"应运而生。这种模式不遵循传统的学科分类体系,而是注重对各学科知识进行融会并加以综合性表达。打破知识学科的界线,对所要展示的科学知识内容围绕着这一主题的逻辑线索来进行安排,这实际上是对现代"通识(通才)教育"理念的一种反映和表达,也是对STS教育理念的一种具体应用。广东科学中心的内容规划遵循的是"学科式与主题式相互兼顾"的原则。

(2)探索人本综合式

所谓"人本综合式",是指在展示内容规划时坚持"以人为本"的理念,力图糅合学科式和主题式这两种模式,根据科学内容,将不同的展示方式有所侧重地融通在各个展馆中。这种系统综合的展示模式既体现了当代世界科技发展的综合与交叉趋势,又尽量不遗漏当代科技发展的重要知识领域,而且将各展馆有机地联系起来,凸显了设计理念的整体性。

3.展品设计选择

科学中心的展品设计,主要坚持以互动参与、亲身实践体验为主,让观众不再被置于展品之外,而被设计为展品演示的一部分,参观展品的过程不再仅仅是一个参观的过程,而更重要的是一个参与的过程,在参与的过程中动手、动脑,在参与的过程中感受科学,体验科学的神奇与奥妙,并享受由这种神奇与奥妙所带来的乐趣。

科学中心在展品设计思想上必须坚持"互动参与"的新观念,但也不能对传统的陈列式和演示式展品设计采取一概摒弃的做法,因为并不是所有的知识点表达都适应"互动参与"的要求,尤其是对古代科技成就的展示,陈列方法就不能够不用,对于一些观众不宜参与其中的展品,也不妨采用演示方法来表达。所以,现代科学中心的展品设计应当坚持"以互动参与为主,间或采用陈列方法和演示方法作补充"的原则。

▷▷ **7.3.3 内容规划评价**

对展示规划内容进行评价应当采用以下标准:

1. 科学性

展示内容规划的科学性主要包括：①展示内容选取是否恰当合理，首先看知识点分布是否涵盖了相应主题的主要科学知识领域，是否存在重大的知识遗漏；其次看知识点分布是否与各种科学知识的重要性相一致，是否存在将重要知识选择介绍太少，而对不重要知识选择介绍过多的情况；②展示内容选取是否体现科学精神，首先看内容规划中对科学精神的把握是否准确；其次看对科学精神的展示是否充分，是否达到让观众理解科学精神并接受的程度；③内容选取是否具有更新发展的可持续性，首先看内容选取是否具有前瞻性，预示着学科发展的方向；其次看能否为将来的展品更新做出筹划，并预留出可持续发展的空间。

2. 逻辑性

展示内容规划的逻辑性主要包括：①逻辑清晰性，看整个内容安排是否具有清晰的逻辑主线，并通过这条主线向观众明白无误地传达展示的核心理念与主题；②逻辑层次性，没有层次感的内容表达肯定是杂乱无章的，内容表达的逻辑，首要的是主次分明，其次是详略得当，只有重点突出才能够做到逻辑层次分明；③逻辑恰当性，看展品与所欲展示的主题和思想之间是否具有明确的逻辑关系。

3. 先进性

展示内容规划的先进性主要包括：①展示理念的先进性，看是否把"以人为本"等先进的展示理念贯穿于展示规划设计的各个方面；②展示内容的先进性，看能否把最新的研究成果和最新的技术手段，诸如纳米技术、基因工程、信息技术、太空技术等及时展示出来；③展示手段的先进性，看是否能把最先进的展品设计技术尽可能地应用到展示设计之中。

4. 趣味性

展示内容规划的趣味性主要包括：①参与性，看展品设计的互动程度是否高，观众参与程度是否强；②娱乐性，看展示内容安排是否做到寓教于乐，对观众有足够的吸引力；③教益性，参与性强和娱乐性强的展品，未必就一定富有教益，还要看观众通过参与娱乐是否达到明白科学道理、接受科学知识的目的。

5. 可行性

主要看所有展品设计在技术上是否可行，因为再好的展品设计没有技术上的可行性作保证也只能够是空谈。

▶▶ ## 7.4 内容规划的总体框架

▷▷ ### 7.4.1 内容规划总体设计

1. 展示内容规划的逻辑主线

展示内容规划必须围绕着"以人为本,传播科学,和谐共进"的核心理念,沿着"自然,人类,科学,文明"的主题思想分别展开。以人为本要求把人作为展示内容规划的逻辑起点,"人"首先与主题中的"自然"相遇,面对自然,人的好奇心驱使人开展"自然探索"(第一展区);驱使人去认识"人类"自身,"揭示生命现象的奥秘"(第二展区);人类追求真理的活动表现为科学发现(第三展区);科学影响人类的生活,使人们生活更美好,表现为"文明的发展",它是由于科学转变成技术而实现的,技术为人类带来幸福,同时也带来挑战,即"技术挑战"(第四展区);人们探索自然,揭示生命奥秘,享受科学发现的愉悦,也勇敢地面对技术进步所带来的挑战,这便是全部现代文明的秘密,即人类始终生活在由科技所创造的"乐园"之中,即所谓"科技乐园"(第五展区)。

2. 各展区主题思想定位

(1)"自然探索"展区

为了展示人与自然"和谐共进"的理念,本展区主要展示有关自然的科学知识,包括太空、地球、海洋、生态环境,以及一些其他超视觉自然知识。展示这些知识应当围绕"领略自然,爱护家园"的主题思想来规划设计,尤其要让观众明白"只有一个地球,她是我们唯一赖以生存的家园"的道理。

(2)"生命揭秘"展区

为了体现"以人为本"的理念要求,内容安排应当围绕"认识自己,关爱生命"的主题思想来规划设计。主要展示人体、健康、认知科学、基因原理、生物等有关生命科学的知识,要让观众不仅明白生命的奥秘,更认识到人的生命价值,懂得应当"珍惜生命,关爱生命"的做人道理。

(3)"科学发现"展区

为体现"传播科学",尤其是"传播科学精神"的理念要求,内容应当围绕"在科学的海洋中求索"的主题思想规划设计。展示内容包括科学实验方法、著名科学发现再现、奇妙的数学王国、科学时空等。让观众领略科学探索的艰辛,体会科学发现的乐趣,了解科学发现的方法,产生对献身科学人生志向的理解和羡慕。

(4)"技术挑战"展区

应从"文明"主题和体现"和谐共进"理念的要求中,演绎出"科学使人们的生活更美好"的主题思想来,并围绕这一主题思想对展示内容进行规划设计。展示内容包括汽车知识、数码信息知识、城市科学、家居科学、发明与设计、现代农业知识等。让观众既理解科技进步给我们生活所带来的好处,又了解新技术使用对人类文明所构成的新挑战。

(5)"科技乐园"展区

该展区在理念上体现"以人为本,传播科学,和谐共进"的总体要求,展示设计应围绕"感受科技在欢乐中"的主题思想展开。主要展示内容包括科学广场、儿童天地、体育天地、科技影院、科技营地、水上科技乐园等内容。

▷▷ **7.4.2 规划展示内容总体框架**

我们设想的规划展示内容总体框架可以用如下表表示。

规划展示内容总体框架一览表

展区名称	展区主题	一期展馆名称	二期展馆名称
自然探索	领略自然,爱护家园	飞天之梦	地球故事
		走向海洋	大开眼界
		绿色家园	
生命揭秘	认识自己,关爱生命	人与健康	基因之谜
		感知与思维	生物王国
科学发现	在科学的海洋中求索	实验与发现	数学王国
			科学时空
技术挑战	科学使生活更美好		城市奥秘
		汽车	家居科学
		数码世界	发明与设计
			农业新声
科技乐园	感受科技在欢乐中	科学广场	水上科学乐园
		儿童天地	科技营地
		体育天地	
		科技影院	

▷▷ **7.4.3 规划内容的分区布局**

1."自然探索"展区

（1）展示要点

本展区将以直观、生动、通俗、有趣的形式将美丽的大自然全景式地展现在观众面前,并力求运用诸如多媒体技术、仿真技术等高新技术手段,将天文、地理、海洋和生态科学的知识转化为知识丰富、参与性强的展品。

（2）展馆设置

该展区规划设置"飞天之梦"、"地球故事"、"走向海洋"、"绿色家园"、"大开眼界"五个展馆。

（3）展示内容

"飞天之梦"展示太空探索的基本知识,以及中国在太空探索中所取得的辉煌成就;"走向海洋"展示海洋基本知识和海洋科技知识,培养观众"蓝色国土"的保护意识;"绿色家园"展示生态与环境保护的基本知识,体现"人与自然和谐共存"的理念;"大开眼界"主要借助科学仪器等手段向观众展示超视觉世界。

自然探索展区展示内容规划一览表

展区名称	一期规划展示内容		二期规划展示内容	
	展馆名称	规划展示内容	展馆名称	规划展示内容
自然探索	飞天之梦	挑战天空	地球故事	地球的力量
		飞向太空		探求地质的宝藏
		星际探秘		人类与地质环境
	走向海洋	美丽海洋	大开眼界	微观世界
		港口与航运		宏观世界
		海洋探测		极速世界
		海洋资源的开发与利用		看不见的世界
		海洋保护		
		绿色摇篮		
	绿色家园	绿色危机		
		绿色行动		

2."生命揭秘"展区

（1）展示要点

本展区将以贴近生活、寓教于乐的生动方式，直观通俗地将生命科学知识由浅入深地介绍给观众，并通过观众有趣的互动参与来理解生命奥妙，将诸如基因、思维等知识尽可能地转化为人们的生活常识。

（2）展馆设置

该展区规划设置"人与健康"、"感知与思维"、"基因之谜"、"生物王国"四个展馆。

（3）展示内容

"人与健康"展示人体奥秘和健康知识，以及疾病的预防与治疗，着重体现"关爱生命"的主题思想；"感知与思维"展示脑科学和认知科学的基本知识，着重揭示"思维之谜"；"基因之谜"展示生命遗传的基本知识，并介绍"基因工程"的最新进展；"生物王国"主要揭示动植物及微生物生命世界的奥秘，让观众了解生命世界的丰富多彩。

生命揭秘展区展示内容规划一览表

展区名称	一期规划展示内容		二期规划展示内容	
	展馆名称	规划展示内容	展馆名称	规划展示内容
生命揭秘	人与健康	人体奥秘	基因之谜	"走进"基因
		健康新概念		基因与遗传、变异
		疾病预防		基因工程及应用
		模拟医院		基因研究及社会性
	感知与思维	感官与大脑	生物王国	植物奥秘
		感觉与知觉		动物奇观
		思维探索		生物多样性与人类

3."科学发现"展区

（1）展示要点

本展区主要通过对科学的经典发现和经典实验的介绍，让观众不仅领略科学发现的艰辛和乐趣，还会从中学到科学研究与发现的方法，体会科学精神的真谛，重点在于培养青少年观众的科学兴趣，并把这种兴趣转化为献身科学的动力。

（2）展馆设置

该展区规划设置"实验与发现"、"数学王国"、"科学时空"三个展馆。

（3）展示内容

"实验与发现"主要通过对"伽利略实验室"、"牛顿实验室"、"法拉第实验室"的展示，重现这些科学上的重要发现，并通过"发现广场"和"探索之旅"来强化科学的实验与发现所展示的内容；"数学王国"展示数学世界的奇妙；"科学时空"展示科学认识的几次飞跃。

科学发现展区展示内容规划一览表

展区名称	一期规划展示内容		二期规划展示内容	
	展馆名称	规划展示内容	展馆名称	规划展示内容
科学发现	实验与发现	科学发现广场	数学王国	走进数学世界
		伽利略实验室		发现身边的数学
		牛顿实验室		数学探源
		法拉第实验室		数学工作室
		探索物质世界之旅		
		探索生物世界之谜		
		科学探究实验室		
			科学时空	时空里程碑
				粒子奥运会
				生命进行曲

4."技术挑战"展区

（1）展示要点

本展区将重点向观众展示技术进步给人们生活所带来的深刻改变：汽车是推动文明的轮子，但其尾气却造成了污染；数码世界带给人们虚拟的真实；城市规划建设、家居的现代化和人居环境问题等，让观众能够理解现代科技成果应用的两面性。

（2）展馆设置

该展区规划设置"汽车世界"、"数码世界"、"家居科学"、"城市奥秘"、"发明与设计"、"农业新声"六个展馆。

（3）展示内容

"汽车世界"展示汽车的构造、驾驶与竞技；"数码世界"展示数码生活与虚拟世界；"家居科学"展示传统家居与现代家居的对比；"城市奥秘"介绍城市建筑与景观；"发明与设计"将会为业余发明家提供一个设计的舞台和交流的场所；"农业新声"主要介绍农业的现代化趋势。

技术挑战展区展示内容规划一览表

展区名称	一期规划展示内容		二期规划展示内容	
	展馆名称	规划展示内容	展馆名称	规划展示内容
技术挑战	汽车世界	看汽车如何运转	家居科学	日常家居
		汽车驾驶体验		新型家居
		汽车设计与制造		传统中国家居
		汽车与社会		创造工作室
	数码世界	数字技术基础	城市奥秘	城市印象
		数字化生存		城市地下探秘
		虚拟世界		未来城市
			发明与设计	创造力剧场
				发明灵感区
				实践体验区
			农业新声	园艺示范区
				时尚保健示范区
				现代生物技术示范区

5."科技乐园"展区

（1）展示要点

本展区将结合户外展示场地来展示，重点在于营造一种欢乐的气氛，但这种欢乐又是与"迪斯尼"乐园有所区别的欢乐，它是一种在获得知识收获和身心愉悦后由衷的欢乐，而不是那种在躁动的喧闹中所达到的情绪放纵。

（2）展馆设置

该展区规划设置"科学广场"、"儿童天地"、"体育天地"、"科技影院"、"水上科技乐园"、"科技营地"六个展馆。

（3）展示内容

"科学广场"是户外名副其实的科学广场,安排"科技丰碑"等若干个展示项目;"儿童天地"是为不同年龄段儿童而设计的"科学启蒙"展示项目;"体育运动"主要安排能力测试、运动科学等展示内容;"科技影院"主要是各种最先进放映技术的展示;"水上科学乐园"则主要利用户外水面安排水利知识介绍和水上竞技运动项目;"科技营地"主要利用户外安排古代科技文明、环境监测及自然探险等项目。

科技乐园展区展示内容规划一览表

展区名称	一期规划展示内容		二期规划展示内容	
	展馆名称	规划展示内容	展馆名称	规划展示内容
科技乐园	科学广场	科技丰碑	水上科学乐园	水之韵
		室外科学趣味展示		水利天下
		室外高科技展示		水上竞技
	儿童天地	我的家与居住小区	科技营地	古代文明
		我的城市		科学游乐场
		我的世界		科学探究园
		我的工作室		
	体育天地	了解你的能力		
		运动中的科学		
		冠军背后的奥秘		
	科技影院	3D巨幕影院		
		数字球幕影院		
		4D影院		
		虚拟航行动感影院		

▶▶ 7.5 建筑物与环境

▷▷ 7.5.1 建筑造型要求

1. 鲜明时代特征

城市在某种意义上是建筑的博物馆,因为不同时代的建筑物毫无例外地会铭刻上时代的印痕。在 21 世纪初期建造的广东科学中心,必须强调它的时代特征,必须通过建筑物反映出一种广东人民昂扬向上奔向现代化的时代精神风貌。这种时代风貌可以表现为建筑物的宏伟气势,也可以表现为建筑物的新颖美观的造型,还可以表现为建筑物与环境衬景之间的气韵感通。总之,鼓励探索和追求创新的精神是最富有我们时代特色的精神,恰当地将这种精神表达出来的广东科学中心,将会是最具有鲜明的时代特征的城市建筑物。

2.岭南地域特色

什么是岭南的地域特色?因为广东科学中心建在广州,所以能够与"云山珠水"的广州地貌特征相融合,并且充分利用这种城市地理特征的建筑物,便是具有了岭南地域特色。这种"特色"不能以建筑风格为借口,对博采众长而富有创新的建筑设计采取拒斥态度。堪培拉的城市规划和悉尼歌剧院都可以说不符合澳大利亚的传统建筑风格,同样埃菲尔铁塔和蓬皮杜中心也不符合法国的传统建筑风格,但这些都是名垂千古的建筑精品。不拘一格地接受任何风格的艺术创新,正像广州奥林匹克中心所使用的飘带式顶棚一样,所展现的正是岭南文化的最显著特色。

3.反映主题思想

一个堪称为精品的建筑物,不能够不通过它的全部建筑语言来表达一个主题思想。广东科学中心的主题思想是:崇尚科学但不应忘记人类与自然和谐共存;追求文明进步不应忘记善待自然保护环境。这不仅是全部展品布展设计的主题思想,同时也应该是整个建筑设计的主题思想。建议使用自然、人类、科学、文明为基本建筑语汇,并通过对基本建筑语汇相互关系的处理,把我们的主题思想表达和反映出来。这是我们对建筑设计人文关怀的一种要求,它不应该被看成束缚建筑设计师们自由地发挥创意的羁绊。

4.广州标志建筑

广州是一个具有两千多年历史的文化名城,甚至直到 1750 年,广州还与伦敦、巴黎、伊斯坦布尔、江户、北京、南京、扬州、苏州、杭州九座城市一起,成为人口超过 50 万的世界最大城市。但是,与国内外的其他历史文化名城相比,广州城所拥有的历史文化遗产相对贫乏,这一方面与对文化遗产的保护不力有关,但更重要的则是广州历史文化遗产资源的相对贫乏。

广州在历史上没有像伦敦、巴黎、伊斯坦布尔、江户、北京、南京、杭州那样成为国家的首都，也没有像扬州、苏州那样人文荟萃，得天独厚的对外通商口岸并没有给广州留下太多珍贵的文化遗迹。广州为了不辜负她历史文化名城的盛誉，就要从现在做起，在着力保护好历史文化遗迹的同时，要尽可能使现在的城市建筑在若干年后，能够成为具有一定历史文化内涵的、因而具有一定保护价值的遗产。广东科学中心就要建成那种在当代能够代表广州城市形象、未来能够具有一定文化遗产价值的标志性建筑。

▷▷ **7.5.2 建筑结构要求**

1. 单体建筑结构

广东科学中心建筑用地近 40 公顷,规划建筑面积 11.5 万平方米,从建筑结构选择来讲,可采用多体组合式建筑结构,也可采用单体建筑结构。多体结构的好处在于,布展设计可利用室内与室外两个空间,即可以设计一部分户外展项,但不利之处在于,组合式建筑结构不利于建筑造型,尤其不利于形成一种雄伟的建筑气势。广州地处中国南隅,几乎从来没有成为过国家的政治中心,所以象征着国家权力、以雄伟为基本风格的宫廷建筑,在广州就根本没有建设过,所以也没有什么遗迹可保护。为了弥补广州在建筑风格上的这种缺憾,利用 11.5 万平方米建筑面积,追求一种雄伟壮观的建筑气势,不能说不是一种较好的选择。

2. 大跨度空间

用于科学中心布展用途的建筑物,是一种必须适应展品布展需要的特殊功能建筑。由于科普展品中存在着一类大尺度展品,它们一般对展馆的空间高度和跨度都有大尺寸的要求,为了满足这类大尺寸展品的进入和变换展区位置对空间尺度的要求,科学馆建筑物一般采取大空间、大跨度的空间设计,除特大件尺寸或特殊功能展品应在建筑设计前加以明确外,一般中央大厅的高度应不低于 30 米;高压放电展项的建筑高度预留应不小于 12 米,占地 120 平方米;其余楼层一般应不低于 7 米。在采光方面,一般以适度的自然光结合一定的人工光为宜,要求既要形成观众参观时的凝视效果和集中注意气氛,又应适当考虑节能要求。另外,大跨度空间场馆在展品布展时容易造成一种集市效应,即各展项和展品之间由于参观者的相互干扰,而形不成一种集中注意的参观气氛。为了克服这种现象,各展项之间应适当采取一些隔离措施。

3. 室内外空间统一

根据国外科技馆事业发达国家的经验,科学馆内布展空间使用以控制在每个参观者享用 3 平方米为宜,否则客流太密就会造成一部分参观者等候参观的情况发生,这时在场馆内处于等候状态的参观者十分容易造成对展品的破坏。广东科学中心常设展馆的布展面积为 6.5 万平方米,正常情况下场馆可容纳观众 2.15 万人。但考虑到节假日的客流高峰期观众可能远高于这一数目的实际情况,必须对参观人数实行有效控制,这样就必须在场馆外建设足够面积的广场设施,使得观众在等候入场的过程中,有足够的户外空间供他们活动。另外,广场还为中小学生们在户外举行各种集体活动提供了方便,因为中小学在集体组织参观科学中心的同时,大都还开展一些其他的集体活动。因此,必须设计出一个与室内 6.5 万平方米展馆面积相匹配的足够大的广场,以提供足够的室外活动空间。

4. 体现人文关怀

科普教育事业是一种社会的公益事业,它的兴办本身就体现着社会的一种文明进步。社会的文明进步必须是以体现对人的关怀为基本特征的,所以科学中心的场馆设计,必须体现出一种对人的关怀来。这首先表现在交通安排上,要使观众的到达和离去以乘坐公共交通工具为主,而不能够以有车族的出行方便为尺度;其次,在参观路线设计方面,要充分考虑老弱病残参观者和青少年参观者的身体承受,要适当在各展项的展品旁,安排一些可供参观者休息的座凳,以便感觉累了的参观者有歇息的地方;再次,所有参观通道应当都同时设计残疾人通道,使得残疾参观者能够与正常参观者一样行动自如。

▷▷ **7.5.3 材料和设备选用要求**

1. 使用高科技材料

在某种意义上,建筑材料的使用是一个国家和地区科技实力、经济发展水平和社会文明进步程度的一种直接反映。要想把广东科学中心建设成为"代表广东经济发展和现代化形象的标志性建筑",就必须在材料使用方面紧跟世界潮流,把能够反映最先进技术水平的新型材料,用于广东科学中心的场馆建造。事实上,一流的建筑设计往往是与最先进的新型材料的使用分不开的,因为新型材料的优越性能为建筑设计师的造型提供无限多样的新选择,这样就为他们展示创造才华提供了更加宽阔的舞台。广东科学中心要成为"国际一流",就必须聘请世界一流的设计师,使用当今世界最先进的材料,设计出前无古人的一流杰作来。

2. 选用高技术设备

广东科学中心要实现"国际一流"的建设目标,除要建设一流的场馆外,馆内的设施和设备建设也必须适应这种"国际一流"的要求,其中在基础设施方面,首先必须建设一个由宽带光纤支持的高效率信息网管系统;其次应按高标准、高质量的要求建设好供电系统、给排水系统、绿化环保系统和交通运输系统。在设备选用方面,也必须按照高标准尽可能选用世界最先进设备,并在设备的安装和使用过程中,体现出一种世界一流的讲究,体现出一种"不求最大,但求最好"的追求。

3. 体现绿色意识

绿色是国际环保组织所崇尚的颜色。在广东科学中心的建设过程中体现一种绿色意识,就是要把环保意识贯穿于整个工程建设的始终,这也是对广东科学中心主题思想的一种表达和反映。环保意识要求我们在材料选用上,要尽可能考虑环保要求,因而应尽可能选用透明、采光好的新型材料,因为这样可以最大限度地利用自然光线,从而达到一种节能效果;另外,在设备选用和基础设施建设方面,也应充分考虑节能和自然资源节约的要求。我们前面的所谓高标准,都必须是在节能和自然资源节约前提下的高标准,不能把那种对能源和自然资源的奢侈和挥霍当作是对"国际一流"水平的追求。

4. 体现可持续发展

可持续发展思想体现在科技馆事业中,除我们前面所说的,要为新科学和新技术的涌现预留一定面积的开放性展馆外,更重要的则是作为科学馆设备最重要部分——展品的换代更新。按照国外的经验,科学馆常设展品的平均展出寿命一般为10年,也就是说当科学馆交付使用后,它每年必将有10%的常设展品被淘汰,同时又必须通过开发研制或购买等途径,每年添置10%的展品。为了能够确保广东科学中心"国际一流"的建设目标,它的第一批展品应当向国际招标,并确保购买到世界最好的展品;在世界最好展品的平台上,广东科学中心必须招募一批最好的展品研发人才,以便将来的展品更新走研制与购买相结合、并以自行研制为主的可持续发展之路。

▷▷ 7.5.4 环境设计要求

1. 营造出庄严圣洁气氛

从建筑学的意义看,建造一个建筑物,便是为人的活动营造了一个场所;在场所里人与环境相互作用,便能够激发出人的一种氛围情感。我们通常称这种情感为气息。譬如我们到乡间的场所中,就会感受到一种清新质朴的乡土气息;而我们走进都市,那种喧闹繁荣的城市气息便扑面而来。我们通常把人造环境中所营造出来的气息,称作气氛。当我们走进教室和走进超市便显然会感受到不一样的气氛。同样,我们也要使参观科学中心的观众感受到与游迪斯尼乐园不一样的气氛。迪斯尼乐园给人们的感受是一种热情快乐和杂乱疯狂情绪的洋溢,而参观科学中心所应感受到的,则是一种庄严和圣洁。科学是现代人的宗教,科学在现代人心目中应该是神圣的象征,参观科学中心应当给人们一种瞻仰科学圣殿的感觉。广东科学中心的整体环境设计要营造出这样的气氛,否则它就无法配称科学中心。但同时也须指出,这种庄严和圣洁气氛不能够变成对人的压抑。所以严格地说,应该是追求一种庄严圣洁但不失生动活泼的气氛。

2. 追求中西合璧的环境艺术效果

东西方由于文化传统的不同,也相应形成了各自的建筑艺术追求。西方文化是一种有神预设的文化,上帝的创世智慧便是世间一切美好事物的原因。而西方的探索者普遍相信,大自然是用数学的语言写成的,所以几何语言是上帝创世的语言之一。这反映在建筑艺术中,便是西方人对几何线型的热衷,尤其在建筑物造型艺术中对几何线型的大量使用,除直线型外,西方更热衷于使用简单几何曲线造型,诸如圆弧拱、抛物拱、双曲拱等,以及这些曲线的复合。著名的巴洛克建筑就是以善用曲线为特点的。但传统的中国人信奉一种天人合一的哲学,所以崇尚自然便是中国人最高的艺术追求。这反映在建筑艺术中则是追求一种自由线型,即追求一种依附自然地貌和树木等景观要素而形成的天然的景观线。这条景观线的形成当然需要人的加工,但这种加工随高就低地顺应自然的加工。对两种不同线型的艺术追求,是中西建筑艺术的根本区别。广东科学中心的环境景观设计,建议追求一种中西合璧的艺术效果,其中的主体建筑和广场的景观效果可以追求几何线型,而主体建筑背后的衬景,则可采用中国传统的自由线型的景观设计,两种建筑艺术精神相互映衬、相互补充,将会创造出无与伦比的艺术精品来。

3. 景观设计的人文追求

我们所说的景观,通常可以分成环境景观、建筑景观和室内景观三个层次。建筑物的造型给人们带来的视觉享受,便形成所谓的建筑景观。建筑景观通常又被镶嵌于大的环境景观之中,而成为环境景观的一部分。广东科学中心的环境景观,大致可以分成主体建筑景观、广场建筑景观和衬景景观三部分。如前所述,我们要求主体建筑形成一种雄伟壮观的景观效果,其他两部分景观也应该以衬托的方式来强化这种气势,于是广场建筑则应当以它的平坦开阔映衬主体建筑的挺拔和伟岸;而衬景部分可利用建筑场地北部有四座小山丘的有利地形,充分应用中国传统园林艺术的巧夺天工,通过对景、借景、组景等艺术手法的使用,营造出一种"天然"氛围。主体建筑象征着科技文明,而背后衬景则象征着大自然,这样便构成一种自然对科学文明拥抱的建筑语言,用以表达我们追求科学与自然和谐共存的人文境界。

4. 景观布局的东方韵味

中国传统的建筑艺术,不仅在景观效果上追求顺应自然的自由线型,而且在景观布局上追求一种均衡对称的艺术效果。中国传统建筑较少单体建筑,多为组群式集合建筑,小至普通的四合院式民居,大至宫廷、寺庙、城池,都会在建筑群落组合的过程中,追求一种布局的匀称。一般的建筑群落会选择一块背山向阳的地方来兴建,并由制高点引出一条纵向的轴线来,这条轴线通常会成为整个布局的主轴。然后在主轴的垂直方向选择一至两条横向轴线,纵横轴线交会的地方,便是整个建筑群落主体建筑的位置所在,其余建筑按照均衡对称的原则有规则地环绕在主体建筑周围。为了避免均衡对称布局所带来的呆板和压抑,对于不处于同一轴线上的组群,往往需要通过弯曲的道路、走廊、小桥等作为连接,以追求一种变化。拉萨的布达拉宫便是这种布局的典范,依山势而建的主体建筑气势非凡,用曲折的磴道和参差错落的平顶房和院落,更烘托出具有中央轴线和覆有屋顶的主要殿堂,形成具有恢弘气势的壮丽外观。因为广东科学中心需要营造出一种庄严圣洁而又不失轻松活泼的气氛,有规则均衡对称的景观布局,可以从景观要素的布局有序中感受到一种严整,从而为营造庄严气氛创造条件;同时景观要素的分组组合又会产生一种富有韵律的动感,从而不会使严整变成一种压抑。这种突出轴线讲究对称的景观布局,不仅表现出一种东方的智慧和精神,而且也体现出一种环境艺术追求的东方韵味。

▶▶ **7.6 规划实施要点**

实施以上内容规划需要有如下具体措施来保证。

▷▷ **7.6.1 国际合作措施**

要建设"国内领先,国际一流"的广东科学中心,必须走国际化合作的路子,吸收国际先进的展示理念、规划思想和展品设计研发成果。广东科学中心在前期内容规划阶段已经进行了广泛的国际合作,尤其是通过展示内容的国际招标竞赛,已经与一些国际知名的展品规划设计和展品研制开发单位建立起了良好的工作合作关系,现在必须充分利用这些已经建立起来的良好关系,进一步开展国际合作。下一步国际合作的具体内容是:

1. 展示内容深度规划中的国际合作

本《内容规划》已经对各展区的基本展示内容进行了初步规划,但下一步还要在此基础之上进行展示内容深度规划的编制工作,内容包括:①展示理念的进一步落实和确定;②展示内容的进一步细化;③展示展品的初步确定,首先可以考虑把展品分成镇馆展品、标志性展品、重要展品、一般展品四个档次,初步展品规划就是要对镇馆展品和标志性展品予以初步确定。在进行这些规划时,要充分利用国际合作渠道,有广阔的国际视野,尽可能做到使用最先进的展示设计理念和一流的展示设计人才,设计出世界一流的展示布局和展示出世界一流的展品来。

2. 展示展品规划过程中的国际合作

在编制展示内容深度规划的同时,也要进行展示展品规划的编制工作,起码要对镇馆展品和标志性展品的订购或研发进行规划。在这一规划的过程中,要充分利用我们原有的国际合作渠道,采取国际招标、国际中间商代理、直接与生产商洽谈采购等方式进行。目标只有一个:用最经济合算的方式,购买和使用最先进的展示产品。

▷▷ **7.6.2 管理组织措施**

根据展品规划和展示的工作特点,应该采用专业化项目管理的方式来分步实施各项具体的项目工程,其措施包括以下三种。

1. 项目科学分解

把整个展示工程按照专业化项目的方式进行分解,大致可以分为如下三类:

(1)展示内容细化项目

这包括:①展区规划内容细化;②展馆展示内容深度规划,包括展品数量、标志性展品、展品布局等;③展区的展馆布局的深度规划等。

(2)展馆展示规划项目

可以考虑把部分展馆作为展示规划项目拿来进行整体招标,其中包括展示规划、展品展示、展品订购、展品安装等,采取一条龙整体承包的方式进行项目的专业化管理。

(3)标志性展品开发研制项目

对于镇馆展品和标志性展品,必须列为单独的专业化项目,实施重点管理。可以按这些展品的制作要求公开向国际进行制作招标,以征集最佳的制作方案。

2. 项目的国际招标

为了使《内容规划》的实施做到科学有效,必须尽可能全面引进专业化社会化的项目管理模式,在项目科学分解的基础上,最大限度地把项目通过招标推向国际社会,以寻求最佳的项目管理的人才组合,取得最佳的管理效益。

3. 项目的监督实施

通过专业化项目的国际化招标,吸引大批对科学教育与普及事业抱有真诚信念的专业人才,并把项目实施的管理纳入按合同依法管理的先进工程管理的轨道上来,这样不仅可以让我们把主要精力集中到整个工程的策划、组织和指挥上来,而且使我们可以依法保证项目实施的质量。

▷▷ **7.6.3 展示内容与建筑物协调措施**

1. 展示内容与建筑物内部的协调

主要内容包括:

（1）展品设置规划对空间楼层的要求：有些展品会突破楼层高度或建筑物楼层结构的限制，必须做好协调规划才能够使展示规划得到落实。

（2）展示规划对建筑物通道规划设计的要求：为了符合以人为本、最大限度满足观众需求的理念，建筑物的通道设计必须满足展示内容规划的要求。

（3）展示规划对采光、通风、综合布线、装潢装饰等方面提出了更高的要求，这些都需要与建筑密切协调才能达到理想的效果。

2.展示内容与建筑物外部的协调

主要内容包括：

（1）展示内容对广场规划设计的要求，本《内容规划》把广场作为一个展馆项目进行规划，并为它设计了若干个展示项目，这些项目直接决定了广场规划设计的具体内容。

（2）展示内容对户外水面的规划要求，对水面的利用《内容规划》安排了一个"水上科技乐园"的展馆，但这一展馆规划到第二期才建设，必须对二期展示之前的水面使用进行规划。

（3）其他户外项目对建筑物外部使用的规划，主要是"科技营地"展馆对户外的使用以及配套设施的规划。

▷▷ 7.6.4 资源保障措施

这里讲的资源包括人才资源和社会其他资源两部分。

1.人才资源保障

人才资源保障主要是抓人才队伍建设，我们所需的人才包括：

（1）专业人才

这里专业人才是指：①展品使用及维修人才。首批这类专业人才是必须送到展品生产厂家去进行培训的，这类人才的招募计划应该与展品的采购计划同步实施；②展品的自主研发人才。科学中心开始营运后，其展品换代更新应该力求"自力更生"，这需要一支数目不小而且素质一流的展品研发人才队伍，这些人才不可能单纯依靠引进，而更重要的是依靠自己培养，必须有计划地建设这样一支人才队伍。

（2）经营管理人才

经营人才包括：①高级管理人才，主要是指那些具有一定专业知识，又具有管理才能的管理者。由于对科学中心的经营管理不可能完全以市场经营的方式进行,政府公益性投入是必不可少的,但好的经营管理人才队伍可以较大幅度地减轻政府财政压力,因此务必要抓经营管理人才队伍的建设;②展品的宣传推介人才。经营的成功与否关键在于营销,对于展品尤其是新展品的宣传推介,则是营销能否成功的关键,这主要取决于宣传营销人才队伍的建设;③展品的采购与研发的经营人才。将来科学中心投入营运之后,依然有大量展品需要通过采购来更新,同时自己所研发的展品也不可能只生产一件来满足自己展示的需要,而需把自己研发出来的展品推向市场,以回收研发成本,而这都需要有展品经营人才来具体统筹。建立一支高素质的展品经营人才队伍,是将来为政府尽可能节约投入的最重要途径。

(3)科普教育学术研究人才

中心还有一个目标是把广东科学中心建设成为全国重要的科普教育学术研究基地,因此对科普教育人才的队伍建设也必须进行规划,包括:①科普教育理论研究人才,可以采取和高校联合培养和共同使用的方式进行;②科普教育的实践人才,包括将来科学中心各展馆所要使用的展品解说员和实验辅导员等;③科普教育活动的组织人才,为了使科普教育活动深入持久地开展下去,并达到提高公众科学素养的目标,必须培养一大批热心科学普及事业,并具有一定科普活动组织能力的人才。

2.其他社会资源保障

这里的社会资源主要包括:

(1)智力资源

主要指科研尤其是关于科普教育科研的智力资源,包括:①本地的智力资源;②国内的智力资源;③国外的智力资源。按照纳天下一切智力资源为我所用的原则,积极开发使用三种资源,采用招聘、借用、购买成果、合作研究等各种可能的方式,使得广东科学中心的建设有足够的智力保障。

(2)财力资源

广东科学中心的建设是一项投资巨大、并且将来仍需要持续投入的公益性工程,虽然有政府财政拨款的大力支持,但仍需要社会各界鼎力相助。我们要进一步做好社会援建资金的募集工作,以吸纳更多的社会资金来参与这项造福全社会的公益工程。

▶▶ 7.7 专题报告1:广东科学中心:意义、理念与创意

▷▷ 7.7.1 广东科学中心的理论诉求与现实意义

7.7.1.1 提高公众科学素质的时代要求

"科教兴国"和"可持续发展"是我国的两大发展战略。党的十五大《报告》明确指出:"我国的现代化建设的进程,在很大程度上取决于国民素质的提高和人才资源的开发。"我国经济建设要转移到主要依靠科技进步和提高劳动者素质的轨道上来,科学素质将成为未来一个最重要的资源。一个国家的发展从根本上说取决于人民的科学文化素质的提高。公众的科学素养,不仅关涉到科技进步和创新的潜力,决定科学技术发展的后劲;而且影响和改变着现代社会中人们的思维方式和价值观,进而影响着人类的生活方式、生活观念和生活质量。同时,公众科学素质还将影响到宏观科技决策以及公共政策决策的民主化和公开化,关乎一个国家的综合国力,决定着一个国家的可持续发展能力,因而成为社会发展的一个最根本的制约因素。

当今世界,世界各国为赢得竞争优势,不断推出新的战略和措施。一些发达国家已将提高国民科学素质列为国家发展的战略,并研究提出各种策略和途径,致力于普及和提高全体国民的科学文化水平,以之作为长远而基础性的建设。如1994年,美国发表了由总统签发的科学政策报告《为了国家利益的科学》,其中,提高全民科学素质是发展科学的五项国家目标之一。报告认为,"具备科技知识是理解和欣赏现代世界的关键","为了迎接21世纪的挑战,美国应成为一个科学知识普及的社会","必须改进美国的教育制度,以使我们的孩子理解和认识科学"。英国的科技发展战略是:"一手抓培养诺贝尔奖获得者,一手抓科技普及,促进科技成果向生产转移"。英国政府、科教界和传媒等都认识到,为了国家的未来发展,他们必须共同担负起促进公众了解科学的重任。

与发达国家相比,我国科技国际竞争力落后于经济国际竞争力,我国公众的整体科学文化素质仍然处于较低水平,成为制约经济、社会发展和国际竞争力的关键因素。因此,提高全体公民的科学文化素质是时代发展的

必然要求和紧迫任务。

1. 我国公众科学素养

国际公众科学素质促进中心主任、美国芝加哥科学院副院长米勒(Jon D. Miller)认为,科学素养(Scientific Literacy)应当被看作是社会公众所应具有的最基本的对于科学技术的理解能力。主要包括三个部分,一是具有足够能力阅读报纸和杂志中表达各种科学信息的科学词汇,即具有认识和理解一定科学术语和概念的能力。例如,对原子、分子、辐射和 DNA 概念的认识。二是对科学的研究过程具有基本的了解,即具有科学推理的基本水平和能力。三是对于科学技术对个人和社会的影响具有基本的了解,具有能理解包含科学和技术内容的公共政策议题的能力。

科学素养调查是了解公众科学素养水平的主要手段。科学素养调查是从美国开始的。1979 年,当时任美国伊利诺伊大学公众舆论研究所所长的米勒教授开始尝试在美国国家公众科学素养的连续调查中建立对美国成年人(18—69 岁)的科学素养的评估体系。据美国 1985 年的调查显示,美国公众达到基本科学素养水平的比例为 5%,即每千人中有 50 人具备基本科学素养。1990 年时,这个数字已经达到 6.9%,即每千人中有 69 人具备科学素养。欧共体 12 国公众具有基本科学素养的比例是 4.4%。

我国公众科学素养调查也采用米勒的标准,这是了解中国公众成年人对科学技术知识的了解程度、对科学技术的态度、对国家科学技术政策的看法和获得科学技术信息的渠道、手段等各个方面情况的重要方法。我国自从 20 世纪 90 年代初开展这项研究工作以来,已经形成每隔两年进行一次的调查研究工作程序。原国家科委社会发展司、中国科学技术协会普及部、中国科普研究所在 1996 年进行的中国公众科学素养调查表明,对"科学研究方法"这个术语很了解的公众只有 1%,有一些了解的公众只有 3.3%,两者相加也不过 4.3%。按照 1992 年出版的第 1 号中国科学技术黄皮书给出的数据,中国公众对科学研究过程和方法的基本理解水平是 2.6%,而中国公众理解科学对社会影响的水平是 1.9%。综合起来看,中国公众具备基本科学素质的人只有 0.3%。2001 年我国公众具有基本科学素养的比例为 1.4%,即每千人中有 14 人具备基本科学素养。其中,我国公众对科学术语的了解程度比例还不太高。如,对在报纸和刊物上出现频率较高的"分子"、"INTERNET"、"DNA"、"辐射"和"科学研究"这几个基本科学术语和概念，许多人就缺乏基本了解。而特别值得关注的是，信息技术和生物技术如今已成为影响我们这个时代的最重要的、并已经对人类的生活产生了重大影响的技术，而我国公众对其的了解程度却最低。对科学研究方法和过程的了解程度也不乐观。对于科学技术对个人和社会的影响，我国公众对科学技术绝大多数是持正面和积极的看法的。超过70%的人认为，科学研究是利大于弊，对科学技术的未来发展抱着十分积极的支持态度。甚至在我们这样一个发展中国家，公众对于并不能马上带来效益的基础科学研究的支持程度也是很高的，在科技所带来的负面影响方面，公众在对待环境污染、食品添加剂滥用、资源过度开采、滥用农药这些科技问题上，其关心程度都比5年前有所提高，尤其是对"森林砍伐和大量垦荒造成的土地沙漠化及水土流失"问题，有62.8%的公众表示很关心，被列为关心之首。这是一种可喜的现象，说明我国公众的环境意识日益增强。但对于科学技术每前进一步都会带来伦理道德水平的变化的认知水平却较低；对于信息技术的发展不仅影响传播方式、而且影响人与人之间的关系，对于生物技术的发展、转基因技术的应用所带来的食品安全问题，尤其是克隆技术的出现，将对我们的道德观念带来的变化，还关注不够。但是，有专家指出，这个调查结果并不能说明我国公众所有的文化群体都对这一问题没有思考和认识，进一步的分析表明，在高学历的人群中，对科学的作用持有更理性的态度。可见，我国公众的科学素养不断增长，这是我国大力实施"科教兴国"战略的结果，也是我国正规教育迅速发展的结果。但同时也应看到，与发达国家相比，我们还有很大差距。我国2001年的水平不及美国10年前的1/6。另外本次调查结果还显示，具备基本科学素养的我国公众在性别、职业、学历、年龄、城乡、经济发展地域的分布上均存在较大的差异，有些人群的科学素养偏低的状况令人堪忧。

2. 公众科学素质的养成

如何培育和提高公众的科学素质，这不仅是对科学教育的一个严峻挑战，更是对全社会提出的一个新课题。

当今世界正处在一场科学教育的革命之中。"科学教育"可以说是连接"科技创新"和"素质教育"的纽带和桥梁，科学教育在提高公众科学素质方面的重要性已引起人们的极大关注。科学教育不单是指科学知识的简单传授，也不是仅限于教育手段和教学方法的科学化，更不是专指科学技术专业人才的培养,而是关注科学技术时代的现代人所必需的科学素养的一种养成教育,是将科学知识、科学思想、科学方法、科学精神作为一个整体的体系,并将其内化为受教育者的信念和行为的教育过程,从而使科学态度与每个公民的日常生活息息相关,使科学精神和人文精神在现代文明中交融贯通,成为一种人生的智慧。我们知道,现代的"科学"已是一种"大科学",不仅仅指自然科学,还包括数学科学、社会科学、管理科学和人文科学等。科学教育不仅是指对从基础教育到高等教育的学生的科学素质的养成教育,而且包含了通过学前教育、继续教育和社会教育等各种途径对广大公众的一种科学素质养成。科学教育的目标就是提高全体公民的科学素养,培养促进社会发展的合格公民。因此,所有的人都应该有也必须有机会接受科学教育,未来社会的公民都应该具有基本的科学知识、科学观念和掌握基本的科学方法,因而不仅能生活得较为充实并工作得较为高效,而且能领略因领悟和探明自然界的事理而产生的那种兴奋和满足,能理解和欣赏现代科技世界。

作为世界科学中心的美国,为了应付新世纪面临的更加激烈的国际竞争,在十多年前就开始全面地为自己准备富有竞争力的人才。其在1985年开始了一项面向21世纪改革科学教育的国家计划,这项改革已经提出了《面向全体美国人的科学》(1989年)和《美国国家科学教育标准》(1995年)两份重要报告。"2061计划"是美国科学促进协会于1985年启动的一项面向21世纪、致力于科学知识普及的教育改革工程。1985年,哈雷彗星飞临地球,其再次飞临地球的时间是2061年。美国人希望学子们能接受良好的科学教育,当哈雷彗星与人类再次见面时,世界的面貌已因科技而大变。《面向全体美国人的科学》是美国著名的《"2061计划"丛书》中的核心著作,位居世界教育经典之列。目前,该丛书已被欧洲、南美、东南亚的许多国家译成多种文字出版。"2061计划"向传统教育观念提出了重大挑战。

1993年5月,英国政府发表了题为《实现我们的潜力》的科技白皮书。在这份引导英国科技走向21世纪的纲领性文件中,英国政府明确提出要增强公众对科学、工程和技术重要性的认识,这是首次在政府文件中包括这样的内容。根据科技白皮书的要求,英国政府的科普政策要实现两个目标:通过科普活动,激发青少年对科学、工程和技术的兴趣,吸引更多的优秀青少年追求科学、工程和技术职业;提高公众了解科学、工程和技术知识的水平,使公众能就科技领域产生的一些公共议题进行更有效的公共辩论,从而强化民主决策的效果。为实现上述目标,英国政府于1994年1月启动了公众了解科学、工程和技术计划。

世界其他一些国家如加拿大、澳大利亚、日本、新加坡等,也都先后制订了科学教育的国家纲领性标准和规划。

中国作为快速发展的发展中国家,也认识到科学教育的重大意义。要实现新世纪的腾飞,也必须通过科学教育的改革,培养新一代创新人才,促进我国科技、经济和社会的发展,实现我国跨世纪发展的战略目标。中国科协于1998年提出了一项中国公民科学素质目标建议,并组织科技界、教育界专家正在商讨中。

公众获得科学教育、养成科学素质的主要途径主要有以下几个方面:

(1)学校科学教育。经过学校教育,可以获得一定的科学知识和专业知识,但当代科技发展迅猛,科学知识日新月异,即使接受了充分程度学校科学教育的人也需要持续不断地接受继续教育。同时,在我们目前的学校教育中,由于应试教育思想的影响,更多地注重科学知识、特别是专业科学知识的传授和灌输,加上师资、实验设备等条件的限制,学生对科学方法、科学思想和科学精神的了解较少甚至走入误区。因此,校外科学教育将是学生科学素质养成的必要补充。对于由于受到各种条件限制而无法接受足够的学校科学教育的人,通过社会进行的科学普及和科学教育就显得更为重要和迫切。

(2)出版科普读物是科学普及和科学传播重要而稳定的方式之一。优秀的科普读物不仅能让读者了解科学的知识,而且能让人了解理解世界的方法,启发人思考和探索世界。如卡尔·萨根的《宇宙》一书,曾踞《纽约时报》畅销书排行榜长达70周之久,在美国印刷42次,有31种国外版本。在此前的1978年,他还因科普作品《伊甸园的飞龙——人类智力进化推测》获普利策奖。卡尔·萨根被赞誉为宇宙的解说员、科学的演员。美国《每日新闻》曾这样评论萨根:"他有三只眼睛。一只眼睛探索星空,一只眼睛探索历史,第三只眼睛,也就是他的思维,探索现实社会。"前哈佛大学校长说,他是唯一能用最简单扼要的语言说明科学是什么的科学家。然而,要创作出这样优秀的科普作品也并非一件容易的事。创作者首先本身应该是具有较高科学素质的人,最好是科学家,它既需要有科学创作的热情,还要具有把科学知识和科学理论用浅显的语言表述出来的能力和技巧。霍金对写科普有这样的见解:每多一个公式,也许就会减少一半读者。许多科学家,大多是精于研究而讷于表达。科学家的面孔是严肃的,他们的事业是神圣的,他们是遥不可及的,因此他们是寂寞的。当我们将目光停留于书店里科普读物的柜台,也许会有眼花缭乱之感。科普,尤其是青少年科普读物,近几年的出版势头可以说是强劲的,但真正给读者留下印象的,却实在不多。我国原创科普作品匮乏。萨根的"三只眼睛"使他对科学有如此深刻的认识且能透彻地告诉别人,因为在科学知识之外,他还具备丰富的人文素养。这也许正是我们的大多数科学工作者所欠缺的。

(3)媒体是公众认识科学、理解科学的一个重要来源。媒体不仅具有较大的通俗性、可读性和易受性,而且是科技含量最高的一种信息载体。因此,媒体可以说是科学与公众间一个独特的交流渠道和科学在公众中的形象的关键环节。科技新闻的报道,很大程度上就是一种科学的传播。事实上,大众传媒正空前地影响着人们的日常生活,会成为科学传播的一支生力军。但科技新闻的报道对科学记者的科学素质也有较高要求。

(4)科普场馆。博物馆、图书馆、科技馆、公众教育网络等政府公共教育资源,对改善和创造良好的科学教育的社会环境,加强和完善社会公共科学教育体系,实施全民教育和终身教育,具有巨大的作用。其中,科技博物馆和现代科学馆(科学中心)将成为未来社会科学教育的一个重要阵地。综观国际科学教育发展趋势和一些发达国家的经验,各式各样的科技博物馆和科学中心,正以其独特的交互式和参与性科学教育模式,良好的科学传播效果,成为进行现代社会化科学教育的重大场所,起着无可替代的独特作用。

(5)科普讲座。这是科学家或科学共同体把深奥难懂的科学理论用浅显的语言,把枯燥的科学方法用生动的形式传递给大众的一种形式,也是科学家与社会公众之间的一种双向沟通和交流。西方发达国家科学家做科普已经蔚然成风。在每年的英国科技周,许多知名科学家都被邀请为公众做科普讲座,而科学家本人也会为受到邀请而感到荣幸。被誉为当代爱因斯坦的霍金,就是一个坐在轮椅上不断向公众普及科学知识的典范。在美国,科学家的科普责任感更加强烈,各种基金中都有资助科普项目的内容。国际人类基因组计划之所以在美国能够获得巨额资助,很大的原因是说服了公众。当时,许多科学家通过各种形式讲解人类基因测序工作的重要性,最后连出租车司机都知道这一大科学工程的重要意义,其中的花费是测一对碱基需要一个"dollar",约需要30亿美元的投入。卡尔·萨根沉迷于科学并在天文学领域取得了卓越的成就,然而与大多数科学家不同的是,他还具有超群的演说才能以及用通俗的语言阐释艰深的科学概念的非凡能力。他认为,科学不仅是专业人员所讨论的科学,更是整个人类社会所理解和接受的科学。如果科学家不来完成科学普及的工作,谁来完成? 最近我国也在积极探索科学家如何向公众传播科学知识的问题。

3."科学中心热潮"与国际科学教育趋势

如上所述,科学教育的途径是多方面的。然而,通过科技博物馆(科学中心)进行科学教育,提高公众的科学素质却是国际科学教育的一个新趋势。

近十几年来,以交互式展览为特色的现代科学馆——科学中心在世界范围内获得迅速发展。英国迄今已建立起30多座独立的科技中心,如布里斯托尔探索馆、威尔士技术探索馆和哈利法克斯尤里卡儿童科技馆等。在美国,人们把各种科普场馆称为科技中心,包括博物馆、动物园、自然中心、水族馆、天文馆等等。波士顿科学博物馆是全美著名的。它在提供创新性科技展览方面经常走在前面。现在,不仅仅强调展览内容要让观众有动手机会,还开始设计一些无最后结果的(Open-ended)实验,以激发参观者从事这些实验并像科学家一样进行思考。1997年3月,该馆举办了名为"研究请君自己观察"的含有实验内容的展览。美国各地的21个科学中心都分别派人来此观察学习。美国科普场馆把中小学生作为非常重要的服务对象和吸引对象。据科技中心协会的调查,约有60%的场馆主要面向城市学校,有差不多一半的场馆也注意为郊区中小学生服务,1/3的场馆注意到为农村中小学生服务。旧金山设立了科技知识乐园展厅,让青少年能亲身以游戏的方式操作、实验、思考,从而达到普及科学原理的目的。美国自然史博物馆、航空航天博物馆等是免费向公众开放的,全国各地多数科技场具有较高展览的设计水平、丰富的内容和制作精美的展品。如哈佛大学文化与自然史博物馆陈列有847个与真实植物一样大小的栩栩如生的玻璃花,它们是德国著名玻璃工艺品制作大师布拉施卡父子50年辛勤创造劳动的成果,这一美妙绝伦的展览吸引了无数的观众。在波士顿,若对出租车司机问起"玻璃花博物馆"(俗称),则无不知晓。

最近在国内,不论是电视、广播、报纸还是网络,都在热热闹闹地传播着一个信息:全国各地都在积极兴建各类博物馆,特别是科学馆的建设出现了前所未有的热潮。目前,我国有博物馆两千余所。在类型分布上,综合类和历史文化类的博物馆约占 70%,其他具有各个行业特点的专题性博物馆为数不多,科学技术类和专业经济门类的博物馆更少。北京将在 2008 年之前投入巨资,兴建 30 座大型博物馆,使北京地区的博物馆从现在的 118 座,达到 150 座。1999 年,中国科技馆二期工程竣工,在千年之交,新展厅向社会开放,成为北京市民休闲娱乐、科学教育的重要场所。新建成的上海科技馆以提高公众科学素养为宗旨,是上海跨世纪的一项标志性工程,并以成为 APEC 会议的会址而为世界所知;广州的科学中心也以"国际一流,国内领先"的高要求正在紧锣密鼓地筹建之中。

科学中心在科学教育的形式、内容、对象等方面都具有显著的特色和优势。首先,在科学中心,注重观众的参与、动手操作和演示活动,展览中大量运用声像等高技术手段,以此加深观众对科技原理的理解,对科学方法的兴趣,收到了非常好的科普效果。其次,科学中心重视对当代高新技术、前沿科学和时事科技的反映和展示,并可以经常更换,从而具有强烈的时代性和前瞻性;第三,科学中心可以集展示与教育、休闲与旅游于一体,因而可以开展丰富多彩的科普活动;如配合全国科技周、科技节举办的各种科普活动,举办科技巡回展览等。像伦敦科学博物馆为儿童举办"科学之夜"晚会,让参加活动的儿童在博物馆留宿。晚会安排了很多动手操作和演示活动,让孩子们体会科学的乐趣,让他们感到科学馆是有吸引力的地方。科学中心正是以其日益显示出的独特魅力,受到各国政府、学校以至企业的推崇和关注。大专院校和中学办博物馆、企业办博物馆和私人办博物馆正成为一种世界潮流。很多国外公司不惜耗费巨资,建立各种科学展示馆,积极参与和开展科学教育普及活动,既推动了科学教育的发展,同时也宣传展示企业的先进科技和文化。在位于东京最繁华地段涉谷的东芝科学馆,每一个来访者都能体会到人与科学交流的乐趣。美国著名的 Exploratorium 财团,在旧金山设立了科技知识乐园展厅,让青少年能亲身以游戏的方式操作、实验、思考,从而达到普及科学原理的目的。前不久,日本索尼公司又将这种企业理念传播到了中国。在北京东方广场揭幕的中国首座体验型青少年科教场馆"索尼探梦",将索尼公司在北京建设"科学与技术有机结合"设施的构想变成了现实。但与国外大企业形成鲜明对照的是,中国企业却没有为广大青少年提供一个能够亲身体验科学、了解科学的场所。所有的科学场馆都是政府建造的,这其中有实力的差距,但更多的则是观念的滞后所致。总之,科学中心所具有的科学性、交互性、参与性、娱乐性融为一体的展览和展教方式,是其他科学传播途径所无法取代的。

7.7.1.2 实施"科教兴粤"的重要举措

广东省委、省政府已决定兴建大型的"广东科学中心",这是加快实施科教兴粤战略、提高公众科学素质、促进我省科技进步、实现社会经济可持续发展的重要举措。

由于广东省委、省政府对科普工作的高度重视,近几年来,我省科学普及和科学教育取得了较大进展,为提高公众的科学文化素质,为科技创新和两个文明建设,都做出了重要贡献。最近由中共中央党校出版社出版的《中国区域创新能力报告(2001 年)》显示:广东省技术创新能力排在上海、北京之后居全国第三名,其中企业技术创新能力、大中企业的研发投入和产业的国际竞争力三项指标居全国之首。另外,根据国家科技部的综合评价结果,广东省科技综合实力已经连续三年居全国第三。科技对经济贡献率从 1995 年的 39% 提高到 1996 年的 45%,高新技术产业和以高新技术改造的传统产业渐渐成为第一经济增长点。因此,为保证广东社会经济的高速、可持续发展,继续加大科学教育力度,重视科学教育公众场所建设,将具有基础性的意义。

投资科学教育就是投资中国科学技术的未来。为合理配置和使用政府公共教育资源,从社会各渠道筹集资金并设立专门的科学教育基金,改善和创造良好的有利于科学教育的社会环境,加强并完善社会公共科学教育体系,大、中城市应建立相应的博物馆、图书馆、科技馆、信息文献中心、公众教育网络,加强科学教育在全民教育和终生教育中的作用。我省科普场所、科普基地建设正在逐步加强。从 1997 年起,省计委每年拨出专款,支持山区市(县)科技馆建设。2000 年前全省 2/3 以上地级市建有科技馆。深圳市已建成市、区、镇三级科学馆、青少年活动中心、博物馆等科普设施二十多个,建成科普画廊 6 个,建成立体式科普宣传橱窗 14 个,建成住宅小区"科技活动中心"10个,建成科普教育基地11个。广州市调动社会力量投资,建成了一批带有经营性质的科普基地,如引进外资建成的广州海洋馆、以农民集资为主的广州天河航天奇观和私营的番禺香江野生动物园,都是集青少年教育、娱乐和学习科技知识为一体的大型科普基地。

我省的科普教育活动丰富多彩,对提高全民科技文化素质起了重要作用。从1992年开始,每年6月,我省在全省范围内开展"科技进步活动月"活动,通过"活动月"期间科技成果展示交易会、新技术新产品发布会、学术研讨会,以及一系列科技下乡、科技兴农集市、科普讲座、科技咨询等活动,创造出良好的科技氛围,提高了广大干部群众的科技意识。同时,还对领导干部、机关工作人员进行较高层次的科普教育。近年来,各有关部门经常邀请著名专家学者举行报告会,向领导干部宣传科技政策法规和现代科技知识以及科技发展趋势。青少年科普教育活动生动活泼。广州市青少年科技教育协会组织了"青少年科技传播行动"、"农村青少年科技活动暨小星火计划成果展览"、"青少年科技精英活动汇演"及各种科技夏令营等活动,让青少年从小培养"学科学、用科学"的志向,提高青少年的科技水平和思维能力、动手能力。团省委与有关单位合作,在广州市天河城广场创办了"广东青少年科技广场",开展科普宣传活动。1995年创办以来,每个月都在这里举办一次不同主题内容的科普文艺晚会,3年来已举办了三十多场活动,目前该广场已成为向广大群众宣传科技知识的重要科普阵地。积极开展送科技下乡活动,提高农民科技知识水平。去年省科协与省委组织部组织了近百名专家,分成21个分团,带着65项实用技术,分赴全省各地开展活动,通过举办培训班、田间指导、科技集市等形式多样的活动,把一批农村实用技术送到千家万户。大众传媒也积极参与,加大科普宣传力度;广播、电视、报刊等新闻传媒积极参加科普宣传,发挥了重要作用。1997年省科委与省电视台等单位联合举办了"广东省科技法规知识竞赛";1999年省科协与省电视台联合举办了全省迎接新世纪、提高公众科学素质的《科普知识电视大奖赛》;1999年6月省青少年科技中心与《第二课堂》杂志社举办了"热爱我家园——环境保护知识问答"等活动。

然而,我省的科学教育工作仍还未能满足经济建设、科技创新和社会发展的需要。增强全社会对科普经费的投入,建立以政府财政投入为主导,有关部门、企事业单位、群众团体自筹和按国家规定接受国内外组织和个人捐赠、资助等多渠道筹集资金的科普经费投入体系,加强科普阵地和科普设施建设仍是一个紧迫而艰巨的任务。因此,广东科学中心的建设不仅将是普及科学知识、提高公众科学文化素养的大型社会公共科学教育设施,而且是适应广东社会经济可持续发展要求、实施科教兴粤的重要举措,将是广东科技、文化、经济和社会发展形象的体现和标识性工程,可谓"任重而道远"。

▷▷ **7.7.2 广东科学中心的总体理念**

7.7.2.1 在走近科学中理解科学

自 20 世纪 90 年代以来,"公众理解科学"成为一种国际性的科学教育思潮,受到许多国家的重视。在英国皇家学会 1985 年提出的《公众理解的科学》的报告中,对"公众理解科学"的阐释是:"缩短一般公民与科学的距离,使他们不仅能有效地享受科学的成就,而且能对科学活动本身做出价值判断,提高科学社会问题的个人与公共决策力。"其主要任务包括:理解科学思维的方法与过程;获得多种智力体力技能;掌握科学知识,进而理解科学本身;理解高技术社会的本质以及科学与社会的相互作用。美国将"公众理解科学"作为其科学教育的基本目标。1994 年,克林顿政府发表《符合国家利益的科学》,该科学政策文件提出的科学目标包括 3 个彼此独立而又互相联系的小目标:首先,努力培养优秀的科学家和工程师;其次,使并不从事科学事业的人也要接触到科学教育;最后,向公众传达科学信息的效率要更高。其中直接阐明了提高公众科学素质的必要性和为美国培养 21 世纪最优秀的科学家和工程师的必要性。1994 年年底美国颁布《国家科学教育标准》,开始全面推行"公众理解科学"理念,把加强全体公民的科学教育作为美国的一个战略目标。

"公众理解科学"是科学教育的重要理念,也是科学中心的核心理念。它提出了以下两个方面的课题。

1. 如何使公众走近科学,即如何缩短公众与科学的距离

这是使公众理解科学的基本条件。首先,在观念上,必须转换科学教育的主体。过去所说的科普教育或科学教育的行为主体主要是科学家等掌握了较多科学知识或具有较高科学素养的人,是科学家等向公众宣传和传输科学知识。在公众眼里,科学只是少数人的崇高的事业,科学是高高在上

的,甚至遥不可及的,而公众只是一个被动的科学知识的接受者。"公众理解科学"这一理念要求转换科学教育的主体,强调行为主体应是公众,科学教育应把公众看成是一个主动的学习主体,科学也不再是少数人的事业,而是一个社会性的工程。因此,在科学中心的设计理念中,公众将处于一个核心主体的地位,无论是展品的设计和选择,环境的布置和设计,还是管理机制的建立,都应该以人为本,以公众这个学习主体为根本。要营造一个适宜的氛围,使公众易于接触科学,乐于了解科学、主动理解科学。

其次,在科学教育过程中要注意关照到公众的不同层次。科学传播的受众不再单纯是无知无识者,或者在知识的拥有方面的弱势者如青少年、体力劳动者等,而是全体公民,包括科学研究者或具有较高科学素质的人群。20世纪以来,科学的分化越来越细,而科学的综合交叉已成为未来科学发展的必然趋势,因此,各分支学科的研究者之间的交流和理解成为必要,而且,要更好地了解科学,科学研究者还需要一种超出其专业的整体思维。因此,从一定意义上说,他们一样需要科学启蒙。因此,科学中心的科学教育功能应该面对不同层次的公众,以多样的形式设计不同的科学内容,以适应各种学习主体的需要,使各层次的公众都能真正地走近科学。

第三,要转变科学教育的方式。现代科学教育的理念,更加强调科学传播过程的互动性和趣味性。所谓互动性,一方面是指科学传播者与公众之间进行交流和对话,对科学问题进行讨论和相互了解;另一方面,是使公众参与到科学的活动和过程之中,亲身体会和了解科学知识的产生和创造过程,从而掌握科学知识,领会科学方法和科学精神。这种互动性可以使公众更加主动和更加深刻地了解科学。然而,要使互动过程真正"动"起来,使公众有兴趣和乐于与科学互动,还必须考虑科学活动的参与性和趣味性。科学不再是一种高高在上的东西,它实质上是人类与自然之间的一种改造和适应。因此,在科学中心的展馆设计中,既要使其具有浓厚的科学氛围,注重科学性,又要考虑科学知识的趣味性和科学过程的参与性,不仅能让观众"看科学",还要能让观众"听科学","做科学",在"玩科学"中学科学。科学中心应该成为公众在休闲娱乐中学习科学、理解科学的重要场所。

2. 让公众理解什么是"科学",也就是说要给公众展示一个什么样的科学

对"科学"的较完整理解应该包括以下几个方面。首先是科学知识。

科学知识往往是人们所理解的科学的主要内容,也是科学教育的基础,是"公众理解科学"理念以及公众科学素质的最基本内容。然而,我们必须认识到,科学知识是有限的。人类目前掌握的科学成果,只不过是茫茫宇宙无限真理长河中极小的一部分。科学不可能穷尽宇宙间一切真理性的认识,不可能对客观世界中的所有现象给出圆满的解释。英国有学者通过国际比较来研究从工业化社会向后工业化社会过渡中的公众理解科学。研究人员以 12 个欧洲国家的数据为基础进行研究后提出,后工业化社会以科技信息的广泛传播和易于获得为特征,这种现象被称为科技知识的规范化;与此同时,科学知识也日益专业化,即越是有更多的可以获得的科学知识,就越是存在着一种相对的无知,甚至在受过高等教育的人群中也存在这种无知。因此,科学教育不能局限于已有的科学知识,而应该更多地培养人们对自然的好奇心,对科学的兴趣,激发人们对未知现象进行探索的欲望,启迪科学思维,欣赏或享受科学的成就,这也是公众理解科学的一个重要内容。

同时,公众对科学的态度也反映了对科学的理解。人类对于科学的态度往往存在两种截然相反的表象:一方面,科学对于当今的人们,犹如空气和水一样须臾不可或缺。自 18 世纪中叶英国工业革命以来,人类社会日益迅猛的技术革命,包括蒸汽机的技术革命、电气化的技术革命、原子能的技术革命,以至现在瞬息万变的信息化技术革命,无时不在更新着人类的吃穿住行和生活方式。有史以来,人类从来没有像今天这样,表现出对科学技术如此执著的追求和高度依赖,在感受科技的如此强大的力量中尽情享受科技的成就,"科学万能"似乎成为一种主导思潮,无需争辩。然而另一方面,置身于现代科技建构的"科学生活"里,许多人对一些神秘迷信现象和伪科学的东西表现出浓厚的兴趣,甚至顶礼膜拜,难以自拔。因为在科学的"阳光"暂时还照不到的角落,谬误的"阴影"难免会蒙蔽人们的心灵。加之,科技发展中对科学的滥用和误用造成的对人类和环境的危害日益突出,一些人开始对科学产生了怀疑和抗拒,西方"反科学思潮"一度盛行。因此,要让公众对科学有一个理性的态度,理解科学到底是福还是祸,就必须对科学有一个整体了解和全面的概念,对科学的各层次内容,特别是对科学与社会的关系有一个辩证的理解。

可见,"公众理解科学"理念的一个独到之处就是要求在传播科技知识的同时,必须关注对科学过程、科学思想和方法的传播,强调对科学精神的弘扬,对科学本性及其社会影响的认识和理解。科学中心作为传播科学、公众理解科学的重要场所,必须考虑如何通过有限的展品让观众接触到科学的主要内容。

7.7.2.2 在传播科学中启迪人生智慧

长期以来,我们的科学教育和科学普及工作比较注重科学知识的传播。现在国内的绝大多数科学馆,也是较注重于科学知识普及和传播的功能。这是必然的,因为这部分内容是科学教育的基础,是"公众理解科学"的最基本要求,是公众科学素质的基本内容,同时也可以较好地加以直观、生动的表达和展示,观众较容易把握和理解。因此,许多科学中心的主要功能都定位于对科学知识的传播。在现代许多著名的科学中心,在设计展品时,都强调要将科学原理、科学知识准确和生动地表达出来,尽量使其具有可参与性,在娱乐中了解和认识科学知识,并注意展示科学发展的前沿。无疑,这种展示理念和展示方式对公众科学素质的养成具有最基本和重要的意义。

然而,如前所述,科学教育的一个核心理念和功能就是必须以一种双向互动的形式向各种层次的观众传播科学精神、科学思想和科学方法。科学内涵中的这部分是较难把握和加以直观表达的,但却是现代科学馆即科学中心必须和力图表达的,它关涉到公众对科学的准确理解。例如,关于科学精神,一方面对什么是科学精神的理解需要一定的科学知识背景,另一方面,科学精神是随着科学技术的发展而不断发展的,是隐含在科学知识、科学发现、科学活动中的一种内在的精神气质。科学精神的内涵包括实证的精神、创新的精神、批判的精神、开放的精神、平等的精神、宽容的精神等方面。

因此,如何深入浅出、准确生动地表达科学精神是科学中心设计中一个富于挑战性的课题。这也是我们以往的科普教育和科学馆教育中的一个被忽视或薄弱的方面。人们往往注重科学的结果,只看到科学知识、科学结论的神奇和伟大,或因为科学结论的简洁和抽象,而忽略了科学发现和科学创造的过程,无法认识到科学探索是一个艰难、漫长而人性化的过程,无法了解科学家丰富而曲折的科学探索生涯。因而,在我们的科学教育和科普宣传中,往往失去了很多的生动和感动,显得平淡而呆板。这样我们不但难以展现科学家在科学探索过程中所表现出来的实事求是、开拓创新的科学精神,而且也难以准确地传播科学知识。其实,科学探索是一个科学精神和人文精神互相交融、充满人文关怀的过程。人文精神可以说是人类在科学探索之中或之外所表现出来的人生观和价值观,追求真善美的精神,它包括文学和艺术、哲学和历史、伦理和道德、政治和社会等诸多方面。科学家的很多精神追求,诸如为真理和科学而斗争而献身的精神,自甘淡泊、不求闻达的精神,关注人生、关注环保的人文关怀精神等等,我们已然分不清它们是科学精神还是人文精神了。在科普传播中,我们既要注意二者的区别,更要注意二者的结合。科学精神之不足常常导致反科学和伪科学的东西出现,人文精神之不足则常常导致人们对科学的冷漠、神秘主义和现代迷信。因此,现代科学教育目标已不再是单纯的知识灌输,而是在传播科学中培育人的科学素质,启迪人生的智慧。

广东科学中心要表达科学教育的时代理念,在普及科学知识的同时,力图进一步凸显和表达科学的精神,科学的思想和方法,在传播科学中启迪智慧。因此,在展馆分配与布展设计中,要力图通过专题馆等形式来表达这种理念。譬如,设置科苑童趣、自然揭秘,科学教育主体主要是幼儿和青少年,科学的基础性、直观性、趣味性、娱乐性和参与性将是其最显著的特色,注重一种快乐的学习,在较轻松的环境中传播科学的基本知识,启发青少年对科学的兴趣和好奇。而像经典大观、生活万象、生命王国面对的观众可以是多层面的,展示内容侧重于对科学过程和科学方法、科学精神和科学思想的表达。公众理解科学,最重要的就是要理解科学方法,并应用这些科学方法解决自己生活和工作中的各种问题。展示方式将选择一些典型案例作为展项,并更加注意与观众的互动和交流。例如,通过模拟实验室(如著名的贝尔实验室)展示一些重要的科学发现过程,甚至专门设置一些科学失败的实验让观众参与,或设置一些无结果实验,不刻意追求最终的结论,而是尽量给出多种可能性,开人眼界,发人深思。还可以设计所谓的" 眼见为实"的局限性的实验(或伪科学实验),让人们懂得,只有按照科学方法设计的、在严格的科学检查和验证下进行的实验,才具有科学意义。任何一个科学结论的产生都必须通过实践的检验,都必须采取科学的方法。这些科学方法可能看起来烦琐和生硬,但它是严谨而必要的,是科学精神的重要体现。需要强调的是,这种实验是科学的实验,而不是表演。这些可参与的展品主要功能就是触动观众对科学研究过程和科学发现方法的思考,让观众亲身体会科学发现的思维历程及其艰辛与曲折。同时，还可以利用现代多媒体信息技术，讲述和演绎科学的真实故事和科学幻想故事，或排演科学剧等形式展示科学发现的历程，介绍科学的思想和方法。科学感知馆的目的主要是让观众对科学发展的历程有一个整体性了解，特别是对科学所具有的力量（正、负方面）有一个直观的、具有感染力和震撼力的冲击性感受，一方面对科学技术是第一生产力有更深刻的理解，从而培育公众相信科学、理解科学、崇尚科学的素养；另一方面，也要打破对科学的"神化"，应该展示一些由于科技的滥用、误用对社会造成的负面影响，如对核能、基因工程等新技术的不当应用，让观众理解"科技犹如一把双刃剑"，人们应该以一种科学理性的态度全面地解读科学，这也是科学传播理念中强调的一个重要内容和体现。

纵观世界科学发展的历史，我们知道，今天的所谓科学，是关于科学知识、科学态度、科学方法、科学理论等的一套特定体系，这个体系主要是在近代欧洲成长起来的，常称为近代科学。世界上各古老的文明都有关于自然界的理论，或为神话，或为丰富的经验总结，但都没有形成像近代科学那样的体系，因而也没有像近代科学那样在世界史上发挥如此巨大的作用。近代科学的诞生得益于很多条件，包括东方的四大古老文明，中国古代文明是其中一个重要的部分。但近代科学的思想根源来自希腊，希腊是科学精神的发源地，希腊人所创造的光彩夺目的文化（泰勒斯、毕达哥拉斯、芝诺、欧几里得、托勒密……），以及理性的科学研究传统（对象化、逻辑性、有理性的怀疑精神等），为西方科学乃至当代世界科学的发展奠定了基础。而中国古代也走出了一条自己的独特的文化发展之路，形成了有特色的技术型、实用型的科技体系和实用理性的传统。显然，这是一种不同于西方科学的研究方法和研究传统，它为中国古代科技带来了辉煌，但却没能使近代科学在中国产生。因此，在看到西方科学带来的物质文明的同时，更应该看到其培养科学生长的科学精神，只学习一些科学知识并不能从根本上提高人的科学素质，科学的发展有其生长的"土壤和空气"。

因此，在科学中心的展馆设置中，我们应该对东西方这种不同的科学思想、科学方法以及科学精神进行阐释、显现与展示（在展品设计时要选取典型和具代表性的展品，并且尽量具参与性），使观众对科学有一个历史性的了解和思考。然而，对西方科学的回眸并不是对一些科学知识的重复或对历史的简单陈列,对中国古代科技的回顾也不是对中国古代特有技术的罗列,而是力图揭示其中蕴藏的丰富智慧和思想资源。因此,这种设计不仅是对科学传播理念的表达,而且是东西方文化的一种比较和交流,这在国内科学馆的设计中是应该提倡的。

▷▷ **7.7.3 广东科学中心的设计原则与创意**

1. 科学中心的所有布展内容构成一个完整的逻辑体系

我们的设计将"自然、人类、科学、文明"定为总主题,并从理论上演绎出人类与自然、科学发展与社会文明、社会发展与自然三对基本关系,提炼和凸显出人类与自然和谐共生、科技发展促进社会进步、社会发展与自然相协调的三个基本理念,然后以科学发展的时空性线索,设置"走进科学"、"文明回眸"、"面向未来"三个展区,各个展区又根据一定的内在逻辑演绎出展馆,每个展馆以各自的独特主题展示出内容。整个科学中心旨在表达和诠释什么是科学和技术,科学精神与人文精神在科学技术的活动中如何体现和融合。即让观众在与科学的接触中真正理解科学。同时也通过建筑物语和环境设计,进一步表达和阐释主题,从而使我们的主题能够逻辑严密、清晰明了地贯彻始终。整个概念设计是依据主题而一层层逻辑地展开的。

2. 布展内容采取一种系统综合模式

国内外科学馆布展内容的设计一般有两种类型:"学科分类式"或"主题综合式"。学科分类式布展实际上是对近代以来西方百科全书式的科学教育模式的一种反映,它强调的是一种分门别类的学习方式和经验性的方法。这种科学教育模式对于科学发展的初期以及对于较清晰地了解各学科的基本知识具有一定的优势。但随着科学的纵深发展和综合性发展,这种科学教育模式显露出其局限性。在科学馆的布展设计中较难体现一个总的主题理念,而且布展时常常显得内容繁杂,单一而缺少生动趣味性。因此,一种"主题综合式"设计模式应运而生。这种模式不按照传统的学科分类体系设计,而是注重对各学科知识进行融会并加以综合性表达,这实际上是对现代"通识(通才)教育"理念的一种反映和表达,也是对 STS 教育理念的一种具体应用。但从 STS 教育中两种不同的观点的争论中我们得到启示:一个科学中心,如果单纯采用这种主题设计模式,也有其局限性。一方面是难于把科学的主要概念和内容都设计成社会主题,各主题馆之间的内在联系也难于把握,另一方面又削弱了对科学知识加以介绍和传播的功能,如无法系统地充分表达各学科的基本概念、原理和完整的学科框架,而对科学知识的传播是科学中心的一个最基本功能,特别是在公众科学素质还不高的背景下。

基于以上的分析,我们这次的概念设计力图融会学科式和主题式这两种模式,根据科学内容,将不同的布展方式有所侧重地融通在各个展馆中。这种系统综合的布展模式既体现了当代世界科技发展的综合与交叉趋势,又尽量不遗漏当代科技发展的重要知识领域,而且将各展馆有机地联系起来,凸显了设计理念的整体性。

3. 在展馆布置上注重体现当代科学发展的前沿,采取"厚今薄古"策略

广东科学中心展馆布置包括了现在、过去、未来的科学成果和展项。但从展馆的设计理念到具体的展馆内容,我们都力图展现科学的时代性和前瞻性,向观众展示最前沿和尖端的科学技术,了解最新的科学动态,力图激发观众,特别是青少年的科学好奇心、想象力和对未来的憧憬。这种"厚今薄古"的策略既符合广东科学中心主题的要求,又体现了当代科技馆的特征和发展趋势。

4. 充分体现岭南文化特色和广东形象

充分展示岭南文化的特色,展示广东的文明建设的成就,特别是展示广东科技进步的实力以及在促进广东经济发展中显示出的巨大力量,将是广东科学中心的重要主旨之一和特色。我们在展区分配设计中,虽未将岭南科技作为一个专门的展馆,但在展馆内容和展品设计上,甚至在建筑物语和景观设计要求等方面,都力求展示岭南文明的历史和时代特色,展示广东社会经济发展的历程,特别是科技在促进社会经济协调可持续发展中的巨大作用和贡献,从而使岭南科技展区成为广东科学中心的一个标识性特色,而广东科学中心则成为广东科技、经济与社会发展的形象窗口和重要标志。

▶▶ **7.8 专题报告2:广东科学中心的管理模式和运营机制**

广东科学中心作为一项"国内领先、国际一流"的复杂系统工程,需要

良好的硬件和软件两方面条件的支撑。在建设过程中,硬件条件通常会得到高度重视,而以管理模式和运营机制为主要内容的软件条件则容易被忽略。

本专题报告就广东科学中心管理模式和运营机制提出策划思路。

▷▷ **7.8.1 总体思路**

国内外科学(馆)中心的管理模式多种多样,但是按资金来源分类主要有三种管理模式,即行政型管理模式、企业型管理模式、事业型管理模式。

行政型管理模式,指科学(馆)中心的建设和维护资金完全由政府投入和控制。在此模式下,科学(馆)中心的管理目标和管理任务简单明确,工作效率高;但经营方式单一,管理创新和目标拓展的空间不大。另外,为维持科学(馆)中心的正常运作,特别当展品需要维修或更新时,所需资金将成为政府难以承受的沉重负担。

企业型管理模式是科学(馆)中心按市场规则运作,在资金上完全自负盈亏。就现有情况看,此类科学(馆)中心多数为企业附属的展示场馆。该模式经营手段灵活,管理创新空间广阔,有利于激发场馆的活力和潜能,有利于场馆发展目标的拓展。但条件不成熟时,如经营不善,会导致场馆主旨目标的偏离或损害。

事业型管理模式,资金来源的主要部分由政府拨款,用于维持科学(馆)中心正常运作,其余部分特别是目标拓展资金靠自筹的方式解决。这种模式是介于行政模式和企业模式之间的一种类型。其优点是可以将社会效益和经济效益较好地加以结合,但同时却使科学(馆)中心既承担了政策责任,又要承担市场风险责任。

关于广东科学中心的管理模式,课题组建议:

• 在筹备建设时期,采用行政型管理模式——利用行政手段调控有力、效率较高的特点,由省政府有关部门组织精干队伍,充分利用来自省内外有关专家学者的智力资源,精心策划,稳步实施,按质按量完成筹建的管理目标,保证广东科学中心按时向社会开放(首期展项)。

• 在开馆后的一段时期(4—5年)内,我们称之为开馆后试运行时期,实行事业型管理模式,并辅之以企业运营机制——作为事业单位,中心建立若干职能部门,继续利用政府拨款完成二期展项的设计制作和首期展项的日常运作;另一方面,中心按现代企业的事业部制形式设立若干事业部,按合同制形式积极开发和管理相关项目组,努力创造经济效益,探索中心可持续发展之路。

● 经过试运行时期积累丰富的管理和运营经验后,进入稳步发展时期,即全面实施企业型管理模式——政府不再投入资金,只是以控股地位保证广东科学中心对其事业目标即社会效益的追求和实现;同时,政府协调其转制为广东科学中心企业集团公司,并帮助它利用自身的品牌、人才和技术优势,作为广东乃至全中国的科技文化名牌项目,参与全球范围的市场竞争。

▷▷ **7.8.2 具体设想**

根据广东科学中心的总体目标和任务,本专题报告分三大阶段对广东科学中心管理模式和运营机制进行设计。

7.8.2.1 筹建期——筹建过程中的管理概念(2002年5月—2005年4月)

建设起步期的工作特点是涉及众多的政府部门、专业技术机构和专业技术人员,技术内容繁杂。此时管理工作应侧重于精心策划、稳步实施。

1. 管理组织架构建议

在这一时期,我们建议确立图1所示的管理组织架构。

● 在省政府直接领导下组成"广东科学中心筹备领导小组"。组长由主管副省长担任,成员包括省府办公厅、省科技厅、省发改委、省财政厅、省建设厅以及广州市政府、高新区管委会等单位的有关领导人。

● 在广东科学中心筹备领导小组之下,挂靠省科技厅,成立广东科学中心"筹建办公室"。由筹建办公室具体负责中心的立项、选址、方案设计与招标、项目建设等管理工作,并定期向筹备领导小组报告工作进展情况。

● 筹建办公室组织成立专家总咨询组,并将其作为筹建办公室管理工作的决策智囊机构;筹建办公室下设三个管理部门:建筑工程管理处、展品制作管理处和机构组建管理处。

● "建筑工程管理处"会同建筑设计部门、工程施工部门和工程监理部门,负责广东科学中心建筑工程的设计、招标和建设等管理工作。

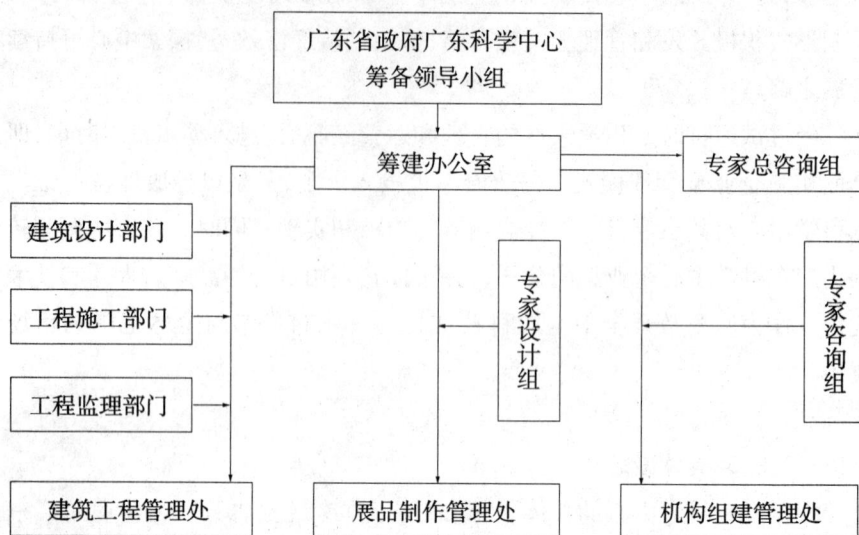

图1　广东科学中心筹建期管理组织架构示意图

- "展品制作管理处"会同相关的专家设计组,负责展品的设计、招标和制作等管理工作。
- "机构组建管理处"会同相关的专家咨询组,负责设计和组织实施中心主任(馆长)的招聘工作;并在中心主任(馆长)人选确定后,会同主任(馆长)人选,设计和组建广东科学中心开馆后的管理机构。

2. 管理实施要点

- 精心组织各类各层次专家咨询组、专家设计组。
- 组织实施建筑项目、展品项目的设计和制作的国际招标。
- 组织实施中心主任(馆长)人选及中心管理方略的全国性招聘活动。

7.8.2.2　完善期——试运行时期的管理模式和运营机制(2005 年 5 月—2009 年 12 月)

这一时期,筹建机构撤销,常设管理机构正式成立并开始运作。此时管理工作侧重于完善制度,放权激励。

1. 管理模式和运营机制建议

在这一时期,我们提出如图 2 所示的管理模式和运营机制建议:

- 省政府任命广东科学中心主任(馆长),继续财政拨款以维持首期展品

```
┌─────────────────────────┐
│      省政府主管部门       │
├─────────────────────────┤
│    财政拨款以维持基本运作  │
└─────────────────────────┘
            │
            ▼
┌─────────────────────┐        ┌─────────────────────┐
│    中心作为事业单位   │────────│   中心实行企业运作    │
├─────────────────────┤        ├─────────────────────┤
│  实行主任（馆长）负责制 │        │ 实行总经理（馆长）负责制 │
└─────────────────────┘        └─────────────────────┘
            │                              │
            ▼                              ▼
┌──────────────────────────┐    ┌─────────────────────┐
│ 主任助理办 │ 人事部 │ 财务部 │    │   副总经理（副馆长）   │
├──────────────────────────┤    ├─────────────────────┤
│  职能部门维持、维护事业目标  │    │   协调事业部和项目组   │
└──────────────────────────┘    └─────────────────────┘
                                    │              │
                                    ▼              ▼
                          ┌───────────────┐  ┌───────────────┐
                          │ 实行分权型事业部制 │  │  实行项目组制  │
                          ├───────────────┤  ├───────────────┤
                          │ 设计和创造经济效益 │  │   拓展事业目标  │
                          └───────────────┘  └───────────────┘
```

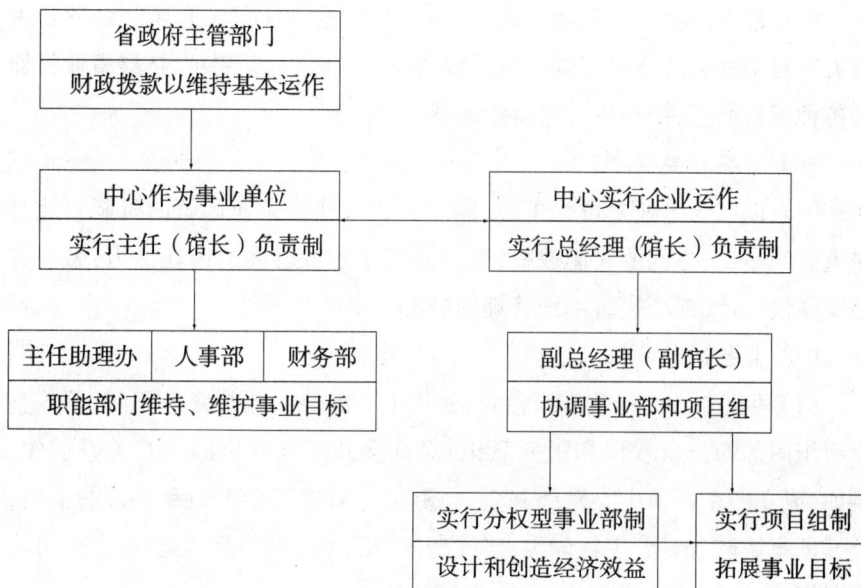

图2 广东科学中心完善期管理模式和运营机制示意图

的运作和二期展品的制作,并由省科技厅归口管理广东科学中心。

• 中心实行"一套人马、两块招牌"的运营机制:

(1)中心以实行事业型管理模式为主。实行主任(馆长)负责制,不设副主任(副馆长);由主任(馆长)任命1—2名主任(馆长)助理,协调人事部、财务部、展品维护部等职能部门维持、维护事业目标的实现。

(2)中心以实行企业运作机制为辅。实行总经理(馆长)负责制,下设副总经理(副馆长)若干名;副总经理(副馆长)协助总经理(馆长)领导和协调中心的若干事业部和若干项目组。

• 中心按现代企业的分权型事业部制形式①设立公共关系部、业务拓展部、物业管理部等若干事业部门,利用自身的品牌、场馆、人才等优势,积极开辟业务领域,努力创造经济效益。

---

① 分权型事业部制形式是指企业按产品类别或经营门类成立若干个事业部门,分别负责某一产品或某一门类的全部业务。各事业部门实行独立经营、单独核算的运行机制;企业高层只保留人事决策、财务监控等宏观调控手段。

● 中心按合同型项目组制形式①积极开发组建相关的项目组。各项目组致力于对全社会各方面资源进行开放式组合,探索更新展项、拓展事业目标的各种可行渠道,推动中心可持续发展。

2.管理实施要点

● 中心以作为事业单位为主体,同时又积极摸索企业运营的机制。此时最重要的是,一方面要大胆放权,充分激发中心各层面的内在活力;另一方面要谨慎设计,细心完善组织管理的制度规章。

● 中心业务运营领域包括:

(1)淡化中心的行政等级色彩,强化中心的公共关系管理职能,培养整个组织内部的公众意识和服务意识,对社会开展全方位的公共关系运作。例如,成立广东科学中心发展基金会,募集海内外社会组织和个人的捐赠;公开征集馆徽、馆标、主题词等;实施高技巧的中心网络品牌运营;有偿出让冠名权。

(2)建成科技教育、科学实验和培训基地。例如,建成广东地区中小学校的素质教育基地和第二课堂;组织接待海内外中小学生夏令营、冬令营;举办有影响的"小发明"竞赛活动;建设开放式实验室;开展各级科普人员继续教育等各种有偿科技培训活动。

(3)建成上档次有规模的国际学术交流场所。例如,邀请国内外著名科学家举办学术报告、学术演讲;促成高层次的自然科学与人文科学对话活动;举办有重大社会影响的科技颁奖仪式。

(4)成为广东高新技术产品推广中心。例如,建立科技人才信息中心,建立分行业的专利信息数据库,实行有偿服务;建成新的"广交会"——广东高新技术成果和产品展示、交易会。

(5)成为广州地区旅游观光新亮点。例如,突出科学理念和"绿色"理念,利用中心有较大室外展区面积的特点,营造精神陶冶与观光休闲一体化的服务设施和服务氛围,争取成为新的"羊城八景"之一。

(6)保持稳定的票务、餐饮、住宿和纪念品销售收入。例如,开发、制作、

---

① 合同型项目组制形式是指针对风险和创造性要求都较高的临时的、非常规性的工作项目,企业与项目经理签订项目合同。企业对项目组提供支持,项目经理对项目相关资源进行组织、协调、控制,以便实现项目的特定目标。

销售各色科技含量高的参观纪念品;建造和经营适量的适合接待中小学生冬、夏令营的公寓式客房;建造和经营适量的适合接待著名科学家的高级公寓。

● 吸取国内外科学(馆)中心的经验教训,在场馆开放的日常管理方面,要特别注意在以下环节上作精心设计:招募社会志愿者对观众讲解和答疑(日本科学未来馆的正式员工近200人,所招募的社会志愿者多达600人)、参观高峰期内对观众流量的合理限制和有效疏导、磁卡门票和馆内影视票的多场(次)灵活使用、各场馆中独具特色的参观氛围的营造等。

● 抛弃"科学中心办社会"的过时观念,在保安、绿化、清洁、餐饮、住宿、商场等后勤工作方面走物业管理社会化的路子。

7.8.2.3 发展期——正常运行时期的管理设计(理念、模式和机制)(2010年以后)

试运行时期结束以后,中心的事业单位建制淡出,全面转制为企业型管理模式,运营机构正式命名为广东科学中心企业集团公司;省政府主管部门只是以控股地位保证其对事业目标即社会效益的追求和实现(如图3所示)。

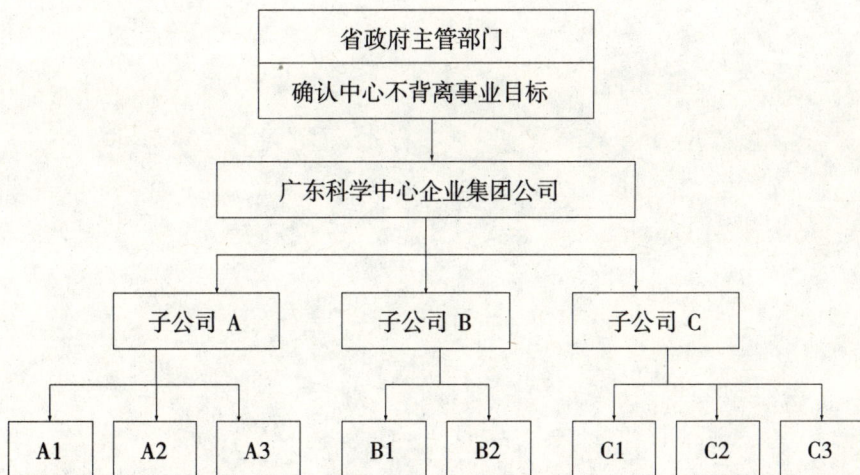

图3 广东科学中心发展期——正常运行期管理模式和运营机制示意图

广东科学中心企业集团公司以"科教强省"的理念,作为广东乃至全中国的科技文化名牌组织,参与全球范围的市场竞争。此期管理工作的侧重点是提升理念、创新发展。

附:日本名古屋市科学馆面积与人事简况表(比较:广东科学中心)

占 地 面 积	8779.03 ㎡(比较:广东科学中心 400000.00 ㎡)
建 筑 面 积	21686.71 ㎡(比较:广东科学中心 115000.00 ㎡)
展 馆 分 别	三展馆:[天文馆](5426.87 ㎡)、[理工馆](9461.42 ㎡)和[生命馆](6798.42 ㎡) 　　(比较:广东科学中心拟设[自然揭秘]、[生命王国]、[科苑童趣]、[经典大观]、[生活万象]和[文明历程]六展馆)
职 员 总 数	39 人(其中:馆长 1 人;副馆长 1 人;课长、係长两级管理干部 8 人)

第 **8** 章
广东发展生物技术产业的对策研究

前　言

　　课题《广东发展生物技术产业的对策研究》,旨在通过概述国内外生物技术产业的发展现状,探讨我省发展生物技术产业的总体战略和参与该领域国际竞争的主要对策。在本课题完成之际,恰逢党的十六大提出全面建设小康社会的奋斗目标和走新型工业化道路的发展战略、我省率先实现现代化步入快车道的关键时刻。本课题所关注的生物技术产业有着巨大的潜力和广阔的前景,将成为世界经济体系中一个新的支柱,对于保持广东经济可持续快速增长的势头具有不可替代的特殊作用。因此,本课题对于制定广东可持续发展战略具有特别重要的意义和参考价值。

　　本课题所说的生物技术主要是指 20 世纪 70 年代以来出现的在细胞生物学及分子生物学基础上运用现代工程原理和方法形成的综合性技术,主要包括基因工程、细胞工程、酶工程、发酵工程和蛋白质工程等。生物技术的应用范围广泛,遍及医药卫生、农林牧渔、轻工食品、环境保护、能源化工以及采矿冶金等多个领域,并日益显示出在解决人类面临的资源、环境等难题方面不可替代的作用。生物技术的创新推动了生物技术产业的发展,而作为高新技术产业一个重要部门的生物技术产业,在经济发展中正起着越来越重要的作用。

　　现代生物技术及其产业的突出特点是高投入、高风险和高回报。生物技术产业是典型的人才、资金、技术密集型产业,在研究与开发阶段需要大量的投入。在美国,一个医药生物技术产品从研究开发到推向市场平均需要12年的时间和2.3亿美元的资金,而农业生物技术产品也需要5—7年的时间,50万—1500万美元的资金。这些资金和时间主要都消耗在中上游技术的研究上,一旦产业化环节出现问题,就会给投资者带来巨大损失。但是由于生物技术产品的技术含量和产品附加值高,其回报率也高,利润率可达17.6%,是信息产业利润率8.1%的两倍多。不仅如此,生物技术所要求的智力支持也是多方面的。以转基因技术为例,它至少需要动物学、植物学、微生物学、遗传学、分子生物学、细胞学、生物化学、化学工程、应用物理学以及计算机科学等学科的支持。

本课题把研究目标定位在提出战略思想和发展理念的层面上,发挥软科学工作者作为决策者"外脑"的智力服务职能,而不试图巨细包办。基于这一目标,本研究形成了以下基本认识:

1. 生物技术产业领域极其宽泛,这一特点决定了这一领域的竞争态势将是"多极化"的,即从长远来看,少数发达国家不能穷尽生物技术产业的一切领域或在主要领域一直保持"霸主"地位。根据这一估计,随着我国加入WTO,广东作为改革开放前沿省份,在生物技术产业领域必将是机遇与挑战共存。因此,如何抓住机遇和应对来自各方面的挑战,将一直伴随着我省生物技术产业的发展。

2. 生物技术产业有着巨大的发展潜力和广阔的发展前景,有望在不久的将来成为继IT产业之后世界经济体系的新支柱,对保持广东经济长期持续快速增长具有十分重要的战略意义。因此,我省从现在起就要把生物技术产业当做新的经济增长点来培育。

3. 广东生物技术产业的发展道路应定位为"跨越式发展"。它有三个主要特征:一是在较短时间内使生物技术产业完成从萌芽、成型、发育到成熟的各个阶段,甚至跳跃其中的某些阶段;二是在规模扩大、产值或利润增加以及对国民经济增长贡献率的提高等方面,均快于其他产业部门;三是发展速度不均匀,在某些有利的时期能以远远高于平均值的速度急速增长。

4. 在参与市场竞争中,广东应采取跟踪与领进并举的策略,即在一些领域或时期以常规产品的开发为主,而在另一些领域和时期以占据制高点进而在某些方面领先为主。这是由我省作为发展中国家的一个经济大省的特殊地位所决定的。

5. 根据对国内外生物技术产业发展趋势的考察,医药生物技术产业对经济发展的作用在今后相当长的时期里都将是最明显的。所以,这也是广东省生物技术产业今后要特别关注的重点方向。

6. 党的十六大报告要求:"在更大程度上发挥市场在资源配置中的基础性作用,健全统一、开放、竞争、有序的现代市场体系……创造各类市场主体平等使用生产要素的环境。"广东发展生物技术产业的关键环节正是这种环境建设。优惠的政策、成熟的市场和良好的创业条件,不仅能增加各类市场主体发挥潜力的范围和机会,还可以吸引人才、资金、技术等,从而弥补我省在发展生物技术产业条件方面的某些不足。

本章以下各部分是对上述观点的详细论证,其内容是:第一部分概述国外生物技术及其产业领域的现状和竞争态势,指出这一领域的"多极化"特征;第二部分考察我国生物技术产业的发展状况,分析国家有关的产业政策和科技政策;第三部分考察我省生物技术研究开发及产业化的现状,就我省生物技术产业的区域布局、发展重点和目标等提出战略构想;第四部分是就如何实现这些战略构想提出一些具体的对策建议。

▶▶ 8.1 国外生物技术产业发展概况

自1976年4月美国建立世界上第一家生物技术公司到1998年,全世界的生物技术公司已发展到2600家左右,加上相关的企业,从事生物技术产品生产的企业超过5000家。从1998年至2000年,这个数字又翻了一番,专门企业加上相关企业,共有1万多家。1991年全球生物技术产品销售额为59亿美元,1996年为101亿美元,1997年为130亿美元。20世纪90年代以来,全球生物技术产品销售额增长迅速,1980年是零增长,到1997年增长率达到28.7%。生物技术,特别是基因操作技术、生物治疗技术、转基因动植物技术、人类和其他生命基因组工程、基因治疗技术、蛋白质工程技术、生物信息技术、生物芯片技术等,广泛应用于医疗保健、环境保护和农业生产等领域,将成为全球发展最快的高技术产业之一,进而成为21世纪的支柱产业。

▷▷ **8.1.1 生物技术正在迎接新一次"发展浪潮"**

医药生物技术产业掀起了生物技术产业发展的"第一个浪潮"。在全球,美国、英国、德国等发达国家生物技术产业处于领先地位,并占据绝大部分市场份额,在这些国家,生物技术产业主要集中在医药保健领域。当前,国际上生物技术领域已取得的研究成果中有60%以上是医学领域的,总销售额超过10亿美元的生物技术产品主要是医药生物制品,欧洲八百多家生物技术公司中有六百多家是医学行业的。1997年全球生物技术药品销售额仅为128亿美元,2000年这一数字增至260亿美元,约占全球生物技术药品销售量的8%,年增长率超过25%。目前在生物医药行业中风头最劲的是与基因相关的产业。国际上这方面的投资增长很快,美国政府计划在人类基因组计划中的投资在30亿美元,美国的7000多家生物技术公司的投入已超过300亿美元。与此同时,在与疾病相关的基因转让、基因制药、基因信息交流等领域,每年能产生几十亿美元的利润。从目前的运作来看,基因产业的收入和利润来源的主要途径是基因工程药物,预计到2002年全球市场将达到200亿美元。未来生物制药发展的几大重点领域是:(1)生物芯片的研制、开发(提供技术平台);(2)新型基因工程疫苗的研制;(3)基因工程活性肽的生产;(4)转基因作物及转基因食品;(5)功能基因等等。

与传统制药相比,生物制药具有便于规模生产、生产工艺简单、人力投入少、无污染、生产周期短等优点,而且新药一旦开发成功,利润巨大,生物医药产业的平均利润已达到了17.6%,是信息产业8.1%的两倍。自1982年第一个用基因工程技术生产的人胰岛素问世以来,到1999年,全球已有92种生物技术新药投放市场,显示出生物制药的良好发展势头,并呈现出加速的迹象,被投资者看作成长性最高的产业之一。世界各大医药企业瞄准目标,纷纷投入巨额资金,开发生物药品,展开了面向21世纪的空前激烈的竞争。

生物农业虽然规模暂不能与生物医药相抗衡,但发展速度却超过了生物制药业,可以说农业生物技术产业掀起了生物技术产业发展的"第二个浪潮"。如1993—2000年美国农业生物技术市场以年均增长率50%的速度递增,年销售收入从1993年的1.07亿美元增长到2000年的18.3亿美元。目前,传统生物农药已经产业化,基因工程农药进入商品化,遗传工程作物已经接近实现。从发达国家来看,生物农药在农药总产量中的比例,目前已达到20%。在国内农药行业中,生物农药的经济增长速度最快,仅以武汉科诺基地为例,该基地1999年5月底才组建,第一年就有2亿元的销售收入。

当前,研究转基因植物的主要目的在于培育抗性强、品质好的农作物新品种,以及作为生物反应器生产贵重药物和疫苗。自1994年可延长货架寿命的耐储藏转基因番茄最先获准上市以来,已有包括抗虫棉花和玉米、抗除草剂大豆和油菜等十多种转基因植物获准商品化上市销售。美国、加拿大等国利用转基因技术制造的基因食品已陆续登陆各国市场。尽管目前对转基因食品对人类健康是否有危害尚存争议,但不可否认的是,这些国家已在该领域拔得头筹。在基因作物产业的带动下,基因动物产业的发展步伐也加快了许多。世界上第一头克隆羊"多莉"死了,但更多的"克隆动物"将会面世。我国科学家已经在世界上率先启动了家猪基因组测序计划,并将尽快拿出框架图,从而为家猪的改良、医学研究提供基因序列信息。可以说,基因工程为医药业和农业开辟了无限的想象空间,基因产业几乎无孔不入,掌握了庞大的基因数据库就如同掌握了一个"金矿"。"基因工程最迷人之处在于,一个基因很可能就会发展出一个产业来。在12万条基因中,只要有1万条有用,就会形成1万个产业。"这是何等激动人心的预言!

现在,在海洋、环保等更广泛的领域,世界各国政府竞相投入巨资进行生物技术的开发和研究,生物技术产业在经济体系中的地位得到进一步的提升,特别是在解决对矿物能源的依赖问题方面,生物技术越发显现出其潜力。生物技术还扩展到消除有害物质和废弃物及这些物质的转化和再利用方面,以及广泛应用于干食品、传统工业和信息产业等领域。可以说,生物技术产业的发展正在迎来"第三个浪潮"。尽管目前生物技术产业与IT产业相比较还处于发展初期,但生物技术经济一直保持25%的增长速度、20%的融资率、12.5%就业增长率以及股市8.76%平均涨幅。仅1999年全球生物技术产品的总销售额就高达500多亿美元,而产生的间接经济效益超过3000亿美元,全球有一半以上的人直接享用过生物技术产品。生物技术产业前景无限,必然会成为新的经济增长点,任何国家要想在21世纪保持经济增长和优势地位,就必须发展好生物技术产业。

▷▷ **8.1.2 美国在生物技术领域的竞争策略**

　　生物技术产业的这一趋势已引起世界各国的广泛关注,许多国家已经把它作为经济发展的战略重点,激烈竞争的态势已十分明显。近些年来,经济发达国家纷纷制定相关的战略和政策措施。美国国家科学和技术委员会从 1992 年起接连发表了《21 世纪生物技术》、《21 世纪生物技术:新的方向》等发展战略报告,显示了美国要在生物技术产业各领域全面保持"霸主"地位的基本思路。为此,美国政府在税收、经费预算、专利保护等方面制定了一系列优惠政策。1999 年,美国在生物技术领域投入的研究与开发经费是 107 亿美元,而在 2000 年达到 138 亿美元,增长幅度高达 30%。早在 1995 年,美国食品和药物管理局(FDA)就规定:生物技术公司创办新厂不再需要特别许可证,生物技术专利保护期限由 17 年增加到 20 年,且从专利申请被接受之日起生效。与此同时,美国农业部也宣布简化对转基因植物的测试过程,并把许多生物技术产品宣布为"非控制"产品。

　　相对于其他国家,美国的生物技术历史相对悠久,其中撰写历史开篇的几家生物制药公司,像 Amegn,Biogen,Genentech 等,如今已经是生物技术企业的领头羊。早在 20 世纪 80 年代,这几家公司在生物技术领域少有地拥有实质性产品和收益,为美国生物制药业开拓了探索的道路。1991 年安进(Amegn)公司成功开发出两种名为 Epogen 和 Neupogen 的药物,在当时的股票市场激起了波浪。尽管当时很多生物制药公司开发产品的脚步缓慢,但是很多分析评论者都把"生物技术"这个名字奉若神灵,不少投资者开始注意到一直默默无闻的生物技术产业。1992 年和 1993 年,对于美国生物技术产业来说,是不尽如人意的两年,由于受到总统克林顿健康改革方案的失败和多个生物技术药物开发步伐艰难等不利因素的影响,差一点把刚露生机的生物技术产业扼杀在摇篮中。经过 3 年的"困难时期",1995 年医疗保险业为生物技术产业带来一点点的安慰,尽管这样,该行业并没有显露多大的喜色。一直到了 2000 年 6 月 26 日,人类基因组计划的工作草图初步完成,给全世界包括美国在内的生物技术产业带来翻身的机会。总统克林顿极力支持的态度,为美国生物界打下一剂强心针,各大生物制药巨头摩拳擦掌准备创造辉煌历史。

　　知识经济的来临,随之而来的是产业结构的重组。尽管传统工业对美国经济有着不可抹杀的功劳,但它仍然要面临优胜劣汰的定律。其中生物技术产业就是促进美国近年经济增长的功臣,不仅为人类健康做出了很大的贡献,同时也带动了美国本土许多相关产业的兴起。1976年,基因技术公司在美国加利福尼亚成立,当时这仅是一家从事生命遗传物质DNA研究的新公司,但它的成立却标志着一个生物技术产业已成为美国高科技产业发展的核心动力之一。塞莱拉、人类基因组科学等大型生物技术公司先后崛起,与基因技术公司等众多生物技术公司各擅胜场,活跃在艾滋病、人类基因组和人类蛋白组等研究开发前沿,掀起了美国生物技术产业的滚滚浪潮。

按照美国生物技术产业组织下的定义,生物技术是指"利用细胞和分子过程来解决问题或制造产品的技术",生物技术公司则是将细胞和生物分子技术应用到医药、农业和环保上的企业。到2001年初,美国已有1400家生物技术公司,这还不包括众多涉足生物技术的传统制药公司。从收入来看,生物技术产业自1993年以来规模扩大了一倍以上,收入从当年的80亿美元增加至1999年底的223亿美元,到2000年底美国生物技术产业的收入达到250亿美元。它的发展还带动了相关产业,为之提供服务和相关技术的行业的年收入达到270亿美元。此外,还为美国政府带来一笔可观的税务收入,生物技术产业的税项一般包括个人收入所得税、企业收入所得税、社会保险税、特许权税等,1999年生物技术产业为联邦政府共带来68.43亿美元的收益,而州政府和地方政府同年所得的税收也分别有19亿美元和12亿美元。

到2001年初,在生物技术产业就业的人数达17.4万人,超过了玩具和体育用品产业的就业人数总和,生物技术产业还为服务于它的行业创造了近30万个就业机会。

美国从事生物技术产业的人员分布

城市名称	生物技术产业从业人员	占全国该产业从业人员的比例
Bellevue	179	1%
Bothell	3624	24%
Issaquah	589	4%
Kirkland	191	1%
Redmond	3136	21%
Seattle	6298	42%
E. Washington	400	3%

　　自 20 世纪 70 年代以基因重组技术和单元隆抗体技术为标志的生物技术诞生以来,在艾滋病、克隆、干细胞、人类基因组和人类蛋白组等研究领域,美国作为科技和经济大国均占据了领先地位,各种生物技术产品被广泛应用于医疗、工业、农业、海洋和国防等领域。截至 2000 年底,美国食品和药物管理局已经批准了 117 种以上生物技术药品和疫苗,目前正在临床试验的生物技术药物和疫苗至少有 350 种。这些药物或疫苗针对 200 多种疾病而开发,包括各种癌症、早老性痴呆症、心脏病、糖尿病和艾滋病等。此外,近年生物技术也为美国的农业开创了新局面,不但农作物的产量提高,而且造就了 21900 个职位空缺,1999 年农业生物技术产业的总产值为 23 亿美元,农业生物技术企业主及其雇员年收入共达 14 亿美元。美国农业部表示,2002 年美国农民将种植更多的生物技术作物,约 3/4 的大豆以及约 1/3 的玉米种植来自于基因重组种子。同时据最新估计表明,种植者继续拥护新的有计划的用于调整化学成本和提高产量的生物技术作物。农民计划从 2002 年美国将要播种的 7900 万英亩玉米中提高生物技术品种到 32%,除密苏里州和俄亥俄州以外的所有 11 个主要玉米种植州,将增加生物技术玉米的种植,而种植生物技术大豆占到约 7300 万英亩的全部美国大豆作物的 74%,超过前一年 68% 的比例。另外,转基因食品已陆续上市,转基因动物产业、生物信息产业等也加快了发展步伐。

　　受美国经济衰退、资本市场萎缩等因素影响,美国生物技术产业的发展步伐可能放慢。去年,公司公开上市的大门被关闭,一批有希望的公司继续为资金不足发愁。同时随着投资者对人类基因组信息如何能被最好利用以开发药物的期望下降,今年的生物技术产业不可能再现一两年前的光景。专家指出,生物技术产业的发展快慢将取决于以下几个领域是否有明显起色:首先,各大研究型公司能否在精炼药物开发方面取得突破。各大制药公司正在利用人类基因组测序数据探寻有可能缩短药物开发过程的方法;其次,生物信息统计领域的研究人员是否能开发出更先进的分析软件;第三,干细胞研究是否能成为可行性商业的基石。由于这一研究受美国国会和政府的影响,观察家对其前景抱着观望态度,但目前干细胞还没有真正在治疗疾病方面带来好处。目前美国的生物技术产业还有以下特点:一是从事系统生物学研究、鉴别和记录疾病路径方面的创业公司,将从研究领域脱离出来;二是与计算机相结合的生物学研究将继续依赖信息技术的发展;三是反生物恐怖战将继续为生物技术产业的发展提供动力,因此开发生化探测剂和各类疫苗将成为今后生物技术产业开发的热点。美国生物技术行业目前面临的主要问题是药品审批时间过长,可能直接影响生物药品的利润。

可以这样说,美国的生物技术产业正受到挑战。总的说来,美国生物技术产业虽历经坎坷,许多生物化学药物在研发过程中半途夭折,不少投资商提起生物技术行业都噤若寒蝉,但经过失败的磨炼后,美国生物技术行业正走向成熟,经营模式趋于合理,掀起购并浪潮,新药开始大量上市,投资势头正旺。短短20年时间,美国为何能在生物技术产业取得如此绝对优势,一般认为有以下几点原因:

第一,在美国五大生物产业区(波士顿、旧金山、圣迭戈、华盛顿和北卡罗来纳研究三角园)都有实力雄厚的大学和研究机构。波士顿的哈佛大学和麻省理工学院,对学生来说具有无可比拟的吸引力。旧金山湾区的加利福尼亚大学旧金山分校、加利福尼亚大学伯克利分校和斯坦福大学等,也是人才聚集之地。圣迭戈的加利福尼亚大学圣迭戈分校则是全美大学中获得美国联邦科研费用最多的高校之一。大华府地区则云集了一批世界级的教学、研究、管理机构,如美国国家卫生研究院、美国食品和药物管理局、霍华德·休斯医学院研究实验室、马里兰大学研究中心和约翰·霍普金斯大学等。北卡罗来纳研究三角园则毗邻北卡罗来纳州三所著名大学:杜克大学、北卡罗来纳州立大学罗利分校和北卡罗来纳大学查珀尔希尔分校。

第二,当地的生物技术产业起步早。例如,1981年成立的北卡罗来纳州生物技术中心是全美第一个由州创建的生物技术推动机构,这一机构的诞生对于北卡罗来纳州的生物技术产业腾飞具有举足轻重的作用。马萨诸塞州政府则在1985年出资成立生物技术委员会,目的是刺激波士顿和沃塞斯特地区生物技术产业的发展,委员会在当地开发了第一个生物孵化器。紧靠华盛顿的马里兰州蒙哥马利县经济开发部在20年前就辟出一片土地,专门用于发展该地区的生物技术。塞莱拉和人类基因组科学公司是最先成立于这一生物技术开发区的一批生命科学企业。

第三,具有信息技术和生物技术融合优势。当生物学正迅速转变为以计算机为基础的蛋白质结构和功能分析科学时,信息技术优势对于生物技术的发展至关重要。毗邻旧金山湾的硅谷云集了大批计算机人才,这些信息技术人才是旧金山湾生物技术企业群落巨大的生物信息统计技术资源。

由于世界上第一大因特网服务商美国在线公司和其他一系列信息巨头位于大华府地区,大华府成为与旧金山湾类似的生物技术加计算机科学基础设施的完美组合。至于波士顿、北卡罗来纳州研究三角园和圣迭戈,它们都具有信息技术方面的优势。如 IBM 的主要研究和生产基地在北卡罗来纳的研究三角园,圣迭戈则是专门生产 CDMA 无线通信产品的高通公司的总部所在地,也是 IBM、诺基亚、爱立信和英特尔等的研究基地之一。

第四,资金优势、企业家文化和人文文化。旧金山湾的风险投资充足则是它发展产业的另一个先天优势。硅谷许多大信息技术公司把利润的一部分投资于生物技术产业,这对湾区的生物技术产业注入了血液,帮助推动高技术产业在硅谷繁荣的风险投资家同样帮助了旧金山湾区生物技术的发展。圣迭戈生物技术产业的发展神速与经费充足有重要关系。这里得到的年研究开发经费达 70 亿美元,超过了大多数发展中国家的年科研预算。据统计,2000 年美国生物技术产业获得的投资总额达到 330 亿美元,超过了前 5 年的投资总和,54% 的生物技术上市公司因此拥有了可以涵盖未来 3 年支出的资金。随着生物技术产业吸引资金的迅速增加,该产业的研发投入在 2000 年达到 138 亿美元的高水平,比上一年增长 29%。2000 年底,美国国会批给 NIH 的 2001 年经费预算为 203 亿美元,比 2000 年增加 14.2%。2002 年,布什政府的国家预算中计划给 NIH 增加 28 亿美元,为 231 亿美元。

此外,美国的五大生物技术产业区还有各自优势,如波士顿的名校,北卡罗来纳州的低消费水平和紧密的社区合作氛围,圣迭戈的生活环境出众等。在旧金山湾,一个人在这里可以自由地来去于大学和私营企业之间;华盛顿地区的公司因为靠近政策出台之地,具有近水楼台先得月的优势。

▷▷ 8.1.3 欧洲的竞争策略

欧洲的生物技术起步较晚,而且带领欧洲生物技术的企业集中于少数地区,但是这不能否定欧洲大陆有个别新生的生物技术产业,凭着初生牛犊不怕虎的勇气,努力改变并不十分有利的生存环境,不但进军各自国家的主要市场,而且进军"气势如洪"的美国市场,英国、德国是其中的佼佼者,而法国等各国政府也都在努力营造一个适合生物技术产业生存的环境。

英国早在20世纪80年代中期就有了第一家生物科技企业,是欧洲国家中发展最早的,其规模仅次于美国,位居世界第二位。到2000年它已拥有560家生物技术公司,欧洲70家上市的生物技术公司中,英国占了一半。英国生物技术产业主要分为生物医药(生物制药和诊断技术)、食品工业和农业、工业和精细化工以及环境四大类,其中以生物医药生物技术公司发展最快。在食品新产品的开发方面,英国处于欧洲的领先地位。

英国生物技术产业相关统计(数据来源:BBC)

	1994 年	1999 年
市场总资本	940 亿美元	970 亿美元
产品销售额	70 亿美元	130 亿美元
雇员数目	97000 人	153000 人
企业数目	1272 个	1283 个

英国的生物技术产业快速发展有以下几点原因:(1)强大的科学基础为英国生物技术产业的发展提供了动力。英国在生命科学领域有许多世界一流的科研机构和高水平的科学家,在历史上曾取得一系列重要科技成果。其中包括DNA结构的发现(1953)、单克隆抗体的建立(1975)、DNA指纹图谱的发明(1984)等,曾在该领域获得诺贝尔奖20多个。英国生物技术和生物科学研究理事会年预算2.5亿英镑,支持生命科学的基础研究。医药研究理事会年预算4亿英镑,支持包括著名的分子生物实验室在内的科研院所,并通过其与国家医疗卫生行业的密切联系,有力地促进了生物技术的转让。(2)活跃的金融市场为生物技术产业的发展提供了资金。英国有非常活跃而又成熟的投资机构,其风险资本投资额占欧洲总额的42%(1994)。伦敦股票交易市场放宽了挂牌规则,刺激了金融机构的积极性,使生物技术产业成为该市场发展最快的行业。到1996年,在伦敦股票市场挂牌的生物技术公司的资本总额已超过70亿英镑。(3)与大公司结成的战略伙伴关系为生物技术公司的发展创造了条件。大部分英国生物技术公司,特别是生物制药公司,都与英国的大制药公司有成功的合作关系,这种关系为生物技术公司提供了获得经费的机会和产品上市的渠道,从而加速了这些生物技术公司的发展。(4)政府的重视和支持是英国生物技术产业

快速发展的保证。英国政府认为生物技术将给经济的发展和生活质量的提高带来巨大利益，因而把发展生物技术放在政府工作的重要位置,采取各种措施鼓励英国公司通过采用生物技术提高市场竞争力,同时促进新的生物技术产业的发展。以支持鼓励企业与科研机构之间的合作为目的的LINK计划,1988年以来,已经实施与生物技术有关的项目多个。去年,代表英国生物技术部门的"生物技术产业协会"(BIA)呼吁政府阻止该国的制药企业的流失,支持生物技术公司的发展,尤其是在早期阶段和在被列入上市名单之际。BIA还呼吁引进私人投资以便与政府基金匹配,以保障基因研究类的发明创造在专利法规中不受歧视。随着英国在生物技术基础方面的正确发展,以及政府政策的补充与支持,我们可以相信,生物技术产业将会不断取得新的突破,并将为英国的经济发展和增加就业提供重要的原驱动力源。(华尔街日报 SUSANAH RODGERS 2001－4－27)

在德国,发展生物技术有如开垦贫瘠的土地,曾有评论员把20世纪80年代德国的生物产业比喻为"一片荒地",即使是当时最大的生物制药公司赫斯特公司(Hoechst AG)生产的人类胰岛素因子在法兰克福批准上市,也要耗用长达十多年的时间。所以当1996年德国大臣于尔根·罗特杰尔斯(Jurgen Ruttgers)宣布德国要在2000年成为欧洲生物产业的主导者时,很多国家都把之当成笑话。然而到了1999年,再也没有人开德国的玩笑了。因为这一年,德国研究人员申请的生物技术专利已经占到了欧洲总数的14%,全国生物科技公司的数量也达到400多家,一跃居于欧洲生物产业国排名的第二位,仅次于英国。其中,赫斯特公司的成长历程很好地见证了德国生物技术产业的壮大。2001年年初,赫斯特公司的销售额已达61.35亿美元,免除税收的收益为4.34亿美元,企业雇员总数有64300人,其规模并不亚于其他同行。

1995年德国的联邦教育研究部鼓励德国各地区的行政主管机关、研究机构、产业界、创业投资基金、银行及基金会等单位紧密结合,运用当地一切资源,促进生物科技商品化的应用。这一举措成为德国生物产业商业化的催化剂,大大地推动了德国生物产业的发展。受到德国政府的激励,德国的生物科技公司家数大幅增长,自1993年的73家,跃增为1997年的175家,而后快速增长。自1999年起,德国境内新成立了86家生物科技公司,使得2001年德国生物科技公司的家数达到365家,较2000年增加9.9%。生物技术产业的销售额为10.45亿欧元,比前一年增加1/3,从业人员也增加了35%,达14408人。目前德国生物技术领域企业以从事医药产品导向的基因技术研究(业内人士称之为"红色产品")的居多,占本行业企业总数的83%;位居其后的是绿色农业产品和绿色食品("绿色产品")生产企业,占11%;然后就是生产环保产品("灰色产品")的企业,占6%。

奖励研究技能及增加支持资金,是德国科技产业成功的秘诀。过去三年间,德国政府在生物科技计划的赞助经费加倍,达到每年平均1.25亿欧元的水准。此外,德国政府还拨出1.8亿欧元,支助一项多年的国家基因体研究计划,仅次于美国。2001年德国生物科技产业的科研经费为12.28亿欧元,比2000年增加71%。德国的生物科技公司多属新创公司,3/4的德国生物科技公司员工数不超过30人。在营业项目方面,德国生物科技46%的公司以发展产品为目标,41%的公司兼具产品研发及技术服务,只有13%的公司是单纯地提供服务。在产品项目方面,以医学领域为主。此外,专利及授权数目增加,也是促进产业苗壮成长的因素。过去两年间,德国生物科技业专利申请增加了88%,授权也增加了173%。在公司间的合作计划中,技术授权及产品授权的数量也是2001年的两倍。风险投资仍是德国生物科技产业的主要资金来源,2001年有5.25亿欧元来自风险投资,比2000年微幅减少7%,但与2001年整体投资环境相比,生物产业依然相对活跃。

在英、德大力发展生物技术产业的同时,莱茵河对面的法国也不甘落后。2000年政府用于生物技术的资金达2.6亿美元,其中最典型的项目就是1998年在巴黎附近成立的号称"基因谷"的科技园区,这里聚集着法国最有潜力的新兴生物技术公司。另外20个法国城市也准备依照"基因谷"建立自己的生物科技区。研究部2000年夏天的统计结果表明,在1998年以后,法国新创建了近百家生物技术企业,该领域的就业人数增加了13%,营业额提高了20%。这些进展与政府对生物技术产业发展的大力支持是分不开的。

总的来说,欧洲的生物技术受到政府的大力支持并加大资金投入力度,也注重技术与风险投资有机结合的必要性,学术水平与风险投资相辅而成。不同于美国的是,在欧洲各国,生物技术的前进步伐都不同程度地受伦理道德的影响。例如公众对生物技术的发展政策态度、政策和科学研究者的意愿是否相抵触、媒体对生物技术的反应和影响、公众对生物技术的看法是否改变和怎么改变等。

▷▷ **8. 1. 4　日本的生物技术产业政策**

日本作为一个经济科技大国,在这场全球技术大赛中落伍让人觉得奇怪。其实早在 1981 年,日本政府就曾计划建立一套自动、高速的 DNA 测序系统,可是由于政府职能部门的推诿扯皮和科学家之间的钩心斗角,这项计划中途流产。到 2000 年,日本全国只有十几家生物技术公司,但是日本决心在"后基因时代"迎头赶上,一家私营企业还成立了"龙基因中心",它将是亚洲最大的基因组研究机构。

日本政府把 1998 年用于发展生物技术的财政预算 123. 23 亿日元上升为 1999 年的 143. 67 亿日元,在 2000 年用于发展生命科学的财政预算高达 640 亿日元,是用于发展信息行业的财政预算(152 亿日元)的四倍多。而日本政府提出的目标是:要在 2010 年把生物技术产业发展到 25 万亿日元的规模,同时据相关调查表明,到 2010 年生物技术产业国内市场规模可发展到 10 万亿日元。目前日本政府比较关注的是基础性研究、生物技术的实际应用、用于生物科技的政府预算、政府与工业和学术界的合作、知识产权的保护等。基于人类基因组计划的影响,日本生物技术产业以人类基因译码为主。预计到 2004 年,疾病治疗和药物开发会达到一个新的水平,对一些与年龄有密切关系的疾病,如老年性痴呆、癌症、糖尿病和高血压等进行有效的治疗和控制。此外据调查表明,日本企业正在加速研究开发的生物技术依次是再生治疗、个性化治疗、生物医学、基因检查和诊断、利用微生物制造有用物质、基因药物、基因芯片、生物信息技术、生物传感器、转基因植物、细胞医疗及基因治疗等,其中以应用干细胞培养技术为基础的再生医疗技术、以有关免疫抗体等人体内蛋白质为药物的生物医药品、基因检查和诊断等新的医药技术,将在 2010 年前后进入普及阶段。日本政府非常重视生物技术产业,把它作为发展振兴 21 世纪日本经济的一系列政策的重点发展对象,将其定为 21 世纪的立国之策。为此,在 1999 年 1 月,由科学技术厅、文部省、厚生省、农林水产省、通商产业省联合出台了"创造生物技术产业的基本方针"。其主要内容有以下八个方面:(1) 加速推进染色体组的解析等基础研究;(2) 加强对产业化的支援;(3) 加强实用化的技术开发;

（4）促进大专院校的技术研究及其成果转化；（5）加强产、学、官之间的合作；（6）完善有关安全措施的法规；（7）知识产权的保护；（8）加深国民的理解。

特别值得一提的是，日本在生物技术研究与开发方面采取的策略与欧美不同。首先，在投资方面，欧美强调政府的支持，而日本更主要地是靠企业的投入。日本通产省对三项主要的生物技术合作研究计划（生物反应器计划、大规模细胞培养计划、DNA 重组计划）10 年中的总投入为 265 亿日元，还不及三菱公司 1992 年一年研究开发费用的一半。第二，欧美注重创造新的生物技术产品，而日本则注重革新生产工艺。第三，日本十分重视生物技术研究与开发的国际合作，以弥补基础创新能力的相对不足，而欧美则采取独立完成研究与开发全过程的策略。

▷▷ **8.1.5 生物技术产业领域不会有永远的"霸主"**

实际上，目前在生物技术及其产业领域里的国际竞争主要是经济发达国家之间的竞争，而美国又在竞争中占有绝对优势，因为它拥有全世界约一半的生物技术公司和一半的生物技术专利，其生物技术产品的销售额也占到全球生物技术产品市场的 90%。这一情况是不是意味着发展中国家在发展生物技术及其产业方面没有机会呢？不是的！即使是贫穷落后的国家也有机会在生物技术产业的发展中大显身手。生物技术产业是个非常宽泛的概念，其领域之大远非其他高新技术产业所能比。在其发展的初期，当然只有少数几项技术在少数国家得到突破。但这并不表明少数国家能包打天下，从而穷尽生物技术及其产业的一切方面。

随着生物技术研究与开发向着更深更广的领域延伸，"大路朝天，各走半边"的局面就将逐步形成。联合国教科文组织的萨松（A. Sasson）博士在一份研究报告中曾强调，涉足最受关注的基础研究并不是发展生物技术产业所必需的，发达国家所采取的策略也不是唯一的，因而"即使是最穷、科技最落后的国家也能从生物技术的进步中获益，并能参与这场'生物技术革命'"。总之，"多极化"将是未来生物技术研究与开发领域的基本特征，发展中国家完全可以按照自己的模式来发展生物技术及其产业，并从中获益。生物技术产业领域中没有永远的"霸主"，每一个国家和地区都可能形成自己的独特优势。

▶▶ **8.2 我国的生物技术产业状况和政策走向**

  我国政府很早就意识到生物技术产业的重要意义。从 20 世纪 70 年代开始有计划地支持生物技术研究,到 1983 年国家科委专门成立中国生物工程开发中心,再到国家"863"计划把生物技术列为包括航空航天、信息技术等 7 个高新技术之首,无论是政策,还是资金,都给予了大力的支持。"九五"期间,我国已建成一批重点实验室和工程研究中心,培养了一批约 3 万人的生物技术研究、开发、生产管理队伍,初步形成医药、农业、轻工、海洋等生物技术门类齐全的研究开发生产体系。1996 年,我国生物技术产品的销售额达到了 114 亿元。1999 年我国从事生物技术产品研究和开发的公司约有 320 家,此外,还有国家的科研院所和大学 297 家,资金的总投入约 23 亿元。据统计,2000 年全球生物技术产业销售额达到 1000 亿美元。中国生物技术产品销售额也达到了 200 亿元人民币,虽然是 1986 年的近 10 倍,但与发达国家相比,我们仍有很大差距。"十五"期间,国家"863"高技术发展计划用于现代生物技术领域的研究经费,将是以往 15 年经费总和的 4—5 倍,总额将超过 50 亿元人民币。中国的生物技术研究与产业化进程将大大加快,10 年后整体水平力争进入世界先进国家行列。为加强中国生物技术产业的创新能力,今后,我国将重点建设 20 个有世界先进水平的生物技术研发基地,在基因科学、生物信息与生物芯片、组织器官工程、动植物生物反应器、基因转移调控、基因细胞治疗、高通量筛选、生化工程工艺等主要技术领域重点组织攻关。可以说,我国的生物技术研究和产业发展已开始形成规模。

▷▷ **8.2.1 医药生物技术及产业**

  医药生物技术及产业是国际上发展最快、最成熟的生物技术和产业之一,已经涵盖了基因工程制药、微生物发酵(酶)制药、动植物来源的生物技术制药和疾病诊断与治疗等多个方面。到 2001 年底,全球至少已有近 5000 家生物工程公司和高等院校、科研机构从事生物药品与基因产品的研究与开发。据不完全统计,在欧美国家,已经上市的基因工程药品有近百种,大约还有超过 300 种以上的药物正处于临床试验阶段,约 2000 种药品处于研究开发中,形成了巨大的高新技术产业链。有关专家预测,2003 年全球生物技术药品销售额将达到 600 亿美元。

虽然我国医药生物技术的研究和开发起步较晚,但在国家有关科技计划特别是"863"计划的大力支持下,使这一领域得到了迅速的发展。"863"计划实施的 15 年多来,单生物领域基因工程药物专题就支持了近 60 个研究课题,使一大批基因工程药物和疫苗从实验室研究走向了市场产业化。经过"七五"至"九五"十多年的努力,我国除已有十多个基因工程药物和疫苗先后投入市场外,目前还有多个重大疾病生物治疗方案和治疗药物正在进行临床前期试验和研究,例如,恶性脑胶质瘤多基因治疗综合方案的前期研究及临床研究;新型 HSP 与抗原融合蛋白靶向性致敏基因修饰的树突状细胞治疗 CEA 阳性肿瘤的应用研究;高效表达血管生成抑制因子的基因病毒系统的研制;重组腺病毒载体介导人野生型 P53、GM—CSF 和 B7—1 基因对恶性肿瘤的生物治疗;表皮生长因子(EGF)受体介导的载体系统对肝、肺癌的靶向性基因治疗临床前期的研究;人肝细胞生长因子基因治疗梗塞性血管病和病理性瘢痕,已在美国获取专利;药用鼠源肝癌单克隆抗体不仅在国内申请了多项专利,目前也在东南亚地区申请专利。在研发基因工程治疗药物和抗血管治疗药物方面也取得了重大进展,由清华源兴开发的 Ad—P53 抗癌注射液已完成了 I 期临床试验,它是一种广谱、强效、无副作用的抗癌药剂(国家 I 类生物新药),正在申请 II 期临床试验。细胞介素—2(癌症辅助治疗)、G—CSF(刺激产生白细胞)、GM—CSF(刺激产生白细胞和骨髓移植)、EPO(产生红细胞)、rhuGH(治疗矮小病)、人胰岛素、基因乙肝疫苗、口服霍乱疫苗和病疾疫苗等也已开发成功,并获准上市或取得新药证书。我国首次研制出的新型抗艾滋病疫苗齐多夫定、去雍肌菁、司他夫定、奈韦拉平,今年国家药品监督管理局已批准上市,这 4 种抗艾滋病病毒的药品是国际认可的治疗艾滋病的有效疗法"鸡尾酒疗法"中的重要药品,分别在东北制药总厂和上海边赛诺生物医药有限公司生产。这种国产的艾滋病药价格只有进口药品的十分之一左右。当前,我国还在进行针对肝癌、肺癌、胃癌等实体瘤以及白血病等靶向药物和高效"弹头"药物研究,同时也进行了人源化单抗、人—鼠嵌合抗体的制备、高效表达载体系统的构建、抗体库等制备抗体新技术的研究。我国治疗性单抗逐步从实验室扩展到临床研究,I 标记的肝癌单抗用于肝癌的放射免疫显像和治疗已进入 II 期临床研究,并取得满意结果。工程抗体的研究也从嵌合抗体到利用噬菌体抗体库技术制备获得了抗 HbsAg 的全分子人源性抗体,我国当前还在进行新型人源抗病原微生物抗体库及其抗病毒基因工程抗体和新型趋化因子 MIP—2γ 及其单克隆抗体的制备和应用研究。

我国在基因诊断与治疗领域的工作开展得相对较早。在疾病相关基因的定位和克隆研究等方面获得了重大突破,体细胞克隆和遗传病的基因诊断技术达到国际先进水平。B 型血友病、恶性肿瘤、梗塞性外周血管病等 6 个基因治疗方案都已进入临床疗效研究。从 1991 年起就开展了 B 型血友病的基因治疗,先后有十几位 B 型血友病患者进行了基因治疗,且获得了很好的疗效。最近由北京大学心血管研究所人类疾病研究中心进行的血管内皮生长因子基因治疗阻塞性血管疾病研究进入了特殊临床试验阶段,是继美国之后第二个进行此项临床试验的国家。1999 年我国作为唯一的发展中国家加入国际公共领域人类基因组测序协作组,2000 年 6 月如期完成了所承担的百分之一的测序任务,为我国医药生物技术在源头上创新和参与国际竞争奠定了良好基础。复旦大学生命科学院院长毛裕民等科研人员,经过三年多时间的协作攻关,在基因芯片研究领域取得突破性进展。1999 年 9 月,这些科研人员首次在国内建立了以玻璃为载体、以双荧光检测为特点的博道表达谱芯片技术,在国际上首次将 4000 条新基因共计 8000 个点制作成以玻璃为载体的表达谱芯片,并在国际上首次用基因芯片技术检测了人胎盘和人胚胎肺组织、正常脑组织与脑胶质瘤仲差异表达的大量新基因。经过一年多试验,目前已成功地对 12000 个基因在各种状态下的表达谱进行了潜心研究,筛选到 1000 余种与人体生长发育及肿瘤相关的新基因。现在,科研人员正在与相关的研究机构合作,开发中国第一块植物基因表达谱芯片、第一块白血病基因表达谱芯片、第一块肿瘤基因表达谱芯片。基因芯片可用于揭示基因和生命现象、基因和疾病之间的关系,为基因药物的开发、农业的优化育种提供有效的实验手段。特别是中华民族有着宝贵的医药资源,基因芯片对阐明中医、中药作用的机理,寻找中医、中药作用靶基因和中药有效成分提供了有效的手段,为中医、中药走向世界市场打下了坚实的基础。(中国科技投资网 2002 年 1 月 15 日)

目前我国在纳米药物载体平台、纳米药物载体治疗恶性肿瘤技术、纳米药物制剂等方面也展开了研究工作,取得了一定的进展。卫生部肝胆肠外科研究中心于1994年底就开展了磁纳米粒白蛋白阿霉素治疗肝癌的系统研究,现已完成动物实验,取得较好的疗效。武汉大学研究结果证明,20—100nm的纳米粒具有分散性时,对肺癌细胞有特异的破坏作用,而对正常细胞无影响。我国科学家利用扫描隧道显微镜拍摄到人体β—珠蛋白调控过程中DNA形成环结构的图像。

人类胚胎干细胞对于人类一些疾病如心肌梗塞、心肌坏死、帕金森氏症、老年性痴呆症、脊髓损伤、皮肤烧伤等修复与治疗具有广阔的应用前景。我国科学家在干细胞研究方面已取得了可喜的成绩。我国青年创伤外科专家付小兵等率先在国际上报告了人体表皮细胞存在逆分化现象,即表皮细胞可逆分化转变为表皮干细胞,这一重要发现对揭示人体衰老的奥秘以及对创伤、难治性皮肤病等的临床治疗具有重要意义。由西北农林科技大学率领的科研小组第6次从人胚胎干细胞分化诱导得到心脏跳动样细胞团,这是我国在人类胚胎干细胞克隆领域获得的唯一此类细胞团,标志着我国干细胞研究已经跻身于世界先进水平。我国造血干细胞和骨髓干细胞移植已进入了临床。

由天津大学材料科学与工程学院研制成功的用于治疗骨缺损的有机高分子材料(又称生物材料)在兔子身上进行实验,实验表明这种材料具有良好的生物相容性和骨传导性,新生骨组织在其上以爬行方式生长,一定程度上可使骨缺损尺寸降低到可自身修复的程度,较长时期不降解,且力学性能保持良好,有望成为治疗骨缺损的替代物。四川大学完成的"组织工程技术修复骨和肌旋韧带损伤研究"也取得了重大的进展,该项目被评为"九五"期间12项医学科学技术重大进展之一。

我国还对基因工程医用抗生素进行了丙酰螺旋霉素、麦迪霉素、丝裂霉素、麦白霉素等多种抗菌素的研究。青霉素、Vc是我国重要发酵产品,固定化青霉素酰化酶和青霉素航化酶基因工程菌用细胞膜反应器都实现了工厂化大规模裂解青霉素G生产6—氨基青霉烷酸(6—APA)。自行构建的基因工程菌发酵生产头孢菌素C,发酵单位提高到2800单位以上,已经被广泛使用。7—ACA是半合成头孢霉素的母核,光1997年的进口就花了近4亿元人民币。用两步酶法将头孢菌素C转化和水解为7—ACA,已成功克隆出两种酶的基因工程菌,对CPC钠盐转化率达73.4%,7—ACA纯度达

90%以上。还开发了几种抗生素,如妥布霉素、利福霉素 SV、丝裂霉素 C、泰乐霉素等。

动植物来源的生物技术制药是传统中药制药的一个重要领域,目前仍停留在分离技术落后、收率低、规模小的状态。引入现代生物技术后,情况有所改变。如在中药现代化中,对天然植物的基因、酶和构效进行生化研究,用生物技术方法提取植物有效成分,用植物细胞反应器工厂化培养生产紫杉醇、银杏内脂、青苔素、紫草宁、麻黄素等,用动物细胞反应器培养生产单元隆抗体、干扰素、生长激素、生长因子和酶等药物。

"动物个体生物反应器"的研究已开展多年。中国科学院发育生物研究所已成功构建在乳腺中高表达 EPO 的转基因白羊 50 头。上海医学遗传所获得 5 头能表达凝血因子 LX 基因的转基因山羊,其中一头能进入泌乳期的乳头中已测得 LX 因子蛋白。

在人血液制品和代血液问题方面,虽然中国人口多,用血量大,血库资源绝对量大,但由于技术和资源问题,血液的有效成分经分离提取的制剂品种少、量少,未能充分利用血液资源。更为重要的是对取用血液的检测、消毒等还有许多技术需要配套和完善。代血液问题已作为战略性课题得到了重视。去年,我国代血液的实验室成果获得三项关键技术专利,成功地把动物血红蛋白转化为安全有效的人血代用品,各项指标都达到了国际先进水平,该成果以 1.6 亿元人民币转让给四通公司,目前已建成中试规模的人工血液代用品血源生产基地,连续 6 批产品达到企业质控标准。

我国已有生物制药企业 200 多家,其中有生产能力的就有 60 多家,累计开发成功 21 种基因工程药物和疫苗,并取得新药证书,它们都将陆续投入市场,其中 3 种是拥有自主知识产权的 I 类新药即重组人 α - lb 干扰素(IFNα - lb)、重组牛碱性成纤维细胞生长因子(γ - bFGF)和重组链激酶(γ - sk)。重组人 α - 1b 干扰素是世界上第一个采用中国人基因克隆和表达的基因工程药物,也是目前为止唯一的一个我国自主研制成功的拥有自主知识产权的基因工程一类新药。世界上销售额排名前 10 位的基因工程药物和疫苗中,我国已能生产 8 种。目前国内市场上国产基因工程药物和疫苗中干扰素有 8 种,主要用于治疗乙肝、丙肝、病毒性角膜炎、妇科病、类风湿及疱疹等。不难看出,一批基因工程药物和疫苗正在从实验室研究向产业化转化。国产基因工程药物的不断开发和上市,打破了国外生物制品长期垄断中国临床用药的局面,其中,国产 α—干扰素的市场占有率已经超过了进口产品。抗体方面,我国已经产业化的主要是体外诊断抗体,常规使用的单抗试剂盒已广泛地应用于病原体(病毒、细菌、寄生虫)、肿瘤标志物、激素、自身抗体、细胞表面抗原等检测。国内单抗诊断试剂市场广阔,全国单抗诊断试剂市场预计不会低于 10 亿元人民币。

一种用复合酶来消毒杀菌的"生物消毒"技术,最近在上海实现了产业化。它与碘和其他消毒药品相比,更加安全、有效。中国高科集团从复旦大学独家受让了用溶葡球菌酶来消毒杀菌的这种新技术。过去,人们身体出现炎症或在生活中需要消毒杀菌时,首先想到的是抗生素,但许多细菌、病毒已产生耐药性。已开发生产的 6 个系列产品对产生耐药性的多种细菌、病毒有特别的疗效。(中国科技投资网 2002 年 4 月 25 日)

多糖生物制药被医学界称为"21 世纪生物制药领域的航标灯",它利用萄聚糖无毒、无害、高活性等特征,与其他药物和元素结合,制成各种低毒高效的新型药物。其衍生药物能将某些有效药物运送进入人体细胞内部,直接杀灭病毒,因而也被称为赫赫有名的"生物导弹"。多糖制药作为一项上游技术,为人类防治艾滋病、肿瘤和心血管病提供了全新的途径。在 2002 年深圳第四届高交会上,总投资将达 1 亿元人民币,具有国际最先进水平的多糖生物制药科研、生产基地将落户深圳。在深圳组建的这一基地将采用革命性的"酶法生产萄聚糖技术",解决了萄聚糖稳定工业化生产的难题,使我国的多糖制药的核心原料生产工艺水平一举跃居世界最先进水平,并填补了国内空白。

▷▷ 8.2.2 农业生物技术及产业

经过 10 多年的艰苦努力,我国农业生物技术的研究开发和产业化取得了显著进展。目前,我国正在研究和开发的转基因植物达 47 种,涉及各类基因 103 个(不含标记基因);农业微生物基因工程供试微生物达到 31 种,涉的基因约 56 种;转基因鱼、畜禽动物基因工程研究已达 30 余种。抗黄矮病、白粉病小麦、高油玉米、马传贫疫苗、转基因鱼、畜禽胚胎工程等都已达到国际先进水平。

1992 年我国首先在大田生产上种植抗黄瓜花叶病毒转基因烟草,使我国成为世界上第一个商品化种植转基因作物的国家。自 1996 年 11 月我国正式公布实施《农业生物基因工程安全管理实施办法》以来,我国已批准6件转基因植物商品化,其中5件是我国自主开发的,即转基因棉花(Bt棉及Bt + CpTI棉)、转基因耐储番茄、转基因抗黄瓜花叶病毒甜椒、抗病毒番茄等。利用转基因植物生产的抗乙肝的可食马铃薯疫苗也取得重要进展。1999年,我国基因工程改良棉纤维研究获得了重大的创新性的突破,研究成功兔毛、羊毛角蛋白转基因棉,该项研究成果居国际领先水平。此外,我国培育出具有优良综合农艺性状的彩色棉花新品种棕絮1号和绿絮1号,使我国成为世界彩棉研究和开发的第二大国。我国第一个转抗除草剂早杂恢复系G402、转抗除草剂中籼同型恢复系G密阳46及其转基因杂交稻、抗螟虫杂交稻"汕优63"也相继培育成功。湖南农业大学洪亚辉等几名专家采用浸胚法将高蛋白玉米"马齿黄"的总DNA导入优质早籼稻91—L中,通过多年的选择,最近从变异后代中选育出五个高蛋白稻新品系。经中国农业部杭州稻米及制品质量检测中心米质分析表明,这些品系的平均蛋白质含量达到13.9%,其中的DH早9高达14.9%。而目前普通水稻稻米蛋白质含量在8%左右,普遍低于小麦和玉米(12%至14%)。(中国科技投资网2002年6月27日)据中国科学院生物所所长朱祯称,中国目前在超级杂交稻研究与组合应用上处于世界领先地位,育成的超级杂交稻组合比现在生产上应用的杂交稻组合增产15%—25%。2000—2001年我国超级杂交稻累计推广300万亩,共增产粮食3亿至4亿公斤。(国务院发展研究中心信息网2002年8月21日)

盐碱土是地球陆地上分布广泛的一种土壤类型。仅在中国,盐碱地的面积就有3300多万公顷。通过植物基因工程技术培育耐盐植物新品种,是当前国际上的热门研究课题。山东师范大学的赵彦修、张慧两位教授最近从一种盐生植物中成功地克隆出一种耐盐关键基因,并已导入多种植物。新培育出的耐盐转基因植物已有番茄、大豆、水稻、速生杨4种,在上千个培养基内长势良好。工作人员称,过不多久就可以实施移栽了。这一发现,被认为有望使占地球陆地总面积较大比例的盐碱地变为绿洲。不少基金类投资公司对此研究成果已产生浓厚的投资兴趣。(中国科技投资网2002年9月19日)

家畜胚胎工程研究进展也较快,猪、牛、兔、绵羊、山羊等家畜的胚胎移植均获得成功。在动物诊断技术研究方面也取得了一些成绩,如猪产仔基因数诊断技术、DNA 标记的发现与分离等。在转基因动物研究方面,已获得转人生长激素和猪生长激素的绵羊、猪和兔等转基因动物。瘦肉型猪基因工程育种已获得第二、第三、第四代转基因猪 215 头。世界首例转基因鱼在我国已诞生 15 年,转草鱼的 geGH 基因的鲤鱼,17 个月竟达 16 公斤。此外,我国首例转基因试管牛已于 1999 年问世;2002 年首批自主完成的成年体细胞克隆牛也已成功问世。西南农业大学在中科院人类基因组北方中心支持下,近日取得"家蚕基因表达标签"(EST)测序工作突破 10 万条大关的成绩,从中获得非重复基因 3 万多个,这些数据全部覆盖了其他国家该项研究的所有数据,使西南农业大学一举成为世界上拥有家蚕和鳞翅目昆虫基因序列最多的研究基地。

在生物农药和肥料方面,我国也进行了卓有成效的研究和产业化尝试,已形成一定的生产规模,每年推广应用面积达 3 亿—4 亿亩。其中井冈霉素年产 4000 吨,应用面积达 2 亿—3 亿亩,阿维菌素和赤霉素年产量上百吨,总应用面积近亿亩。80 年代成功研制的苏云金杆菌悬乳剂,质量稳定,使用方便,价格便宜,已在全国 20 多个省市应用,防治 20 多种农业和卫生害虫。农用抗生素农抗 120 和中生菌素已大面积推广应用,创造经济效益达 10 多亿元,Bt 生物农药技术居国际领先地位。饲料添加剂——植酸酶的研究达国际领先水平。近年来,在生物肥料方面,大力推广由固氮菌、磷细菌、何细菌和有机肥料制成的复合肥料,年产约 40 万吨,广泛应用于豆料、粮食作物和绿色蔬菜的生产及盐碱地的改良。我国科学家自己构建的水稻联合固氮工程已应用 2000 万亩以上,获得了明显的增产效果。

▷▷ **8.2.3 环境生物技术**

环境问题越来越受到各国政府和人民的关注。过去 20 年来,治理环境污染主要采取的是化学处理,但由于环境污染物一般来讲,性质相对稳定,难于用物理或化学的方法将其进行无害化的处理,于是,人们现在逐渐采用了生物学的方法来解决这一问题。微生物对各类污染物均有较强、较快的适应能力,在环境污染的治理中发挥着独特的作用。如何从种类繁多、数量惊人的微生物中,筛选到人们所需要的微生物菌株以及按照人们的意愿构建新的具有特殊本领的遗传工程微生物高效菌、超级菌,从而在治理环境污染的过程中实现对污染物的减量化、无害化、资源化,是生物技术在资源环境保护领域中所要解决的首要问题。我国的科学家已经在这方面做了许多有益的尝试。

重金属是造成土壤污染的主要污染物。重金属污染的生物修复是利用生物(主要是微生物、植物)作用,削减、净化土壤中重金属或降低重金属的毒性,其原理是通过生物作用(如酶促反应)改变重金属在土壤中的化学形态,使重金属固定或解毒,降低其在土壤环境中的移动性和生物可利用性;通过生物吸收、代谢达到对重金属的削减、净化与固定作用。关键的技术在于(1)筛选合适的微生物菌株,如能产生特殊的酶类(如还原酶、裂解酶等)以降解重金属的微生物菌林;对重金属具有较强亲和力的菌株;对重金属具有更强的吸附及富集能力的菌林等;对重金属具有耐性或积累能力的植物。(2)选育重金属耐性植物。重金属耐性植物是指在富含重金属的环境中仍能正常生长、繁殖的一类植物。通过在被污染的土地上种植这类植物,利用其对重金属的吸收、积累和耐性除去重金属。污染土壤的生物修复过程可以增加土壤有机质的含量,激发微生物的活性,由此可以改善土壤的生态结构,这将有助于土壤的固定,遏制风蚀、水蚀等作用,防止水土流失。我国在有机污染环境生物修复方面进行过大量的基础性工作,如丁树荣、程培等用植物进行了净化废水的研究,孙铁珩研究了水葫芦对污水的净化效果,金墚等曾从石油污染土壤中分离出可降解机油的 3 株细菌,最高除油率达 90.5%—100% 。赵荫薇从石油污染的水域中分离出 10 株除油菌,单菌除油率为 20%—50% ,混合菌除油率达 71.4% 。

污水中的有毒物质的成分十分复杂,包括各种酚类、氯化物、重金属、有机磷、有机系、有机酸、醛、醇及蛋白质等等。微生物通过自身的生命活动可以解除污水的毒害作用,从而使污水中的有毒物质转化为有益的无毒物质,使污水得到净化。应用遗传工程技术构建符合人们需要的微生物高效菌以及具有降解多种污染物功能的超级菌,目的是提高对污染物的降解能力,加快降解速度,以增强净化污水的效力。如能够将氰化物(氰化钾、氰氢酸、氧化亚铜等)分解成二氧化碳和氨的微生物高效菌;专门分解硫化物的微生物,利用它们从废水中回收硫磺;能够降解石油烃的超级菌,以清除油对水质的污染等。还可以将大量的微生物高效菌凝聚在泥粒上形成活性污泥,用来分解和吸附废水中的有毒物质,污水净化后沉积的污泥中,存在丰富的氮、磷、钾等元素,是很好的有机肥料。

在生态系统中,微生物对农药的降解起着重要作用。研究发现,对几大类农药(如有机氯、有机磷、有机汞、除草剂等)都存在着降解菌。利用基因工程手段筛选或诱发微生物突变林、构建高效降解菌是减轻、消除农药污染的有效途径。随着人们环保意识的日益增强,化学农药将被逐步淘汰,取而代之的是生物农药,因其不污染环境、对人和动植物安全、选择性强、不伤害害虫天敌、害虫难以产生抗药性,而受到世界各国的高度重视,被誉为"绿色农药",是今后农药发展的理想选择。

利用基因工程技术筛选分离、克隆新的杀虫、抗病基因,也可以将具有不同杀虫(抗病)机理、不同杀虫谱的基因组合在同一个表达载体中,构建杀虫谱更宽、毒力更强、持效期更长、虫病兼治的优良的遗传工程菌。目前,在我国农药施用中,生物农药所占的比例仅占1%左右,且效价低、品种少。根据农业部最新农药登记公告显示,生物农药仅18个品种,生物农药的市场需求潜力很大。我国的微生物资源优势,为微生物的遗传改良提供了有利的条件,生物技术与传统技术的结合将进一步拓宽微生物的研究与应用领域,随着人们环保意识的增强,生物农药在我国将具有更广阔的市场前景。

农用塑料薄膜多由聚乙烯化合物和增塑剂组成,有毒,很难被降解。利用生物工程技术一方面可以广泛地分离筛选能够降解农膜的优势微生物、构建高效降解菌,另一方面可以分离克隆降解基因并将该基因导入某一土壤微生物(如根瘤菌)中,使两者同时发挥各自的作用,使农膜迅速降解。为了消除农膜的污染,今后农膜的发展范围应控制在微生物易降解的范围内,即空气降解农膜:无塑可降解农膜——以秸秆等植物纤维素为原料,不含任何塑料成分的草纤维农膜;改性农膜——由易于降解的聚烯烃、增塑剂和添加剂组成的农膜;光解农膜——由遇光易分解的原料制造的农膜。

利用基因工程手段可以对微生物的遗传物质进行修饰与改造,获得符合人们要求的具有不同功能的遗传工程微生物,如对某种物质(纤维素酶、某种生物大分子等)具有很强的富集能力的遗传工程菌,从而使人们更容易大量地获得这种物质。农林废弃物中以植物纤维素的量最大(作物秸秆、糠麸、饼粕等),利用纤维素酶可以将其转化为葡萄糖,后者通过微生物发酵可以产生醇、酸等工业基础原料。利用纤维素、醇等作为原料可以生产单细胞蛋白(SCP),它可以作为动物蛋白的替代品以补充人们对蛋白质食物的需求,还可以用于食品添加剂来改善食品的风味。此外,单细胞蛋白还是很好的饲料,尤其适于水产养殖的需要。利用生物工程技术,选择或构建能够对畜禽粪便进行有效发酵分解的微生物(乳酸菌、酵母菌等),能够利用分解过程中产生的有害物质(氨气、硫化氢等)及其他分解产物进行再合成的微生物组成高效微生物群,通过这种微生物群对畜禽粪便进行一系列处理来生产有机肥料。植物纤维素、畜禽粪便通过微生物发酵还可以生产沼气,其主要成分是甲烷,可用作燃料或化工原料。也许沼气会成为第四代能源。此外,植物纤维素在微生物的作用下,能够产生可用于制造农膜的原料。这种农膜易被降解,符合未来农膜的发展方向。基因工程菌的突出优点是比自然菌效力强、速度快、作用范围广,因此利用基因工程手段构建具有较强竞争力的基因工程菌是现代生物技术的主要目标之一。

▷▷ **8.2.4 海洋生物技术及产业**

我国是海洋大国,海洋生物学历史悠久,经分类鉴定的海洋生物就有20278种,分属44个门,其中12个门是我国海洋中所特有的,这对大力发展海洋生物产业有着得天独厚的条件。1996年,海洋生物技术正式列入国家"863"计划,重点对海水养殖、海水农业、海洋生物活性物质综合利用等三大方面进行了研究。

多年来,通过推进海洋农牧化,分别掀起了以藻、贝、虾为主的海水养殖的三次浪潮,使海水养殖产量居世界首位。海洋水产值占我国海洋产业总产量的一半,1992年比1950年增加了240倍,保持27%的增长率。目前,已建立海带配子体无性系微繁殖的育苗技术,用藻类光合反应器培养,海带幼孢子体(幼苗)密度达到每升7.2万株。紫菜良种丝状体接种贝壳育苗技术已推广应用于生产,同时建立了紫菜的膨大藻丝无性系用反应器微繁殖的无贝育苗技术。微藻(螺旋藻、小球藻和盐藻)生产达到一定规模,初步形成了一个新产业。用微藻作宿主体转药用基因的微藻反应器直接产生口服药物已完成中试,开始走向产业化。对虾的三倍体、四倍体育苗,SPF无特定病原对虾种苗开始试用,虾病的检测和预防技术在示范,贝类三倍体育苗、鱼类性别控制和转基因鱼分别进入生产中试和试养。"石斑鱼性控技术及批量育苗"课题组经过多年探索,首创外源混合激素药条肌埋植法诱导石斑鱼性逆转技术,其技术属国际领先水平,为规范化批量育苗奠定了基础。

中国科学院的科学家提出了新的观点和方法,获得一批可用 1/3 海水栽培的菠菜、芹菜、番茄、油菜、甜菜和豆瓣菜,有的品种可用 1/2 海水栽培,采用深池浮板可与海水养殖结合——生态农业,已开始示范试验,效果明显。

利用海藻生产的褐藻胶、琼胶、卡拉胶产量和质量在提高。继用海带制碘和甘露酶之后,开发了各种医用品,如降血脂药甘露烟酸脂和抗血栓新药藻酸双酯纳(PSS)。利用甲壳素和甲壳胺已制成 864 人工皮肤、创伤愈合海绵、日用化妆的透明质酸(AHA)、生物农药等。还从海洋软体动物和腔肠动物中初步筛选到抗血凝、降血压、防治心血管病、抗病毒、抗癌和戒毒的活性物质。863 海洋生物技术青年基金的许多研究项目取得重大进展。例如,完成了岸藻聚糖硫酸酶生产的中试技术,利用该项目生产技术,山东洁晶集团股份有限公司已成功地生产出了 5000 公斤的岩藻聚糖硫酸酶产品,产值达 3500 万元,并全部出口,取得了显著的经济效益。

▷▷ **8.2.5 我国生物技术产业的优势及政策**

我国发展生物技术产业有两个最大的优势。一是我国是拥有世界上最大的生物基因资源的 3 个国家之一。我国有高等植物 353 科,3184 属,3200 多种;也是世界上拥有野生动物种类最多的国家之一,约有兽类 414 种、鸟类 1175 种、两栖动物 196 种、爬行动物 315 种、鱼类 2000 余种。统计资料还显示,全世界 1/8 的植物生长在中国,一半以上的植物种为中国所特有。同时,全世界 1/8 的哺乳类、鸟类和鱼类也生活在中国。中国具有的生物总数大约是美国和加拿大总和的两倍,是欧洲总和的 3 倍多。所有生物物种中大约有 1/3 只有中国才有,是中国的当地种。从化石记录来看,中国是许多生物的"生存中心"。目前,大约有总数近 100 万种生物,但到现在为止,已为人们发现、分类、定名的只有 12.5 万种。占生物总数近 90% 的 87.5 万种其他生物,人们了解极少,至今尚未命名。这些为人们所极少了解的生物主要集中在无脊椎动物、大多数的昆虫、线虫、节肢动物、真菌及其他类群。这些动植物、真菌和微生物为我国发展生物技术产业提供了巨大的生物基因资源,也必然是全人类的珍贵遗产。二是我国的人口优势。我国是拥有 56 个民族、13 亿人口的大国,独特的人文地理环境,经济发展的不平衡,形成了一些特殊的基因种群和遗传疾病,因此,我国既是全球最大的人体基因库,也是最大的生物技术产品消费的目标市场。生物资源的多样性,对我国进行转基因动植物的研究、人造器官以及中草药有效成分的研究、改良和化学合成提供了良好的条件。

虽然我国的生物技术产业在近几十年从无到有取得了飞速的发展,研究和开发水平有了明显的提高,但与国际先进水平相比仍有很大差距,主要表现在:首先,研究开发投入严重不足。高新技术的研究和产业化一般是以高额投入为基础的。如美国 1998 年的生物技术研究和开发资金达 180 亿美元,英国每年用于生物科学研究开发的资金约为 6 亿英镑。除政府的投入外,企业和民间的技术研究开发费用约为政府的 2 倍。而我国整个"九五"期间的"863"计划、攻关计划、生物基础研究计划、自然科学基金在生物技术与生命科学领域年投入合计才 4 亿—5 亿元人民币,不及国外大公司一家的研发投入。虽然目前每年由科技部、国家自然科学基金委员会和中国科学院三部门投入到生命科学和生物技术研究的经费就达 22.5 亿元人民币,但与生物技术产业发展的形势极不适应。而我国到目前为止,还没有建立有效的风险投资基金体系。中国企业融资渠道闭塞,风险投资出口狭窄,资金来源有限,很难从一般融资渠道获得企业发展所需的资金。除股东投入的股本金以外,主要是靠向银行贷款。由于银行十分注意资金的安全性和流动性,高技术投资的高风险性使银行对其贷款慎之又慎。目前,中国基因工程制药企业投资金额大多是 2000 万元至 1 亿元人民币,全国对该领域的投资金额累计起来仅几十亿元人民币。

其次,我国拥有自主知识产权的成果太少。尽管我国有 500 多家高校、科研院所和企业从事生物技术产业的研究和开发,但绝大多数是在外国专利基础上进行的重复和仿制,几乎没有创新,没有形成自己的拳头产品。拿医药产品来说,真正拥有自主知识产权的只有三项。

最后,政出多门,没有统一协调的监管体系。自 DNA 重组技术 1972 年取得成功以来,作为现代生物技术核心的基因工程技术有了飞速的发展,基因工程药物成为各国政府和企业投资研究开发的热点领域,大量的基因工程药品问世,年产值达数十亿美元。正是看到了基因工程制药的巨大经济效益,国内的一些企业也一哄而上,竞相仿制;而另一方面,由于政府部门宏观调控不力,缺乏产业指导,导致生物技术产业的研究和开发各自为政,重复建设严重,同种产品生产厂家过多,造成市场过度竞争,致使各生产企业开工不足,成本增加,利润下降,无法步入良性发展的轨道,甚至使一些企业严重亏损和破产。没有规模效应,产业化后劲就不足。例如,2000年中国境内干扰素(IFN)的生产厂家有30多家,重组人生长激素(rhGH)有8家,而集落刺激因子(CSF)已经有5家了,竟然还有40家左右正在申报。其实,基因工程药物临床应用剂量一般都很小,由2—3个厂家满负荷生产就能满足全国市场需要。因此,为了把有限的资金和技术集中用到最需要的地方,避免重复建设,政府部门应该实行总量控制,进行产业指导。

为尽快缩短与发达国家的差距,国家正在加强宏观调控,制定系统的、配套的生物技术产业优惠政策来扶持生物技术产业的发展。生物技术产品审批制度正在改革,审批程序不断简化,审批时间大大缩短,加快了生物技术产品的上市。同时,各级政府正努力探索适合我国国情的、有中国特色的生物技术产业发展之路。

我国是一个发展中国家,但在科技领域有较为雄厚的基础,因而自实施"863"计划以来一直采取"跟踪先进、有限目标、重点突破、点面结合、逐步推进"的有所为有所不为的战略方针。这一战略的实施,使我国在生物技术研究领域能一直紧跟前沿的进展,并在某些方面接近和达到世界先进水平。在生物技术产业化方面,我国也取得了重大进展。2000年,我国生物技术产品销售额达到200亿元人民币,拥有生物技术企业近200家。在医药生物技术方面,我国不仅可以生产国外已有的大部分生物工程药物,而且还开发了a‑lb干扰素、重组链激酶等一批有自主知识产权的国家一类新药;在农业生物技术方面,我国正在大面积推广两系法杂交水稻,加快转基因植物的安全性审查(仅在1997—1999年间,就有26种转基因植物被批准进行商业化生产,58种被批准环境释放,75种被批准中间试验)。

在"十五"期间,我国将加大对生物技术研究与开发的投入,制定更优惠的生物技术产业政策。据科技部生物工程中心主任刘谦介绍,"863计划"在"十五"期间用于生物技术领域的经费总额将超过50亿元人民币。此外,有关部门正酝酿出台系列优惠政策,包括生物技术产业不分所有制,创业上市优先考虑;投资生物技术产业的风险免征所得税;有自主知识产权的生物技术产品从获利后仍可享受一定年限的税收减免政策。无疑,这些措施将大大促进我国生物技术产业的发展。一些省市看准了这个发展机遇,正在制定有关战略和措施,以便通过生物技术产业的大发展带动本地经济的快速增长。湖北省拥有"红桃 K"等一批生物技术大企业和 1 万多名从事生物技术研究与开发的科技人员,具有发展生物技术产业的优势。从去年起,湖北省就把生物技术产业作为发展的重点。上海已成为国家生物医药科技产业基地,生物医药产值年均增长率保持在 20% 以上,2000 年达到 250 亿元。其中,生物技术又是支撑这一强势产业的关键技术。此外,北京、天津、安徽、山东以及辽宁等省市,也将在发展生物技术产业方面有重大举措,如北京拟在密云建立生物工程产业基地,天津已开工兴建"渤海生物湾",山东打算建立国家级生物技术聚集区,等等。可以认为,国内生物技术产业领域的发展环境是十分有利的,广东在这一领域实现跨越式发展正面临着千载难逢的机遇。

▶▶ 8.3 广东生物技术产业的现状及发展战略问题

广东的生物技术产业一直保持着快速发展的势头,特别是在生物工程药物方面一直处于国内领先地位,批准上市的生物工程药物种类及产值均占全国的一半。我省的生物技术企业主要分布于珠江三角洲地区,仅广州和深圳就有近百家,并有一批规模大、产值高、利税多的骨干企业。以海王集团为例,2001 年上半年实现主营收入 23715 万元(主营为生物制品、生物化学制品、海洋药物学中成药的生产销售),主营业务利润 18924 万元,净利润 4245 万元,分别比上年同期增长 136%、156%、53%。良好的经济环境、符合市场经济规律的运行机制以及适合广东情况的产业发展模式,是广东生物技术产业得以迅速发展的重要因素。

然而,我省的生物技术产业还有一些潜在的不利因素。其中最主要的问题是:缺乏基础研究人才,科技成果储备不足,在知识创新能力方面只处于全国中游水平,远不及北京、上海等省市。这种情况必然导致具有国际竞争力和自主知识产权的产品太少、生物技术企业发展的后劲不足等问题。实际上,虽然广东生物技术产业发展较快,但是目前仍然处于不成熟阶段,对全省经济增长的贡献不明显。根据有关专家的研究,生物技术产业进入成熟阶段有5个主要标志:一是能够持续不断地向社会提供具有商业价值的现代生物技术产品;二是有一个稳定的产业群体,并具有一定的规模;三是产品销售占有足够的市场份额;四是要有一定规模的生物技术产业资本和基础设施;五是形成比较完善的研究、开发、生产、销售的法律法规。这样看来,要把生物技术产业培育成新的经济增长点直至成为新的支柱产业,广东还有很长的路要走,并且要面对激烈的竞争和严峻的挑战。

下面我们就我省生物技术产业的未来发展战略、指导思想和总体目标等进行分析。

▷▷ **8.3.1 顺应世界产业结构变化的新趋势,实现广东生物技术产业的跨越式发展**

前述分析已经表明,生物技术产业正在迅速发展,有可能成为21世纪世界经济体系的主导产业,从而取代信息产业现在的地位。生物技术及其产业在成为新的主导技术和产业过程中,也将像电子信息技术及其产业曾经所起的作用那样,使世界经济格局发生重组,从而使各国的经济地位发生重大改变。这无疑是一个新的发展机遇。顺应这一潮流,抢占生物技术产业发展的先机,才有可能在这种重组中提升自己。对于广东来说,电子信息产业现在已是经济的第一大支柱,要在未来的经济发展中也像受惠于电子信息技术一样受惠于生物技术,就要瞄准世界产业变化动向,尽快实现生物技术产业的跨越式发展。

所谓跨越式发展,主要有三个特征:一是在较短时间使生物技术产业完成从萌芽、成型、发育到成熟的各个阶段,甚至跳跃某些阶段;二是在规模扩大、产值或利润增加以及对国民经济贡献率的提高等方面,均快于其他产业;三是发展速度不均匀,在某些有利的时机能以远远高于平均值的速度急速增长。

走跨越式发展道路,首先是因为我省乃至全国的生物技术产业发展水平还较低,远不能与欧美和日本等国相比,只有实现跨越式发展,才有可能在这一领域形成局部优势,缩小与发达国家的距离。同时,生物技术领域尚待开发的项目多,市场大,完全可以在现有技术水平的基础上另辟市场,使生物技术产业的规模迅速扩大。

▷▷ **8.3.2 采取跟踪与领进并举的竞争策略,不断扩大生物技术产品的市场**

在生物技术及其产业化领域,市场竞争将越来越激烈。在竞争中采取何种策略,这主要取决于竞争参与者的实力,尤其是技术创新的能力。就世界各国在这一领域采取的策略来看,无非有以下三种类型:一是科技实力雄厚的经济大国通常采取的领进策略,即以高投入占据研究与开发的各个重点领域,通过抢先推出新产品占领大部分甚至全部市场;二是有一定科技实力的发展中国家通常采取的跟踪策略,即在有相对优势领域选择某些重大问题开展生物技术前沿的创新研究,产品开发立足国内市场,并努力通过自己的特色产品挤占部分国际市场;三是科技实力较弱的发展中国家通常采取的跟随策略,即主要靠技术的自然扩散或以市场、资源换技术的途径获得技术,发展那些能够显示本国资源优势的领域,重点解决本国经济与社会发展中的一些关键问题。

我国是有一定科技实力的发展中国家,在生物技术及其他高新技术研究与开发领域一直采取跟踪策略,在重大领域研究与开发具有国际先进水平的项目,并以点带面初步推进生物技术产业的发展。广东也应采取这样的竞争策略。但是,广东是我国经济最发达的省份,在生物技术及其产业方面有较强的创新能力和发展潜力,理应在国内率先发展,并在有限领域占据"制高点"和占领大部分国际市场,从而在某些方面和环节领先于世界。这种跟踪与领进并举的策略可以使我省生物技术产业有较高的发展起点,是实现重大跨越所必需的。

▷▷ **8.3.3 坚持引进与自主创新相结合的方针,优化生物技术产业的智力资源配置**

生物技术产业发展的主要动力是技术创新,而技术创新的源泉又是知识创新。因此,相关智力资源的多少和配置是否合理是一个关键问题。从总体上看,广东生物技术方面的智力资源还不够雄厚,即使是与其他省市相比也不占优势。解决这一问题的最有效的办法就是引进智力。坚持引进与自主创新相结合,既是广东过去成功的经验,也是今后实现生物技术产业跨越式发展的前提条件。

引进智力应遵循以下原则:(1)要有长远的战略眼光,特别要重视基础研究方面的人才引进、中上游技术的引进;(2)要突出重点,全面引进,以便在生物技术产业的科研、开发、产品生产和销售各环节形成合理的智力资源配置;(3)引进的途径和形式要多样化,既可以个别引进,也可以并购国内外的研究机构,既可以购买,也可以搞跨地区、跨国的合作,等等;(4)智力引进要有利于形成本省的人才培养和研究与开发的体系,有利于自主创新能力的增强。

▷▷ **8.3.4 选准方向,收拢力量,重点扶持几个市场前景看好的生物技术产业领域**

选择重点意味着对某些领域的舍弃,是事关成败的重大问题,需要在科学的基础上做出决策。就广东的生物技术产业来看,作为重点的领域和方向至少应符合下面几个条件:(1)目标产品应是首创的,或在其质量、性能、成本等方面有其他同类产品不可比拟的优越性,因而一旦开发成功就能迅速打开国内外市场;(2)目标产品有巨大的经济开发价值,市场广阔,利润丰厚,可以大规模地生产和销售;(3)在发展这类产业的条件方面,广东具有一定优势;(4)技术上比较成熟,现有的研究与开发能力足以使其顺利地实现规模化生产。

1999年,广东省科技厅编制了《广东省高新技术重点领域和重点方向指南》。其中关于生物技术产业重点领域和重点方向列出了基因工程、细胞工程、发酵工程、酶工程、功能性食品基料及保健食品、生物农药兽药及生长调节剂、天然产物及海洋药物、中药现代化及标准化中药材、生化药材及化学合成药物、检测与诊断试剂、生物医药工程产品等门类共112个重点方向和产品。在此基础上,根据近几年世界生物技术产业的发展趋势和我省的现状,应进一步将我省生物技术产业发展的重点收缩在以下三个领域里:

(1)医药生物技术产业。按开发的难易程度,这一领域包括以下5类产品:生物技术药品、生物技术营养保健品、生物技术诊断试剂、生物技术所需设备、生物技术信息化产品等。其中,基因工程药物和生物技术诊断试剂应被列为重点。这主要是因为这两类产品的生产在广东已有相当的基础。如深圳科兴生物制品有限公司在10年前就开始生产"赛若金"牌干扰素,这是世界上第一个采用中国人基因生产的基因工程药物,国内市场占有率达到 40%以上;深圳匹基生物技术开发有限公司和深圳月亮湾生物工程有限公司生产的生物技术诊断试剂已有十几个品种。此外,生物技术药物的研究与开发风险较大,需要较多的资金投入,广东与其他省市相比更有实力从事这类项目的开发;而生物技术诊断试剂开发风险最小,投入较少,正是广东应当加快发展并迅速提高市场占有率的项目。

(2)食品类生物技术产业。这是我省轻工食品领域的优势产业。1997年,广东食品类生物技术产品产值就达到 50 亿元人民币。利用生物技术的新成果改造传统的食品发酵产品与工艺,开发具有更广阔市场的新产品,应成为今后发展的重点。其中,保健食品的开发将有特殊重要的意义。

(3)农业生物技术产业。在这一领域中,广东应重点利用生物技术选育和栽培蔬菜、水果、花卉、药材等有地方特色的经济作物,开发生物农药、生物肥料及植物生长调节剂等新产品,完善和提高各类天然作物的提取技术及工艺。其中,基因工程和细胞工程是农业高新技术的主要内容,培育动植物新品种在农业生物技术产业中占有核心地位。

此外,经济与社会的发展将导致环境压力普遍增大,发展环保方面的生物技术产业就具有了特殊意义。

▷▷ **8.3.5 广东生物技术产业发展的战略目标**

省第九次党代会提出,广东要实现从经济大省到经济强省的跨越,也就是要以发展为主题,以提高国际竞争力为核心,以科技创新和制度创新为动力,使广东经济在增长快和总量大的基础上形成结构优、素质高、效益好和后劲足的优良品质。广东生物技术产业今后的发展必须服务于建设经济强省这个总战略。为此,要制定符合建设经济强省总战略要求的生物技术产业发展目标。

根据目前我省的科学技术实力和今后经济的发展趋势,在未来 10 年里,我省的生物技术产业在规模和品质方面应力争达到以下目标:

(1)在未来 10 年左右的时间里使广东成为我国南方生物技术研究与开发中心,率先建立成熟的生物技术产业体系;

(2)保持生物技术产业的快速增长,使其年产值在 2010 年达到或超过当时 IT 产业的年产值,从而成为全省经济的一个支柱产业;

(3)实现"外向带动"战略,使生物技术产品的 40%以上进入国外市场；

（4）建立完善、高效的技术创新体系；争取在未来 10 年使生物技术新产品中有自主知识产权的部分占到 30% 以上。

▶▶　**8.4　关于措施保证的几点建议**

关于实现广东生物技术产业跨越式发展的措施保证，我们这里提出以下建议：

1. 加大投入力度，拓宽投资渠道

生物技术在研究与开发阶段需要较多的资金投入，且风险较大。尽管生物技术产业巨大的经济效益对投资商和企业有吸引力，但在承担研究与开发的风险方面却是不情愿的。这就需要政府的公共投资来引导。广东有必要也有能力为生物技术的研究与开发设立专门的基金，从政府的角度直接支持某些项目的研究与开发。政府的投入一方面能补充风险较大项目研究与开发在资金方面的不足，一方面又能起到"发酵"作用，带动企业和投资商在生物技术产业领域投资。在加大政府投入力度的同时，还要进一步完善风险投资机制，鼓励有实力的生物技术企业上市，更多地利用社会、民间的资金。

2. 重视基础设施建设，完善研究与开发体系

如果把生物技术从研究到生产过程中的基础和应用研究环节作为上游，把试验发展作为中游，把产品生产作为下游，那么，广东发展生物技术产业应采取的策略是：在上游注重吸引国内外的人才和创新成果，在中游加强基础设施建设和自主创新，在下游注重成果转化和技术扩散。

强调在上游环节吸引人才和技术，是因为我省在基础创新能力方面没有优势，缺乏必要的研究人才和成果储备，而依靠自己的力量去培养人才和从头做起开展基础研究，又不能在短时间内对我省生物技术产业的发展发挥作用。吸引人才不仅要靠优厚的生活待遇，还要靠良好的科研条件。因此，有必要在广州或深圳建立一个生命科学和生物工程研究中心，用其吸引和接纳国内外在基础和应用研究方面成就卓著的学者和专家。这个中心应具有经费充足、设备先进、信息畅通、学科齐全以及管理体制合理等特点，在

重点领域和方向追踪国际前沿动态,并能不断推出具有自主知识产权的创新成果。

生物技术的产业化周期长,风险大。总的来说,在上游阶段不确定性最大,但投资较少;在下游阶段投资最多,但不确定性较少;在中游阶段,不仅不确定性还很大,投入也较多,因此,风险性也就最高。其中,中试是科技成果转化的"瓶颈"。广东在资金方面处于国内优先地位,如果敢于承担中试的风险,建立几个大型的生物技术中试机构,那就能够吸引大批成熟的上游技术成果并推动下游的产业化。突破中试"瓶颈",应当是广东实现生物技术产业跨越式发展的关键环节和战略重点。国家有关部委在上海建立了一批从事生物工程中试的单位,如中科院上海生物工程研究中心、卫生部上海生物制品所、科技部上海基因工程生物制品联合研究中心等。相比之下,广东的这种中试基地就很少。建议广东尽快建立几个具有中试功能的生物技术研究与开发机构,如基因工程药物研究与开发中心、海洋生物资源利用开发中心、华南地区中药生物技术中心等。

加强生物技术产业孵化器建设,是促进广东生物技术产业发展的又一不可忽视的着眼点。广东的高新技术产业开发区已经成为全省高新技术产业发展的重要基地。这里的各项优惠政策是高新技术企业孵化成熟的重要条件。然而,生物技术产业的风险性远大于其他高新技术产业,同样的孵化条件可以使其他高新技术产业成熟,却不足以让生物技术产业的投资者建立起投资的信心。现在的实际情况也印证了这一点:高新区内的生物技术企业数目远比不上其他高新技术企业多。这种情况要求为生物技术企业建立专门的孵化器,按照"特事特办"的原则,为生物技术企业提供更优惠、更有利于抵御风险的孵化条件。已有专家建议在广州建立"生物岛",以便为生物技术产业的创业者提供良好的环境。这个建议是恰当的,应当尽快实施。

3. 优化资源配置,组建大型企业集团

在大力发展生物技术产业时,要特别防止一哄而上、重复开发的倾向。为此,有必要组建几个大型的企业集团,以充分发挥各种资源的效用。从现在起应着手选择有前途的项目,组织各类企业和研究与开发机构联合攻关,通过项目把不同的优势聚集起来,用 5 年左右的时间培育 3—5 个科、工、贸一体化,年产值超过 50 亿元的大型企业集团。可以在已经发展起来的生物技术企业中,分别选择从事基因工程药品、生物诊断试剂、基因工程疫苗生产已成规模的几家,作为未来大企业集团的骨干。

4. 加强配套环节,带动相关产业

随着生物技术产业的迅速发展,围绕生物技术研究、开发与生产的其他相关产业也将形成一定的市场。例如,各种仪器设备和成套工艺,正制约着我国生物技术的产业化能力。加强这个环节的开发与生产,不仅可以为生物技术产业本身的发展创造条件,而且还能扩大相关产业规模,从而为经济增长做出更大的贡献。

另外,食品发酵一直是广东的优势产业。应加强生物技术成果在这一优势领域的转化,促进这一传统产业的优化升级。

5. 实施"外向带动战略",促进生物技术产业的国际化

外向带动战略在我省生物技术产业的发展中应主要体现为开辟国际市场、加强国际合作、参与跨国经营等方面。为了迅速突破技术的瓶颈,当前要特别重视与国外著名的生物技术公司和研究开发机构合作,通过利用国外的先进技术等资源而达到扬长避短的效果,并在国际分工中确立自己的重要地位。

6. 完善政策法规,发挥环境优势

生物技术产业是一个新领域,需要精心的培植才能成为国民经济的一个支柱。建立针对生物技术及其产业的一系列政策、法规,是实现我省生物技术产业跨越式发展的重要措施。目前要特别重视以下三方面工作:

(1)建立健全生物技术安全性检测体系,简化鉴定方法,加快新产品的审批速度。国家对基因工程药物、转基因产品等的安全性高度重视,新成果转化和商业化的审批需较长时间。如何加快安全性评估的速度,这是一个重要课题。广东在这方面应有所作为,至少要在省级的权限内简化某些程序,改进检测方法。

(2)加强生物技术专利保护工作,鼓励有自主知识产权的产品或工艺的研制与开发。

(3)整顿市场竞争秩序,防止和严厉打击各种侵权行为。

本章主要参考文献

1. 李思经编著:《国际农业生物技术进展》,中国农业出版社 1997

年版。

2. 阿尔贝·萨松:《生物技术与发展》,邵斌斌等译,科技文献出版社 1991 年版。

3. 周寄中主编:《科技资源论》,陕西人民教育出版社 1999 年版。

4. 樊江龙、周雪平编著:《转基因作物安全性争论与事实》,中国农业出版社 2001 年版。

5. 马立人、蒋中华主编:《生物芯片》,化学工业出版社 2000 年版。

6.《医药行业"十五"规划》,国家经贸委网站。

7. 科技部:《"十五"863 计划生物和现代农业技术领域主题部分课题招标公告》。

8. 方旋:《加快发展高新技术产业,促进广东产业结构优化升级——在广东省高新技术产业发展工作会议上的报告》。

9.《广东省科学技术发展"九五"计划与 2010 年规划纲要》。

10. 广东省统计局等:《2000 年广东省 R—D 资源清查主要数据统计公报》。

11.《广东省高新技术产业重点领域和重点方向指南》。

12. 周永春等:"国内外生物制药的现状及我国基因工程制药产业发展对策",载《中国药房》2000 年第 1 期。

13. 欧阳藩:"中国生物技术产业化现状",载《化工进展》2000 年第 5 期。

14. 田开斌:"试论我国生物技术产业的瓶颈及对策",载《开发研究》2000 年第 6 期。

15. 杨天宇:"我国生物技术产业发展的现状、问题与对策",载《经济理论与经济管理》2001 年第 11 期。

16. 张木、魏于全:"医药生物技术研究与产业化进展",载《生物工程进展》2002 年第 1 期。

17. 朱国萍:"现代生物技术在环境科学中的应用",载《安徽师大学报》(自然科学版) 1998 年第 3 期。

18. 黄其满:"农业生物技术产业发展问题的思考",载《高技术通讯》2000 年第 6 期。

19. 中国科技投资网。

20. 国务院发展研究中心信息网。

21. 中山大学网生命科学学院主页。

22. 广东省科技计划管理网,2002 年 12 月 30 日。

23. 广东科技统计网,2002 年 12 月 26 日。

24. 中国科技投资网,2001 年 11 月 13 日。

25. 周永春等:"国内外生物制药的现状及我国基因工程制药产业发展对策",载《中国药房》2000 年第 1 期。

责任编辑:喻　阳
封面设计:肖　辉

图书在版编目(CIP)数据

社会可持续发展的系统进路与对策研究/颜泽贤等著.
-北京:人民出版社,2008.5
(系统科学与系统管理丛书/颜泽贤主编)
ISBN 7-01-006956-2

Ⅰ.社…　Ⅱ.颜…　Ⅲ.社会发展-可持续发展-研究
Ⅳ.K02

中国版本图书馆 CIP 数据核字(2008)第 036991 号

社会可持续发展的系统进路与对策研究

SHEHUI KECHIXU FAZHAN DE XITONG JINLU YU DUICE YANJIU

颜泽贤等　著

人民出版社 出版发行
(100706　北京朝阳门内大街 166 号)

北京瑞古冠中印刷厂印刷　新华书店经销

2008 年 5 月第 1 版　2008 年 5 月北京第 1 次印刷
开本:710 毫米×1000 毫米 1/16　印张:20.75
字数:315 千字　印数:0,001-2,000 册

ISBN 7-01-006956-2　定价:39.00 元

邮购地址 100706　北京朝阳门内大街 166 号
人民东方图书销售中心　电话 (010)65250042　65289539